"A ECONOMIA PORTUGUESA –
20 ANOS APÓS A ADESÃO"

COLECÇÃO ECONÓMICAS – 2ª Série
Coordenação da Fundação Económicas

António Romão (org.), *A Economia Portuguesa – 20 Anos Após a Adesão*, Outubro 2006

COLECÇÃO ECONÓMICAS – 1ª Série
Coordenação da Fundação Económicas

Vítor Magriço, *Alianças Internacionais das Empresas Portuguesas na Era da Globalização. Uma Análise para o Período 1989-1998*, Agosto 2003

Maria de Lourdes Centeno, *Teoria do Risco na Actividade Seguradora*, Agosto 2003

António Romão, Manuel Brandão Alves e Nuno Valério (orgs.), *Em Directo do ISEG*, Fevereiro 2004

Joaquim Martins Barata, *Elaboração e Avaliação de Projectos*, Abril 2004

Maria Paula Fontoura e Nuno Crespo (orgs.), *O Alargamento da União Europeia. Consequências para a Economia Portuguesa*, Maio 2004

António Romão (org.), *Economia Europeia*, Dezembro 2004

Maria Teresa Medeiros Garcia, *Poupança e Reforma*, Novembro 2005

1ª Série publicada pela CELTA Editora

ANTÓNIO ROMÃO
(ORG.)

"A ECONOMIA PORTUGUESA – 20 ANOS APÓS A ADESÃO"

Álvaro Martins Monteiro
Ana Jacinto
António Carlos dos Santos
António Mendonça
António Romão
Carlos Correia da Fonseca
Francisco Avillez
Francisco Nunes
João Dias
Joaquim Ramos Silva
José António Pereirinha
Manuel Farto
Manuel M. Cardoso Leal
Margarida Chagas Lopes
Vitor Magriço
Vitor Santos

"A ECONOMIA PORTUGUESA – 20 ANOS APÓS A ADESÃO"

ORGANIZAÇÃO
ANTÓNIO ROMÃO

EDITOR
EDIÇÕES ALMEDINA, SA
Rua da Estrela, n.º 6
3000-161 Coimbra
Tel.: 239 851 904
Fax: 239 851 901
www.almedina.net
editora@almedina.net

PRÉ-IMPRESSÃO • IMPRESSÃO • ACABAMENTO
G.C. – GRÁFICA DE COIMBRA, LDA.
Palheira – Assafarge
3001-453 Coimbra
producao@graficadecoimbra.pt

Novembro, 2006

DEPÓSITO LEGAL
248229/06

Os dados e as opiniões inseridos na presente publicação são da exclusiva responsabilidade do(s) seu(s) autor(es).

Toda a reprodução desta obra, por fotocópia ou outro qualquer processo, sem prévia autorização escrita do Editor, é ilícita e passível de procedimento judicial contra o infractor.

LISTA DE AUTORES

- ÁLVARO MARTINS MONTEIRO
  Professor Catedrático do ISEG/UTL
- ANA JACINTO
  Economista da CESO-CI
- ANTÓNIO CARLOS DOS SANTOS
  Professor Auxiliar Convidado do ISEG/UTL
  Jurisconsulto
- ANTÓNIO MENDONÇA
  Professor Associado Agregado do ISEG/UTL
- ANTÓNIO ROMÃO
  Professor Catedrático do ISEG/UTL
- CARLOS CORREIA DA FONSECA
  Economista de Transportes, BM
- FRANCISCO AVILLEZ
  Professor Catedrático do ISA/UTL
- Francisco Nunes
  Professor Auxiliar do ISEG/UTL
- JOÃO DIAS
  Professor Auxiliar do ISEG/UTL
- JOAQUIM RAMOS SILVA
  Professor Associado Agregado do ISEG/UTL
- JOSÉ ANTÓNIO PEREIRINHA
  Professor Catedrático do ISEG/UTL

- MANUEL FARTO
  Professor Associado do ISEG/UTL
- MANUEL M. CARDOSO LEAL
  Ex-Secretário de Estado da Produção Agro-alimentar
  Assessor do Conselho de Administração do IFADAP/INGA
- MARGARIDA CHAGAS LOPES
  Professora Auxiliar Agregada do ISEG/UTL
- VITOR MAGRIÇO
  Professor Auxiliar do ISEG/UTL
- VITOR SANTOS
  Professor Catedrático do ISEG/UTL

ÍNDICE

Apresentação 9

CAPÍTULO 1 – A economia portuguesa 20 anos depois: Visão geral 11
António Romão

CAPÍTULO 2 – A agricultura portuguesa: Balanço de duas décadas de integração europeia 133
Francisco Avillez

CAPÍTULO 3 – As pescas portuguesas: Balanço de 20 anos de integração europeia 167
Manuel M. Cardoso Leal

CAPÍTULO 4 – A industria portuguesa: Desindustrialização – progresso ou declínio? 184
Vitor Santos
Ana Jacinto

CAPÍTULO 5 – A política energética portuguesa – Passado, presente e futuro 215
Álvaro Martins Monteiro

CAPÍTULO 6 – Transportes e infraestruturas e transportes 235
Carlos Correia da Fonseca

CAPÍTULO 7 – Política Social em Portugal e a Europa, 20 anos depois 283
José António Pereirinha
Francisco Nunes

CAPÍTULO 8 – O desenvolvimento dos Recursos Humanos em Portugal nos últimos 20 anos 327
Margarida Chagas Lopes

CAPÍTULO 9 – O Sector Financeiro duas décadas depois 359
Vítor Magriço

CAPÍTULO 10 – A política monetária nos últimos 20 anos 387
António Mendonça
Manuel Farto

CAPÍTULO 11 – Políticas orçamental e fiscal 20 anos depois 437
António Carlos Santos

CAPÍTULO 12 – O Investimento Directo Estrangeiro na Economia Portuguesa 491
Joaquim Ramos Silva

CAPÍTULO 13 – O comércio externo português e a integração europeia: Alterações estruturais, conteúdo tecnológico e competitividade 519

João Dias

CAPÍTULO 14 – As Relações Económicas Luso-Brasileiras após 1986 551
Joaquim Ramos Silva

APRESENTAÇÃO

O presente livro surgiu de discussões no âmbito do Centro de Estudos de Economia Europeia e Internacional (CEDIN) do Instituto Superior de Economia e Gestão da Universidade Técnica de Lisboa e vem na sequência de um outro sobre Economia Europeia editado em 2004, então pela Celta Editora.

O motivo principal que levou à elaboração e publicação deste livro foi analisar a evolução da economia portuguesa no período que decorreu desde a adesão de Portugal à então Comunidade Económica Europeia (CEE).

É assim que todos os capítulos têm como referência de análise os últimos vinte anos, embora nem todos correspondam a uma tentativa de balanço do período pós-adesão, mas sim à análise das mutações verificadas no período em análise. O grau de dificuldade de identificar o que é ou não resultado mais ou menos directo da adesão difere de área para área.

Assim, o livro abre com um capítulo de enquadramento geral sobre a evolução da economia portuguesa a partir da selecção de um conjunto de indicadores demográficos, sociais e económicos e financeiros, para depois analisar a evolução em sectores tão importantes como a agricultura (Cap. 2), as pescas (Cap. 3), a indústria (Cap. 4), a energia (Cap.5) e os transportes e respectivas infraestruturas (Cap. 6).

No capítulo 7 é analisada a Política Social, a partir da evolução de alguns indicadores relevantes e o Capítulo 8 é dedicado ao desenvolvimento dos recursos humanos. Os capítulos 9,10 e 11 analisam o sector financeiro, as alterações na política monetária e nas políticas orçamental e fiscal. Os três últimos capítulos são dedicados à área externa, analisando sucessivamente o investimento estrangeiro, a evolução do comércio externo e as relações luso-brasileiras.

O livro conclui com um extenso Anexo Estatístico no qual o autor teve um apoio decisivo da bolseira e estudante de mestrado do ISEG/UTL, Lara Vilela Kadhim, a quem quero aqui deixar o meu agradecimento pelo seu empenho, que se estendeu ainda ao aprontar do capítulo 1.

Este empenho é tanto mais de relevar quanto a pesquisa de informação se revelou muitas vezes difícil, nuns casos em que o excesso levava a contradições e muito recorrentemente a falta de harmonização da informação. Por isso optámos, preferencialmente, pelas fontes europeias, só recorrendo às fontes nacionais quando a isso éramos obrigados.

Espero que este livro seja um contributo válido para a análise da evolução da economia portuguesa nos últimos vinte anos que, não obstante as dificuldades e perplexidades actuais, foram sem dúvida um período de grandes mutações quantitativas e qualitativas em Portugal.

Não posso deixar de agradecer aos autores a sua disponibilidade para esta colaboração, sabendo antecipadamente que a afectação do seu tempo é um bem precioso.

Quero deixar também uma palavra de agradecimento à Mónica Nunes que na fase final me apoiou no aprontar do texto.

Lisboa, Junho de 2006

ANTÓNIO ROMÃO

Capítulo 1

A economia portuguesa 20 anos depois: Visão geral

António Romão

1. Introdução

Há muitas formas de tentar abordar a evolução da economia portuguesa nos últimos vinte anos.

Neste capítulo introdutório a um livro com 14 capítulos sectoriais ou temáticos, optámos por fazer uma análise comparativa com a UE-15 a partir de dois pontos: o de partida, em torno de 1985/1986, sempre que para isso tenhamos encontrado informação estatística disponível e o de chegada, isto é, o mais próximo possível de 2005, também ele condicionado pela informação disponível.

Para a análise entre estes dois pontos de observação, seleccionámos três tipos de indicadores – os demográficos, os sociais e os económicos e financeiros, procurando a não sobreposição aos conteúdos dos capítulos subsequentes. Uma limitação basilar em economia prende-se com o facto das informações com que trabalhamos terem origens diferentes e de, frequentemente, a sua harmonização envolver alguma perda de rigor.

Das mutações verificadas ao longo destes últimos vinte anos, procuramos identificar dinâmicas (ou a sua ausência), tendências e perplexidades, para quem vê a Economia como uma Ciência Social e não, um pouco contra a corrente dominante nos meios universitários, como uma "quase Ciência Exacta". O quantitativo na economia não só é importante, como é mesmo indispensável. Ajuda-nos na compreensão e interpretação de muitas questões, mas para manter a sua relevância na economia é decisivo que não se torne um fim em si mesmo, que se tenha sempre presente que estamos perante o estudo da apropriação de bens, da distribuição da riqueza produzida e acumulada, da gestão eficaz de recursos escassos, num mundo organizado de forma cada vez mais competitiva – a nível individual, de grupo, de países e de regiões.

Por isso, neste primeiro capítulo não se tentará fazer um balanço global de vinte anos de adesão à então CEE, hoje UE, até porque seria sempre uma tarefa necessariamente incompleta. Tentar-se-á, isso sim, desenhar um quadro geral de referência salientando os aspectos positivos e os mais vulneráveis, sem procurar uma vinculação directa, e muito menos quantificada, à necessária articulação com a integração formal de Portugal na União Europeia. Sabe-se que esta integração influenciou, e nalguns casos decisivamente, a evolução económica no nosso país durante o período em análise. Mas é muito difícil, para não dizer impossível, identificar com rigor quantitativo qual o grau dessa influência num capítulo que se propõe como de enquadramento geral. Ao longo do texto referir-nos-emos a isso sempre que possível. Perspectiva diferente será a adoptada em muitos dos capítulos seguintes.

1.1 Aspectos Demográficos

Um dos elementos básicos da sustentação (ou não) de uma economia é a evolução da sua demografia. Na dupla perspectiva de ritmo e de natureza e de estrutura quantitativa e qualitativa. Este último aspecto será abordado na secção seguinte.

No seu aspecto global, a população residente em Portugal entre 1985 e 2005 registou um crescimento medíocre como se pode ver no quadro seguinte:

População residente (em milhares)

	1985	2005	Taxa média de crescimento anual entre 1985-2005
Portugal	10.011	10.567	0,27%
UE-15	342.022	385.609	0,60%

Fonte: Quadros 1 e 2 do Anexo Estatístico

Efectivamente, ao longo dos vinte anos em análise a taxa média de crescimento anual foi de 0,27% contra 0,6% na UE-15, também ela já bastante baixa. Em consequência, Portugal regista uma densidade populacional em 2005 de 114,77 habitantes/km^2 contra 122,18 na UE-15, quando em 1985 estes valores eram praticamente idênticos (ver Quadro 1 do Anexo Estatístico).

Para esta evolução contribuíram, naturalmente, o comportamento das taxas de natalidade e mortalidade, bem como – e de forma decisiva – a evolução do saldo migratório. De facto, a taxa de natalidade, que em 1985 era de 13,03‰, baixou para 10,4‰ em 2004 e a taxa de mortalidade, que era de 9,72‰ em 1985, praticamente manteve-se, pois em 2004 foi de 9,7‰ (ver Quadro 3 do Anexo já referido). Quer na natalidade, quer na mortalidade, Portugal apresenta valores muito próximos dos da UE-15. O mesmo se diga da taxa de mortalidade infantil no final do período, embora em 1985 Portugal apresentasse uma taxa quase dupla da da UE-15.

Evolução das Taxas de Natalidade, de Mortalidade e de Mortalidade Infantil (‰)

	1985		2004ᴾ	
	Portugal	UE-15	Portugal	UE-15
Taxa de Natalidade	13,03	11,92	10,40	10,53[1]
Taxa de Mortalidade	9,72	10,47	9,70	9,76[1]
Taxa de Mortalidade Infantil	17,83	9,46	4,20	4,00

Notas: P - Valor provisório; 1- Valor referente a 2003;
Fonte: Quadro 3 do Anexo Estatístico

Tendo presente esta evolução nas taxas de natalidade e de mortalidade, não é de estranhar que o Saldo Natural em Portugal, que já era baixo em 1985, tenha passado de 33,14 milhares para uns baixíssimos 7,37 milhares em 2004, pelo que o acréscimo verificado na população residente se fica sobretudo a dever à evolução do Saldo Migratório, que passou de um valor negativo de 31,61 milhares em 1985, para um valor positivo em 2004 de 55,23 milhares. Estes números traduzem uma realidade conhecida. Portugal passou de um país de emigração, para um país de imigração e de emigração (muito variável com a conjuntura).

Pode ver-se a evolução destes Saldos (Natural e Migratório), para além da Variação Populacional ao longo destes 20 anos, no Quadro 4 do Anexo Estatístico já referido.

Para além desta grande alteração verificada, devemos assinalar uma outra que irá ter consequências económicas e sociais significativas nos próximos anos. Referimo-nos à alteração da estrutura etária da população portuguesa, que acompanha a evolução verificada na UE-15. Veja-se o quadro seguinte.

Evolução da estrutura etária

	1985		2004	
Grupos etários (%)	Portugal	UE-15	Portugal	UE-15
0-14 anos	23,64	19,52	15,70	16,30
15-64 anos	64,50	66,81	67,34	66,68*
65 e mais anos	11,87	13,67	16,89	16,98

Nota: * - Valor referente a 2005
Fonte: Quadro 1 do Anexo Estatístico

A população portuguesa, não só está mais velha, como envelheceu a um ritmo superior ao da UE-15, sendo particularmente grave o baixo peso da população com idade inferior a 15 anos, que acompanha o acréscimo da população com mais de 65 anos de idade.

Em virtude da melhoria das condições de vida, que na secção seguinte abordaremos, também a Esperança média de vida à nascença e após os 65 anos aumentou consideravelmente, como se pode ver no quadro que se segue:

Evolução da Esperança média de vida à nascença e aos 65 anos
(n.º de anos)

	1985				2003			
	Portugal		UE-15		Portugal		UE-15	
	H	M	H	M	H	M	H	M
Esperança média de vida à nascença	69,36	76,46	71,91	78,61	74,27	80,68	76,12	81,98
Esperança média de vida aos 65 anos	13,53	16,81	14,05	17,94	15,82	19,13	16,58	20,21

Fonte: Quadro 5 do Anexo Estatístico

Todos estes elementos contribuem para um progressivo envelhecimento da população, quer em Portugal, quer na UE, o que coloca novos problemas ao modelo social vigente na UE, que são já hoje um tema de debate e até de decisões políticas por parte de vários governos. Acresce que a população portuguesa não apresenta uma estrutura etária ainda mais desequilibrada devido aos dois movimentos a que já nos referimos.

Por um lado, uma certa redução, mais ou menos consolidada, na emigração, que entre 1985 e 2003 se situou entre as 15 e as 30 mil saídas anuais, com excepção dos anos de 1992 e de 1997, com valores em torno dos 39 mil e 36 mil, respectivamente. Por outro lado, a evolução positiva da imigração legalizada que passou de 86.982 pessoas no final de 1986 para 265.361 no final de 2004, como se pode ver no Quadro 6 do Anexo Estatístico.

A este aumento da população imigrante legalizada, não podemos deixar de acrescentar os imigrantes em situação ilegal, cujo número se desconhece com rigor.

A questão essencial que a imigração coloca é a da sua maior ou menor integração na Sociedade portuguesa. Se fôr bem sucedida, como parece acontecer na grande maioria dos casos, a imigração é um fenómeno seguramente positivo para a economia e a sociedade portuguesas, já que para além da força de trabalho disponível no mercado, ela contribui de forma positiva para reduzir o ritmo do envelhecimento da estrutura etária da população portuguesa.

Poderemos sintetizar o conteúdo desta secção da forma seguinte, com algumas breves interrogações que se justificam plenamente.

Assim, teremos em síntese:
– referenciamos a importância da evolução demográfica para a identidade, caracterização e sustentação (ou não) da Economia e da Sociedade portuguesas;
– constatamos que a população residente portuguesa cresceu em média anualmente 0,27% entre 1985 e 2005(contra os 0,6 % da UE-15);
– a esta taxa de crescimento correspondem, em termos absolutos, cerca de 500 mil habitantes;
– para este aumento de meio milhão da população residente contribuíram essencialmente três elementos de forma diferenciada, a saber:
  – a evolução negativa da taxa de natalidade (de 13,03‰ em 1985, passou a 10,4‰ em 2004);
  – uma certa estabilidade na taxa de mortalidade em torno dos 9,7‰ ao longo do período;
  – uma evolução positiva no saldo migratório, que passa de um valor de -31,61 milhares em 1986 e que se mantém com valores negativos até ao início da década de 90, para a partir de 1993 apresentar sempre valores

positivos e crescentes até 2003 com +69,35 milhares e, em 2004, com +55,23 milhares de indivíduos;
- a evolução do saldo migratório é, naturalmente, resultante do facto de Portugal ter deixado de ser um "país de emigrantes" (com um pequeno número de imigrantes legalizados , embora já crescente em meados dos anos 80), para passar a ser um país sobretudo de imigração, sem deixar completamente de ter uma corrente emigratória digna de registo;
- demos o devido ênfase à significativa alteração na estrutura etária da população portuguesa, com um acentuado envelhecimento, resultante da baixa taxa de natalidade, da estabilidade (com pequena redução) na taxa de mortalidade e com um aumento na esperança média de vida à nascença e após os 65 anos;
- os traços evolutivos assinalados atrás levam-nos a pôr algumas questões relevantes para o futuro, tais como:
  - haverá ou não lugar a uma política de incentivos à natalidade?
  - as condições económicas e sociais das famílias modernas são sensíveis a essa política de incentivos?
  - como se vai distribuir esse eventual aumento da natalidade através dos diferentes grupos sociais e do território nacional?
  - manter-se-ão os fluxos de emigração? Se sim, qual a sua estrutura na origem e na sua composição social?
  - qual o futuro para a imigração em Portugal? Parece estarem criadas as condições para a sua manutenção nos próximos anos.
  - qual o grau de integração social destas comunidades?

Muito vai depender das respostas a estas questões essenciais.

1.2 Evolução de alguns indicadores sociais

Seleccionámos para esta secção um conjunto de indicadores globais que nos podem ajudar a compreender melhor a evolução social nestes últimos vinte anos. Encontrámos algumas limitações na pesquisa de fontes de informação homogéneas para o período em análise. Nalguns casos o lapso de tempo considerado foi mais curto, noutros foi possível comparar com a UE-15 ou com alguns Estados-membros que consideramos relevantes.

Um dos elementos essenciais, e que é frequentemente referido como um dos pontos mais vulneráveis na nossa sociedade com reflexos directos no desempenho económico, diz respeito à qualificação dos portugueses, aqui analisada sob o ponto de vista do grau de instrução.

Se tomarmos os valores constantes no quadro seguinte podemos observar para o período entre 1992 e 2004 uma evolução altamente positiva, embora ainda bastante longe dos valores dos parceiros europeus.

População dos 15 aos 64 anos, por grau de instrução (% do total)

Grau	1992	2004
– Nenhum	12,5	5,7
– Básico	68,6	67,9
– 1º Ciclo	36,4	29,3
– 2º Ciclo	10,5	19,3
– 3º Ciclo	15,7	19,3
– Secundário	10,3	25,6
– Superior	8,5	10,8

Fonte: Quadro 7 do Anexo Estatístico

Observa-se, num período de doze anos, uma redução da população sem qualquer grau de instrução, que é significativa, de 12,5% para 5,7% do total. Mantiveram-se sem grandes alterações as percentagens globais no ensino básico, embora com uma redução de 7 p.p. no 1º ciclo e aumentos de 9 e 4 p.p. no

2º e 3º ciclos, respectivamente. Também no ensino secundário se verificou uma subida significativa. No ensino superior verificou-se uma ligeira subida de pouco mais de 2 pontos percentuais.

Se considerarmos os valores dos Censos de 2001 e compararmos Portugal com a Espanha e com a Grécia, e tomando a população entre os 25 e os 64 anos, constatamos que, não obstante a melhoria significativa, o nosso país continua ainda numa situação altamente desfavorável (ver Quadro 8 do Anexo Estatístico).

Apresenta valores mais altos na população sem qualquer grau de instrução, uma percentagem bastante mais elevada na população com o ensino primário e valores bastante inferiores no topo da pirâmide, isto é, no ensino secundário superior (inclui as escolas profissionais e o ensino secundário) e no ensino superior.

Se considerarmos agora a evolução na perspectiva dos alunos matriculados nos diferentes graus de ensino as conclusões vêm confirmar as anteriores, embora com algumas especificações próprias.

Veja-se o quadro seguinte que respeita aos alunos matriculados por grau de ensino em % do total:

Grau	1985/86	2003/04
– Pré-escolar	6,09	11,53
– Básico	77,94	53,04
– 1º Ciclo	41,56	23,02
– 2º Ciclo	18,49	12,47
– 3º Ciclo	17,88	17,56
– Secundário	10,55	17,38
– Superior	5,42	17,97

Fonte: Quadro 9 do Anexo Estatístico

No período de 1985/86 a 2003/04 destaca-se a duplicação da percentagem de crianças no ensino pré-escolar e a redução significativa no ensino básico com evoluções diferentes conforme os ciclos escolares. Evolução inversa no topo da pirâmide com subidas no ensino secundário (de 10,55% para 17,38%) e no ensino superior (mais do que triplicou, do ponto de vista relativo, passando de 5,42% para 17,97%).

Se atentarmos na evolução intra-ensino superior (ver Quadro 9 do Anexo Estatístico), observa-se o peso do ensino universitário público não só face à evolução demasiado rápida e não devidamente preparada do ensino universitário privado, mas também o maior peso do ensino universitário face ao não universitário, isto é, ao ensino politécnico, embora no período em análise este nível de ensino tenha passado de 17,18% para 43,67% no total do ensino superior. É uma evolução positiva que se deveria consolidar para bem da formação profissional dos jovens. Há aqui uma limitação demográfica com a redução do número de alunos que chegam ao ensino superior a que vimos assistindo nos últimos anos, a que acresce a tentativa de mimetizar o ensino universitário por parte de sectores significativos do ensino politécnico.

Os valores constantes no quadro seguinte permitem comparar a evolução verificada em Portugal e na UE-15 entre 1985/86 e 2003/04 no que respeita à repartição do número de alunos matriculados por níveis de ensino (foi considerada a classificação do ISCED97) em percentagem do total:

Grau	País	1985/86	2003/04
Ensino Primário	Portugal	62,30	39,69
	UE-15	35,61	30,54
Ensino Secundário Inferior	Portugal	18,92	20,34
	UE-15	28,14	24,72
Ensino Secundário Superior	Portugal	13,62	19,25
	UE-15	25,08	26,52
Ensino Superior	Portugal	5,13	20,72
	UE-15	11,17	18,22

Fonte: Quadro 10 do Anexo Estatístico

Mais uma vez constatamos a melhoria relativa da situação em Portugal, com especial destaque para a perda relativa do peso do ensino primário e a subida acentuada nos dois níveis mais elevados.

A esta melhoria na educação formal correspondeu uma afectação de recursos nos últimos anos que colocam Portugal ao nível da UE-15, como se pode ver de seguida.

Despesa pública na Educação (% do PIB)

	1985/86	1995/96	2002/03	2004/05
Portugal	3,40	5,37	5,83	4,95
UE-15	..	5,19	5,22	..

Fonte: Quadro 13 do Anexo Estatístico

A questão que se pode pôr legitimamente é sobre qual o nível de eficiência na utilização destes recursos, tendo presente o grau de satisfação de necessidades sociais a prover.

No que respeita ao sector da saúde veja-se o conjunto de indicadores que apresentamos de seguida (por cada 100 mil habitantes):

	País	1985	2003
Número de camas hospitalares	Portugal	457,66	363,90
	UE-15	866,18	583,62
Número de hospitais	Portugal	2,32	1,95
	UE-15	4.17	3,23
Número de médicos	Portugal	243,62	328,79
	UE-15	269,91	360,59
Número de dentistas	Portugal	12,64	52,54
	UE-15	43,42	65,83
Número de farmacêuticos	Portugal	48,02	91,11
	UE-15	64,54	81,29
Número de enfermeiros	Portugal	246,49	418,62
	UE-15	581,20	725,41

Fonte: Quadro 14 do Anexo Estatístico

A evolução dos dois primeiros indicadores (número de camas e de unidades hospitalares) é semelhante em Portugal e na UE-15 – a tendência é decrescente. Não sendo especialista nesta área ponho várias hipóteses que podem ajudar a compreender esta evolução que, à partida, parece paradoxal.

Primeiro, importaria esclarecer, o que não foi possível, se se está perante o mesmo indicador, isto é, que são hospitais e camas hospitalares do sector público ou do conjunto do Sector da Saúde. Em segundo lugar, o decréscimo verificado pode ficar a dever-se a uma melhoria nos equipamentos que são mais concentrados num número restrito de hospitais. Embora Portugal apresente valores bastante inferiores aos da UE-15.

Já a evolução no número dos vários profissionais no sector revela-se consentânea com as necessidades sob o ponto de vista da tendência, embora ainda aquém na perspectiva da satisfação dos cuidados de saúde.

Portugal melhorou os seus indicadores, aproximou-se de valores da UE-15 tendo-os mesmo ultrapassado no que respeita ao número de farmacêuticos por cada 100 mil habitantes. Em contrapartida, embora melhorando, está bastante aquém no que diz respeito ao número de enfermeiros.

Estes valores são globais para o país e para a UE-15. Por isso, não nos podemos aperceber da distribuição geográfica dos diferentes profissionais. No caso de Portugal é conhecida, contudo, a sua distribuição geográfica assimétrica.

No que respeita à evolução da despesa com a Saúde constatamos que os recursos globais afectos em Portugal entre 1985 e 2003 tiveram uma evolução crescente e com um peso já significativo da despesa privada. Esta componente é desconhecida no caso da UE-15.

		1985	2003
Despesa pública e privada	Portugal	6,00	9,60
com a Saúde (% do PIB)	UE-15	7,45	9,21
Despesa com a Saúde	Pública	3,28	6,69
em Portugal (% do PIB)	Privada	2,72	2,92

Fonte: Quadro 15 do Anexo Estatístico

Tal como na Educação, também na Saúde os recursos afectos ao sector em percentagem do PIB são significativos e comparáveis com a UE-15, embora, pelo Quadro 15 referido, se possa ver que a despesa global per capita, em paridade do poder de compra, era em 1985 na UE-15 2,4 vezes superior à de Portugal, relação que baixou para 1,4 em 2003.

Na área da Segurança Social, tendo presente o progressivo envelhecimento da população, as reformas antecipadas e a perspectiva de uma deterioração do nível das pensões, o número de pensionistas não tem cessado de aumentar. Igual evolução se tem observado na Caixa Geral de Aposentações para os funcionários públicos.

A evolução de uns e outros pode ser vista no quadro seguinte, bem como o que representam estes encargos em percentagem do PIB.

Número de Pensionistas (em milhares)	1986	2005
– Segurança Social	1997	2544
– Caixa Geral de Aposentações	73	122[3]
Encargos (em % do PIB)		
– Segurança Social	5,1[1]	7,3[E]
– Caixa Geral de Aposentações	2,2[2]	5,7[3]

Notas: 1 – Valor referente a 1988; 2 – Valor referente a 1992; 3 – Valor referente a 2004; E – Estimativa;
Fonte: Quadro 17 do Anexo Estatístico

Se compararmos os encargos totais em Portugal e na UE-15, constatamos que apesar de o nosso país apresentar valores abaixo da média europeia, a evolução tem sido feita a um ritmo mais acelerado.

Encargos com pensões (% do PIB)	1985	2003
Portugal	7,7	11,9
UE-15	11,8	12,7

Fonte: Quadro 18 do Anexo Estatístico

A evolução destes números, quer em pensionistas, quer em encargos totais, revela uma situação preocupante em termos de sustentabilidade, que é aliás um dos temas hoje em debate não só em Portugal, como na generalidade dos países europeus.

Se não deve estar em causa o modelo social europeu, questiona-se hoje a forma de o manter de maneira sustentada. Não parece legítimo pôr em causa as expectativas de centenas de milhares de pessoas, mas já parece justificável que, sem pôr em causa algum grau de solidariedade social que deve existir, cada vez mais se esteja atento a quem faz(e fez) os descontos legais e aqueles que por razões de "hoje" descuraram, muitas vezes ilegal e ilegitimamente, as necessidades de "amanhã".

No que diz respeito a um conjunto vasto de indicadores que, de certa forma, traduzem uma melhoria nas condições de conforto, não restam dúvidas que se verificou uma evolução positiva. Não obstante os dados disponíveis não cobrirem o lapso de tempo que pretendíamos, sobretudo se quisermos comparar a evolução em Portugal e na UE-15, constatamos não só uma evolução positiva; mas também de aproximação à média europeia. Deve-se, contudo, ter presente, um elemento importante que diz respeito ao grau de endividamento das famílias portuguesas, como se pode ver no Quadro seguinte.

Capítulo 1 – A economia portuguesa 20 anos depois: Visão geral | 25

	Em % do Rendimento Disponível			Em % do PIB		
	Crédito bancário a particulares-total[1]	Aquisição de habitação	Outros fins	Crédito bancário a particulares-total[1]	Aquisição de habitação	Outros fins
1992	21,9	16,0	5,9	16,6	12,2	4,5
1995	36,7	25,7	11,0	26,6	18,6	8,0
2000	86,6	63,7	22,9	59,7	43,9	15,8
2003	92,6	72,9	20,0	65,1	51,1	14,0

Nota: 1 – Os dados do crédito não são ajustados de operações de titularização, nem corrigidos de reclassificações e de abatimentos ao activo;

Fonte: DGEP (Dezembro de 2004), *Economia Portuguesa – Reformas e Ajustamentos*, Anexo Estatístico, Direcção Geral de Estudos e Previsões, Ministério das Finanças;

Vejamos alguns outros elementos que confirmam aquela conclusão. Atente-se à evolução em Portugal no que respeita à disponibilidade de equipamentos domésticos nos agregados familiares entre 1987 e 2000, no Quadro 20 do Anexo Estatístico.

Para uma comparação com a UE-15, veja-se o quadro seguinte, em percentagem dos agregados familiares.

	País	1995	1998
Automóvel	Portugal	56,0	63,1
	UE-15	73,7	72,5
Televisão a cores	Portugal	89,0	93,1
	UE-15	96,1	96,9
Vídeo gravador	Portugal	50,8	56,7
	UE-15	63,0	67,1
Máquina de lavar loiça	Portugal	17,6	23,2
	UE-15	29,1	32,8
Micro-ondas	Portugal	14,1	27,1
	UE-15	42,8	50,6
Telefone	Portugal	77,8	81,4
	UE-15	93,0	94,5
Alojamentos sem água quente	Portugal	19,0	8,0[1]
	UE-15	2,8	3,8[1]
Alojamentos sem duche	Portugal	14,7	7,8
	UE-15	2,4	1,4

Nota: 1 – Valor referente a 2001
Fonte: Quadro 20 do Anexo Estatístico

Quanto a indicadores relacionados com o acesso a novas tecnologias, veja-se o quadro seguinte, por cada 100 habitantes, para Portugal e para mais três países do Sul da Europa:

	País	1990	2003
Telefone e Telemóvel	Portugal	24,32	130,96
	Espanha	31,73	134,53
	Grécia	38,86	135,62
	Itália	39,92	150,16
Computador Pessoal	Portugal	2,65	13,49[1]
	Espanha	2,76	19,60[1]
	Grécia	1,72	8,17[1]
	Itália	3,64	23,07[1]
Utilizadores de Internet	Portugal	0,00	19,35[1]
	Espanha	0,01	23,91
	Grécia	0,00	15,00
	Itália	0,02	33,67

Nota: 1 – Valores referentes a 2002;
Fonte: Quadro 21 do Anexo Estatístico

Vejamos agora a evolução do consumo privado médio per capita em Portugal, enquanto indicador social, quando comparado com a UE-15.

A evolução deste indicador quando comparado a preços correntes tem pouca relevância, dado a disparidade existente entre níveis de rendimento e taxas de inflação. Portugal apresentou uma evolução dos preços substancialmente superior aos da UE-15 entre 1985 e 1995. Só a partir deste ano o diferencial se situou em cerca de 1 a 2 pontos percentuais acima da média europeia, acabando mesmo em 2005 com uma diferença de 0,2 p.p. superior. Vejam-se os Quadros 22 e 25 do referido Anexo.

Se considerarmos a evolução do consumo médio per capita em paridade de poder de compra, constatamos, a partir do Quadro 22, que aquela capitação representava em 1985, 67,7% da média da UE-15 e que em 2005 este valor se situou nos 77,6%. Verificou-se uma aproximação de dez pontos percentuais neste período, o que, sendo de relevar, não pode esquecer o nível médio de rendimento e a diferença existente entre Portugal e a UE-15. Mais significativa é a comparação entre as estruturas do consumo das famílias. Veja-se o quadro seguinte:

(em % do total)

	1990	1995		2004	
	Portugal	Portugal	UE-15	Portugal[1]	UE-15
Alimentação, bebidas e tabaco	31,08	25,14	17,60	21,14	15,80
Vestuário e Calçado	8,86	8,29	6,80	7,70	6,00
Habitação, água, electricidade e combustíveis	9,55	11,01	20,90	13,42	21,30
Mobiliário, equipamento e despesas domésticas correntes	8,09	7,70	7,20	7,42	6,70
Despesas de saúde	4,44	5,39	3,30	4,98	3,50
Transportes e comunicações	15,25	16,81	15,20	17,26	16,30
Recreio, distracções, educação e cultura	6,43	8,62	10,00	7,84	10,60
Bens e Serviços diversos	16,31	17,04	19,00	20,25	19,70

Nota:1 – Valores de 2003
Fonte: Quadros 23 e 24 do Anexo Estatístico

As quatro rubricas que mais pesam nos orçamentos familiares são a alimentação, a habitação, os transportes e comunicações e os bens e serviços diversos, onde se incluem os hotéis e restaurantes. Mas entre estas rubricas verificam-se evoluções diferenciadas.

Enquanto a alimentação perde peso relativo, com Portugal a apresentar uma percentagem ainda bastante mais elevada do que a UE-15, as restantes rubricas todas sobem na posição relativa, com especial destaque para as despesas com a habitação (maior na UE-15). O vestuário e calçado perde peso relativo, apresentando Portugal um valor superior. As despesas com a saúde aumentam o seu peso no total, sendo este mais acentuado em Portugal. Situação inversa verificamos nas despesas com o lazer, educação e cultura, em que a UE-15 apresenta valores mais elevados.

Se quisermos sintetizar o conteúdo desta secção poderemos fazê-lo da forma que se segue:
- o défice na formação dos portugueses, não obstante a evolução quantitativa verificada, continua a justificar uma atenção especial, embora agora importe também prestar atenção à crescente à vertente qualitativa;
- em todos os graus de ensino se verificou uma melhoria acentuada, embora Portugal apresente ainda valores bastante inferiores aos da UE-15;
- a redução acentuada no número de portugueses sem qualquer grau de instrução foi acompanhada de uma evolução bastante importante do número de portugueses com o Ensino Secundário e o Ensino Superior;
- a despesa pública na educação, em percentagem do PIB, aproxima-se hoje dos valores da UE-15, o que dado o nosso atraso relativo se compreende e justifica, embora devamos estar atentos ao grau de eficiência na utilização desses recursos, e que deve ser acompanhada por investimento criterioso na formação profissional e, em particular, no que hoje se designa por formação ao longo da vida;
- também na área da saúde se constatou uma evolução positiva com especial destaque para o número dos diferentes profissionais por cada 100 mil habitantes, como médicos, dentistas, enfermeiros e farmacêuticos;
- excepto neste último caso, estamos ainda muito aquém dos valores da UE-15, pelo que importa continuar a investir nesta área, cuidando também de uma adequada distribuição regional;
- a exemplo da afectação de recursos na educação, também na saúde os valores para Portugal são próximos da UE-15, com a desvantagem de termos partido de um ponto em que se sentiam grandes carências. Há aqui que continuar a investir, agora com maior racionalidade económica e tendo presente as necessidades sociais;
- na área da Segurança Social a conjugação de um conjunto de factores (envelhecimento da população, reformas ante-

cipadas e perspectivas de deterioração do nível das pensões, entre outros) levaram a um crescimento acentuado do número de pensionistas;
- este crescimento conduziu a que fossem afectos às pensões recursos que hoje se situam já muito próximo dos valores médios da UE-15 quando medidos em percentagem do PIB;
- estes valores colocam o problema da sustentabilidade do modelo social em vigor, tema hoje muito discutido;
- na sua necessária revisão é indispensável fazê-lo sem ferir interesses legítimos, bem como atacar beneficiários fraudulentos, na acepção ampla do termo;
- no domínio dos equipamentos domésticos que permitem avaliar as condições de conforto nos alojamentos familiares, verifica-se uma significativa melhoria, embora se deva ter presente que Portugal partiu de uma situação bastante desfavorável, em termos absolutos e, particularmente, quando comparado com a UE-15.
- no consumo privado médio per capita em PPC, Portugal apresenta uma aproximação da média da UE-15, mas é preciso ter em conta os níveis mais baixos de rendimento médio.
- na estrutura do consumo das famílias, constatam-se similitudes e diferenças decorrentes de factores globais e de níveis de rendimentos diferenciados, traduzidas na evolução dos custos com a alimentação, habitação, transportes e comunicações, saúde, lazer e cultura.

No conjunto poder-se-á dizer que seria difícil não melhorar, dado o atraso em que Portugal se encontrava do ponto de vista das condições sociais nos domínios atrás referidos. Necessitamos de assegurar esta evolução nos próximos anos, de uma forma sustentada, embora se tenham presente as dificuldades dos anos mais recentes e as perspectivas que se anunciam para os mais próximos.

1.3 Evolução económica global

Iniciamos esta secção com uma breve referência à evolução do Produto Interno Bruto (PIB), embora tendo presente alguns limites deste indicador. Tomamos o período de 1985 a 2005.

Se considerarmos os valores constantes do Quadro 26 do Anexo verificamos que o PIB_{pm}, cresceu nestes vinte anos a uma taxa média anual de 7,55% em Portugal e de 5,11% na UE-15 (a preços correntes) e a taxas de 5,5% e 4,9%, respectivamente, se for medida em paridades de poder de compra (PPC). A evolução a preços correntes tem fortes limitações devido às diferentes evoluções dos preços, como é conhecido. Tomada em PPC elimina ou reduz alguns enviesamentos, sendo portanto mais consistente. Para o período, verifica-se que Portugal cresceu a uma taxa média ligeiramente superior à da UE-15, embora se considerarmos a evolução naquelas duas décadas no PIB per capita em PPC constatamos o seguinte (ver Quadro 28 do Anexo Estatísticos):

PIB per capita (PPC)	1985	1999	2005
Portugal	57,60	73,46	69,15
UE15	100,00	100,00	100,00

Isto é, entre 1985 e 1999 houve uma aproximação da média da UE-15 e que após este último ano, Portugal perdeu alguns pontos, o que se traduz vulgarmente pela "não convergência" ou pela "divergência", situando-se em 2005 (com valores provisórios) um pouco abaixo dos 70%.

Para esta situação contribuiu a evolução anual do PIB, como se pode ver no Quadro 27 do referido Anexo.

Efectivamente, a evolução real do PIB foi:
– entre 1985 e 1991, em Portugal superior à media da UE--15;
– entre 1992 e 1994, cresceu abaixo dessa média (em 1993, o crescimento foi mesmo negativo);

– entre 1995 e 2001, voltou a crescer acima da média da União, para, a partir de 2002, voltar a crescer abaixo, com um valor negativo em 2003;

A evolução do PIB na UE e em Portugal tem sido medíocre nos últimos anos. Mas no caso português a situação agravou-se bastante.

Por um lado, pelo grau de abertura e dependência da economia portuguesa face à evolução mundial e, em particular, à europeia. Por outro lado, pelo desequilíbrio nas finanças públicas, pelas restrições impostas com a entrada na zona euro e pelos custos de ajustamento que decorrem das regras do Pacto de Estabilidade e Crescimento.

Se atentarmos na evolução da estrutura do VAB por sectores de actividade, não obstante o grau de agregação, é possível, a partir do quadro seguinte,

Estrutura do VAB, por sectores de actividade (em % do Total)

	País	1985	1990	2004
Agricultura, Silvicultura e Pescas	Portugal	14,34	9,27	3,51
	UE-15	..	3,22	1,97
Indústrias, excluindo Edifícios e Construção	Portugal	23,96	23,31	19,07
	UE-15	..	26,05	20,49
Indústria Transformadora	Portugal	18,72	20,04	15,95[1]
	UE-15	..	22,82	17,17[1]
Edifícios e Construção	Portugal	4,92	5,85	6,48
	UE-15	..	6,40	5,96
Serviços	Portugal	56,77	61,57	70,94
	UE-15	..	64,33	71,58

Nota: 1 – Valor referente a 2002
Fonte: Quadro 29 do Anexo Estatístico

constatar uma mutação estrutural similar em Portugal e na UE, como seria aliás de esperar, embora com um peso relativo superior no VAB agrícola e um peso inferior no conjunto do sector industrial, e em especial na indústria transformadora. Uma análise interessante resultaria da análise do contributo intra-industrial, para se ter uma ideia mais consistente sobre a dinâmica produtiva. De igual forma seria interessante ver o peso relativo no interior do sector dos Serviços. Essa análise, contudo, sai do âmbito do que nos propusemos fazer neste capítulo.

No período de 1985 a 2004, o peso da formação bruta de capital fixo (FBCF) no PIB é superior em Portugal quando comparado com a UE (ver Quadro 30 do Anexo Estatístico). Este peso é regularmente superior a 20% do PIB o que justifica a interrogação sobre a "qualidade" do nosso investimento.

Se comparamos os valores de Portugal com os da UE-15 relativos à estrutura da FBCF por grandes sectores constatamos uma diferença qualitativa fundamental, embora com um grau elevado de agregação. Trata-se da afectação de recursos para o sector dos bens de equipamentos, aqui traduzidos em "Máquinas e aparelhos" e em "Material de transporte".

Em Portugal passou de 38,16% em 1985 no conjunto da F.B.C.F., para 30,72% em 2004, enquanto na UE-15 eram dirigidos para este sector, em 1995, 40,31% e 40,51% em 2003. Esta afectação de recursos pode fazer toda a diferença, não só pelo montante, mas sobretudo, porque se trata de um sector portador de inovação e de modernização infra-estrutural.

No que diz respeito, à evolução do emprego, global e sectorial, constatamos, pelo Quadro 32 do Anexo Estatístico, que Portugal apresenta de 1985 a 2004 uma taxa de actividade superior à da UE-15, embora a diferença entre as duas taxas tenha passado de 6,6 p.p. em 1985 para 2,4 p.p. em 2004.

Portugal apresenta também uma taxa de desemprego, ao longo do período, inferior à da UE-15.

Quanto à estrutura do emprego por sectores, veja-se o quadro seguinte:

País		1985	1990	2004
Agricultura	Portugal	22,2[1]	12,8	12,6[2]
	UE-15	8,3	6,7	3,9
Indústria	Portugal	39,0[1]	34,9	32,3[2]
	UE-15	34,4	33,3	24,3
Serviços	Portugal	38,8[1]	52,3	55,0[2]
	UE-15	57,3	60,1	71,9

Notas: 1 – Valor referente a 1986; 2 – Valor referente a 2003
Fonte: Quadro 32 do Anexo Estatístico

Não obstante as limitações que decorrem da agregação nos três sectores tradicionais, os valores apresentados permitem, contudo, constatar o peso do sector agrícola em Portugal, ainda com cerca de 12 % em 2003, enquanto na UE-15 são os Serviços que superam já os 70% do emprego em 2004, contra 55% em Portugal. Já no que respeita ao emprego no sector industrial, os valores da UE-15 em 2004, cerca de 24% do total, contribuem com quase 33% do VAB, enquanto no nosso País são necessárias mais de 32% para um contributo de cerca de 30% do VAB. É uma medida grosseira, mas estes valores dizem-nos algo sobre os diferentes níveis de produtividade no sector industrial.

As diferenças de produtividade podem, aliás, ser confirmadas pelos dados seguintes, mesmo que interpretados com a devida prudência.

País	1993	1995	2004
Portugal	54,9	59,4	59,2
Espanha	..	92,5	88,0
Grécia	..	59,8	71,2
UE-15	100	100	100

Fonte: Quadro 34 do Anexo Estatístico

Nas relações comerciais externas de Portugal verificaram-se grandes alterações estruturais.

O primeiro ponto a salientar diz respeito à perda de peso relativo das exportações no PIB, enquanto as importações apresentam um evolução inversa. Esta dupla evolução tem como consequência um grande agravamento do défice da balança comercial que passa de 2,4% do PIB, em 1985, para 9,2% em 2005, como se pode ver no quadro seguinte:

Evolução do Comércio Externo (em % do PIB)

	1985	2005
Exportações	31,4	28,6
Importações	33,8	37,8
Saldo da Balança Comercial	-2,4	-9,2

Fonte: Quadro 35 do Anexo Estatístico

Esta evolução foi acompanhada por uma alteração significativa na estrutura das nossas exportações e importações por grupos de produtos, como se pode ver de seguida.

Evolução das exportações e das importações por grupos de produtos (% do total)

	Exportações		Importações	
	1985	2004	1985	2004
Agro-alimentares	9,73	7,60	15,22	12,30
Energéticos	4,45	2,90	25,93	11,00
Químicos	7,76	9,10	11,98	13,90
Madeira, Cortiça e Papel	13,62	9,40	4,39[1]	5,00[1]
Peles, Couros e Têxteis	12,42	5,60	8,96[2]	7,40[2]
Vestuário e Calçado	23,35	14,10		
Minérios e Metais	7,04	11,60	8,43	10,30
Máquinas	11,86	19,00	14,91	20,90
Material de Transporte	3,83	15,40	6,97	14,00
Produtos Acabados Diversos	5,93	5,20	3,22	5,20
Total	100,00	100,00	100,00	100,00

Nota: 1 – Inclui " Peles, Madeira, Cortiça e Papel"; 2 – Inclui "Têxteis, vestuário e Calçado"
Fonte: Quadros 36 e 37 do Anexo Estatístico

Do lado das exportações há duas grandes mutações a salientar.

Por um lado, a perda de peso relativo das indústrias tradicionais portuguesas como as da madeira, cortiça, papel, têxteis, vestuário e calçado que, no conjunto, passaram de cerca de 49% do total, em 1985, para menos de 30% em 2004, isto é, a perda de 20 p.p.(a preços correntes) em 20 anos. Por outro lado, a subida do peso relativo das máquinas e material de transporte, que de cerca de 15% no total em 1985, passaram para mais de 34% em 2004. Esta alteração qualitativa traduz a perda de posição da indústrias tradicionais muito baseadas no baixo custo do factor trabalho e a crescente posição de sectores industriais bastante influenciados e dependentes do investimento directo estrangeiro.

Do lado das importações, devemos destacar os três aspectos seguintes:
– em primeiro lugar, a manutenção de uma forte dependência alimentar e energética (embora aqui em decréscimo mais acentuado);
– a manutenção da posição relativa de produtos provenientes das indústrias, estatisticamente equivalentes às nossas indústrias tradicionais (cerca de 12% do total das importações);
– a subida significativa dos sectores das "máquinas e material de transporte" que passam de cerca de 22% para quase 35% duas décadas mais tarde;

Os valores das importações e das exportações nos sectores tradicionais e no sector das "máquinas e material de transporte" indiciam um acréscimo do comércio intra-ramo, com perdas relativas na exportação tradicional e uma maior diferenciação do produto. No sector mais moderno as importações justificam-se pelos equipamentos industriais não produzidos internamente e pelos equipamentos domésticos e orientados para os serviços, mais ligados às novas tecnologias.

Se fizermos a comparação com a estrutura do comércio externo da UE-15, verificamos algumas diferenças significativas, embora os dados apresentados no quadro seguinte não digam respeito ao mesmo período em análise e os grupos de produtos estejam agregados de forma mais ampla.

Evolução das importações e exportações da UE-15 (em % do total)

	Importações		Exportações	
	1993	2004	1993	2004
Máquinas e Material de Transporte	33,80	38,76	44,05	46,68
Preparados alimentares, Bebidas e Tabaco	3,58	1,17	7,57	4,99
Materiais de Madeira	6,73	4,83	2,26	2,13
Minérios e Metais	16,00	17,18	3,09	3,10
Químicos	7,52	8,77	13,06	16,00
Outros produtos manufacturados	32,37	29,29	29,98	27,10

Fonte: Quadro 38 do Anexo Estatístico

Na estrutura das importações da UE-15 verificamos um maior peso dos sectores de bens de equipamento, da química e nos minérios e metais, e um menor peso relativo nos sectores alimentar, representando o grupo dos "Outros produtos manufacturados" entre os 27 e os 30%, algo equivalente à estrutura do comércio externo português. Idêntica situação constatamos do lado das exportações, com excepção do sector dos minérios e metais.

Este maior peso nos sectores químico e de bens de equipamento é o resultado de uma estrutura produtiva mais desenvolvida, pois trata-se de sectores determinantes no processo produtivo, com uma maior componente de incorporação e de inovação tecnológicas. A maior dependência das importações no sector dos "minérios e metais" traduz a escassez de recursos naturais capaz de fornecer *inputs* às industrias dos países europeus mais desenvolvidos. O fraco peso das importações de produtos alimentares é resultado do elevado grau de auto-aprovisionamento e, em grande medida, condicionado também pelas regras de política agrícola comum.

No decurso dos últimos vinte anos alterou-se também de uma forma bastante evidente a estrutura geográfica do nosso comércio externo.

Em primeiro lugar, devemos destacar o forte crescimento do comércio externo português com os outros Estados-membros da UE-15.

Do lado das importações, o comércio intra-comunitário que representava cerca de 35% do total das importações portuguesas, em 1985, ultrapassa hoje os 75%. Do lado das exportações passou-se também de cerca de 36% para valores próximos de 80% do total, para igual período de análise. Isto faz com que no comércio externo português, o comércio com os restantes parceiros comunitários, mesmo com o recente alargamento a novos 10 países-membros, represente actualmente cerca de 80% do total, só sendo superado, estatìsticamente, pelo Luxemburgo. Isto significa que Portugal, mesmo no conjunto dos actuais 25 Estados-membros, é o país com maior dependência do comércio intra-comunitário.

O acréscimo do peso deste tipo de comércio fez-se através de dois elementos-chave.

Por um lado, um acréscimo da posição relativa dos nossos principais parceiros comerciais, com excepção do Reino Unido enquanto fornecedor e, por outro lado, com alterações na posição relativa de clientes e fornecedores. Aqui destaca-se, especialmente, a posição de Espanha, que passou a ser o nosso principal cliente e o nosso principal fornecedor. A Alemanha ocupa actualmente o 2º lugar como fornecedor e partilha regularmente com a França o 2º e 3º lugar como clientes.

No nosso comércio extra-UE devemos destacar os cerca de 6% da nossa exportação dirigida para os EUA, um pouco mais de metade deste montante para os PALOP, a perda da fraca posição relativa do Japão, quer como cliente, quer como fornecedor e o surgimento da China, sobretudo como fornecedor.

Veja-se o quadro seguinte.

Evolução das origens e destinos do comércio externo português (% do total)

Países	Importações		Exportações	
	1985	2004	1985	2004
UE-15	35,57	77,39	36,27	79,97
Espanha	5,37	29,99	2,22	25,50
França	5,93	9,33	6,73	13,81
Alemanha	8,58	14,19	7,26	13,37
Reino Unido	5,49	4,60	7,67	9,48
Itália	3,76	6,02	2,08	4,33
Holanda	2,31	4,62	3,64	4,04
Bélgica -Luxemburgo	1,56	$2,89^2$	1,88	$4,20^2$
EUA	$3,93^1$	2,31	$4,83^1$	5,91
China	$0,28^1$	1,00	$0,22^1$	0,34
Japão	$2,68^1$	1,42	$1,02^1$	0,31
PALOP	$0,43^1$	0,09	$3,40^1$	3,07

Notas: 1 – Valores referentes a 1990; 2 – Só Bélgica
Fonte: Quadros 39 e 40 do Anexo Estatístico

Na economia portuguesa o investimento directo estrangeiro tem assumido, com períodos altos e outros mais baixos, um papel relevante, sobretudo nos últimos quarenta anos.

Se nos concentrarmos na análise dos últimos vinte anos constatamos uma evolução irregular como se pode ver no Quadro 42 do Anexo Estatístico, com saldos anuais líquidos em crescendo nos primeiros dez anos após a adesão à CEE, interrompida em 1995 e retomada no período de 1996 a 1998. Nos anos mais recentes a evolução tem alternado.

Ainda no referido Quadro 42 se pode também constatar um elemento novo, ou pelo menos com dimensões novas.

Trata-se do investimento português no exterior(IDPE) que, de saldos líquidos insignificantes em 1985/86, assumiu ao longo do período valores crescentes, constatando-se mesmo a partir de 1998 um saldo líquido negativo entre o IDEP e o IDPE, isto é, este superava as entradas líquidas do IDEP. Portugal deixou de ser sòmente um país receptor de capitais, para passar a ser também um país investidor.

Esta situação traduz, contudo, uma posição perigosa para o país, pois, por um lado, significa que Portugal não consegue atrair fluxos de IDEP sustentáveis e desejàvelmente estruturantes (a excepção mais visível é a Autoeuropa), e, por outro lado, canaliza investimentos para o exterior, regra geral, em actividades ligadas ao Comércio, ao Imobiliário e aos Serviços Financeiros (Ver Quadros 45 e 46 do Anexo Estatístico).

No IDE em Portugal também verificamos o acréscimo significativo nos sectores dos Serviços prestados às empresas, no Imobiliário, no Comércio e com uma presença ainda relativamente forte na Indústria Transformadora, mas em decréscimo (ver Quadros 43 e 44 do Anexo Estatístico).

Para uma síntese global do IDEP e do IDPE veja-se o Quadro 47 que apresenta os fluxos acumulados de 1996 a 2004, por sectores de actividade e por zonas e países de origem e de destino.

Quanto aos sectores de actividades confirmam-se as orientações atrás referidas. Relativamente aos países nossos parceiros, destaque para a posição de Espanha, quer no IDEP, quer no investimento português no exterior, onde foi acompanhada pelo Brasil como país de destino.

Como investidores em Portugal, atrás da Espanha surgem os grandes países desenvolvidos como o Reino Unido, os EUA, a Alemanha e a França.

Um domínio em que se verificam também alterações importantes, embora ainda insuficientes, é o da Investigação e Desenvolvimento (I&D).

Se atentarmos no Quadro 49 do Anexo Estatístico verificamos que no período de 1986 a 2001, o número de investigadores passou de 1,27‰ para 3,41‰ face à população activa. Pelos Quadros 50 e 51 do mesmo Anexo, constatamos que não obstante a evolução verificada estamos ainda bastante longe da média da UE-15 e mesmo da UE-25, sobretudo no sector das empresas, pois na área do sector público (Governo e Ensino Superior) os valores para Portugal aproximam-se ou superam mesmos os da média europeia. E isto quer em termos de investigadores, quer em investimento em I&D, domínio em que Portugal em 2003 afectou 0,78% do PIB, quando a UE-15 afectou 1,95%. Há nesta área um grande progresso a fazer, sobretudo por parte das empresas portuguesas, pois como se pode ver no Quadro 52 de Anexo Estatístico, em 2003 a despesa privada em I&D situava-se em 0,25% do PIB português, enquanto na UE-15 e UE-25 os valores eram, respectivamente de 1,08% e 1,04% do PIB. No mesmo quadro se pode ver uma maior aproximação quando se trata de despesa pública em I&D (0,47% do PIB, contra 0,69% e 0,67% na UE-15 e UE-25).

Os valores constantes no Quadro 53 do mesmo Anexo, vêm confirmar esta mesma ideia, com o essencial da despesa em I&D a ser suportada pelo sector público.

Na área financeira do Estado quando comparamos Portugal com a UE-15 verificamos, um pouco contra a ideia corrente no nosso País, que as despesas do Estado em Portugal representaram em 2004, 47,7% do PIB enquanto na UE-15 esse valor atingiu os 48,1% (ver Quadro 54 do Anexo Estatístico). No lado das receitas observa-se uma situação equivalente, com o Estado a absorver 41,7% do PIB enquanto na UE-15 esse valor era de 45,6%. As dificuldades específicas de Portugal neste domínio não estarão tanto nos valores globais, mas sim na distribuição mais desigual dos rendimentos e dos grupos sociais que suportam as receitas do Estado e, por outro lado, nos sectores para onde são canalizadas as despesas públicas e na sua eficiência.

Concluiremos esta secção com uma breve referência aos fluxos financeiros de entrada e de saída, nas relações de Portugal com a UE. Vejam-se os Quadros 56 e 57 do Anexo Estatístico.

Neste último Quadro apresentam-se os fluxos financeiros acumulados entre 1986 e 2005. O total de entradas financeiras foi de 55.826,19 milhões de euros, enquanto as saídas atingiram 18.843,90 milhões, o que dá um saldo líquido de 36.982,29 milhões de euros, que corresponde a 2,13% do PIB português para o mesmo período e a preços correntes.

A estrutura das entradas e saídas é a seguinte:

Entradas(%)		Saídas(%)	
– FEOGA – Garantia	18,98	– Recursos Próprios (líquidos de restrições)	74,22
– FEOGA – Orientação	8,76	– Direitos Aduaneiros e Niveladores agrícolas	24,44
– FEDER	45,14	– Outras	1,34
– FSE	16,19		
– PEDIP	0,83		
– Instr. Financ. de Coesão	8,00		
– Outras	2,11		
Total	100,00	Total	100,00

Fonte: Quadro 57 Anexo Estatístico

Constata-se destes valores o elevado peso do FEDER e do Instrumento Financeiro de Coesão que atingiram no conjunto 53,14% do total das entradas. Peso significativo apresenta o FEOGA – Garantia (18,98%), ligado à concretização da política agrícola comum e também o Fundo Social Europeu (16,19%), que teve uma importância relativa não desprezível.

Num momento em que se aproxima a discussão do próximo Quadro Comunitário de Apoio[1] (QCA) para vigorar entre 2007 e 2013, será determinante avaliar os resultados das afectações feitas no passado e redireccionar as verbas do próximo QCA de forma a que melhor possam contribuir para Portugal reencontrar, também com este apoio, os caminhos da convergência real com a UE, já que o impacto, sobretudo dos Fundos Estruturais, na taxa de crescimento real do PIB português é significativo, como indiciam os valores apresentados no Quadro 58 do Anexo Estatístico.

---

[1] Escrevemos este texto em Maio de 2006, momento em que ainda não são conhecidos os montantes definitivos nem a sua afectação por áreas no Quadro de Referência Estratégica Nacional (QREN), nova designação para o próximo QCA.

Podemos sintetizar o conteúdo desta secção da seguinte forma:
- de 1985 a 2005 Portugal teve uma evolução convergente com a UE-15, em termos de PIB per capita em PPC, passando de 57,6% de média europeia, para 69,15% em 2005;
- esta evolução não nos deve deixar sem apreensões, dado que desde 1999 se tem verificado uma "não convergência" com a UE-15;
- nestes vinte anos assistimos a quatro períodos com evoluções reais do PIB diferenciadas face à UE-15:
  - de 1985 a 1991 e de 1995 a 2001 Portugal cresceu acima da média da UE-15;
  - entre 1992 e 1994 e a partir de 2002 Portugal cresceu abaixo da média europeia;
- a evolução no período mais recente tem sido altamente preocupante, pois para além de baixas taxas de crescimento real, estão presentes outros factores altamente negativos, como são os défices externo e orçamental (este agora em face de redução, mediante a aplicação de um programa de ajustamento altamente restritivo) a subida da taxa de desemprego, ao mesmo tempo que são divulgadas informações sobre o crescimento da desigualdade na distribuição do rendimento e da riqueza;
- o VAB agrícola continua a ter em Portugal um peso relativo quase duplo do verificado na UE-15, invertendo-se as posições quanto ao VAB industrial e dos serviços;
- Portugal apresenta uma elevada percentagem do PIB afecto à FBCF, mas a questão que se pode pôr é a da orientação destes capitais. Há aqui um problema de "qualidade" do investimento;
- os dados apresentados para as estruturas do VAB e do emprego, traduzem as nossas baixas produtividades nos sectores produtivos (agrícola e industrial);
- nas relações comerciais externas dos últimos vinte anos assistimos a grandes alterações estruturais, tais como:

- perda de peso relativo das nossas exportações no PIB e evolução inversa nas importações, logo agravamento do défice comercial;
- perda de posição relativa das exportações dos sectores tradicionais em 20 pontos percentuais (madeira, cortiça, papel, têxteis, vestuário e calçado) e subida da posição das máquinas e material de transporte (de 15% para 34%), a que não é alheio o investimento directo estrangeiro;
- manutenção de forte dependência alimentar e forte subida das importações no sector atrás referido das máquinas e material de transporte, o que, aliado ao peso dos sectores tradicionais, indicia um crescimento do comércio intra-ramo;
- acentuou-se o peso do comércio intra-comunitário de Portugal, que ocupa o 2º lugar na UE, logo após o Luxemburgo, com cerca de 80% do total;
- no conjunto dos fornecedores e clientes, o destaque vai para a posição da Espanha que ocupa hoje o 1º lugar quer nas exportações, quer nas importações. A Espanha passou de uma posição abaixo dos 5% para quase 30% do nosso comércio total;
- nos fluxos comerciais que Portugal mantém com a Espanha seria interessante identificar qual o peso que têm os que são induzidos por acção do IDE e do comércio intra-firma;
- a Alemanha e a França ocupam as posições imediatas face à Espanha, com o Reino Unido em perda, manutenção da posição dos EUA e dos PALOP, a um nível relativamente baixo, e subida da posição da China;
- a economia portuguesa é altamente aberta e dependente do comércio externo, mas também forte tributária do investimento estrangeiro;
- o IDE de 1985 a 1998 apresentou saldos anuais líquidos crescentes, com excepção do ano de 1995. Nos anos mais recentes a evolução é irregular, mas mostra que Portugal

não tem revelado capacidade para atrair grandes investimentos estrangeiros, e sobretudo de carácter estruturante;
- no período pós-adesão surge um elemento novo ou com uma nova dimensão, que é o facto de Portugal ter passado a ser também um investidor no estrangeiro, sobretudo em Espanha e no Brasil;
- verifica-se uma certa similitude nos sectores de aplicação quer do IDEP, quer do IDPE. São eles o comércio, o imobiliário e os serviços financeiros e os prestados às empresas. No caso do IDE em Portugal surge ainda com algum relevo a indústria, sobretudo a transformadora.
- na I&D constata-se, não obstante uma nítida melhoria, uma fraca posição de Portugal, quando comparado com a UE--15 e mesmo com a UE-25, não só no número de investigadores, como nos recursos globais afectos a esta área;
- no domínio da I&D o maior défice verifica-se no sector privado e sobretudo por parte das empresas, onde Portugal necessita de fazer grandes progressos;
- no campo das finanças públicas os dados apresentados registam uma certa similitude entre Portugal e a UE-15, em termos de peso relativo das despesas e das receitas do Estado face ao PIB. No nosso país põe-se com maior acuidade o problema do défice orçamental o que, sendo uma questão de nível de despesa, também deve ser vista do lado da receita. Trata-se aqui de introduzir maior racionalidade e eficiência no lado da despesa e maior equidade fiscal no lado da receita;
- como elemento constante ao longo destes últimos vinte anos destacamos a presença de fortes fluxos financeiros entre Portugal e a União Europeia, que apresentam um saldo líquido acumulado de quase 37 mil milhões de euros, que corresponde a 2,13% do PIB português (preços correntes) para o período em causa. É um montante significativo, sobretudo nos Fundos Estruturais de que o País tem beneficiado, com reflexos bem visíveis nalguns domí-

nios, como os das infra-estruturas físicas, noutros com menor rentabilidade social como, por exemplo, no domínio da qualificação dos portugueses.

xxx

Do fresco aqui traçado para os últimos vinte anos ressalta uma melhoria global acentuada no grau de desenvolvimento do País face à UE-15, embora com grandes desafios e vulnerabilidades, por exemplo no domínio da estrutura produtiva, nas áreas da Tecnologia e da Inovação, na qualificação das pessoas, nos desequilíbrios externo e orçamental.

Com uma fraca capacidade revelada de atracção do IDE, uma estrutura empresarial frágil e pouco propensa à inovação, uma Administração Pública pouco eficiente e uma elevada assimetria na distribuição do rendimento e da riqueza, Portugal está confrontado com problemas que, partindo de um patamar mais elevado, exigem visão estratégica, objectivos bem definidos, instrumentos convenientemente seleccionados e agentes sociais e políticos determinados, responsáveis e solidários.

Referências Bibliográficas

AMECO (December 2005), *Indicators: Population and Employment*, Economic and Financial Affairs, European Commission.

AMECO (December 2005), *Indicators: Gross Domestic Product Per Head*, Economic and Financial Affairs, European Commission.

AMECO (December 2005), *Indicators: Labour Costs; Total Economy*, Economic and Financial Affairs, European Commission.

AMECO (December 2005), *Indicator: Gross Fixed Capital Formation By Type Of Good*, Economic and Financial Affairs, European Commission.

AMECO (December 2005), *Indicator: Domestic Product and Income, Total Economy*, Economic and Financial Affairs, European Commission.

AMECO (December 2005), *Indicator: General Government, Total Economy*, Economic and Financial Affairs, European Commission.

BANCO DE PORTUGAL (1997), *Séries Longas para a Economia Portuguesa Pós II Guerra Mundial*, Volume I – Séries Estatísticas, (versão revista, e prolongada para 1994 e 1995), Lisboa.

BARRETO, António (2000), *A situação social em Portugal 1960-1999*, Lisboa, Volume II, Imprensa de Ciências Sociais.

CARRILHO, Maria José e PATRÍCIO, Lurdes (2005), *A Situação Demográfica Recente em Portugal*, Revista Estudos Demográficos n.º 38, pp 113-140, INE, Lisboa.

DPP (1999), *Portugal no contexto da UE 15 – Dinâmica de Convergência*, Documento de Trabalho, Departamento de Prospectiva e Planeamento, Ministério do Planeamento, Lisboa.

DGEP (Setembro de 1999), *Economia Portuguesa – Estabilidade e Crescimento*, Anexo Estatístico, Direcção Geral de Estudos e Previsões, Ministério das Finanças.

DGEP (Novembro de 2002), *Economia Portuguesa – Produtividade e Competitividade*, Anexo Estatístico, Direcção Geral de Estudos e Previsões, Ministério das Finanças.

DGEP (Dezembro de 2004), *Economia Portuguesa – Reformas e Ajustamentos*, Anexo Estatístico, Direcção Geral de Estudos e Previsões, Ministério das Finanças.

DGEP (*Destaque de Janeiro/2006/Nº 231*), *A Contribuição Financeira da União Europeia a Portugal*, Direcção Geral de Estudos e Previsão, Ministério das Finanças.

DGEP (Julho de 2005), *Economia Portuguesa – Alguns Indicadores Estruturais*, Anexo Estatístico, Direcção Geral de Estudos e Previsões, Ministério das Finanças.

DGERT, *Evolução do Salário Mínimo Nacional*, Direcção-Geral do Emprego e das Relações de Trabalho (DGERT), Ministério da Segurança Social e do Trabalho.

DGES, *Estatísticas de Pessoal: Pessoal docente e não docente*, Direcção Geral do Ensino Superior, Ministério da Tecnologia e do Ensino Superior.

EC, *Employment in Europe 2000*, European Commission.
EC (July 2002), *Employment in Europe 2002 – Recent Trends and Prospects*, European Commission.
EC (August 2004), *Employment in Europe 2004 – Recent Trends and Prospects*, European Commission.
EC (September 2005), *Employment in Europe 2005 – Recent Trends and Prospects*, European Commission.
EIRONLINE (2005), *Minimum wages in Europe*, European industrial relations observatory on-line, European Foundation for the Improvement of living and Working Conditions.
EUROSTAT (2005), *Europe in figures – Eurostat Yearbook2005*, European Commission.
EUROSTAT (October 2005), *Statistics in Focus – Population and Social Conditions*, European Commission, Luxembourg.
EUROSTAT (2001), *Structural Indicators – General Economic Background*, European Commission, Luxembourg.
EUROSTAT (August 2005), *Statistics in Focus – Education and Training*, European Commission, Luxembourg.
EUROSTAT (December 2005), *Statistics in Focus – Income and Living conditions*, European Commission, Luxembourg.
EUROSTAT (Autumn 2005), *Statistical Annex of European Economy*, European Commission, Belgium.
EURYDICE EUROPEAN UNIT (September 2005), *European Glossary on Education*, Volume II, Second edition, Educational Institutions, Belgium.
GEE (Junho de 2005), *Barómetro da produtividade*, Gabinete de Estudos Económicos, do Ministério da Economia.
GEE (2005), *Comércio Internacional – Quadro de Base de séries anuais*, Gabinete de Estudos Económicos, do Ministério da Economia.
GEE (Março de 2006), *Fluxos de IDE por sector e por país (valores anuais – período de 1996-05)*, Gabinete de Estudos Económicos, do Ministério da Economia.
GEE (Março de 2006), *Stock de Investimento Directo (valores anuais – período de 1996-05)*, Gabinete de Estudos Económicos, do Ministério da Economia.

GIASE (Fevereiro de 2006), *Séries Cronológicas – Alunos matriculados (1985-2005)*, Gabinete de Informação e Avaliação do Sistema Educativo, Ministério da Educação.

GIASE (Fevereiro de 2006), *Perfil do Docente 04/05*, Gabinete de Informação e Avaliação do Sistema Educativo, Ministério da Educação.

IMF (January 2006), *Country Information – Portugal*, International and Monetary Fund, United States of America.

INE (2005), *Anuário Estatístico de Portugal 2004*, Instituto Nacional de Estatística, Lisboa.

INE, *Séries Cronológicas sobre a População e Condições Sociais*, Instituto Nacional de Estatística, Lisboa.

INE (2001), *Os orçamentos do estado português – Propostas governamentais, orçamentos aprovados e rectificados e contas de execução 1837-2001*, Capítulo 5: Anos económicos de 1950 a 2001, Instituto Nacional de Estatística, Lisboa.

INE (2004), *Trinta Anos de 25 de Abril – Um retrato estatístico 1974--2003*, Instituto Nacional de Estatística, Lisboa.

OCES (2003), Principais Indicadores de I&D, de 1982 a 2001, Edição 2003, Observatório da Ciência e do Ensino Superior, do Ministério da Ciência e Tecnologia e do Ensino Superior.

OCES (2002), *Inquérito ao Potencial Científico e Tecnológico Nacional (Resultados Provisórios)*, Observatório da Ciência e do Ensino Superior, do Ministério da Ciência e Tecnologia e do Ensino Superior.

OCES (2006), *Inquérito ao Potencial Científico e Tecnológico Nacional* – Sumários Estatísticos (Estatísticas Oficiais), Observatório da Ciência e do Ensino Superior, do Ministério da Ciência e Tecnologia e do Ensino Superior.

OCES (2004), *O Sistema do Ensino Superior em Portugal 1993 – 2003 (Edição Revista)*, Observatório da Ciência e do Ensino Superior, do Ministério da Ciência e Tecnologia e do Ensino Superior.

OECD (2005), *OECD Science, Technology and Industry Scoreboard 2005*, Organisation for Economic Co-operation and Development, France.

UNSTATS (March 2005), *Millennium Indicators Databases (1990--2005)*, United Nations Statistics Division, United States of America.

WHO (January 2006), *European health for all Databases (HFA-DB)*, World Health Organization Regional Office for Europe, Denmark.

Alguns Sites Importantes

http://gee.min-economia.pt/comm/
http://www.bportugal.pt/
http://unstats.un.org/unsd/databases.htm
http://www.euro.who.int/
http://epp.eurostat.cec.eu.int/
http://www.dgep.pt/

http://europa.eu.int/
http://www.oecd.org
http://www.imf.org/
http://www.ine.pt/

ANEXO

ESTATÍSTICO

Nota: Preparado por António Romão com o apoio da estudante de mestrado de ISEG Lara Vilela Kadhim, bolseira da Reitoria da UTL

Indicadores Demográficos

Quadro 1 – População residente, Densidade populacional e População por grupo etário

País		Unidade	1985	1986	1987	1988	1989	1990	1991
Área Total	Portugal	1000Km²	92						
População residente	Portugal	Milhares	10.011	10.011	9.994	9.968	9.937	9.945	9.968
	UE-15	Milhares	342.022	342.743	343.426	344.507	345.951	348.064	365.881[1]
Densid.Populac.	Portugal	Hab/Km²	108,74	108,73	108,72	108,71	108,71	108,70	108,69
População por grupo etário									
0-14 anos	Portugal	Milhares	2.367	2.313	2.251	2.182	2.107	2.030	1.961
	Portugal	%	23,64	23,11	22,52	21,89	21,20	20,41	19,67
	UE-15	Milhares	66.774						
	UE-15	%	19,52						
15-64 anos	Portugal	Milhares	6.457	6.485	6.506	6.523	6.536	6.581	6634,7
	Portugal	%	64,50	64,78	65,10	65,44	65,77	66,18	66,56
	UE-15	Milhares	228.510						
	UE-15	%	66,81						
65 e mais anos	Portugal	Milhares	1.188	1.213	1.237	1.263	1.294	1.334	1372,4
	Portugal	%	11,87	12,11	12,38	12,67	13,02	13,41	13,77
	UE-15	Milhares	46.740						
	UE-15	%	13,67						
País		**Unidade**	**1992**	**1993**	**1994**	**1995**	**1996**	**1997**	**1998**
Área Total	Portugal	1000Km²	92						
População residente	Portugal	Milhares	9.970	9.983	10.004	10.030	10.058	10.091	10.129
	UE-15	Milhares	367.543	369.012	370.126	371.132	372.087	372.962	373.776
Densid.Populac.	Portugal	Hab/Km²	108,29	108,42	108,66	108,94	109,24	109,60	110,02
População por grupo etário									
0-14 anos		Milhares	1.902	1.856	1.816	1.776	1.741	1.711	1.685
	Portugal	%	19,00	18,54	18,17	17,82	17,52	17,20	16,90
15-64 anos		Milhares	6.666	6.697	6.729	6.762	6.793	6.824	6.856
	Portugal	%	66,58	66,89	67,32	67,84	68,36	68,62	68,78
65 e mais anos		Milhares	1.402	1.430	1.460	1.492	1.523	1.556	1.589
	Portugal	%	14,01	14,29	14,61	14,96	15,33	15,64	15,94
País		**Unidade**	**1999**	**2000**	**2001**	**2002**	**2003**	**2004**	**2005**
Área Total	Portugal	1000Km²	92						
População residente	Portugal	Milhares	10.172	10.226	10.293	10.368	10.441	10.504	10.567
	UE-15	Milhares	374.787	376.072	377.606	379.428	381.528	383.608	385.609
Densid.Populac.	Portugal	Hab/Km²	110,48	111,07	111,80	112,61	113,40	114,08	114,77
População por grupo etário									
0-14 anos		Milhares	1.664	1.648	1.640	1.643	1.647	1.649	..
	Portugal	%	16,62	16,46	16,41	16,48	16,58	15,70	..
	UE-15	Milhares						62.528	
	UE-15	%						16,30	..
15-64 anos		Milhares	6.888	6.922	6.960	7.003	7.045	7.080	7.116
	Portugal	%	67,72	67,69	67,62	67,55	67,48	67,41	67,34
	UE-15	Milhares						255.938	257.122
	UE-15	%						66,72	66,68
65 e mais anos		Milhares	1.620	1.656	1.693	1.722	1.749	1.774	..
	Portugal	%	15,92	16,20	16,45	16,61	16,75	16,89	..
	UE-15	Milhares						65.142	..
	UE-15	%						16,98	..

Nota: [1] Inclui a Alemanha Unificada.
Fonte: AMECO (December 2005), *Indicators: Population and Employment*, Economic and Financial Affairs, European Commission; EUROSTAT (2005), *Europe in figures – Eurostat Yearbook2005*, European Commission, Luxembourg.

Figura 1 – População residente, por sexo segundo censos

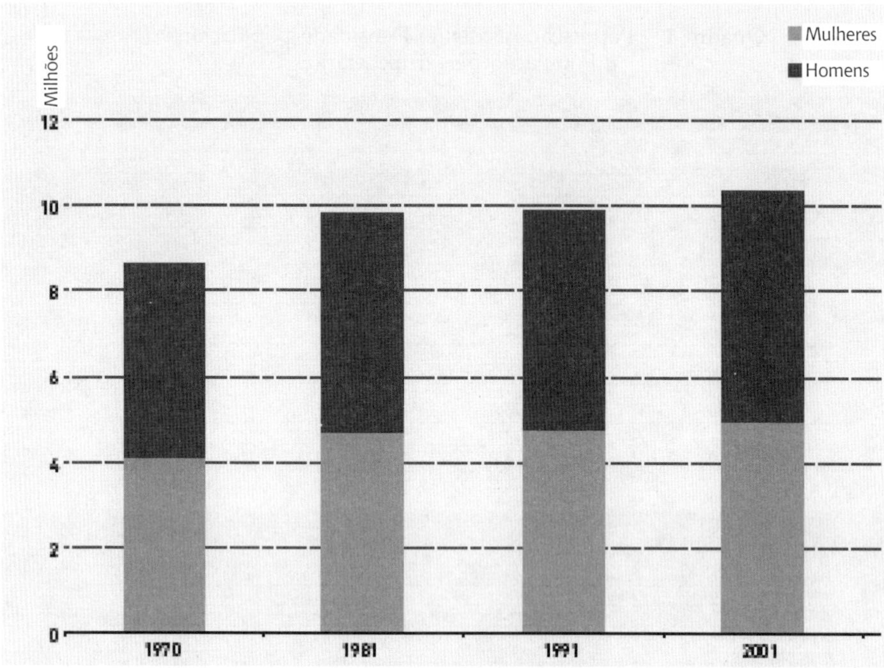

Fonte: INE (2004), *Trinta Anos de 25 de Abril – Um retrato estatístico 1974-2003*, Capítulo1: População e Território, Instituto Nacional de Estatística, Lisboa.

Quadro 2 – Taxa de crescimento médio anual entre 1985-2005, em percentagem

	Taxa de crescimento médio anual da população(%)
Portugal	0,27
UE-15	0,6

Fonte: AMECO (December 2005), *Indicators: Population and Employment*, Economic and Financial Affairs, European Commission; EUROSTAT (2005), *Europe in figures – Eurostat Yearbook2005*, European Commission, Luxembourg.

Quadro 3 – Natalidade, Mortalidade e Mortalidade infantil

	País	Unidade	1985	1986	1987	1988	1989	1990	1991
Natalidade	Portugal	Milhares	130,45	126,63	123,07	121,92	118,60	116,09	116,44
		Taxa (‰)	13,03	12,66	12,33	12,25	11,93	11,66	11,68
	UE-15	Milhares	4073,41	4085,27	4100,08	4163,46	4118,98	4290,81	4283,20
		Taxa (‰)	11,92	11,92	11,92	12,06	11,87	12,02	11,68
Mortalidade	Portugal	Milhares	97,31	95,72	95,32	98,04	96,23	102,85	104,37
		Taxa (‰)	9,72	9,57	9,55	9,85	9,68	10,33	10,47
	UE-15	Milhares	3577,90	3554,05	3484,38	3504,08	3525,60	3633,98	3729,46
		Taxa (‰)	10,47	10,37	10,13	10,15	10,16	10,18	10,17
Mortalidade infantil	Portugal	Milhares	2,33	2,01	1,75	1,59	1,44	1,28	1,26
		Taxa (‰)	17,83	15,91	14,24	13,06	12,18	10,99	10,81
	UE-15	Milhares	38,53	37,42	36,12	34,72	32,87	32,61	31,74
		Taxa (‰)	9,46	9,16	8,81	8,34	7,98	7,60	7,41

	País	Unidade	1992	1993	1994	1995	1996	1997	1998
Natalidade	Portugal	Milhares	115,13	114,12	109,39	107,37	110,52	113,23	113,79
		Taxa (‰)	11,54	11,42	10,92	10,69	10,97	11,20	11,21
	UE-15	Milhares	4253,60	4142,87	4054,68	4005,95	4034,43	4036,12	4016,04
		Taxa (‰)	11,55	11,21	10,94	10,78	10,83	10,81	10,73
Mortalidade	Portugal	Milhares	101,26	106,53	99,77	104,06	107,39	105,35	106,78
		Taxa (‰)	10,15	10,66	9,96	10,36	10,66	10,42	10,52
	UE-15	Milhares	3682,77	3758,52	3676,64	3730,96	3725,24	3688,88	3712,87
		Taxa (‰)	10,00	10,17	9,92	10,04	10,00	9,88	9,92
Mortalidade infantil	Portugal	Milhares	1,07	1,00	0,88	0,81	0,76	0,73	0,69
		Taxa (‰)	9,29	8,73	8,06	7,51	6,87	6,43	6,02
	UE-15	Milhares	29,22	26,80	24,61	22,55	22,11	21,07	20,32
		Taxa (‰)	6,87	6,47	6,07	5,63	5,48	5,22	5,06

	País	Unidade	1999	2000	2001	2002	2003	2004[1]
Natalidade	Portugal	Milhares	116,37	120,45	113,22	114,76	112,47	109,57
		Taxa (‰)	11,41	11,74	10,96	11,03	10,74	10,40
	UE-15	Milhares	4002,08	4054,79	4004,71	4006,43	4028,44	..
		Taxa (‰)	10,66	10,76	10,58	10,53	10,53	..
Mortalidade	Portugal	Milhares	108,52	106,18	105,99	107,06	109,12	102,19
		Taxa (‰)	10,64	10,35	10,26	10,29	10,42	9,70
	UE-15	Milhares	3728,01	3666,64	3648,90	3686,83	3733,86	..
		Taxa (‰)	9,93	9,73	9,64	9,69	9,76	..
Mortalidade infantil	Portugal	Milhares	0,66	0,67	0,57	0,58	0,47	0,46
		Taxa (‰)	5,63	5,54	5,06	5,07	4,19	4,20
	UE-15	Milhares	19,61	19,26	18,82	18,15	17,97	..
		Taxa (‰)	4,90	4,75	4,70	4,53	4,46	4,00

Nota: Valores de 2004 são provisórios;
Fonte: WHO (January 2006), *European health for all Databases (HFA-DB)*, World Health Organization Regional Office for Europe, Denmark; INE (2005), A*nuário Estatístico de Portugal 2004*, Instituto Nacional de Estatística, Lisboa; EUROSTAT (October 2005), *Statistics in Focus – Population and Social Conditions*, European Commission, Luxembourg.

Figura 2 – Natalidade, Mortalidade e Mortalidade infantil

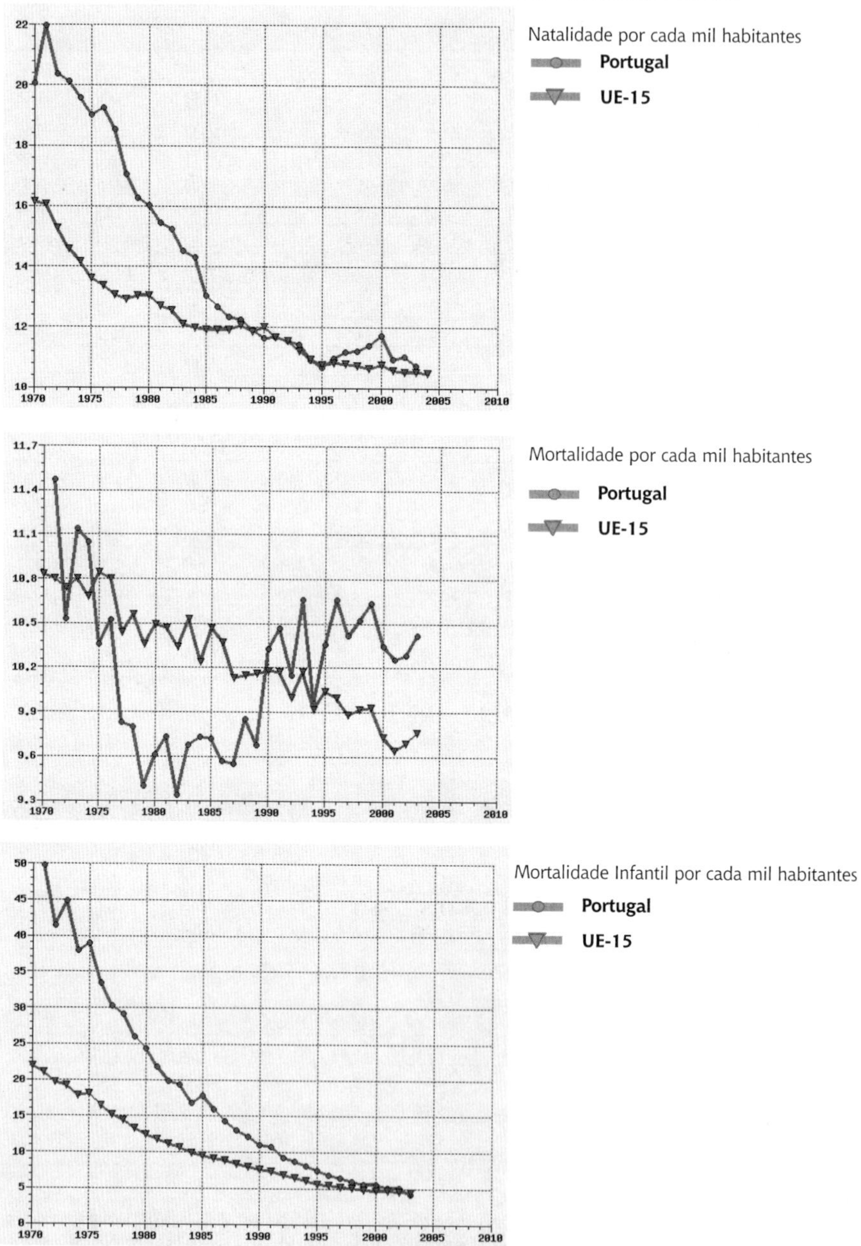

Natalidade por cada mil habitantes
— Portugal
— UE-15

Mortalidade por cada mil habitantes
— Portugal
— UE-15

Mortalidade Infantil por cada mil habitantes
— Portugal
— UE-15

Fonte: WHO (January 2006), *European health for all Databases (HFA-DB)*, World Health Organization Regional Office for Europe, Denmark.

Quadro 4 – Saldo Natural, Saldo Migratório e Variação Populacional

País		Unidade	1985	1986	1987	1988	1989	1990	1991
Saldo natural	Portugal	Milhares	33,14	30,91	27,75	23,89	22,37	13,24	12,06
		Taxa(%)	0,33	0,31	0,28	0,24	0,23	0,13	0,12
	UE-15	Milhares	495,51	531,22	615,70	659,39	593,38	656,83	553,74
		Taxa(%)	0,15	0,16	0,18	0,19	0,17	0,18	0,15
Saldo Migratório	Portugal	Milhares	..	-31,61	-44,25	-49,89	-53,17	-5,54	10,74
		Taxa(%)	..	-0,32	-0,44	-0,50	-0,53	-0,06	0,11
	UE-15	Milhares	..	54,78	788,10	421,81	851,02	1455,27	17264,06
		Taxa(%)	..	0,02	0,23	0,12	0,25	0,41	4,71
Variação Populacional	Portugal	Milhares	..	-0,70	-16,50	-26,00	-30,80	7,70	22,80
		Taxa(%)	..	-0,01	-0,17	-0,26	-0,31	0,08	0,23
	UE-15	Milhares	..	586,00	1403,80	1081,20	1444,40	2112,10	17817,80[1]
		Taxa(%)	..	0,17	0,41	0,31	0,42	0,59	4,86[1]

País		Unidade	1992	1993	1994	1995	1996	1997	1998
Saldo natural	Portugal	Milhares	13,87	7,59	9,62	3,31	3,12	7,89	7,00
		Taxa(%)	0,14	0,08	0,10	0,03	0,03	0,08	0,07
	UE-15	Milhares	570,83	384,35	378,04	274,99	309,19	347,23	303,17
		Taxa(%)	0,16	0,10	0,10	0,07	0,08	0,09	0,08
Saldo Migratório	Portugal	Milhares	-11,77	5,01	11,88	22,99	24,38	25,31	31,20
		Taxa(%)	-0,14	0,05	0,12	0,23	0,24	0,25	0,31
	UE-15	Milhares	1090,47	1085,35	735,66	731,01	645,31	527,77	511,43
		Taxa(%)	0,30	0,29	0,20	0,20	0,17	0,14	0,14
Variação Populacional	Portugal	Milhares	2,10	12,60	21,50	26,30	27,50	33,20	38,20
		Taxa(%)		0,13	0,21	0,26	0,27	0,33	0,38
	UE-15	Milhares	1661,30	1469,70	1113,70	1006,00	954,50	875,00	814,60
		Taxa(%)	0,45	0,40	0,30	0,27	0,26	0,23	0,22

País		Unidade	1999	2000	2001	2002	2003	2004	
Saldo natural	Portugal	Milhares	7,85	14,26	7,23	7,70	3,35	7,37	
		Taxa(%)	0,08	0,14	0,07	0,07	0,03	0,07	
	UE-15	Milhares	274,06	388,14	355,81	319,60	294,58	..	
		Taxa(%)	0,07	0,10	0,09	0,08	0,08	..	
Saldo Migratório	Portugal	Milhares	34,75	39,64	59,97	67,70	69,35	55,23	
		Taxa(%)	0,34	0,39	0,58	0,65	0,66	0,52	
	UE-15	Milhares	736,94	896,36	1178,79	1501,70	1805,62	..	
		Taxa(%)	0,20	0,24	0,31	0,39	0,47	..	
Variação Populacional	Portugal	Milhares	42,60	53,90	67,20	75,40	72,70	62,60	
		Taxa(%)	0,42	0,53	0,65	0,72	0,69	0,59	
	UE-15	Milhares	1011,00	1284,50	1534,60	1821,30	2100,20	2080,30	
		Taxa(%)	0,27	0,34	0,41	0,48	0,55	0,54	

Nota: [1]Inclui a Alemanha Unificada; Saldo migratório foi obtido a partir da diferença entre a variação populacional e o saldo natural.
Fórmulas: Taxa de crescimento efectivo(TCE) = [P(t) - P(0) / [(P(0)+P(t)/2]] * 10^n, com P(0)- População no momento 0; P(t) - População no momento t; Taxa de crescimento natural (TCN)=[SN(0,t)/ [(P(0)+P(t)/2]] * 10^n ; SM(0,t) - Saldo natural entre os momentos 0 e t; P(0) –População no momento 0;P(t) - População no momento t.; Taxa de crescimento migratório = TCE-TCN
Fontes: WHO(January 2006), *European health for all Databases (HFA-DB)*, World Health Organization Regional Office for Europe, Denmark; EUROSTAT (October 2005), *Statistics in Focus – Population and Social Conditions*, European Commission, Luxembourg.

Quadro 5 – Esperança média de vida à nascença e aos 65 anos:
Homens e Mulheres

	País	Unidade	1985	1986	1987	1988	1989	1990	1991
Esperança média de vida à nascença: Homens	Portugal	n.º médio de anos	69,36	69,88	70,27	70,19	70,75	70,61	70,44
	UE-15	n.º médio de anos	71,91	72,14	72,57	72,72	72,91	73,04	73,15
Esperança média de vida à nascença: Mulheres	Portugal	n.º médio de anos	76,46	76,85	77,22	77,35	77,83	77,58	77,72
	UE-15	n.º médio de anos	78,61	78,82	79,31	79,45	79,63	79,79	79,94
Esperança média de vida aos 65 anos: Homens	Portugal	n.º médio de anos	13,53	13,84	14,04	13,94	14,26	14,09	14,19
	UE-15	n.º médio de anos	14,05	14,19	14,53	14,62	14,73	14,84	14,97
Esperança média de vida aos 65 anos: Mulheres	Portugal	n.º médio de anos	16,81	17,09	17,32	17,26	17,60	17,21	17,42
	UE-15	n.º médio de anos	17,94	18,07	18,51	18,58	18,68	18,79	18,91
	País	Unidade	1992	1993	1994	1995	1996	1997	1998
Esperança média de vida à nascença: Homens	Portugal	n.º médio de anos	70,98	70,93	71,97	71,66	71,59	72,16	72,33
	UE-15	n.º médio de anos	73,52	73,64	74,05	74,17	74,45	74,87	74,97
Esperança média de vida à nascença: Mulheres	Portugal	n.º médio de anos	78,40	78,18	79,04	79,02	79,07	79,39	79,59
	UE-15	n.º médio de anos	80,30	80,29	80,71	80,82	80,99	81,25	81,30
Esperança média de vida aos 65 anos: Homens	Portugal	n.º médio de anos	14,53	14,21	14,81	14,75	14,66	14,99	15,01
	UE-15	n.º médio de anos	15,19	15,16	15,46	15,48	15,62	15,82	15,79
Esperança média de vida aos 65 anos: Mulheres	Portugal	n.º médio de anos	17,88	17,61	18,30	18,15	18,16	18,50	18,58
	UE-15	n.º médio de anos	19,17	19,11	19,45	19,49	19,60	19,76	19,75
	País	Unidade	1999	2000	2001	2002	2003		
Esperança média de vida à nascença: Homens	Portugal	n.º médio de anos	72,62	73,20	73,51	73,82	74,27		
	UE-15	n.º médio de anos	75,19	75,62	75,94	76,08	76,12		
Esperança média de vida à nascença: Mulheres	Portugal	n.º médio de anos	79,75	80,27	80,59	80,70	80,68		
	UE-15	n.º médio de anos	81,43	81,80	82,01	82,00	81,98		
Esperança média de vida aos 65 anos: Homens	Portugal	n.º médio de anos	15,08	15,46	15,73	15,76	15,82		
	UE-15	n.º médio de anos	15,93	16,26	16,53	16,58	16,58		
Esperança média de vida aos 65 anos: Mulheres	Portugal	n.º médio de anos	18,56	18,99	19,23	19,30	19,13		
	UE-15	n.º médio de anos	19,82	20,15	20,32	20,26	20,21		

Fonte: WHO (January 2006), *European health for all Databases (HFA-DB)*, World Health Organization Regional Office for Europe, Denmark.

Figura 3 – Esperança média de vida à nascença e esperança média de vida aos 65 anos: Homens e Mulheres

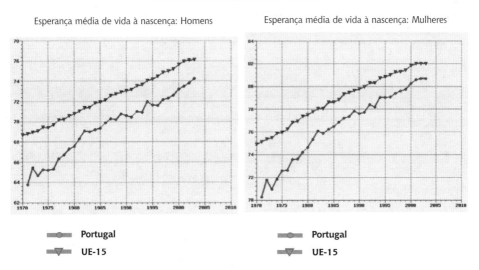

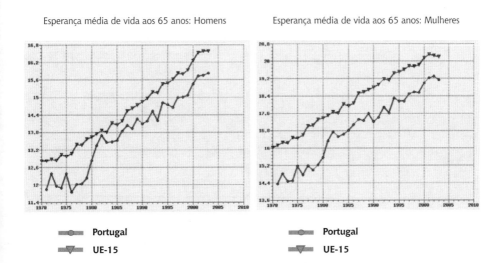

Fonte: WHO (January 2006), *European health for all Databases (HFA-DB)*, World Health Organization Regional Office for Europe, Denmark.

Quadro 6 – Portugal: Emigração Total e Imigração – População Estrangeira com residência legalizada (em valor)

	1985	1986	1987	1988	1989	1990	1991
Emigração Total (Fluxos anuais)	14 944	13 690	16 228	18 302	..	..	..
Imigração - População Estrangeira com residência legalizada (Fim do período)	..	86 982	89 778	94 453	101 011	107 767	113 978
	1992	1993	1994	1995	1996	1997	1998
Emigração Total (Fluxos anuais)	39 322	33 171	29 104	22 579	29 066	36 395	22 196
Imigração - População Estrangeira com residência legalizada (Fim do período)	121 513	122 348	157 073	168 316	172 912	175 263	177 774
	1999	2000	2001	2002	2003	2004	
Emigração Total (Fluxos anuais)	28 080	21 333	20 589	27 358	27008[1]	..	
Imigração - População Estrangeira com residência legalizada (Fim do período)	191 143	207 607	223 976	238 746	250231	265361[1]	

Nota: [1]Valores provisórios;
Fontes: INE, *Emigração segundo os Principais Destinos (1968-1988)* – Séries Cronológicas sobre a População e Condições Sociais, Instituto Nacional de Estatística, Lisboa; INE, *Emigração segundo os Principais Destinos (>=1992)* – Séries Cronológicas sobre a População e Condições Sociais, Instituto Nacional de Estatística, Lisboa; INE, *Estrangeiros com residência legalizada por Nacionalidade e por sexo* – Séries Cronológicas sobre a População e Condições Sociais, Instituto Nacional de Estatística, Lisboa.

Figura 4 – Evolução da emigração segundo ano de partida

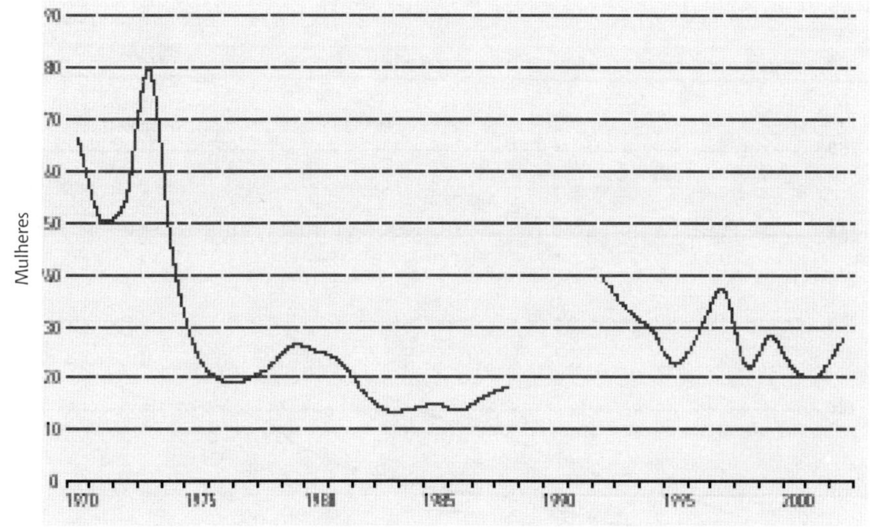

Notas: Dados não disponíveis entre 1989 e 1991. Até 1995, não havia distinção entre emigrante permanente e temporário. A partir de 1976, inclui emigração permanente e temporária.

Fonte: INE (2004), *Trinta Anos de 25 de Abril – Um retrato estatístico 1974-2003*, Capitulo1: População e Território, Instituto Nacional de Estatística, Lisboa.

Figura 5 – Evolução da população estrangeira com estatuto de residência legalizada

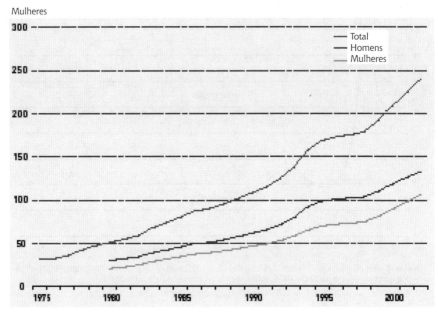

Notas: Dados provisórios para 2002.

Fonte: INE (2004), *Trinta Anos de 25 de Abril – Um retrato estatístico 1974-2003*, Capitulo1: População e Território, Instituto Nacional de Estatística, Lisboa.

Indicadores Sociais

Quadro 7 – População Portuguesa dos 15 aos 64 anos por grau de instrução
(em % do total)

15-64 anos	1992	1999 [f]	2004 [g]
Nenhum	12,50	10,10	5,70
Básico	68,60	70,50	67,90
1ºciclo [a]	36,40	34,60	29,30
2ºciclo [b]	16,50	19,20	19,30
3ºciclo [c]	15,70	16,70	19,30
Secundário [d]	10,30	12,40	25,60
Superior	8,50 [e]	7,10	10,80

Notas: [a] Quatro anos de escolaridade; [b] Seis anos de escolaridade; [c] Nove anos de escolaridade; [d] Doze anos de escolaridade. [e] Inclui cursos médios politécnicos; [f] Primeiro semestre; [g] Primeiros três trimestres.
Fontes: DGEP (Setembro de 1999), *Economia Portuguesa – Estabilidade e Crescimento*, Anexo Estatístico, Direcção Geral de Estudos e Previsões, Ministério das Finanças; DGEP (Dezembro de 2004), *Economia Portuguesa – Reformas e Ajustamentos*, Anexo Estatístico, Direcção Geral de Estudos e Previsões, Ministério das Finanças.

Quadro 8 – População entre os 25 e os 64 anos por grau de instrução (em montante e em %) segundo censos 2001

Grupo Etário	País	Nenhum	Ensino Primário	Ensino Secundário* Inferior	Ensino Secundário* Superior	Ensino Superior
População entre os 25-29	Portugal	8272	354379	99846	227684	219016
	Espanha	20447	259843	1236806	873685	493240
	Grécia	10535	95550	113220	350865	195790
População entre os 30-34	Portugal	10332	432014	87046	194542	141694
	Espanha	22653	327843	1298974	756548	441064
	Grécia	10400	131178	120876	340428	211778
População entre os 35-39	Portugal	11731	531085	90418	169566	113909
	Espanha	25595	385157	1283387	679317	374721
	Grécia	9514	172120	97962	287946	177542
População entre os 40-44	Portugal	13213	619196	80348	131404	95966
	Espanha	27427	407587	1137182	537487	293163
	Grécia	9529	241600	72874	260287	157557
População entre os 45-49	Portugal	15596	660249	59462	81715	86252
	Espanha	29042	443109	934055	373941	208882
	Grécia	9826	270626	64902	199363	130943
População entre os 50-54	Portugal	18793	734827	52532	66048	65354
	Espanha	37166	439789	803264	254523	141617
	Grécia	11654	333572	47656	151752	102702
População entre os 55-29	Portugal	34335	748025	40154	45580	46987
	Espanha	52793	404396	618172	177975	97876
	Grécia	16077	295810	32277	103946	62868
População entre os 60-64	Portugal	102807	666318	29830	31172	34539
	Espanha	79827	352568	380598	115430	58450
	Grécia	38604	315882	31580	97579	52370
População entre os 25-64	Portugal(valor)	2.15.079	4.746.093	539.636	947.711	803.717
	Portugal(%)	2,97	65,44	7,44	13,07	11,08
	Espanha(valor)	294.950	3.020.292	7.692.438	3.768.906	2.109.013
	Espanha(%)	1,75	17,89	45,56	22,32	12,49
	Grécia(valor)	116.139	1.856.338	581.347	1.792.166	1.091.550
	Grécia(%)	2,14	34,14	10,69	32,96	20,07

Nota: * Ver quadro 10 para a distinção entre Ensino Secundário Inferior e Superior.
Fonte: EUROSTAT (October 2005), *Statistics in Focus – Population and Social Conditions, Population by sex, indicator of citizenship age and highest level of educational attainment*, National level census 2001 round, European Commission, Luxembourg.

Quadro 9 – Evolução do número de alunos matriculados em Portugal, por grau de ensino (em % do total e em número)

	Unidade	1985/1986	1990/1991	1995/1996	1999/2000	2003/2004
Pré-escolar	% do Total	6,09	7,83	8,21	10,11	11,53
	n.º	128.089	171.552	191.023	228.459	253.635
Básico	% do Total	77,94	67,75	57,56	54,89	53,04
	n.º	1.639.405	1.484.256	1.339.749	1.240.836	1.166.277
• 1ºciclo	% do Total	41,56	30,56	23,75	23,88	23,02
	n.º	874.262	669.525	552.724	539.943	506.121
• 2ºciclo	% do Total	18,49	16,27	13,54	12,23	12,47
	n.º	388.994	356.420	315.209	276.529	274.123
• 1ºciclo	% do Total	17,88	20,92	20,27	18,77	17,56
	n.º	376.149	458.311	471.816	424.364	386.033
Secundário	% do Total	10,55	15,88	20,50	18,48	17,38
	n.º	221.951	347.911	477.221	417.705	382.212
Superior	% do Total	5,42	8,54	13,73	16,53	17,97
	n.º	106.216	187.193	319.525	373.745	395.063
Público	% do Total do Ensino Público	5,16	7,24	10,57	13,84	16,21
	n.º	90.535	137.283	203.856	255.008	288.309
• Univ	% do Total do Ensino Público	4,41	5,41	7,37	8,89	9,87
	% do Total do Ensino Superior	72,84	54,78	44,51	43,81	44,44
	n.º	77.367	102.538	142.212	163.726	175.575
• Não Univ.	% do Total do Ensino Público	0,75	1,83	3,20	4,95	6,34
	% do Total do Ensino Superior	12,40	18,56	19,29	24,42	28,54
	n.º	13.168	34.745	61.644	91.282	112.734
Privado	% do Total do Ensino Privado	7,50	16,98	28,94	28,44	25,43
	n.º	15.681	49.910	115.669	118.737	106.754
• Univ	% do Total do Ensino Privado	5,07	8,87	13,49	14,14	11,18
	% do Total do Ensino Superior	9,98	13,93	16,87	15,79	11,89
	n.º	10.600	26.071	53.918	59.026	46.957
• Não Univ.	% do Total do Ensino Privado	2,43	8,11	15,45	14,30	14,24
	% do Total do Ensino Superior	4,78	12,73	19,33	15,98	15,14
	n.º	5.081	23.839	61.751	59.711	59.797

Fonte: GIASE (Fevereiro de 2006), *Séries Cronológicas – Alunos matriculados (1985-2005)*, Gabinete de Informação e Avaliação do Sistema Educativo, Ministério da Educação.

Quadro 10 – Evolução do número de alunos matriculados,
de acordo com os níveis de ISCED97

País		Unidade	1985/1986	1990/1991	1995/1996	1999/2000	2003/2004
Ensino Primário (ISCED1)	Portugal	Milhares	1.238	1.020	868	815	768
		% do Total	62.30	51.76	40.62	40.37	39.69
	UE-15	Milhares	25.428	24.295	23.734	23.715	22.772
		% do Total	35.61	34.74	32.65	32.38	30.54
Ensino Secundário inferior (ISCED 2)	Portugal	Milhares	376	443	472	440	394
		% do Total	18.92	22.49	22.08	21.79	20.34
	UE-15	Milhares	20.092	17.723	17.325	18.037	18.437
		% do Total	28.14	25.34	23.83	24.63	24.72
Ensino Secundário superior (ISCED 3)	Portugal	Milhares	271	322	477	408	373
		% do Total	13.64	16.32	22.34	20.18	19.25
	UE-15	Milhares	17.911	18.292	19.695	18.955	19.775
		% do Total	25.08	26.16	27.10	25.88	26.52
Ensino Superior (ISCED 5-6)	Portugal	Milhares	102	186	320	357	401
		% do Total	5.13	9.43	14.96	17.67	20.72
	UE-15	Milhares	7.977	9.623	11.934	12.525	13.590
		% do Total	11.17	13.76	16.42	17.10	18.22
Total	Portugal		1.987	1.970	2.136	2.020	1.935
	UE-15	Milhares	71.408	69.932	72.689	73.231	74.573

Nota: Valores posteriores a 1995, foram obtidos através dos dados para ISCED97.
Conceitos: ISCED 1 – inclui as escolas básicas do 1º e 2º ciclo que dêem formação a alunos entre os 6-12 anos; ISCED 1 e 2 – inclui as escolas básicas do 2º e 3º ciclo que dêem formação a alunos entre os 10-15 anos, ISCED 3 – inclui as escolas profissionais e o ensino secundário, ISCED 5-6 – inclui os estudos graduados e avançados dirigidos pelas universidades e institutos politécnicos.
Fontes: EUROSTAT (August 2005), *Statistics in Focus – Education and Training* – Education statistics based on ISCED97: Number of students (full-time and part-time) by level of education, programme orientation, programme destination, sex and age, **European Commission, Luxembourg; EURYDICE EUROPEAN UNIT (September 2005),** *European Glossary on Education,* **Volume II, Second edition, Educational Institutions, Belgium.**

Figura 6 – Número de alunos matriculados no Ensino Primário, Ensino Secundário Inferior e Superior e no Ensino Superior

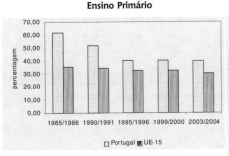

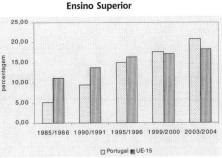

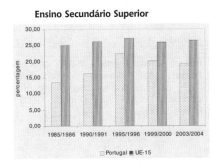

Conceitos: ISCED 1– inclui as escolas básicas do 1º e 2º ciclo que dêem formação a alunos entre os 6-12 anos; ISCED 1 e 2 – inclui as escolas básicas do 2º e 3º ciclo que dêem formação a alunos entre os 10-15 anos, ISCED 3-inclui as escolas profissionais e o ensino secundário, ISCED 5-6 – inclui os estudos graduados e avançados dirigidos pelas universidades e institutos politécnicos;
Fontes: EUROSTAT (August 2005), *Statistics in Focus – Education and Training* - Education statistics based on ISCED97: Number of students (full-time and part-time) by level of education, programme orientation, programme destination, sex and age. **European Commission, Luxembourg; EURYDICE EUROPEAN UNIT (September 2005),** *European Glossary on Education*, **Volume II, Second edition, Educational Institutions, Belgium.**

Quadro 11 – Evolução do número de docentes em Portugal, por grau de ensino
(em número)

	1985/1986	1990/1991	1995/1996	1999/2000	2003/2004
Pré-escolar	..	..	5.999	14.152	14.888
Básico					
• 1ºciclo	42.732	40044[3]	33.551	36.625	35.352
• 2º+3ºciclo					
Secundário	..	99383[3]	104.583	114.119	114.558
Superior					
Público	11.738	14.272[1]	16.487	20.523[2]	22.632
• Univ.	9.573	10.718[1]	12.153	13.176[2]	14.115
• Institutos Politécnicos	2.165	3.554[1]	4.334	6.580[2]	7.580
• Ensino Superior de Enfermagem e tecnologia da Saúde	..	..	..	767[2]	937
Privado	1.391	2.509	..	..	..

Notas: [1] Valor referente a 1987; [2] Valor referente a 2000; [3] Valor referente a 1991/1992.
Fontes: GIASE (Fevereiro de 2006), *Perfil do Docente 04/05*, Gabinete de Informação e Avaliação do Sistema Educativo, Ministério da Educação; DGES, *Estatísticas de Pessoal: Pessoal docente e não docente*, Direcção Geral do Ensino Superior, Ministério da Tecnologia e do Ensino Superior.

Quadro 12 – Evolução do número de docentes do Ensino Superior Público em Portugal

	1993/94	1994/95	1995/96	1996/97	1997/98	1998/99	1999/00	2000/01	2001/02	2002/03	2003/04
Docentes (Universidades)	12 079	12 108	12 153	12 384	12 862	13 368	13 707	13 613	14 112	14 333	14 115
Docentes (Politécnicos)	3 406	3 554	3 930	4 293	4 934	5 472	6 098	7 366	8 181	8 565	8 819
Docentes	15 485	15 662	16 083	16 677	17 786	18 840	19 805	20 969	22 293	22 888	22 934
Alunos (Universidades)	126 009	131 309	138 286	146 499	160 493	155 563	160 970	167 435	171 014	171 667	169 484
Alunos (Politécnicos)	43 447	48 020	52 362	58 152	65 378	72 647	81 406	100 481	106 889	110 781	109 641
Alunos	169 456	179 329	190 648	204 651	215 871	228 210	242 376	267 916	277 903	282 428	279 125
Rácio aluno/docente (Universidade)	10,4	10,8	11,4	11,8	11,7	11,6	11,7	12,3	12,1	12,0	12,0
Rácio aluno/docente (Politécnico)	12,8	13,5	13,3	13,5	13,3	13,3	13,3	13,7	13,1	12,9	12,4
Rácio aluno/docente	10,9	11,4	11,9	12,3	12,1	12,1	12,2	12,8	12,5	12,3	12,2

Fontes: OCES (2004), *O Sistema do Ensino Superior em Portugal 1993 – 2003 (Edição Revista)*, Observatório da Ciência e do Ensino Superior, do Ministério da Ciência e Tecnologia e do Ensino Superior.

Quadro 13 – Evolução da Despesa Pública no Sector da Educação

Preços correntes

País	Unidade	1985/1986	1990/1991	1995/1996	1999/2000	2002/2003	2004/2005
Portugal	10⁶Euros	1169,60	2466,88	4677,27	6572,30	7870,50	7132,00
Portugal	% do PIB	3,44	4,16	5,37	5,74	5,83	4,95
UE-15	% do PIB	..	..	5,19	4,97	5,22	..

Fontes: INE (2001): *Os orçamentos do estado português – Propostas governamentais, orçamentos aprovados e rectificados e contas de execução 1837-2001*, Capítulo 5: Anos económicos de 1950 a 2001, Instituto Nacional de Estatística, Lisboa; EUROSTAT (October 2005), *Statistics in Focus – Population and Social Conditions*, European Commission, Luxembourg; DGEP (Dezembro de 2004), *Economia Portuguesa – Reformas e Ajustamentos*, Anexo Estatístico, Direcção Geral de Estudos e Previsões, Ministério das Finanças.

Quadro 14 – Evolução dos indicadores da saúde, por cada 100 Mil Habitantes

	País	1985	1990	1995	2000	2003
Número de camas hospitalares	Portugal	457,66	451,45	404,25	380,49	363,9
	UE-15	866,18	797,4	672,49	613,22	583,62
Hospitais	Portugal	2,32	2,4	1,99	2,14	1,95
	UE-15	4,17	4,11	3,96	3,40	3,23
Número de médicos	Portugal	243,62	280,63	292,64	317,0	328,79
	UE-15	269,91	303,78	321,06	349,73	360,59
Número de dentistas	Portugal	12,64	16,9	25,24	42,73	52,54
	UE-15	43,42	51,67	59,36	63,74	65,83
Número de farmacêuticos	Portugal	48,02	54,47	64,13	78,78	91,11
	UE-15	64,54	71,62	73,28	79,11	81,29
Número de enfermeiros	Portugal	246,49	276,98	334,47	366,49	418,62
	UE-15	581,20	602,73	639,11	695,48	725,41

Fonte: WHO (January 2006), *European health for all Databases (HFA-DB)*, World Health Organization Regional Office for Europe, Denmark.

Anexos | 71

Figura 7 – Evolução do número de Hospitais e Camas hospitalares por cada 100mil habitantes

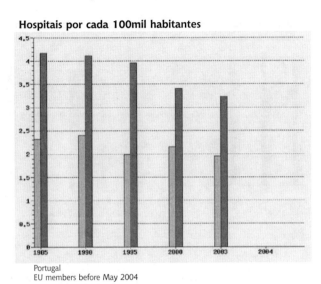

Hospitais por cada 100mil habitantes

Portugal
EU members before May 2004

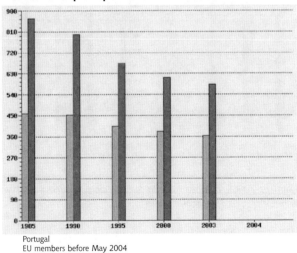

Cama de hospitais por cada 100mil habitantes

Portugal
EU members before May 2004

Fonte: WHO (January 2006), *European health for all Databases (HFA-DB)*, World Health Organization Regional Office for Europe, Denmark.

Figura 8 – Evolução do número de médico, dentistas, farmacêuticos e enfermeiros por cada 100mil habitantes

Médicos por cada 100mil habitantes

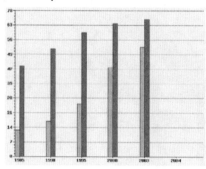

Portugal
EU members before May 2004

Dentistas por cada 100mil habitantes

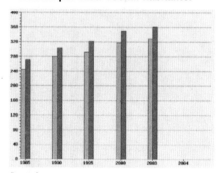

Portugal
EU members before May 2004

Farmacêuticos por cada 100mil habitantes

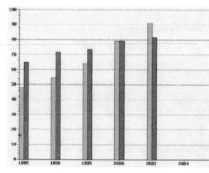

Portugal
EU members before May 2004

Enfermeiros por cada 100mil habitantes

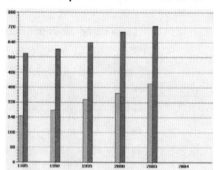

Portugal
EU members before May 2004

Fonte: WHO (January 2006), *European health for all Databases (HFA-DB)*, World Health Organization Regional Office for Europe, Denmark.

Quadro 15 – Evolução da despesa com a Saúde
(em dólares e em % do PIB)

Preços correntes

		Unidade	1985	1990	1995	2000	2003
Despesa pública e privada com saúde	Portugal	$PPC per capita	422	670	1079,00	1594	1797
		% do PIB	6,00	6,20	8,20	9,20	9,60
	UE-15	$PPC per capita	1011,24	1343,82	1727,01	2155,53	2510,09
		% do PIB	7,45	7,62	8,57	8,7	9,21
Despesa pública com saúde	Portugal	% do PIB	3,28	4,06	5,13	6,39	6,69
Despesa privada com saúde	Portugal	% do PIB	2,72	2,14	3,08	2,81	2,91

Fonte: WHO (January 2006), *European health for all Databases (HFA-DB)*, World Health Organization Regional Office for Europe, Denmark.

Figura 9 – Evolução da despesa com a Saúde

Despesa pública e privada com a saúde em percentagem do PIB

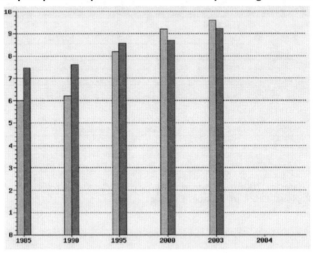

Portugal
EU members before May 2004

Despesa pública e privada com a saúde em PPC per capita (USD)

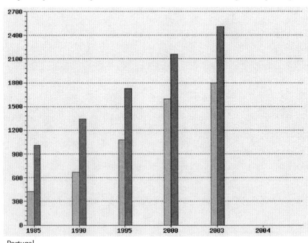

Portugal
EU members before May 2004

Fonte: WHO (January 2006), *European health for all Databases (HFA-DB)*, World Health Organization Regional Office for Europe, Denmark.

Quadro 16 – Evolução da salário mínimo mensal

	País	Unidade	1988	1989	1990	1991	1992	1993
Salário mínimo mensal	Portugal	Euros	135,67	157,12[1]	174,58	200,02	221,97	236,43
		Taxa de Variação	..	15,81	11,11	14,57	10,97	6,52

	País	Unidade	1994	1995	1996	1997	1998	1999
Salário mínimo mensal	Portugal	Euros	245,91	259,37	272,30	282,80	293,80	305,80
		Taxa de Variação	4,01	5,48	4,98	3,86	3,89	4,08
Salário mínimo mensal	Espanha	Euros			377,00			409,00
Salário mínimo mensal	Grécia	Euros			350,00			425,00

	País	Unidade	2000	2001	2002	2003	2004	2005
Salário mínimo mensal	Portugal	Euros	318,20	334,20	348,00	356,60	365,60	374,70
		Taxa de Variação	4,05	5,03	4,13	2,47	2,52	2,49
Salário mínimo mensal	Espanha	Euros			433,00			491,00
Salário mínimo mensal	Grécia	Euros			473,00			560,00

Notas: [1] A partir de Julho. De Janeiro a Junho foi de 149,64; Salário mínimo nacional para 2005: DL n.º 242/2004, de 31 de Dezembro.

Fontes: DGEP (Setembro de 1999), *Economia Portuguesa – Estabilidade e Crescimento*, Anexo Estatístico, Direcção Geral de Estudos e Previsões, Ministério das Finanças; DGEP (Dezembro de 2004), *Economia Portuguesa – Reformas e Ajustamentos*, Anexo Estatístico, Direcção Geral de Estudos e Previsões, Ministério das Finanças; DGERT, *Evolução do Salário Mínimo Nacional*, Direcção-Geral do Emprego e das Relações de Trabalho (DGERT), Ministério da Segurança Social e do Trabalho; EIRONLINE (2005), *Minimum wages in Europe*, European industrial relations observatory on-line, European Foundation for the Improvement of living and Working Conditions.

Figura 10 – Salário mínimo nacional e inflação [Taxas de Variação anual]

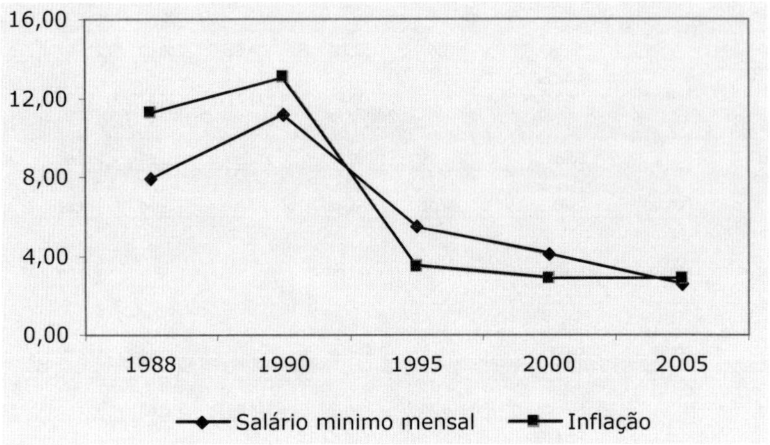

Fontes: *Economia Portuguesa – Estabilidade e Crescimento*, Anexo (Setembro 1999), Direcção Geral de Estudos e Previsões (DGEP), Ministério das Finanças; *Economia Portuguesa – Reformas e Ajustamentos*, Anexo (Dezembro de 2004), Direcção Geral de Estudos e Previsões (DGEP), Ministério das Finanças; DGEEP, Ministério do Trabalho e da Segurança Social; *Statistical Annex of European Economy* – European Commission (Autumn 2005).

Quadro 17 – Evolução do número de pensionistas e das despesas com as pensões

Preços correntes

Segurança Social	Unidade	1988	1990	1995	2000	2003	2005
Total de Pensionistas	Milhares	1.977[1]	2.202	2.364	2.480	2468	2.544
• Sobrevivência	Milhares	312[1]	394	517	599	598	618
• Invalidez	Milhares	461[1]	480	393	370	333	305
• Velhice	Milhares	1.204[1]	1.329	1.455	1.511		1.621
Despesa com as pensões	10⁶ Euros	1.811	2.620	4.684	6.999	9043	10.649[2]
	% do PIB	5,1	5,3	5,8	6,1	6,28	7,3[2]

Caixa Geral de Aposentações	Unidade	1986	1992	1995	2000	2003	2004
Total de Pensionistas	Milhares	73	95	106	117	122	123
Despesa com as pensões	10⁶ Euros	..	..	2.279	4.414	6.500	8.179
	% do PIB	..	2,2	3,50	3,8	5	5,74

Notas: [1] Valor referente a 1986; [2] Valor estimado; - - -Quebra de série.
Fontes: DGEP (Setembro de 1999), *Economia Portuguesa – Estabilidade e Crescimento*, Anexo Estatístico, Direcção Geral de Estudos e Previsões, Ministério das Finanças; DGEP (Dezembro de 2004), *Economia Portuguesa – Reformas e Ajustamentos*, Anexo Estatístico, Direcção Geral de Estudos e Previsões, Ministério das Finanças.

Figura 11 – Evolução do número de pensionistas por tipos de pensões, no regime da Segurança Social

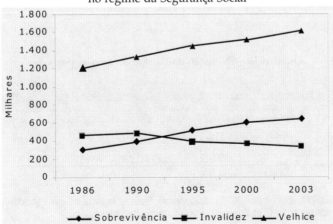

Fontes: DGEP (Setembro de 1999), *Economia Portuguesa – Estabilidade e Crescimento*, Anexo Estatístico, Direcção Geral de Estudos e Previsões, Ministério das Finanças; DGEP (Dezembro de 2004), *Economia Portuguesa – Reformas e Ajustamentos*, Anexo Estatístico, Direcção Geral de Estudos e Previsões, Ministério das Finanças.

Figura 12 – Evolução das prestações sociais no regime da Segurança Social

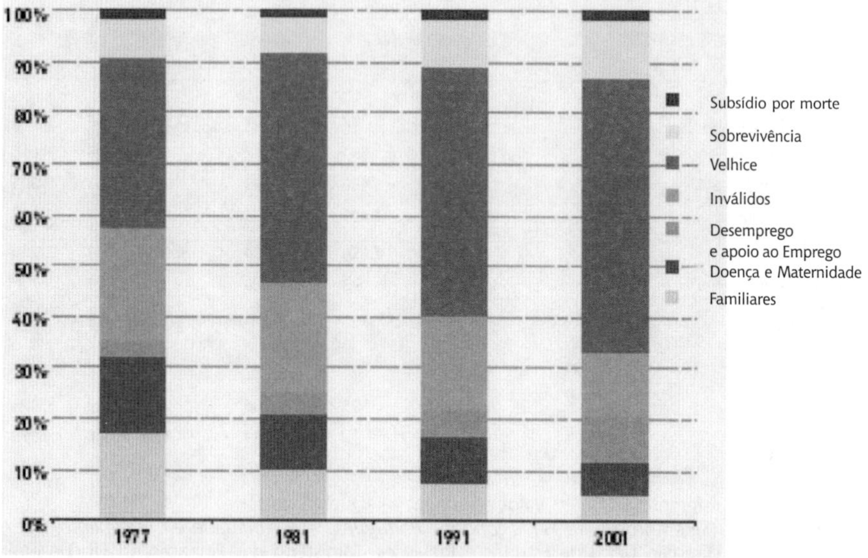

Legenda:
- Subsídio por morte
- Sobrevivência
- Velhice
- Inválidos
- Desemprego e apoio ao Emprego
- Doença e Maternidade
- Familiares

Anos: 1977, 1981, 1991, 2001

Fonte: INE (2004), *Trinta Anos de 25 de Abril – Um retrato estatístico 1974-2003*, Capítulo 9: Protecção Social, Instituto Nacional de Estatística, Lisboa.

Quadro 18 – Evolução das despesas com as pensões

Preços correntes

	País	Unidade	1990	1995	2000	2003
Despesas com as Pensões	Portugal	10⁶ Euros	4318,1	8401,9	12810,1	16327,3
		% do PIB	7,7	9,8	10,5	11,9
	UE-15	10⁶ Euros	623115,4	845864,1	1084166	1190698
		% do PIB	11,8	12,8	12,6	12,7

Fonte: EUROSTAT (December 2005), *Statistics in Focus – Income and Living conditions*: Pensions Expenditure as % GDP, European Commission, Luxembourg.

Figura 13 – Evolução das despesas com as pensões
(em % do PIB), no total dos regimes, em Portugal e na UE-15

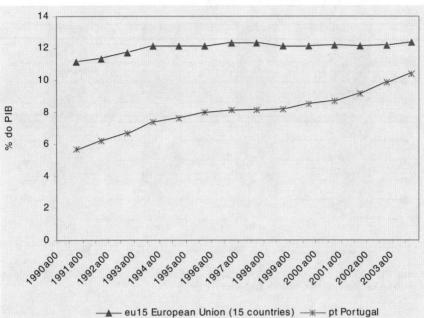

Fonte: EUROSTAT (December 2005), *Statistics in Focus – Income and Living conditions*. Pensions Expenditure as % GDP, European Commission, Luxembourg.

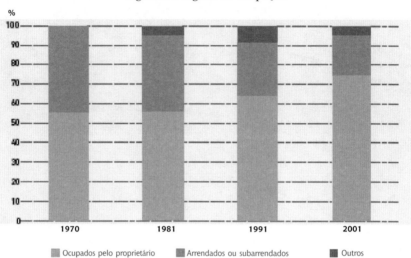

Figura 14 –Proporção de alojamentos clássicos nacionais segundo o regime de ocupação

Fonte: INE (2004), *Trinta Anos de 25 de Abril – Um retrato estatístico 1974-2003*, Capítulo 4: Habitação, Instituto Nacional de Estatística, Lisboa.

Figura 15 – Proporção de alojamentos nacionais familiares com infra-estruturas básicas

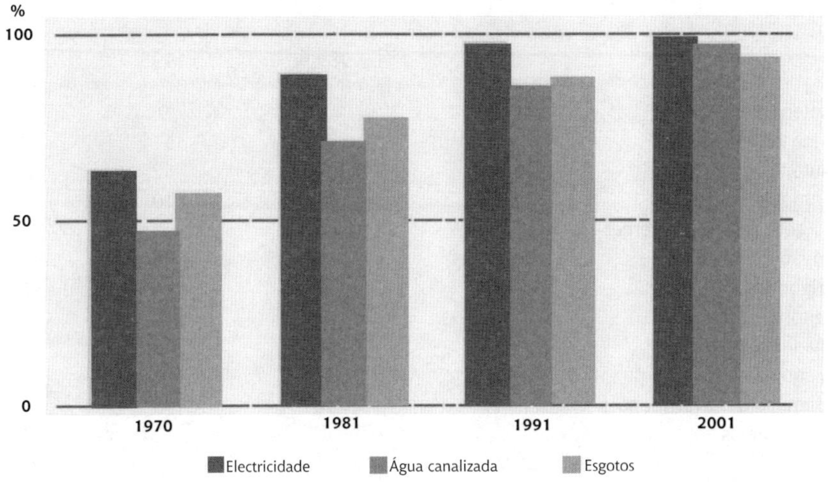
%
100
50
0
1970
1981
1991
2001
Electricidade
Água canalizada
Esgotos

Fonte: INE (2004), *Trinta Anos de 25 de Abril – Um retrato estatístico 1974-2003*, Capítulo 4: Habitação, Instituto Nacional de Estatística, Lisboa.

Quadro 19 – Disponibilidade de equipamentos
nos agregados familiares nacionais

%

	1987	1989/90	1995	2000
Antena parabólica	x	x	9	11
Aeca congeladora	27	36	54	54
Automóvel	36	36	52	60
Computador pessoal	3	5	10	21
com ligação à internet	x	x	x	14
Fogão	97	98	99	99
Frigorífico	86	87	95	97
Leitor de CD	x	x	18	38
Máquina de costura	40	47	48	43
Máquina de lavar loiça	6	6	13	17
Máquina de lavar roupa	44	50	73	82
Micro-ondas	x	x	12	33
Rádio	72	81	90	85
Telefone	33	41	72	76
Telemóvel	x	x	2	47
Televisão				
preto e branco	83	49	x	x
cores	x	48	96	98
TV por cabo	x	48	96	98
Vídeo-gravador	x	16	41	50

Fonte: INE (2004), *Trinta Anos de 25 de Abril – Um retrato estatístico 1974-2003*, Capítulo 7: Condições de Vida, Instituto Nacional de Estatística, Lisboa.

Quadro 20 – Disponibilidade de equipamentos nos agregados familiares

	País	Unidade	1995	1996	1997	1998
Automóvel	Portugal		56,0	60,9	63,1	63,1
	UE-15	% do Total	73,7	73,2	73,2	72,5
Televisão a cores	Portugal		89,0	96,5	90,4	93,1
	UE-15	% do Total	96,1	90,4	96,6	96,9
Vídeo Gravador	Portugal		50,8	52,0	54,8	56,7
	UE-15	% do Total	63,0	63,0	67,1	67,1
Máquina de lavar loiça	Portugal		17,6	18,4	20,2	23,2
	UE-15	% do Total	29,1	30,9	28,5	32,8
Microondas	Portugal		14,1	17,3	20,3	27,2
	UE-15	% do Total	42,8	46,0	48,1	50,6
Telefone	Portugal		77,8	79,3	80,8	81,4
	UE-15	% do Total	93,0	93,7	93,8	94,5
Alojamentos sem água quente	Portugal		19,0	19,0	16,7	8,0[1]
	UE-15	% do Total	2,8	2,8	2,8	3,8[1]
Alojamentos sem duches	Portugal		14,7	13,1	11,9	7,81[1]
	UE-15	% do Total	2,4	2,2	2,1	1,41[1]
Subscritores dos telemóveis	Portugal		..	..	15,0	30,0
	UE-15	100 hab.	..	..	14,0	24,0
	País	Unidade	2002	2003	2004	2005
Subscritores dos telemóveis	Portugal		79,0	85,0	..	..
	UE-15	100 hab.	83,0	90,0	93,0	..
Nível de acesso à Internet	Portugal		15,0	22,0	26,0	31,0
	UE-15	% do Total	39,0	43,0	46,0	53,0

Nota: [1]Valores referentes a 2001.
Fonte: EUROSTAT (December 2005), *Statistics in Focus – Income and Living condition: Durables by type of household and income group, Lack of amenities by type of household and income group and Information society statistics – level of internet access (%)*, European Commission, Luxembourg.

Quadro 21 – Evolução de alguns indicadores referentes
à sociedade de informação, por cada 100 Habitantes

	País	1990	1995	2000	2003
Telefone e telemóvel	Portugal	24,32	40,16	109,53	130,96
	Espanha	31,73	40,91	103,11	134,53
	Grécia	38,86	52,00	109,72	135,62
	Itália	39,22	50,18	121,12	150,16
Computador Pessoal	Portugal	2,65	5,54	10,48	13,49[1]
	Espanha	2,76	6,12	14,46	19,6[1]
	Grécia	1,72	3,35	7,10	8,17[1]
	Itália	3,64	8,37	17,98	23,07[1]
Utilizadores da Internet	Portugal	0,00	1,51	24,94	19,35[1]
	Espanha	0,01	0,38	13,67	23,91
	Grécia	0,00	0,77	9,47	15,00
	Itália	0,02	0,52	23,04	33,67

Nota: [1]Valor referente a 2002.
Fonte: UNSTATS (March 2005), *Millennium Indicators Databases (1990-2005)*, United Nations Statistics Division, United States of America.

Figura 16 – Infra-estruturas nacionais: Evolução dos acessos telefónicos serviço fixo e móvel

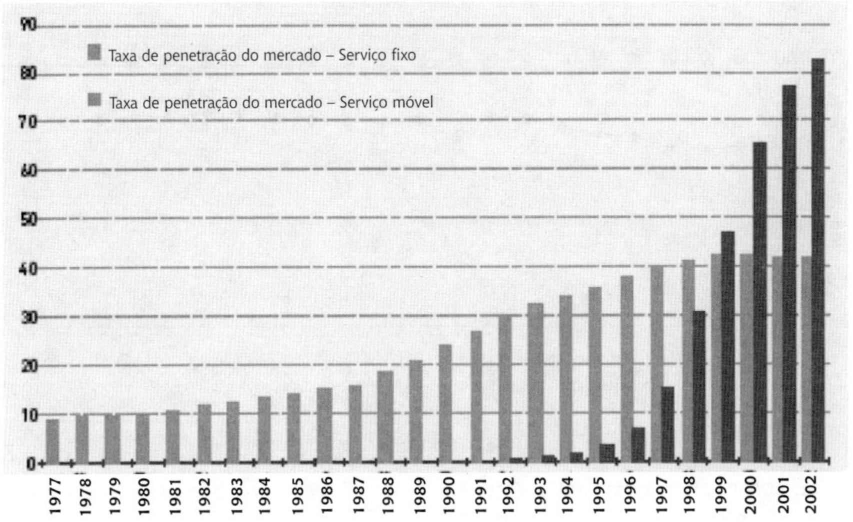

■ Taxa de penetração do mercado – Serviço fixo
■ Taxa de penetração do mercado – Serviço móvel

Nota: Taxa de penetração do mercado – Serviço fixo – Acessos telefónicos principais por 100 habitantes.
Taxa de penetração do mercado – Serviço móvel – Assinantes do serviço móvel por 100 habitantes.

Fonte: INE (2004), *Trinta Anos de 25 de Abril – Um retrato estatístico 1974-2003*, Capítulo 11: Transportes e Comunicações, Instituto Nacional de Estatística, Lisboa.

Quadro 22 – Evolução do consumo privado médio per capita em Portugal (UE-15=100)

	1985	1986	1987	1988	1989	1990	1991
Preços correntes	36,7	37,1	36,9	39,1	41,1	43,9	48,8
PPC	67,7	66,1	67,5	70,4	72	74,2	77,8
	1992	1993	1994	1995	1996	1997	1998
Preços correntes	54,6	54,5	53,3	54,4	55,2	55	55,8
PPC	78,6	70,3	77	76,6	76,5	77	78,2
	1999	2000	2001	2002	2003	2004	2005
Preços correntes	57	56,7	56,9	57,5	57,9	58,4	58,9
PPC	80,2	79,9	78,5	78,4	76,9	77,2	77,6

Fonte: EUROSTAT (Autumn 2005), *Statistical Annex of European Economy*, European Commission, Belgium.

Figura 17 – Evolução do consumo privado médio per capita em PPC

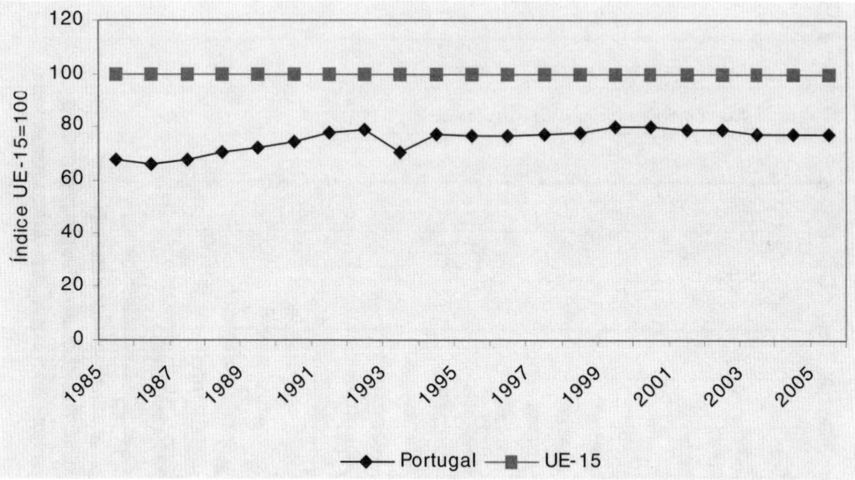

Fonte: EUROSTAT (Autumn 2005), *Statistical Annex of European Economy,* European Commission, Belgium.

Quadro 23 – Evolução da estrutura do consumo das famílias portuguesas

Preços correntes

	Unidade	1990	1995	2000	2003P
Alimentação, Bebidas e Tabaco	10⁶ Euros	10195,43	12837,30	15852,00	18443,00
	% do total	31,08	25,14	20,46	21,14
Vestuário e calçado	10⁶ Euros	2907,99	4232,60	6079,00	6716,00
	% do total	8,86	8,29	7,85	7,70
Habitação, Água, Electricidade e Combustíveis	10⁶ Euros	3131,45	5621,45	10096,00	11712,00
	% do total	9,55	11,01	13,03	13,42
Mobiliário, Equipamento e Despesas domésticas Correntes	10⁶ Euros	2654,60	3930,03	5902,00	6471,00
	% do total	8,09	7,70	7,62	7,42
Cuidados Médicos e Despesas de Saúde	10⁶ Euros	1455,99	2753,36	3731,00	4344,00
	% do total	4,44	5,39	4,82	4,98
Transportes e Comunicações	10⁶ Euros	5002,94	8582,82	14586,00	15055,00
	% do total	15,25	16,81	18,83	17,26
Recreio, Distracções, Educação e Cultura	10⁶ Euros	2108,92	4403,89	5998,00	6837,00
	% do total	6,43	8,62	7,74	7,84
Bens e Serviços diversos	10⁶ Euros	5349,11	8699,04	15223,00	17672,00
	% do total	16,31	17,04	19,65	20,25
Total	10⁶ Euros	32806,44	51060,48	77467,00	87250,00
	% do total	100,00	100,00	100,00	100,00

Nota: P – Valores provisórios; —— Quebra de série de SEC 79 para SEC 95
Fontes: DGEP (Setembro de 1999), *Economia Portuguesa – Estabilidade e Crescimento*, Anexo Estatístico, Direcção Geral de Estudos e Previsões, Ministério das Finanças; DGEP (Dezembro de 2004), *Economia Portuguesa – Reformas e Ajustamentos*, Anexo Estatístico, Direcção Geral de Estudos e Previsões, Ministério das Finanças; INE (2005), A*nuário Estatístico de Portugal 2004:* Consumo das famílias sobre o território económico, por função consumo a preços correntes, Instituto Nacional de Estatística, Lisboa.

Figura 18 – Evolução da estrutura média do consumo das famílias portuguesas

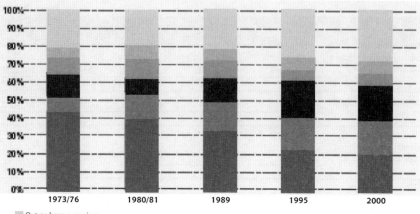

☐ Outros bens e serviços
☐ Móveis, artigos de decoração, equipamento doméstico e despesas correntes de manutenção da habitação
☐ Vestuário e calçado
■ Habitação, despesas com água, electricidade, gás e outros combustíveis
■ Transportes e Comunicações
■ Produtos alimentares, bebidas e tabaco

Nota: O âmbito geográfico dos dados de 1973/74 e 1980/81 corresponde apenas ao co ntinente português.

Fonte: INE (2004), *Trinta Anos de 25 de Abril – Um retrato estatístico 1974-2003*, Capítulo 1: População e Território, Instituto Nacional de Estatística, Lisboa.

Quadro 24 – Evolução da estrutura do consumo das famílias na UE-15
em % do Total)

	1995	2000	2004
Alimentação, Bebidas e Tabaco	17,6	16,00	15,80
Vestuário e calçado	6,8	6,4	6
Habitação, Água, Electricidade e Combustíveis	20,9	20,6	21,3
Mobiliário, Equipamento e Despesas domésticas Correntes	7,2	6,9	6,7
Cuidados Médicos e Despesas de Saúde	3,3	3,3	3,5
Transportes e Comunicações	15,2	16,6	16,3
Recreio, Distracções, Educação e Cultura	10	10,8	10,6
Hotéis e Restaurantes	8,6	9,2	9,2
Bens e Serviços diversos	10,4	10,5	10,5

Fonte: Europe in figures – Eurostat YearBook 2005: Chapter: People in Europe, European Commission(2005).

Quadro 25 – Evolução da taxa de inflação

	1985	1986	1987	1988	1989	1990	1991
Portugal	21,7	20,5	10,1	11,2	10,5	13,1	10,1
UE-15	5,5	5,1	3,8	4,2	4,9	5,3	5

	1992	1993	1994	1995	1996	1997	1998
Portugal	11,4	7,4	7,3	3,4	3,1	3,8	3,8
UE-15	4,1	3,3	2,5	2,6	2,1	1,6	1,7

	1999	2000	2001	2002	2003	2004	2005
Portugal	3,1	2,8	3,5	4	2,7	2,8	2
UE-15	1,1	1,4	2,3	2,6	2,2	1,8	1,8

Fonte: EUROSTAT (Autumn 2005), *Statistical Annex of European Economy*, European Commission, Belgium.

Figura 19 – Evolução da taxa de inflação

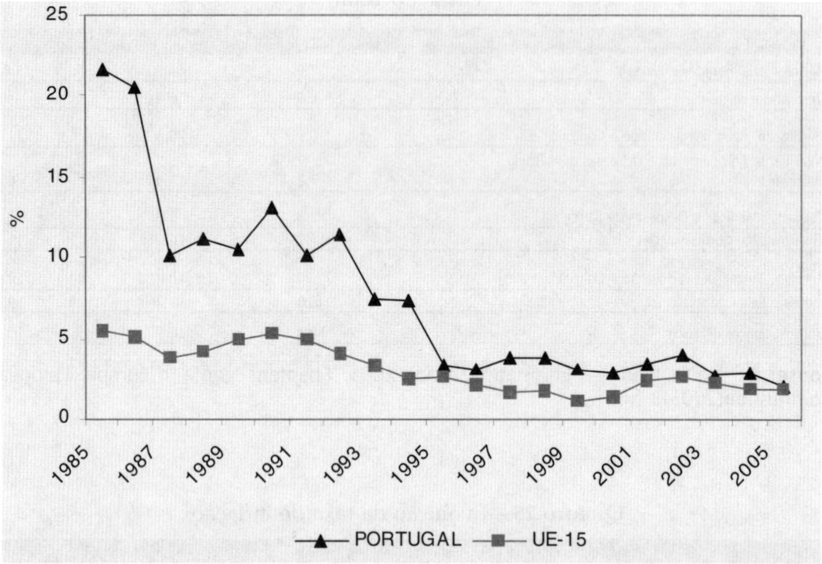

Fonte: EUROSTAT (Autumn 2005), *Statistical Annex of European Economy*, European Commission, Belgium.

Indicadores Económicos

Quadro 26 – Evolução do PIB_{pm} a preços correntes e em PPC
(em mil milhões de ecus/euros)

País	Unidade	1985[2]	1986	1987	1988	1989	1990	1991
Portugal	Preços correntes (10^9 Euros)	34	37,7	40	45,7	52,7	59,3	69,1
	PPC[1] (10^9 Euros)	63,1	67,7	73,8	82,8	93	101	110,7
UE-15	Preços correntes (10^9 Euros)	3758	3980	4191	4559	4958	5358	5864
	PPC[1] (10^9 Euros)	3758	3980	4191	4559	4978	5358	5864
País	**Unidade**	**1992**	**1993**	**1994**	**1995**	**1996**	**1997**	**1998**
Portugal	Preços correntes (10^9 Euros)	79,6	77,7	80,5	87,1	93,2	99,4	106,3
	PPC[1] (10^9 Euros)	115,2	113,6	117	118	124,3	133,3	142,8
UE-15	Preços correntes (10^9 Euros)	6118	6137	6436	6696	7027	7394	7736
	PPC[1] (10^9 Euros)	6118	6137	6436	6388	6707	7061	7396
País	**Unidade**	**1999**	**2000**	**2001**	**2002**	**2003**	**2004**	**2005**[3]
Portugal	Preços correntes (10^9 Euros)	114,5	122,3	129,1	135	137	142,4	145,9
	PPC[1] (10^9 Euros)	154,3	165,3	171,3	177	174,9	180,7	184,8
UE-15	Preços correntes (10^9 Euros)	8131	8682	8995	9316	9460	9890	10196
	PPC[1] (10^9 Euros)	7767	8316	8640	8948	9066	9470	9787

Nota: [1]Paridade do Poder de Compra (PPC); [2]1985-1998 a unidade de referência é o ECU; [3]Valores são provisórios.
Fonte: EUROSTAT (Autumn 2005), *Statistical Annex of European Economy*, European Commission, Belgium.

Quadro 27 – Evolução nominal e real do PIB_{pm} (em percentagem)

	País	1985	1986	1987	1988	1989	1990	1991
Evolução Nominal do $PIBpm^1$	Portugal	25,2	25,4	17,1	19,5	17,6	17,6	14,9
	UE-15	8,3	8	6,6	8,5	8,5	8,4	6,9
Evolução Real do $PIBpm^2$	Portugal	2,8	4,1	6,4	7,5	6,4	4	4,4
	UE-15	2,6	2,7	2,7	4,1	3,5	3	1,8

	País	1992	1993	1994	1995	1996	1997	1998
Evolução Nominal do $PIBpm^1$	Portugal	12,7	5,2	8,3	7,9	6,8	8,1	8,7
	UE-15	5,4	2,9	5,4	5,3	3,9	4,3	4,8
Evolução Real do $PIBpm^2$	Portugal	1,1	-2	1	4,3	3,6	4,2	4,7
	UE-15	1,3	-0,4	2,8	2,6	1,7	2,7	3

	País	1999	2000	2001	2002	2003	2004	2005[3]
Evolução Nominal do $PIBpm^1$	Portugal	7,1	6,8	5,6	4,5	1,5	4	2,4
	UE-15	4,1	5,3	4,3	3,7	3,3	4,2	3,3
Evolução Real do $PIBpm^2$	Portugal	3,9	3,8	2	0,5	-1,2	1,2	0,4
	UE-15	3	3,8	1,9	1,1	1,1	2,3	1,4

Notas: [1]Valor expresso em preços correntes; [2]Valor expresso em preços constantes de 1995; [3]Valores são provisórios.
Fonte: EUROSTAT (Autumn 2005), *Statistical Annex of European Economy*, European Commission, Belgium.

Figura 20 – Evolução real do PIB_{pm}[1] (em percentagem)

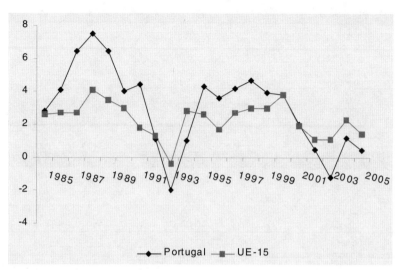

Notas: [1]Expresso em preços constantes de 1995.
Fonte: EUROSTAT (Autumn 2005), *Statistical Annex of European Economy*, European Commission, Belgium.

Quadro 28 – Evolução do PIB per capita (em milhares de euros)

País	Unidade	1985	1986	1987	1988	1989	1990	1991
Portugal	Preços correntes (10^3 Euros)	3,39	3,77	4,00	4,58	5,30	5,96	6,93
	PPC[1] (10^3 Euros)	6,30	6,76	7,38	8,31	9,35	10,15	11,10
UE-15	Preços correntes (10^3 Euros)	10,94	11,57	12,15	13,18	14,33	15,33	15,97
	PPC[1] (10^3 Euros)	10,94	11,57	12,15	13,18	14,33	15,33	15,97

País	Unidade	1992	1993	1994	1995	1996	1997	1998
Portugal	Preços correntes (10^3 Euros)	7,99	7,79	8,05	8,69	9,27	9,85	10,50
	PPC[1] (10^3 Euros)	11,57	11,39	11,70	11,76	12,36	13,21	14,10
UE-15	Preços correntes (10^3 Euros)	16,58	16,57	17,33	17,97	18,81	19,75	20,62
	PPC[1] (10^3 Euros)	16,58	16,57	17,33	17,15	17,96	18,86	19,71

País	Unidade	1999	2000	2001	2002	2003	2004	2005[3]
Portugal	Preços correntes (10^3 Euros)	11,26	11,96	12,55	13,02	13,12	13,56	13,80
	PPC[1] (10^3 Euros)	15,17	16,16	16,64	17,08	16,75	17,20	17,48
UE-15	Preços correntes (10^3 Euros)	21,61	22,98	23,71	24,43	24,70	25,68	26,34
	PPC[1] (10^3 Euros)	20,65	22,01	22,77	23,47	23,67	24,59	25,28

$$RácioPIBpc_{Portugal,UE-15}^i = \frac{PIB_{Portugal}}{PIB_{UE-15}} * 100$$

$$RácioPIBpc_{Portugal,UE-15}^{1985} = 57,59$$

$$RácioPIBpc_{Portugal,UE-15}^{2005} = 69,15$$

Nota: [1]Paridade do Poder de Compra (PPC) [3]Valores são provisórios.
Fonte: AMECO (December 2005), *Indicators: Gross Domestic Product Per Head*, Economic and Financial Affairs, European Commission.

Figura 21 – Evolução do PIB per capita em PPC[1]

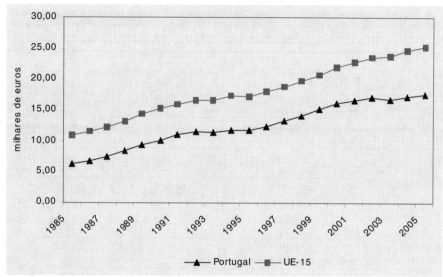

Nota: [1]Paridade do Poder de Compra (PPC).
Fonte: AMECO (December 2005), *Indicators: Gross Domestic Product Per Head*, Economic and Financial Affairs, European Commission.

Quadro 29 – Evolução do VAB por sectores de actividade

	País	Unidade	1985	1990	1995	2000	2004
Agric. Silvic. Pescas	Portugal	10⁹ ECU/Euros	4,68	4,96	4,53	4,14	4,29
		% do Total	14,34	9,27	5,96	3,92	3,51
	UE-15	10⁹ ECU/Euros	..	159,40	163,90	174,50	175,10
		% do Total	..	3,22	2,69	2,22	1,97
Indústria, excl. Edifícios e Construção	Portugal	10⁹ ECU/Euros	7,82	12,48	17,42	21,92	23,27
		% do Total	23,96	23,31	22,90	20,76	19,07
	UE-15	10⁹ ECU/Euros	..	1290,60	1429,50	1739,10	1824,90
		% do Total	..	26,05	23,43	22,09	20,49
Indústria Transformadora	Portugal	10⁹ ECU/Euros	*6,11*	*10,73*	*14,77*	*18,65*	*19,47[1]*
		% do Total	*18,72*	*20,04*	*19,42*	*17,66*	*15,95[1]*
	UE-15	10⁹ ECU/Euros	..	*1130,50*	*1236,60*	*1512,90*	*1529,40[1]*
		% do Total	..	*22,82*	*20,27*	*19,21*	*17,17[1]*
Construção e Edifícios	Portugal	10⁹ ECU/Euros	1,61	3,13	5,02	8,35	7,91
		% do Total	4,92	5,85	6,60	7,90	6,48
	UE-15	10⁹ ECU/Euros	..	317,20	363,70	432,50	530,90
		% do Total	..	6,40	5,96	5,49	5,96
Serviços	Portugal	10⁹ ECU/Euros	18,53	32,96	49,10	71,20	86,57
		% do Total	56,77	61,57	64,55	67,42	70,94
	UE-15	10⁹ ECU/Euros	..	3187,20	4143,50	5528,40	6375,80
		% do Total	..	64,33	67,92	70,21	71,58
VAB Total	Portugal	10⁹ ECU/Euros	32,64	53,54	76,07	105,61	122,04
		% do Total	100,00	100,00	100,00	100,00	100,00
	UE-15	10⁹ ECU/Euros	..	4954,40	6100,60	7874,50	8906,70
		% do Total	..	100,00	100,00	100,00	100,00

Notas: [1]Valor referente a 2002.
Fonte: AMECO (December 2005), *Indicator: Domestic Product And Income, Total Economy: Gross Value Added*, Economic and Financial Affairs, European Commission.

Anexos | 97

Figura 22 – Evolução do VAB por sectores de actividade

Portugal

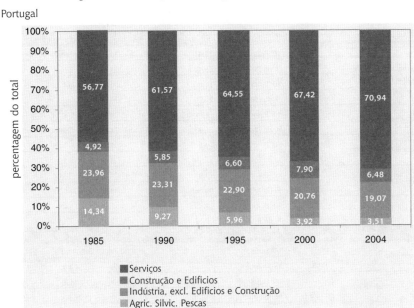

UE-15

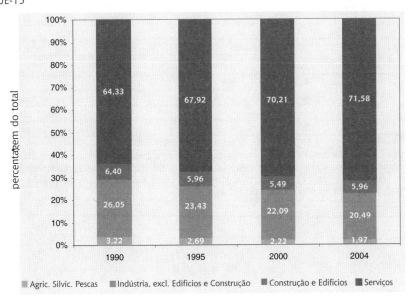

Fonte: AMECO (December 2005), *Indicator: Domestic Product and Income, Total Economy: Gross Value Added*, Economic and Financial Affairs, European Commission

Quadro 30 – Evolução da Formação Bruta de Capital Fixo por tipo de produtos

Preços correntes

	País	Unidade	1985	1990	1995	2000	2004
Formação Bruta de Capital Fixo	Portugal	10⁹ Euros	5,41	14,33	18,46	32,40	30,72
		% do PIB	24,48	26,73	21,67	26,49	21,57
	UE-15	10⁹ Euros	751,60	1178,76	1305,72	1771,13	1918,66
		% do PIB	20,00	22,00	19,50	20,40	19,40
Máquinas e aparelhos	Portugal	10⁹ Euros	1,41	4,39	4,59	8,13	7,14
		% do Total	25,97	30,65	24,89	25,09	23,23
Material de Transporte	Portugal	10⁹ Euros	0,66	2,13	1,55	3,70	2,30
		% do Total	12,19	14,89	8,41	11,40	7,49
Construção	Portugal	10⁹ Euros	2,96	6,49	9,92	16,06	16,10
		% do Total	54,66	45,30	53,75	49,58	52,42
Outros	Portugal	10⁹ Euros	0,39	1,31	2,39	4,53	5,18
		% do Total	7,17	9,16	12,95	13,99	16,86
	País	Unidade	1985	1991	1995	2000	2003
Construção		10⁹ Euros	..		711,60	863,90	936,60
	UE-15	% do Total	..		59,69	54,93	59,49
• Habitação		10⁹ Euros	..		352,20	429,30	472,20
	UE-15	% do Total	..		29,54	27,30	29,99
• Outra Construção		10⁹ Euros	..		359,40	434,50	464,40
	UE-15	% do Total	..		30,15	27,63	29,50
Equipamento		10⁹ Euros		495,10	480,50	708,80	637,90
	UE-15	% do Total	..		40,31	45,07	40,51
• Produtos Metálicos e Maquinaria		10⁹ Euros	..		368,40	532,10	465,80
	UE-15	% do Total	..		30,90	33,83	29,58
• Equipamento de Transporte		10⁹ Euros	..		112,1	176,7	172,2
	UE-15	% do Total	..		9,40	11,24	10,94
Total		10⁹ Euros	..		1192,10	1572,70	1574,50
	UE-15	% do Total			100,00	100,00	100,00

Fonte: AMECO (December 2005), *Indicator: Gross Fixed Capital Formation By Type Of Good*, Economic and Financial Affairs, European Commission; BP (1997), *Séries Longas para a Economia Portuguesa Pós II Guerra Mundial*, Volume I – Séries Estatísticas, (versão revista, e prolongada para 1994 e 1995), Banco de Portugal, Lisboa.

Anexos | 99

Figura 23 – Evolução da Formação Bruta de Capital Fixo
(em percentagem do PIB)

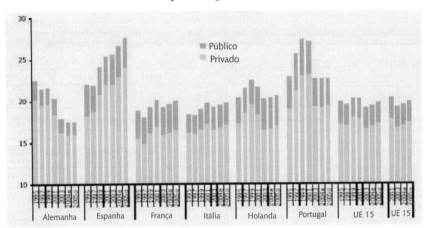

e - estimativa
p - previsão

Figura 24 – Evolução da Formação Bruta de Capital Fixo, excluindo a construção
(em percentagem do PIB)

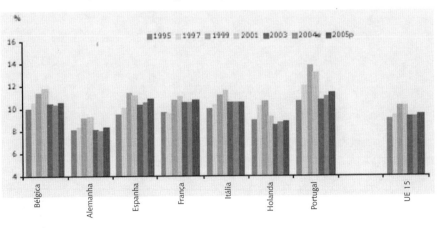

e - estimativa
p - previsão

Fonte: GEE (Junho de 2005), *Barómetro da produtividade*, Gabinete de Estudos Económicos, do Ministério da Economia.

Quadro 31 – Evolução nacional da Formação Bruta de Capital Fixo
por sectores institucionais

Preços correntes

	Unidade	1990	1995	2000	2003
Famílias e ISFLF*	% do Total	30,30	31,10	28,20	26,80
	10⁶ Euros	4.112	5.741	9.142	7.903
Sociedades	% do Total	57,80	52,50	58,10	58,70
	10⁶ Euros	7.843	9.699	18.836	17.303
Administrações Públicas	% do Total	11,90	16,30	13,70	14,50
	10⁶ Euros	1.611	3.018	4.442	4.286
FBCF	% do Total	100,00	100,00	100,00	100,00
	10⁶ Euros	13.566	18.457	32.420	29.491

Notas: [1] Valor referente a 2005; [2] Valores referentes a 2003 são provisórios; - - - Quebra de Série de SEC 79 para SEC 95;*ISFL-Instituições sem fins lucrativos ao serviço das famílias.
Fontes: DGEP (Novembro de 2002), *Economia Portuguesa – Produtividade e Competitividade*, Anexo Estatístico, Direcção Geral de Estudos e Previsões, Ministério das Finanças; DGEP (Dezembro de 2004), *Economia Portuguesa – Reformas e Ajustamentos*, Anexo Estatístico, Direcção Geral de Estudos e Previsões, Ministério das Finanças.

Quadro 32 – Evolução da população activa, do emprego e do desemprego

	País	Unidade	1985	1990	1995	2000	2004
População activa	Portugal	Milhares	6537	6781	6938	6909	7084
		Taxa [a](%)	73,3	71,3	68,9	71,4	73
	UE-15	Milhares	224122	229683	245359	248387	251947
		Taxa [a](%)	66,7	68,2	67,2	69,2	70,6
Emprego	Portugal	Milhares	4375	4612	4515	4914	5015
		Taxa [b](%)	64	64,9	62,6	68,3	67,8
	UE-15	Milhares	134906	144761	155004	165537	172127
		Taxa [b](%)	59,3	62,2	59,9	63,2	64,7
Desemprego	Portugal	Milhares	414	224	345	209	367
		Taxa(%)	9,2	4,8	7,3	4,1	6,7
	UE-15	Milhares	14783	12035	16941	13639	14681
		Taxa(%)	9,9	7,7	10,2	7,9	8,1
Emprego por sectores							
Agricultura	Portugal	Milhares	971,25[1]	590,34	537,29	530,71	631,13[2]
		% do Total	22,2[1]	12,8	11,9	10,8	12,60[2]
	UE-15	Milhares	11197,2	9698,99	8060,21	7118,09	6712,95
		% do Total	8,3	6,7	5,2	4,3	3,9
Indústria	Portugal	Milhares	1706,25[1]	1609,59	1453,83	1533,17	1617,91[2]
		% do Total	39,00[1]	34,90	32,20	31,20	32,30[2]
	UE-15	Milhares	52613,34	50521,59	49911,29	51647,54	55597,02
		% do Total	34,4	33,3	28,5	26,7	24,3
Serviços	Portugal	Milhares	1697,50[1]	2412,08	2523,89	2850,12	2754,95[2]
		% do Total	38,8[1]	52,3	55,9	58	55,00[2]
	UE-15	Milhares	52343,53	75710	86647,24	96011,46	94669,85
		% do Total	57,3	60,1	66,4	69	71,9

Notas: [a] Taxa de actividade é expressa em % das pessoas entre os 15-64 anos; [b] Taxa de emprego é expressa em % das pessoas entre os 15-64 anos; [1] Valores referentes a 1986; [2] Valores referentes a 2003.

Fontes: EC, *Employment in Europe 2000*, European Commission; EC (July 2002), *Employment in Europe 2002 – Recent Trends and Prospects*, European Commission; EC (August 2004), *Employment in Europe 2004 – Recent Trends and Prospects*, European Commission; EC (September 2005), *Employment in Europe 2005 – Recent Trends and Prospects*, European Commission

"A Economia Portuguesa – 20 anos após a adesão"

Figura 25 – Evolução do Emprego por sectores de actividade

Portugal

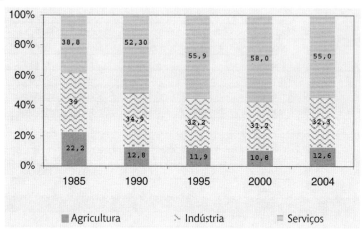

UE-15

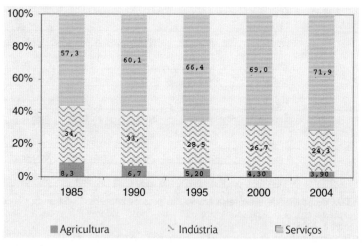

Fontes: EC, *Employment in Europe 2000*, European Commission; EC (July 2002), *Employment in Europe 2002 – Recent Trends and Prospects*, European Commission; EC (August 2004), *Employment in Europe 2004 – Recent Trends and Prospects*, European Commission; EC (September 2005), *Employment in Europe 2005 – Recent Trends and Prospects*, European Commission.

Figura 26 – Evolução da taxa de emprego

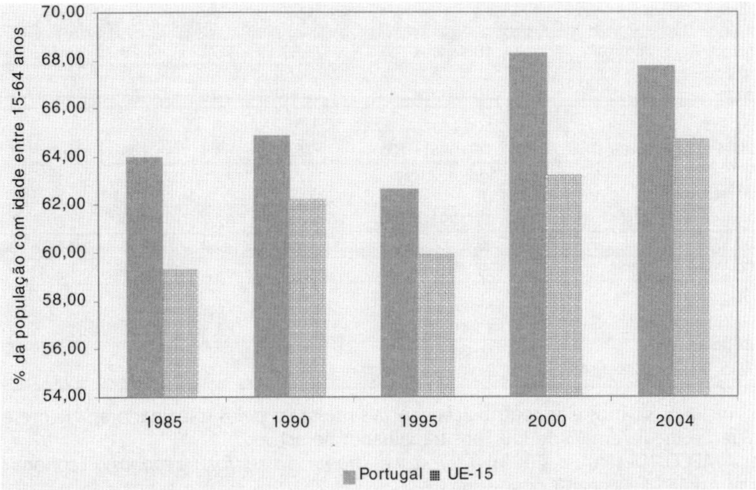

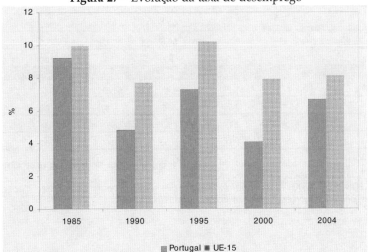

Fontes: EC, *Employment in Europe 2000*, European Commission; EC (July 2002), *Employment in Europe 2002 – Recent Trends and Prospects*, European Commission; EC (August 2004), *Employment in Europe 2004 – Recent Trends and Prospects*, European Commission; EC (September 2005), *Employment in Europe 2005 – Recent Trends and Prospects*, European Commission.

Figura 27 – Evolução da taxa de desemprego

Fontes: EC, *Employment in Europe 2000*, European Commission; EC (July 2002), *Employment in Europe 2002 – Recent Trends and Prospects*, European Commission; EC (August 2004), *Employment in Europe 2004 – Recent Trends and Prospects*, European Commission; EC (September 2005), *Employment in Europe 2005 – Recent Trends and Prospects*, European Commission.

Quadro 33 – Evolução dos custos do factor de produção trabalho

	País	Unidade	1985	1990	1995	2000	2005
Remuneração* nominal por trabalhador	Portugal	1000Euros	4,97	7,72	11,78	16,43	18,37
	UE-15	1000Euros	17,68	22,76	27,85	33,5	37,67
Remuneração* real por trabalhador	Portugal	Índice UE-15(1995)=100	75,5	88,4	100	121	116,7
	UE-15	Índice UE-15(1995)=100	88	92,7	100	106,5	110,4
Peso salarial ajustado[1]	Portugal	%	64	60	60,6	66,2	63,2
	UE-15	%	64,2	62,5	60,7	59,7	58,9
Índice de custos salariais unitários reais ponderado em PPC	Portugal	Índice UE-15(1995)=100	59	73,3	100	125,7	139,2
	UE-15	Índice UE-15(1995)=100	76,9	91,1	100	111	119

Nota: * Inclui os salários e as contribuições sociais prestadas pelos trabalhadores; [1] Representa a remuneração média em % do PIB_{cf} por trabalhador no activo.
Fonte: AMECO (December 2005), *Indicators: Labour Costs; Total Economy*, Economic and Financial Affairs, European Commission.

Quadro 34 – Evolução da Produtividade do trabalho* (UE-15=100)

País	1993	1994	1995	1996	1997	1998
Portugal	54,9[1]	54,9[1]	59,4[1]	60,1[1]	61,8[1]	62,7[1]
Espanha	..	..	92,5	92,1	89,2	88,8
Grécia	..	..	59,8	60,9	63,5	62,1
UE-15	100	100	100	100	100	100
País	1999	2000	2001	2002	2003[2]	2004[2]
Portugal	63,9[1]	65,2[1]	64,4[1]	63,8[1]	59,6	59,2
Espanha	90,1	86,4	86,3	87	88	88
Grécia	61,8	64,1	65,2	68,4	70,9	71,2
UE-15	100	100	100	100	100	100

Nota: * PIB em paridade do poder de compra (PPC) por hora de trabalho relativamente à UE-15; [1] Valores estimados; [2] Valores provisórios.
Fonte: EUROSTAT (2001), *Structural Indicators – General Economic Background: Labour productivity per hour worked*, European Commission, Luxembourg.

Anexos | 105

Figura 28 – Evolução da Produtividade do trabalho

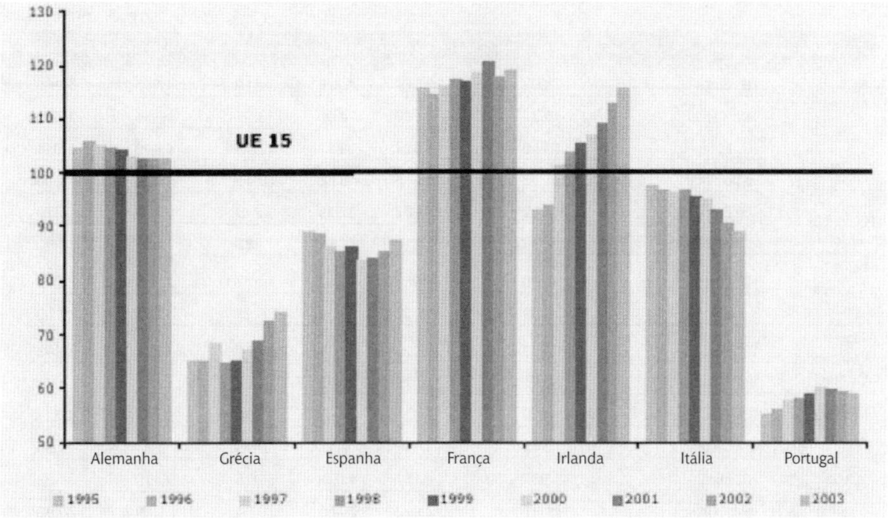

Nota: * PIB em paridade do poder de compra (PPC) por hora de trabalho relativamente à UE-15(UE-15=100).
Fonte: GEE (Junho de 2005), *Barómetro da produtividade*, Gabinete de Estudos Económicos, do Ministério da Economia.

Quadro 35 – Evolução do Comércio Externo em Portugal

Preços correntes

	Unidade	1985	1990	1995	2000	2005
Exportações	10⁶ Euros	10676	18560,90	24997,70	36445,40	41727,40
	% do PIB	31,40	31,30	28,70	29,80	28,60
Importações	10⁶ Euros	11492,00	22237,50	30223,70	49776,10	55150,20
	% do PIB	33,80	37,50	34,70	40,70	37,80
Saldo da Balança Comercial	10⁶ Euros	-816	-3676,60	-5226	-13330,70	-13422,80
	% do PIB	-2,40	-6,20	-6,00	-10,90	-9,20
Saldo da Balança de Pagamentos	% do PIB(10⁹ USD)	-1,9	-0,25	-0,1	-10,2	-9,3

Fontes: IMF (January 2006), *Country Information – Portugal*, International and Monetary Fund, United States of America; GEE (2005), *Comércio Internacional – Quadro de Base de séries anuais*, Gabinete de Estudos Económicos, do Ministério da Economia.

Quadro 36 – Evolução das Importações nacionais por grupo de produtos

Preços correntes

	Unidade	1985	1990	1993	1995	2000	2004
Agro-Alimentares	10⁶ Euros	1.007	2.114	2.712	3.510	4.995	5.640
	% do Total	15,22	11,80	14,00	13,99	11,55	12,30
Energéticos	10⁶ Euros	1.716	1.927	1.711	2.043	4.440	5.044
	% do Total	25,93	10,76	8,83	8,15	10,26	11,00
Químicos	10⁶ Euros	792.62	2.002	2.313	3.219	5.149	6.373
	% do Total	11,98	11,18	11,94	12,83	11,90	13,90
Peles, Madeira, Cort. E Papel	10⁶ Euros	290	985	1.102	1.572	2.386	2.293
	% do Total	4,39	5,50	5,69	6,27	5,52	5,00
Têxteis, Vestuário e Calçado	10⁶ Euros	593	1.925	2.077	2.670	3.716	3.393
	% do Total	8,96	10,75	10,72	10,65	8,59	7,40
Minérios e Metais	10⁶ Euros	558	1.430	1.385	2.251	3.812	4.723
	% do Total	8,43	7,98	7,15	8,98	8,81	10,30
Máquinas	10⁶ Euros	987	4.157	4.039	5.226	9.470	9.583
	% do Total	14,91	23,22	20,86	20,84	21,89	20,90
Material de Transporte	10⁶ Euros	461	2.445	2.866	3.271	6.820	6.419
	% do Total	6,97	13,66	14,80	13,04	15,77	14,00
Produtos Acabados Diversos	10⁶ Euros	213	920	1.162	1.320	2.470	2.384
	% do Total	3,22	5,14	6,00	5,26	5,71	5,20
Total	10⁶ Euros	6.617	17.905	19.367	25.083	43.257	45.852
	% do Total	100,00	100,00	100,00	100,00	100,00	100,00

Fonte: GEE (2005), *Comércio Internacional – Quadro de Base de séries anuais*, Gabinete de Estudos Económicos, do Ministério da Economia; INE (2005), A*nuário Estatístico de Portugal 2004*, Instituto Nacional de Estatística, Lisboa.

Quadro 37 – Evolução das Exportações nacionais por grupo de produtos

Preços correntes

	Unidade	1985	1990	1993	1995	2000	2004
Agro-Alimentares	10⁶ Euros	472	850	906	1.303	1.856	2.248
	% do Total	9,73	7,30	7,34	7,46	7,04	7,60
Energéticos	10⁶ Euros	216	409	418	558	674	858
	% do Total	4,45	3,51	3,39	3,19	2,55	2,90
Químicos	10⁶ Euros	376	740	690	1.089	1.989	2.691
	% do Total	7,76	6,35	5,59	6,24	7,54	9,10
Madeira, Cortiça e Papel	10⁶ Euros	660	1.426	1.298	1.932	2.709	2.780
	% do Total	13,62	12,24	10,52	11,06	10,27	9,40
Peles, Couros e Têxteis	10⁶ Euros	602	1.022	1.070	1.347	1.979	1.656
	% do Total	12,42	8,77	8,67	7,71	7,50	5,60
Vestuário e Calçado	10⁶ Euros	1.132	3.395	3.694	4.219	4.658	4.170
	% do Total	23,35	29,14	29,93	24,15	17,66	14,10
Minérios e Metais	10⁶ Euros	341	761	737	1.034	1.673	3.431
	% do Total	7,04	6,53	5,97	5,92	6,34	11,60
Máquinas	10⁶ Euros	575	1.502	1.819	2.985	5.261	5.619
	% do Total	11,86	12,89	14,74	17,09	19,94	19,00
Material de Transporte	10⁶ Euros	186	796	802	1.705	3.888	4.555
	% do Total	3,83	6,83	6,50	9,76	14,74	15,40
Produtos Acabados Diversos	10⁶ Euros	287	749	908	1.295	1.690	1.538
	% do Total	5,93	6,43	7,36	7,41	6,41	5,20
Total	10⁶ Euros	4.847	11.651	12.342	17.467	26.379	29.576
	% do Total	100,00	100,00	100,00	100,00	100,00	100,00

Fonte: GEE (2005), *Comércio Internacional – Quadro de Base de séries anuais*, Gabinete de Estudos Económicos, do Ministério da Economia; INE (2005), A*nuário Estatístico de Portugal 2004*, Instituto Nacional de Estatística, Lisboa.

Quadro 38 – Evolução das Importações e Exportações na UE-15
por grupo de produtos

Preços correntes

	Unidade	1993	2004	1993	2004
		Importações:		Exportações:	
Preparados alimentares, Bebidas e Tabaco	10⁹Euros	15,22	11,80	34,88	51,78
	% do Total	3,58	1,17	7,57	4,99
Materiais de Madeira	10⁹Euros	28,67	48,78	10,39	22,09
	% do Total	6,73	4,83	2,26	2,13
Minérios e Metais	10⁹Euros	68,12	173,40	14,21	32,17
	% do Total	16,00	17,18	3,09	3,10
Químicos	10⁹Euros	32,00	88,48	60,15	166,00
	% do Total	7,52	8,77	13,06	16,00
Máquinas e Material de transporte	10⁹Euros	143,87	391,13	202,83	484,11
	% do Total	33,80	38,76	44,05	46,68
Outros Produtos manufacturados	10⁹Euros	137,81	295,60	138,04	281,04
	% do Total	32,37	29,29	29,98	27,10
Total	10⁹Euros	425,69	1009,19	460,50	1037,19
	% do Total	100,00	100,00	100,00	100,00

Fonte: EUROSTAT (2005), *Europe in figures – Eurostat Yearbook200: Chapter: International Trade in Goods*, European Commission.

Quadro 39 – Evolução das Importações nacionais por países de origem

Preços correntes

	Unidade	1985	1990	1995	2000	2004
UE-15	10⁶ Euros	3234,13	12935,47	18695,64	32491,86	35483,85
	% do Total	35,57	72,25	74,54	75,11	77,39
Espanha [1]	10⁶ Euros	488,71	2576,43	5318,43	11204,61	13749,86
	% do Total	5,37	14,39	21,20	25,90	29,99
Alemanha [2]	10⁶ Euros	780,56	2581,50	3700,00	5939,01	6504,86
	% do Total	8,58	14,42	14,75	13,73	14,19
França [3]	10⁶ Euros	538,94	2063,28	2962,37	4592,11	4278,91
	% do Total	5,93	11,52	11,81	10,62	9,33
Reino Unido	10⁶ Euros	499,19	1362,24	1655,82	2591,31	2109,03
	% do Total	5,49	7,61	6,6	5,99	4,60
Itália [4]	10⁶ Euros	342,32	1782,23	2098,30	3084,75	2761,16
	% do Total	3,76	9,95	8,37	7,13	6,02
Países Baixos	10⁶ Euros	209,75	1023,18	1131,10	1984,98	2116,68
	% do Total	2,31	5,71	4,51	4,59	4,62
Bélgica -Luxemburgo [5]	10⁶ Euros	141,81	740,30	834,410	1387,32	1324,13[1]
	% do Total	1,56	4,13	3,33	3,21	2,89[1]
PALOP	10⁶ Euros	..	77,59	43,05	123,02	39,81
	% do Total	..	0,43	0,17	0,28	0,09
EUA	10⁶ Euros	..	704,07	821,85	1279,20	1058,08
	% do Total	..	3,93	3,28	2,96	2,31
China	10⁶ Euros	..	50,25	148,59	382,50	458,61
	% do Total	..	0,28	0,59	0,88	1,00
Japão	10⁶ Euros	..	479,31	554,38	1060,70	651,27
	% do Total	..	2,68	2,21	2,45	1,42
Mundo (Total das Importações)	10⁶ Euros	9093,05	17904,70	25083,03	43257,18	45852
	% do Total	100,00	100,00	100,00	100,00	100,00

Notas: [1] Valor referente à Bélgica; [1] Inclui Canárias; [2] Inclui R.D.A.; [3] Inclui Reunião, Guadalupe, Martinica e Guiana Francesa; [4] Inclui S. Marino; [5] Desagregado em Bélgica e Luxemburgo a partir de 1999.

Fonte: GEE (2005), *Comércio Internacional – Quadro de Base de séries anuais*, Gabinete de Estudos Económicos, do Ministério da Economia; INE (2005), A*nuário Estatístico de Portugal 2004*, Instituto Nacional de Estatística, Lisboa.

Figura 29 – Distribuição geográfica das importações nacionais por países de origem

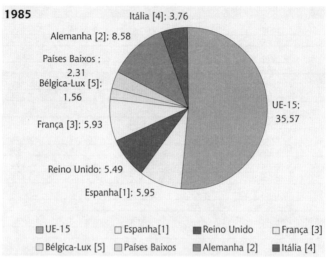

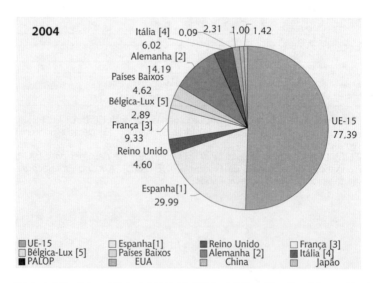

Notas: [1] Inclui Canárias; [2] Inclui R.D.A.; [3] Inclui Reunião, Guadalupe, Martinica e Guiana Francesa; [4] Inclui S. Marino; [5] Desagregado em Bélgica e Luxemburgo a partir de 1999.
Fonte: GEE (2005), *Comércio Internacional – Quadro de Base de séries anuais*, Gabinete de Estudos Económicos, do Ministério da Economia; INE (2005), A*nuário Estatístico de Portugal 2004*, Instituto Nacional de Estatística, Lisboa.

Quadro 40 – Evolução das Exportações nacionais por países de destino

Preços correntes

	Unidade	1985	1990	1995	2000	2004
UE-15	10⁶ Euros	3335,94	9414,96	14113,40	21165,85	23653,31
	% do Total	36,27	80,81	80,80	80,24	79,97
Espanha [1]	10⁶ Euros	203,82	1573,98	2655,86	5085,85	7540,97
	% do Total	2,22	13,51	15,21	19,28	25,50
Alemanha [2]	10⁶ Euros	667,40	1948,79	3761,71	4760,85	3954,53
	% do Total	7,26	16,73	21,54	18,05	13,37
França [3]	10⁶ Euros	618,57	1809,14	2468,72	3342,16	4083,72
	% do Total	6,73	15,53	14,13	12,67	13,81
Reino Unido	10⁶ Euros	705,57	1411,17	1940,78	2868,18	2803,16
	% do Total	7,67	12,11	11,11	10,87	9,48
Itália [4]	10⁶ Euros	191,13	479,40	593,95	1046,18	1280,92
	% do Total	2,08	4,11	3,40	3,97	4,33
Países Baixos	10⁶ Euros	334,62	659,09	921,12	1116,57	1194,56
	% do Total	3,64	5,66	5,27	4,23	4,04
Bélgica - Luxemburgo [5]	10⁶ Euros	173,28	365,08	536,26	1592,41	1242,04[1]
	% do Total	1,88	3,13	3,07	6,04	4,20[1]
PALOP	10⁶ Euros	..	396,25	421,29	656,76	907,47
	% do Total	..	3,40	2,41	2,49	3,07
EUA	10⁶ Euros	..	562,33	789,19	1525,03	1746,47
	% do Total	..	4,83	4,52	5,78	5,91
China	10⁶ Euros	..	25,81	25,22	52,72	101,08
	% do Total	..	0,22	0,14	0,20	0,34
Japão	10⁶ Euros	..	118,96	133	119,46	90,45
	% do Total	..	1,02	0,76	0,45	0,31
Mundo (Total das Exportações)	10⁶ Euros	9197,98	11650,91	17467	26378,76	29576
	% do Total	100,00	100,00	100,00	100,00	100,00

Notas: [1]Valor referente à Bélgica; [1] Inclui Canárias; [2] Inclui R.D.A.; [3] Inclui Reunião, Guadalupe, Martinica e Guiana Francesa; [4] Inclui S. Marino; [5] Desagregado em Bélgica e Luxemburgo a partir de 1999.
Fonte: GEE (2005), *Comércio Internacional – Quadro de Base de séries anuais*, Gabinete de Estudos Económicos, do Ministério da Economia; INE (2005), A*nuário Estatístico de Portugal 2004*, Instituto Nacional de Estatística, Lisboa.

Figura 30 – Distribuição geográfica das exportações por países de destino

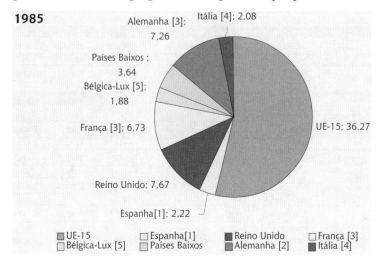

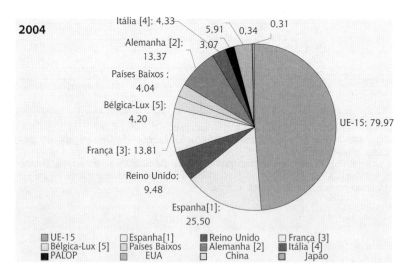

Notas: [1] Inclui Canárias; [2] Inclui R.D.A.; [3] Inclui Reunião, Guadalupe, Martinica e Guiana Francesa; [4] Inclui S. Marino; [5] Desagregado em Bélgica e Luxemburgo a partir de 1999.
Fonte: GEE (2005), *Comércio Internacional – Quadro de Base de séries anuais*, Gabinete de Estudos Económicos, do Ministério da Economia; INE (2005), A*nuário Estatístico de Portugal 2004*, Instituto Nacional de Estatística, Lisboa.

Quadro 41 – Evolução do comércio intra-UE15 e do comércio extra-UE15
(em % do PIB a preços correntes)

Comércio Intra-UE 15	1985		1990		1995		2000		2005	
	Exp	Imp	Exp	Imp	Exp	Imp	Exp	Imp	Exp	Imp
UE-15	14,7	14,6	14,5	14,7	14,9	14,3	19,3	18,2	19	18,3
Portugal	15,1	14,2	17,3	23,4	16	21,2	17,6	27	16,2	23,7

Comércio Extra-UE 15	1985		1990		1995		2000		2005	
	Exp	Imp	Exp	Imp	Exp	Imp	Exp	Imp	Exp	Imp
UE-15	10,1	10,7	7,2	7,9	8,3	7,9	9,6	10,9	9,8	10,5
Portugal	6,9	15,3	4,4	9,8	4,3	8,1	4	8,4	4,3	7,9

Fonte: EUROSTAT (Autumn 2005), *Statistical Annex of European Economy*, European Commission, Belgium.

Figura 31 – Evolução das exportações de bens e serviços em percentagem do PIB

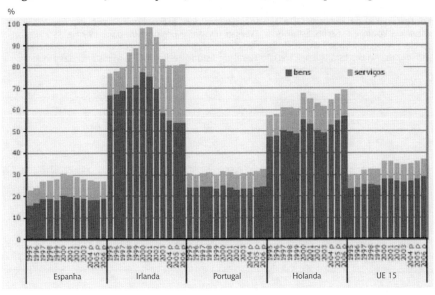

Nota: Valores entre 2004-2006 são provisórios.
Fonte: GEE (Junho de 2005), *Barómetro da produtividade*, Gabinete de Estudos Económicos, do Ministério da Economia.

Quadro 42 – Evolução do Investimento Directo do Exterior em Portugal – IDEP, e do Investimento Directo de Portugal no Exterior – IDPE
(em milhares de euros)

Preços correntes

Balança Financeira	Unidade	1985	1986	1987	1988	1989	1990	1991
IDEP – Saldo[1]	10^{6}Euros	249,48	203,73	362,52	711,97	1420,21	2063,15	1835,99
IDPE – Saldo[2]	10^{6}Euros	-19,19	13,84	8,16	-32,65	-74,60	-154,21	-339,70
Investimento directo [a]– Saldo[3] = [1] + [2]	10^{6}Euros	230,29	217,57	370,68	679,32	1345,61	1908,94	1496,29
Balança Financeira	**Unidade**	**1992**	**1993**	**1994**	**1995[b]**	**1996**	**1997**	**1998**
IDEP – Saldo[1]	10^{6}Euros	1493,38	1243,16	1038,53	519,84	1033,70	2063,40	2699,90
IDPE – Saldo[2]	10^{6}Euros	-463,15	-112,68	-234,34	-515,45	-560,60	-1827,80	-3619,90
Investimento directo [a] – Saldo[3] = [1] + [2]	10^{6}Euros	1030,23	1130,48	804,19	4,39	473,10	235,60	-920,00
Balança Financeira	**Unidade**	**1999**	**2000**	**2001**	**2002**	**2003[p]**	**2004[p]**	
IDEP – Saldo[1]	10^{6}Euros	1085,70	7202,00	7038,20	1878,00	5810,40	895,20	
IDPE – Saldo[2]	10^{6}Euros	-2995,50	-8826,60	-6976,10	-164,70	-6490,90	-4975,90	
Investimento directo [a] – Saldo[3] = [1] + [2]	10^{6}Euros	-1909,80	-1624,60	62,10	1713,30	-680,50	-4080,70	

Nota: [a] Inclui o investimento imobiliário; [b] A partir de 1995 foram introduzidas novas regras de contabilização do IDE e IDPE; [p] Valores provisórios.

Fontes: Banco de Portugal (1997), *Séries Longas para a Economia Portuguesa Pós II Guerra Mundial*, Volume I- Séries Estatísticas, (versão revista, e prolongada para 1994 e 1995), Banco de Portugal, Lisboa; DGEP (Julho de 2005), *Economia Portuguesa – Alguns Indicadores Estruturais*, Anexo Estatístico, Direcção Geral de Estudos e Previsões, Ministério das Finanças.

Quadro 43 – Evolução dos Fluxos líquidos de IDEP
(em milhares de euros)

Preços correntes

	1996	1997	1998	1999	2000	2001	2002	2003	2004
Por sector de actividade									
Total	1033681	2063426	2699949	1085742	7201972	6962760	1911758	7613539	1906047
Agric., silvic. e pesca	9172	5100	7561	5492	14462	-13973	3926	9315	12658
Ind. Extractivas	-8127	-2484	-12900	-3794	15904	573	-7	2064	5219
Ind. Transformadora	89672	237061	-220435	-97714	113898	-381084	-211638	468576	8328007
Electric., gás e água	-62077	-81905	266802	-53212	-53027	94674	79824	15068	94365
Construção	30842	7528	28089	38804	33028	122475	-34154	54853	247044
Comércio,aloj. e restauração	325001	679480	293155	283729	609544	3734636	200899	324314	8119978
Transp., comunicações	69260	535573	70085	202429	412720	328330	518805	590520	1027783
Act. financeiras	140041	236334	309567	-250480	1377198	451167	842823	-1036074	1739896
Act. Imob.,serv. às empresas	351967	347658	1840826	848419	4471797	2299036	23178	6626711	11867198
Outras actividades	87926	99080	117202	112074	206444	326928	488101	558193	782229
Por zona económica de origem									
OCDE - Total	1102926	1796931	1410032	1298171	6940549	7012109	1992263	7611163	-39788
OCDE - União Europeia	955072	1572478	1111937	1058993	6904206	6716131	1668582	1645212	-256982
OCDE - Outros	147854	224453	298095	239178	36343	295978	323681	5965951	217194
Resto do Mundo	-69245	266495	1289917	-212429	261423	-49349	-80505	2376	1945835
De países da área do euro									
Total	809561	1362459	911621	739446	6318995	3488417	1385825	1363486	2312369
Alemanha	49990	279588	178107	43578	341064	-166444	113680	-95356	-23285
Espanha	492838	437886	427409	-422114	2573415	992734	1094124	2247684	2651683
França	42172	126857	-28485	236886	183642	79711	-31417	238557	-163708
Outros	224561	518128	334590	881096	3220874	2582416	209438	-1027399	-152321
De países fora da área do euro									
Reino Unido	170846	153989	199460	266718	483920	3085520	330423	726009	-2212164
Brasil	12561	144591	68128	-140603	137470	-543060	131585	-5640	-1866
Suíça	161784	-2882	22115	47182	29223	67051	146270	-243774	127868
EUA	-21410	229147	248056	132364	-91871	310950	184577	-184800	105382
Outros	-99661	176122	1250569	40639	324233	553890	-266928	5958254	1574456
Total	224120	700967	1788328	346300	882975	3474351	525927	6250049	-406324

Nota: Valores correspondem ao saldo incluído na balança financeira, com sinal contrário. Um sinal (+) significa uma saída de capitais de Portugal, um sinal (-) significa uma entrada de capitais em Portugal (desinvestimento).
Fonte: GEE (Março de 2006), *Fluxos de IDE por sector e por país (valores anuais – período de 1996-05)*, Gabinete de Estudos Económicos, do Ministério da Economia.

Quadro 44 – Evolução dos Fluxos líquidos de IDEP (em %)

	1996	1997	1998	1999	2000	2001	2002	2003	2004
Por sector de actividade									
Agric., silvic. e pesca	0,89	0,25	0,28	0,51	0,20	-0,20	0,21	0,12	0,04
Ind. Extractivas	-0,79	-0,12	-0,48	-0,35	0,22	0,01	0,00	0,03	0,02
Ind. Transformadora	8,68	11,49	-8,16	-9,00	1,58	-5,47	-11,07	6,15	25,84
Electric., gás e água	-6,01	-3,97	9,88	-4,90	-0,74	1,36	4,18	0,20	0,29
Construção	2,98	0,36	1,04	3,57	0,46	1,76	-1,79	0,72	0,77
Comércio,aloj. e restauração	31,44	32,93	10,86	26,13	8,46	53,64	10,51	4,26	25,20
Transp., comunicações	6,70	25,96	2,60	18,64	5,73	4,72	27,14	7,76	3,19
Act. financeiras	13,55	11,45	11,47	-23,07	19,12	6,48	44,09	-13,61	5,40
Act. Imob.,serv. às empresas	34,05	16,85	68,18	78,14	62,09	33,02	1,21	87,04	36,83
Outras actividades	8,51	4,80	4,34	10,32	2,87	4,70	25,53	7,33	2,43
Por zona económica de origem									
OCDE - Total	106,70	87,08	52,22	119,57	96,37	100,71	104,21	99,97	-2,09
OCDE - União Europeia	92,40	76,21	41,18	97,54	95,87	96,46	87,28	21,61	-13,48
OCDE - Outros	14,30	10,88	11,04	22,03	0,50	4,25	16,93	78,36	11,39
Resto do Mundo	-6,70	12,92	47,78	-19,57	3,63	-0,71	-4,21	0,03	102,09
De países da área do euro									
Alemanha	6,17	20,52	19,54	5,89	5,40	-4,77	8,20	-6,99	-1,01
Espanha	60,88	32,14	46,88	-57,09	40,73	28,46	78,95	164,85	114,67
França	5,21	9,31	-3,12	32,04	2,91	2,29	-2,27	17,50	-7,08
Outros	27,74	38,03	36,70	119,16	50,97	74,03	15,11	-75,35	-6,59
De países fora da área do euro									
Reino Unido	76,23	21,97	11,15	77,02	54,81	88,81	62,83	11,62	544,43
Brasil	5,60	20,63	3,81	-40,60	15,57	-15,63	25,02	-0,09	0,46
Suíça	72,19	-0,41	1,24	13,62	3,31	1,93	27,81	-3,90	-31,47
EUA	-9,55	32,69	13,87	38,22	-10,40	8,95	35,10	-2,96	-25,94
Outros	-44,47	25,13	69,93	11,74	36,72	15,94	-50,75	95,33	-387,49

Notas: Valores correspondem ao saldo incluído na balança financeira, com sinal contrário. Um sinal (+) significa uma saída de capitais de Portugal, um sinal (-) significa uma entrada de capitais em Portugal (desinvestimento).
Fonte: GEE (Março de 2006), *Fluxos de IDE por sector e por país (valores anuais – período de 1996-05)*, Gabinete de Estudos Económicos, do Ministério da Economia.

Quadro 45 – Evolução dos Fluxos líquidos de IDPE
(em milhares de euros)

Preços correntes

	1996	1997	1998	1999	2000	2001	2002	2003	2004
Por sector de actividade									
Total	560563	1827803	3619940	2995485	8826556	6997304	-158371	7112740	6409096
Agric., silvic. e pesca	1141	-1564	-180	1057	4625	3738	3070	3663	-444
Ind. Extractivas	1560	-10020	-16196	-7	45	14	0	900	-1000
Ind. Transformadora	71028	71453	74294	122126	388625	121808	24208	229365	-49845
Electric., gás e água	224604	-8818	621817	12680	1673	3340	4575	2207	-53282
Construção	1567	9427	42077	60749	61773	19743	-22347	7173	21022
Comércio,aloj. e restauração	13064	117361	36515	76817	91075	3166829	-3075264	60814	409228
Transp., comunicações	4159	193848	15925	11788	34903	-9044	72374	-9794	-19163
Act. financeiras	84519	408239	193174	-786450	576253	385080	811396	36690	311338
Act. Imob.,serv. às empresas	153103	1004280	2700494	3300600	7632820	3253246	1985631	6739678	5724385
Outras actividades	5816	43599	-47977	196116	34763	52550	37986	42041	66857
Por zona económica de destino									
OCDE - Total	181562	821134	1573784	-1553232	3969084	5532354	2847189	3120036	5588421
OCDE - União Europeia	156068	783041	1526408	-1622526	3780805	5453721	2678539	3069711	5360057
OCDE - Outros	25494	38093	47376	69294	188279	78633	168650	50325	228364
Resto do Mundo	379001	1006669	2046156	4548717	4857472	1464950	-3005560	3992704	820675
Em países da área do euro									
Total	152269	748822	1396596	-1777769	3386611	4865140	2808772	689194	2995504
Alemanha	9678	318	54552	51973	42558	7993	-44330	-131796	-24344
Espanha	55043	253000	366436	-706088	1816638	3115528	-1104199	928100	2181536
França	-11365	11005	40739	216078	22192	14469	-3248	-87020	131191
Outros	98913	484499	934869	-1339732	1505223	1727150	3960549	-20090	707121
Em países fora da área do euro									
Total	408291	1078979	2223345	4773259	5439947	2132164	-2967141	6423548	3413590
Reino Unido	-497	25042	96095	81060	317588	270763	-51376	65376	115752
Brasil	288610	574347	4081929	1501139	2926388	1122146	-2325327	-22138	292097
Suíça	1105	-595	1302	9554	8207	9006	20614	9338	19702
EUA	32259	32156	38321	44169	181679	61778	173743	12312	198357
Outros	86814	448029	-1994302	3137337	2006085	668471	-784195	6358660	2787682

Nota: Valores correspondem ao saldo incluído na balança financeira, com sinal contrário. Um sinal (+) significa uma saída de capitais de Portugal, um sinal (-) significa uma entrada de capitais em Portugal (desinvestimento).
Fonte: GEE (Março de 2006), *Fluxos de IDE por sector e por país (valores anuais – período de 1996-05)*, Gabinete de Estudos Económicos, do Ministério da Economia.

118 | "A Economia Portuguesa – 20 anos após a adesão"

Quadro 46 – Evolução dos Fluxos líquidos de IDPE (em %)

	1996	1997	1998	1999	2000	2001	2002	2003	2004
Por sector de actividade									
Agric., silvic. e pesca	0,20	-0,09	0,00	0,04	0,05	0,05	-1,94	0,05	-0,01
Ind. Extractivas	0,28	-0,55	-0,45	0,00	0,00	0,00	0,00	0,01	-0,02
Ind. Transformadora	12,67	3,91	2,05	4,08	4,40	1,74	-15,29	3,22	-0,78
Electric., gás e água	40,07	-0,48	17,18	0,42	0,02	0,05	-2,89	0,03	-0,83
Construção	0,28	0,52	1,16	2,03	0,70	0,28	14,11	0,10	0,33
Comércio,aloj. e restauração	2,33	6,42	1,01	2,56	1,03	45,26	1941,81	0,86	6,39
Transp., comunicações	0,74	10,61	0,44	0,39	0,40	-0,13	-45,70	-0,14	-0,30
Act. financeiras	15,08	22,33	5,34	-26,25	6,53	5,50	-512,34	0,52	4,86
Act. Imob.,serv. às empresas	27,31	54,94	74,60	110,19	86,48	46,49	-1253,78	94,76	89,32
Outras actividades	1,04	2,39	-1,33	6,55	0,39	0,75	-23,99	0,59	1,04
Por zona económica de origem									
OCDE - Total	32,39	44,92	43,48	-51,85	44,97	79,06	-1797,80	43,87	87,20
OCDE - União Europeia	27,84	42,84	42,17	-54,17	42,83	77,94	-1691,31	43,16	83,63
OCDE - Outros	4,55	2,08	1,31	2,31	2,13	1,12	-106,49	0,71	3,56
Resto do Mundo	67,61	55,08	56,52	151,85	55,03	20,94	1897,80	56,13	12,80
Em países da área do euro									
Alemanha	6,36	0,04	3,91	-2,92	1,26	0,16	-1,58	-19,12	-0,81
Espanha	36,15	33,79	26,24	39,72	53,64	64,04	-39,31	134,66	72,83
França	-7,46	1,47	2,92	-12,15	0,66	0,30	-0,12	-12,63	4,38
Outros	64,96	64,70	66,94	75,36	44,45	35,50	141,01	-2,91	23,61
Em países fora da área do euro									
Reino Unido	-0,12	2,32	4,32	1,70	5,84	12,70	1,73	1,02	3,39
Brasil	70,69	53,23	183,59	31,45	53,79	52,63	78,37	-0,34	8,56
Suíça	0,27	-0,06	0,06	0,20	0,15	0,42	-0,69	0,15	0,58
EUA	7,90	2,98	1,72	0,93	3,34	2,90	-5,84	0,19	5,81
Outros	21,26	41,52	-89,70	65,73	36,88	31,35	26,43	98,99	81,66

Nota: Valores correspondem ao saldo incluído na balança financeira, com sinal contrário. Um sinal (+) significa uma saída de capitais de Portugal, um sinal (-) significa uma entrada de capitais em Portugal (desinvestimento).
Fonte: GEE (Março de 2006), *Fluxos de IDE por sector e por país (valores anuais – período de 1996-05)*, Gabinete de Estudos Económicos, do Ministério da Economia.

Quadro 47 – Evolução dos fluxos cumulativos de IDPE e IDEP por sectores e por zona económica de destino/origem entre 1996-2004

Preços correntes

Unidade	Por sector de actividade	IDPE	IDEP	Por zona económica de destino/origem	IDPE	IDEP
Milhares	Total	38191106	62797205	Total	60271448	61603230
% do Total		100	100		100	100
Milhares	Agric., silvic. e pesca	15106	53713	OCDE - Total	22080332	29124356
% do Total		0,04	0,09		36,63	47,28
Milhares	Ind. Extractivas	-24704	-3552	OCDE - União Europeia	21185824	21375629
% do Total		-0,06	-0,01		35,15	34,7
Milhares	Ind. Transformadora	1053062	8326343	OCDE - Outros	894508	7748727
% do Total		2,76	13,26		1,48	12,58
Milhares	Electric., gás e água	808796	300512	Resto do Mundo	16110784	3354518
% do Total		2,12	0,48		26,73	5,45
Milhares	Construção	201184	528509	Em/De países da área do euro	IDPE	IDEP
% do Total		0,53	0,84			
Milhares	Comércio, aloj. e restauração	896439	14570736	Total	15265139	18692179
% do Total		2,35	23,2		100	100
Milhares	Transp., comunicações	294996	3755505	Alemanha	-33398	720922
% do Total		0,77	5,98		-0,22	3,86
Milhares	Act. financeiras	2020239	3810472	Espanha	6905994	10495659
% do Total		5,29	6,07		45,24	56,15
Milhares	Act. Imob.,serv. às empresas	32494237	28676790	França	334041	684215
% do Total		85,08	45,67		2,19	3,66
Milhares	Outras actividades	431751	2778177	Outros	8058502	6791383
% do Total		1,13	4,42		52,79	36,33
				Em/De países fora da área do euro	IDPE	IDEP
				Milhares	919803	3204721
				% do Total Reino Unido	4,01	23,25
				Milhares	774174	912395
				% do Total EUA	3,38	6,62
				Milhares	8439191	-196834
				% do Total Brasil	36,81	-1,43
				Milhares	78233	354837
				% do Total Suíça	0,34	0,34
				Milhares	12714581	9511574
				% do Total Outros	55,46	68,99
				Milhares Total	22925982	13786693
				% do Total	100	100

Notas: Valores correspondem ao saldo incluído na balança financeira, com sinal contrário. Um sinal (+) significa uma saída de capitais de Portugal, um sinal (-) significa uma entrada de capitais em Portugal (desinvestimento).
Fonte: GEE (Março de 2006), *Fluxos de IDE por sector e por país (valores anuais – período de 1996-05)*, Gabinete de Estudos Económicos, do Ministério da Economia.

Quadro 48 – Stock de IDPE e IDEP por tipo de operações*
– posições em fim de período

Preços correntes

Por tipo de Operação	Unidade	1996 IDPE	1996 IDEP	1997 IDPE	1997 IDEP	1998 IDPE	1998 IDEP	1999 IDPE	1999 IDEP
Total	10⁶Euros	2993	16473	4929	20476	8480	25789	11133	26787
	% do Total	100,00	100,00	100,00	100,00	100,00	100,00	100,00	100,00
No capital de empresas e lucros reinvestidos	10⁶Euros	2614	13 987	4 365	18 823	7 275	24 297	10 025	23 961
	% do Total	87,34	84,91	88,56	91,93	85,79	94,21	90,05	89,45
Outros capitais	10⁶Euros	379	2 486	564	1 653	1 205	1 492	1 107	2 827
	% do Total	12,66	15,09	11,43	8,07	14,21	5,78	9,95	10,55

Por tipo de Operação	Unidade	2000 IDPE	2000 IDEP	2001 IDPE	2001 IDEP	2002 IDPE	2002 IDEP	2003 IDPE	2003 IDEP
Total	10⁶Euros	21 012	34 437	25 061	40 875	20 166	42 564	28 411	49 248
	% do Total	100,00	100,00	100,00	100,00	100,00	100,00	100,00	100,00
No capital de empresas e lucros reinvestidos	10⁶Euros	19 098	31 276	23 119	32 906	16 263	34 341	24 008	40 456
	% do Total	90,89	90,82	92,25	80,50	80,64	80,68	84,50	82,15
Outros capitais	10⁶Euros	1 914	3 161	1 942	7 970	3 903	8 223	4 402	8 792
	% do Total	9,11	9,18	7,75	19,50	19,36	19,32	15,50	17,85

Por tipo de Operação	Unidade	2004 IDPE	2004 IDEP	2005 IDPE	2005 IDEP
Total	10⁶Euros	35 486	51 807	37 685	54 689
	% do Total	100,00	100,00	100,00	100,00
No capital de empresas e lucros reinvestidos	10⁶Euros	30 478	45 879	31 588	49 229
	% do Total	85,89	88,56	83,82	90,02
Outros capitais	10⁶Euros	5 008	5 928	6 097	5 460
	% do Total	14,11	11,44	16,18	9,98

Notas: *Inclui estimativas trimestrais calculadas pelo Banco de Portugal com base na acumulação de fluxos mensais e nos últimos dados anuais obtidos através dos Inquéritos ao Investimento Directo.
Fontes: GEE (Março de 2006), *Stock de Investimento Directo (valores anuais – período de 1996-05)*, Gabinete de Estudos Económicos, do Ministério da Economia.

Anexos | 121

Figura 32 – Fluxos líquidos* de IDEP e IDPE - 2005
(em milhares de euros)

IDEP

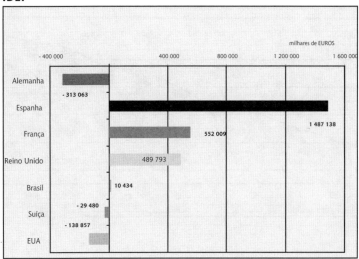

IDPE

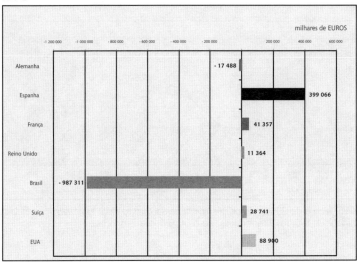

Nota: (*) Valores Líquidos — corresponde aos saldos incluídos na balança financeira, com sinal contrário no caso do IDPE.
Fonte: GEE (Março de 2006), *Fluxos de IDE por sector e por país (valores anuais – período de 1996-05)*, Gabinete de Estudos Económicos, do Ministério da Economia.

Figura 33 – Evolução do stock de IDEP e IDPE
(em milhões de euros)

IDEP

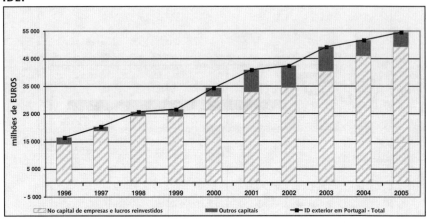

IDPE

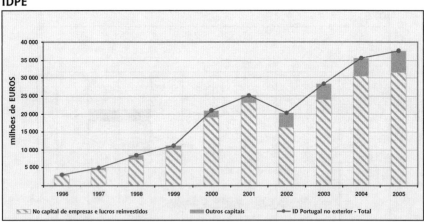

Fontes: GEE (Março de 2006), *Stock de Investimento Directo (valores anuais – período de 1996-05)*, Gabinete de Estudos Económicos, do Ministério da Economia.

Quadro 49 – Evolução do total de investigadores e pessoal I&D em Portugal

	Unidade	1986	1990	1995	2000	2001
Total de Investigadores	nº.	9258	12675	18690	28375	31146
	ETI	5723	7736	11599	15751	17724
	Investigadores / População activa(‰)	1,27	1,56	2,44	3,12	3,41
Pessoal total	nº.	15903	18953	25024	36872	39163
	ETI	10570	12043	15465	20806	22970
	Pessoal Total / População activa(‰)	2,34	2,43	3,26	4,12	4,42

Fonte: OCES (2003), Principais Indicadores de I&D, de 1982 a 2001, Edição 2003, Observatório da Ciência e do Ensino Superior, do Ministério da Ciência e Tecnologia e do Ensino Superior; OCES (2006), *Inquérito ao Potencial Científico e Tecnológico Nacional* – Sumários Estatísticos (Estatísticas Oficiais), Observatório da Ciência e do Ensino Superior, do Ministério da Ciência e Tecnologia e do Ensino Superior.

Quadro 50 – Evolução do número de investigadores em proporção do nível de emprego (‰), por sectores de execução

	Empresa				Governo				Ensino Superior			
	1995	1997	1999	2001	1995	1997	1999	2001	1995	1997	1999	2001
UE-25	2,20	2,30	2,50	2,70	0,80	0,80	0,80	0,80	1,80	1,80	1,9	2,1
UE-15	2,50	2,60	2,80	3,00	0,80	0,80	0,80	0,70	1,90	1,90	1,9	2,1
Portugal	0,20	0,30	0,4	0,50	0,60	0,60	0,70	0,70	1,30	1,60	1,7	1,8

Fonte: OECD (2005), *OECD Science, Technology and Industry Scoreboard 2005*, Organisation for Economic Co-operation and Development, France.

Quadro 51 – Evolução da Despesa com I&D por sectores de execução

Empresa

	Unidade	1986	1990	1995	2000	2001	2003
Portugal	10^6 Euros	26,02	67,76	96,23	184,80	328,81	338,30
	% do total de I&D	26,25	26,11	20,92	22,68	32,45	33,18
	nº. de empresas	197	194	234	565	559	1034
UE-15	10^6 Euros	..	..	90708,48	107398,32[1]	118226,90	121300,60
	% do total de I&D	..	..	62,10	64,20[1]	64,70	64,20

Governo

	Unidade	1986	1990	1995	2000	2001	2003
Portugal	10^6 Euros	35,67	66,04	124,31	227,67	216,86	172,00
	% do total de I&D	35,99	25,45	27,02	27,93	21,40	16,87
UE-15	10^6 Euros	..	..	23809,15	23754,77[1]	23755,02	24184,55
	% do total de I&D	..	..	16,3	14,20[1]	13,00	12,80

Ensino Superior

	Unidade	1986	1990	1995	2000	2001	2003
Portugal	10^6 Euros	29,87	93,51	170,43	314,36	366,51	391,80
	% do total de I&D	30,14	36,03	37,05	38,57	36,17	38,43
UE-15	10^6 Euros	..	..	30382,23	34628,43[1]	38921,68	41000,37
	% do total de I&D	..	..	20,8	20,70[1]	21,30	21,70

IPSFL

	Unidade	1986	1990	1995	2000	2001	2003
Portugal	10^6 Euros	7,54	32,21	69,07	87,91	101,04	117,70
	% do total de I&D	7,61	12,41	15,01	10,78	9,97	11,54
UE-15	10^6 Euros	..	..	1314,62	1505,58[1]	1827,31	2456,24
	% do total de I&D	..	..	0,90	0,90[1]	1,00	1,30

I&D

	Unidade	1986	1990	1995	2000	2001	2003
Portugal	10^6 Euros	99,1	259,54	460,04	814,75	1013,22	1019,60
	% do PIB	0,39	0,53	0,57	0,75	0,82	0,78
UE-15[2]	10^6 de 2000 PPP dólares	..	..	146068,40	167287,10[1]	182730,90	188941,80
	% do PIB	..	..	1,80	1,86[1]	1,92	1,95

Notas: [1] Valor referente a 1999; [2] Inclui o Luxemburgo a partir de 2000;
Fonte: OCES (2006), *Inquérito ao Potencial Científico e Tecnológico Nacional* – Sumários Estatísticos(Estatísticas Oficiais), Observatório da Ciência e do Ensino Superior, do Ministério da Ciência e Tecnologia e do Ensino Superior; OECD (2005), *OECD Science, Technology and Industry Scoreboard 2005*, Organisation for Economic Co-operation and Development, France; GEE, *Evolução da Despesa em I&D por sector de execução*, Grupo de Estudo Económicos, do Ministério da Economia, com base no: 1) *Inquérito ao Potencial Científico e Tecnológico Nacional* – Resultados Provisórios, Novembro de 2002, Observatório da Ciência e do Ensino Superior (OCES), do Ministério da Ciência e Tecnologia e do Ensino superior e 2) Contas Nacionais(Junho de 2006), INE;

Quadro 52 – Evolução da Despesa pública e privada com I&D

Despesa I&D privada, % PIB	1995	1997	1999	2000	2001	2002	2003
Portugal	0.11	0.13	0.15		0.27	0.25	0.25
Média UE15	0.99	1.01	1.07	1.08	1.11	1.10	1.08
Média UE25				1.04	1.07	1.06	1.04

Despesa I&D pública, % PIB	1995	1997	1999	2000	2001	2002	2003
Portugal	0.36	0.41	0.50		0.52	0.48	0.47
Média UE15	0.73	0.69	0.67	0.66	0.67	0.67	0.69
Média UE25				0.64	0.66	0.66	0.67

Fonte: EUROSTAT; Actualizado em 9Dez2005.

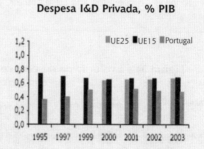

Fonte: GEE (Junho de 2005), *Barómetro da produtividade*, Gabinete de Estudos Económicos, do Ministério da Economia.

Quadro 53 – Evolução da despesa com I&D por fontes de financiamento(em %)

	Empresa				Governo			
	1995	1997	1999	2001	1995	1997	1999	2001
UE-25	52,2	53,7	55,6	56,0	39,1	37,1	34,8	34,0
UE-15	51,9	53,3	55,2	55,5	39,5	37,5	35,5	34,7
Portugal	19,5	21,2	21,3	31,5	65,3	68,2	69,7	61,0
	Outras entidades nacionais				Exterior			
	1995	1997	1999	2001	1995	1997	1999	2001
UE-25	1,8	2,0	2,2	2,2	6,9	7,3	7,4	7,8
UE-15	1,9	2,0	2,1	2,2	6,7	7,1	7,2	7,6
Portugal	..	4,4	3,7	2,4	11,9	6,1	5,3	5,1

Fonte: OECD (2005), *OECD Science, Technology and Industry Scoreboard 2005*, Organisation for Economic Co-operation and Development, France.

Figura 34 – Evolução da despesa com I&D por fontes de financiamento (em percentagem)

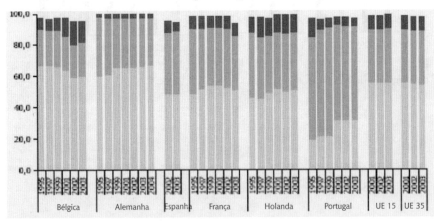

Fonte: GEE (Junho de 2005), *Barómetro da produtividade*, Gabinete de Estudos Económicos, do Ministério da Economia.

Quadro 54 – Evolução das Receitas e Despesas do Estado em Portugal e na UE

Preços correntes

	País	Unidade	1985	1990	1995	2000	2004
Despesa do Estado	Portugal	10⁹ Euros	13,15	23,67	37,21	52,51	68,94
		% do PIB	59,50	44,16	43,67	43,70	47,70
	UE-15	10⁹ Euros	..	..	3382,60	3931,70	4872,10
		% do PIB	..	..	51,10	45,60	48,10
Receita do Estado	Portugal	10⁹ Euros	10,40	20,28	33,19	49,90	60,84
		% do PIB	47,06	37,84	38,96	40,80	41,70
	UE-15	10⁹ Euros	..	..	3080,16	4045,81	4649,38
		% do PIB	..	..	46,00	46,60	45,60
Despesa do Estado per capita	Portugal	Euros	1313,56	2782,30	3709,87	5134,95	6563,21
	UE-15	Euros	..	..	9114,28	10454,65	12700,73
Receita do Estado per capita	Portugal	Euros	1038,86	2039,22	3309,07	4879,72	5792,08
	UE-15	Euros			8299,37	10758,07	12120,13

Fonte: EUROSTAT (Autumn 2005), *Statistical Annex of European Economy*, European Commission, Belgium.

Quadro 55 – Evolução das receitas Fiscais do Estado Português

Preços correntes

	Unidade	1988	1990	1995	2000	2005[1]
Impostos Directos (ID)						
IRS	10⁶ Euros	..	2271,53	4587,94	6740,00	7750,00
	% do Total de ID e II	..	24,08	27,08	26,24	25,52
IRC	10⁶ Euros	..	1066,43	1945,81	4470,00	3660,00
	% do Total de ID e II	..	11,31	11,48	17,40	12,05
Outros	10⁶ Euros	2090,96	272,84	68,34	106,00	141,00
	% do Total de ID e II	31,91	2,89	0,40	0,41	0,46
Total	10⁶ Euros	2090,96	3610,80	6602,09	11316,00	11551,00
	% do Total de ID e II	31,91	38,28	38,96	44,05	38,04
	Unidade	1988	1990	1995	2000	2005[1]
Impostos Indirectos (II)						
IVA	10⁶ Euros	1988,71	2747,38	5610,98	8673,00	11600,00
	% do Total de ID e II	30,35	29,13	33,11	33,76	38,20
Imposto sobre os produtos petrolíferos(ISP)	10⁶ Euros	916,79	1247,49	2134,36	2114,00	3040,00
	% do Total de ID e II	13,99	13,23	12,60	8,23	10,01
Imposto Automóvel(IA)	10⁶ Euros	273,84	302,27	661,41	1205,00	1160,00
	% do Total de ID e II	4,18	3,2	3,9	4,69	3,82
Imposto sobre o Tabaco	10⁶ Euros	282,32	351,15	753,18	1034,00	1215,00
	% do Total de ID e II	4,31	3,72	4,45	4,03	4,00
Imposto de Selo	10⁶ Euros	565,14	749,19	933,75	1035,00	1465,00
	% do Total de ID e II	8,63	7,94	5,51	4,03	4,82
Outros	10⁶ Euros	434,45	423,48	248,4	312,00	335,00
	% do Total de ID e II	6,63	4,49	1,47	1,21	1,10
Total	10⁶ Euros	4461,25	5820,97	10342,08	13373,00	18815,00
	% do Total de ID e II	68,09	61,72	61,04	52,06	61,96
	Unidade	1988	1990	1995	2000	2005[1]
Total de ID e II	10⁶ Euros	6552,21	9431,77	16944,16	25689,00	30366,00
	% do Total de ID e II	100,00	100,00	100,00	100,00	100,00

Nota: [1]Valores de 2005 são provisório.
Fontes: DGEP (Setembro de 1999), *Economia Portuguesa – Estabilidade e Crescimento*, Anexo Estatístico, Direcção Geral de Estudos e Previsões, Ministério das Finanças; DGEP (Dezembro de 2004), *Economia Portuguesa – Reformas e Ajustamentos*, Anexo Estatístico, Direcção Geral de Estudos e Previsões, Ministério das Finanças; Rosa, Eugénio (4 de Novembro de 2005), *A proposta de orçamento para 2006 do governo determina o aumento dos impostos e o agravamento da injustiça fiscal*, site da Resistir. INFO.

Quadro 56 – Evolução dos Fluxos Financeiros UE - Portugal

Preços correntes

	Unidade	1986	1987	1988	1989	1990	1991	1992	1993	1994	1995
Entradas (A)											
FEOGA - garantia	10⁶ Euros	23,44	117,72	132,18	149,64	191,00	282,30	371,10	431,00	696,80	690,80
	% do Total (A)	9,49	30,73	18,11	17,81	19,11	19,36	13,36	13,95	27,51	20,09
FEOGA - orientação	10⁶ Euros		18,95	75,32	127,69	202,50	206,00	320,70	308,80	261,10	283,30
	% do Total (A)		4,95	10,32	15,20	20,26	14,12	11,54	9,99	10,31	8,24
FEDER	10⁶ Euros	135,17	107,74	292,79	314,24	369,60	734,70	1374,20	1426,60	1101,10	1492,40
	% do Total (A)	54,75	28,13	40,12	37,41	36,98	50,37	49,46	46,17	43,47	43,40
Fundo Social Europeu	10⁶ Euros	77,31	138,67	169,59	176,57	148,10	132,70	578,10	762,20	267,70	542,40
	% do Total (A)	31,31	36,20	23,24	21,02	14,82	9,10	20,81	24,67	10,57	15,77
PEDIP	10⁶ Euros	..	..	38,91	50,38	87,80	101,30	105,70	53,90	27,80	..
	% do Total (A)	..	..	5,33	6,00	8,78	6,95	3,80	1,74	1,10	..
Instrumento Financeiro de Coesão	10⁶ Euros	..	..	..	..	..	..	..	78,30	168,10	411,40
	% do Total (A)	..	..	..	..	..	..	..	2,53	6,64	11,96
Outras Entidades	10⁶ Euros	10,97	..	20,95	21,45	0,50	1,50	28,90	29,40	9,70	18,60
	% do Total (A)	4,44	..	2,87	2,55	0,05	0,10	1,04	0,95	0,38	0,54
Total das entradas(A)	10⁶ Euros	246,90	383,08	729,74	839,98	999,59	1458,50	2778,50	3090,10	2533,20	3438,71
	% do Total (A)	100,00	100,00	100,00	100,00	100,00	100,00	100,00	100,00	100,00	100,00

	Unidade	1986	1987	1988	1989	1990	1991	1992	1993	1994	1995
Saídas (B)											
Recursos próprios (líquidos de restituições)	10⁶ Euros	33,92	53,37	77,81	112,73	240,42	401,00	540,20	636,00	1032,20	648,44
	% do Total (B)	35,60	32,72	39,80	46,31	60,48	65,87	74,22	78,36	83,64	76,25
Tradicionais (Direitos Aduaneiros e Niveladores Agrícolas)	10⁶ Euros	47,39	109,74	117,72	130,69	138,17	188,80	182,60	175,60	199,20	200,52
	% do Total (B)	49,74	67,28	60,20	53,69	34,76	31,01	25,09	21,64	16,14	23,58
Outras saídas	10⁶ Euros	13,97	..	47,88	130,69	18,95	19,00	5,00	0,00	2,70	1,40
	% do Total (B)	14,66	..	24,49	53,69	4,77	3,12	0,69	0,00	0,22	0,16
Total das saídas (B)	10⁶ Euros	95,27	163,11	195,53	243,41	397,54	608,80	727,80	811,60	1234,10	850,35
	% do Total (B)	100,00	100,00	100,00	100,00	100,00	100,00	100,00	100,00	100,00	100,00

	Unidade	1986	1987	1988	1989	1990	1991	1992	1993	1994	1995
Saldo = (A)-(B)	10⁶ Euros	151,63	219,97	486,33	578,11	602,05	849,70	2050,70	2278,50	1299,10	2588,36
	% do PIB	0,55	0,70	1,40	1,40	1,20	1,50	3,20	3,40	1,80	3,20

Quadro 56 (cont.) – Evolução dos Fluxos Financeiros UE - Portugal

	Unidade	1996	1997	1998	1999	2000	2001	2002	2003	2004	2005
Entradas (A)											
FEOGA - garantia	10^6 Euros	630,60	645,20	638,70	653,40	652,80	873,00	753,60	849,50	809,50	1001,00
	% do Total (A)	18,78	17,26	16,04	16,10	20,68	35,34	19,18	17,35	16,05	21,30
FEOGA - orientação	10^6 Euros	315,00	317,20	359,20	388,80	318,60	42,50	265,60	269,70	462,00	345,00
	% do Total (A)	9,38	8,49	9,02	9,58	10,09	1,72	6,76	5,51	9,16	7,34
FEDER	10^6 Euros	1517,40	1702,40	1524,20	1758,40	1348,50	872,70	1561,20	2581,60	2741,00	2242,00
	% do Total (A)	45,19	45,55	38,28	43,32	42,72	35,33	39,74	52,73	54,35	47,71
Fundo Social Europeu	10^6 Euros	637,80	376,60	713,80	609,70	508,60	181,00	915,70	764,80	676,00	659,00
	% do Total (A)	18,99	10,08	17,93	15,02	16,11	7,33	23,31	15,62	13,41	14,02
Instrumento Financeiro de Coesão	10^6 Euros	187,50	578,60	627,90	479,80	116,50	448,70	395,40	254,80	300,00	418,00
	% do Total (A)	5,58	15,48	15,77	11,82	3,69	18,16	10,06	5,20	5,95	8,90
Outras Entidades	10^6 Euros	69,20	117,40	117,80	168,90	211,70	51,60	37,10	175,90	54,30	34,00
	% do Total (A)	2,06	3,14	2,96	4,16	6,71	2,09	0,94	3,59	1,08	0,72
Total das entradas(A)	10^6 Euros	3357,90	3737,50	3981,60	4059,00	3156,80	2470,40	3928,70	4896,20	5042,80	4699,00
	% do Total (A)	100,00	100,00	100,00	100,00	100,00	99,96	100,00	100,00	100,00	100,00
	Unidade	1996	1997	1998	1999	2000	2001	2002	2003	2004	2005
Saídas (B)											
Recursos próprios (líquidos de restituições)	10^6 Euros	648,20	701,30	912,80	977,10	1063,60	1051,50	1122,40	1152,30	1231,30	1348,80
	% do Total (B)	82,90	82,03	83,85	84,04	85,24	86,33	90,90	92,27	91,78	92,40
Tradicionais (Direitos Aduaneiros e Niveladores Agrícolas)	10^6 Euros	132,70	153,60	175,70	181,80	179,00	163,90	111,60	96,50	110,30	110,90
	% do Total (B)	16,97	17,97	16,14	15,64	14,35	13,46	9,04	7,73	8,22	7,60
Outras saídas	10^6 Euros	1,00	0,00	0,10	3,80	5,10	2,60	0,70	..	..	..
	% do Total (B)	0,13	0,00	0,01	0,33	0,41	0,21	0,06	..	..	..
Total das saídas(B)	10^6 Euros	781,90	854,90	1088,60	1162,70	1247,70	1218,00	1234,70	1248,80	1341,60	1459,70
	% do Total (B)	100,00	100,00	100,00	100,00	100,00	100,00	100,00	100,00	100,00	100,00
	Unidade	1996	1997	1998	1999	2000	2001	2002	2003	2004	2005
Saldo = (A)-(B)	10^6 Euros	2576,00	2882,60	2893,00	2896,30	1909,10	1252,40	2694,00	3647,40	3701,20	3239,30
	% do PIB	2,90	2,90	2,80	2,70	1,70	1,00	2,10	2,80	2,80	2,30

Fontes: DGEP (Setembro de 1999), *Economia Portuguesa – Estabilidade e Crescimento*, Anexo Estatístico, Direcção Geral de Estudos e Previsões, Ministério das Finanças; DGEP (Dezembro de 2004), *Economia Portuguesa – Reformas e Ajustamentos*, Anexo Estatístico, Direcção Geral de Estudos e Previsões, Ministério das Finanças.

Quadro 57 – Evolução dos Fluxos Financeiros acumulados UE - Portugal entre 1986-2005

Preços correntes

Entradas (A)								
Unidade	FEOGA - garantia	FEOGA - orientação	FEDER	Fundo social Europeu	PEDIP	Instrumento Financeiro de Coesão	Outras entradas	Total de (A)
10^6 Euros	10593,28	4887,96	25197,94	9036,34	465,79	4465,00	1179,87	55826,19
% do Total de (A)	18,98	8,76	45,14	16,19	0,83	8,00	2,11	100,00

Saídas (B)					Saldo	
Unidade	Recursos próprios (líquidos de restituições)	Tradicionais (Direitos Aduaneiros e Niveladores Agrícolas)	Outras saídas	Total de (B)	Unidade	(A)-(B)
10^6 Euros	13985,39	4605,63	252,89	18843,90	10^6 Euros	36982,29
% do Total de (B)	74,22	24,44	1,34	100,00	% do PIB	2,13

Fontes: DGEP (Setembro de 1999), *Economia Portuguesa – Estabilidade e Crescimento*, Anexo Estatístico, Direcção Geral de Estudos e Previsões, Ministério das Finanças; DGEP (Dezembro de 2004), *Economia Portuguesa – Reformas e Ajustamentos*, Anexo Estatístico, Direcção Geral de Estudos e Previsões, Ministério das Finanças.

Figura 35 – Evolução dos Fluxos Financeiros

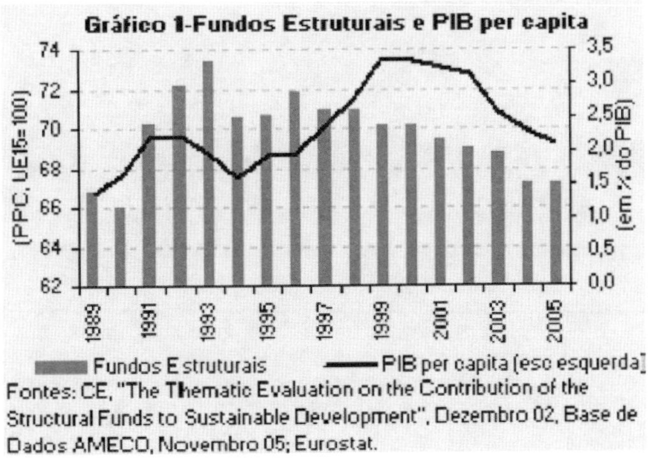
Gráfico 1-Fundos Estruturais e PIB per capita
74
72
70
68
66
64
62
(PPC, UE15=100)
3,5
3,0
2,5
2,0
1,5
1,0
0,5
0,0
(em % do PIB)
1989
1991
1993
1995
1997
1999
2001
2003
2005
Fundos Estruturais
PIB per capita (esc esquerda)
Fontes: CE, "The Thematic Evaluation on the Contribution of the Structural Funds to Sustainable Development", Dezembro 02, Base de Dados AMECO, Novembro 05; Eurostat.

Fonte: DGEP (*Destaque de Janeiro/2006/Nº 231*), *A Contribuição Financeira da União Europeia a Portugal*, Direcção Geral de Estudos e Previsão, Ministério das Finanças.

Quadro 58 – Impacto dos Fundos Estruturais na taxa de crescimento real do PIB*

	1989-93	1994-99	2000-06
Espanha	0,3	0,5	0,1
Grécia	0,8	1,0	0,3
Irlanda	0,9	0,6	0,03
Portugal	**0,9**	**1,1**	**0,4**

Nota: *diferença face a um cenário central.
Fonte: DGEP (*Destaque de Janeiro/2006/Nº 231*), *A Contribuição Financeira da União Europeia a Portugal*, Direcção Geral de Estudos e Previsão, Ministério das Finanças.

Capítulo 2

A agricultura portuguesa: Balanço de duas décadas de integração europeia

Francisco Avillez

1. Introdução

Quando, em 1986, Portugal aderiu às Comunidades Europeias (CE), a sua agricultura caracterizava-se, no essencial, pelos seguintes aspectos:
- um peso da agricultura no PIB de 5,2% quando no conjunto dos 12 Estados Membros que na altura passaram a constituir as CE (EUR-12), tal percentagem era de 3%;
- um peso da agricultura na população activa agrícola de 18,9%, quando na EUR-12 este era, apenas, de 7%;
- um peso das importações dos produtos agrícolas e alimentares nas importações de todos os produtos de 28,6%, mais do que o dobro do verificado para a EUR-12 (12,9%);
- um peso das exportações de produtos agrícolas e alimentares de 12,9%, superior aos 8,7% verificado para o conjunto da EUR-12;
- um peso das despesas de consumo das famílias consagradas à alimentação, bebidas e tabaco nas despesas totais do consumo das famílias de 35,1%, muito superior ao observado para o conjunto da EUR-12 (20,4%);

– uma superfície agrícola utilizada média (SAU por exploração) de 5,2 hectares, o que contrastava com os 13,3 hectares de SAU média do conjunto das explorações da EUR-12.

Ao longo destas duas últimas décadas, a agricultura portuguesa foi confrontada com profundas alterações sócio-estruturais e técnico-económicas que foram consequência, quer das transformações sócio-económicas verificadas na sociedade portuguesa, quer das alterações ocorridas na composição das políticas agrícolas em vigor, quer do processo de globalização em curso.

Quando, quase 20 anos depois, procedemos à caracterização da agricultura portuguesa com base no mesmo tipo de indicadores anteriormente utilizados, somos confrontados com uma realidade agrícola muito diferente.

Em primeiro lugar, verificou-se uma redução significativa no peso da agricultura, quer no PIB, quer na população activa agrícola, que representam actualmente cerca de 2,4 e 12,1%, respectivamente, valores estes que no contexto da EU-15 são, actualmente, de 1,6 e 3,8%.

Em segundo lugar, constata-se que o peso dos produtos agrícolas e alimentares na totalidade das importações e exportações alteram-se para 11,0 e 9,1%, respectivamente, valores estes que atingem, hoje em dia, na EU-15 6,1 e 6,0%.

Em terceiro lugar, verificou-se uma redução significativa no peso das despesas alimentares no total das despesas familiares que atingem actualmente o valor de 16%, valor este que na EU-15 passou para 17,4%.

Em quarto e último lugar, que se verificou um aumento significativo na superfície média das explorações agrícolas portuguesas que atingiu, em 2003, os 10,4 hectares, valor este, ainda, bastante inferior ao da média da EU-15 (20,2 ha).

O objectivo deste capítulo é o de analisar os aspectos mais relevantes da evolução dos sistemas e estruturas das explorações agrícolas portuguesas nos últimos anos, de forma a possibilitar uma melhor compreensão do conjunto de transformações verificadas no contexto da agricultura portuguesa.

Dada a necessidade de recorrermos a informação estatística que permita um tratamento rigoroso e coerente dos aspectos quer económicos, quer sócio-estruturais da evolução recente da nossa agricultura, optámos por centrar a análise realizada no período 1988-2004, tendo-se para o efeito recorrido, para a maioria das situações a comparações entre os triénio 1988-89-90 ("1989") e 2002-03-04 ("2003").

Optou-se, portanto, por um balanço dos últimos 15 anos e não do período de 20 anos a que este livro se refere, estando, no entanto, convencidos que as tendências constatadas e as conclusões a que chegámos são inteiramente válidas para a compreensão do comportamento da agricultura portuguesa nas últimas duas décadas.

Para o efeito, iremos começar por abordar as alterações sofridas pelas políticas agrícolas com incidência na agricultura portuguesa no período em causa. De seguida, analisaremos os aspectos mais relevantes da evolução recente da nossa agricultura começando pelas alterações verificadas no sistema de preços e acabando pela evolução sofrida pela competitividade e rendimento das explorações agrícolas portuguesas.

Em terceiro lugar, debruçar-nos-emos sobre a situação actual da agricultura portuguesa, abordando separadamente as suas principais características sócio-estruturais e técnico-económicas. Finalmente, faremos algumas considerações finais sobre o futuro da agricultura portuguesa face às profundas alterações em curso no âmbito da PAC, decorrentes quer do respectivo processo de reforma, quer dos prováveis compromissos que venham a ser atingidos no contexto das negociações em curso da Ronda de Doha da Organização Mundial do Comércio (OMC).

2. A evolução da agricultura portuguesa nos últimos 15 anos

Neste balanço sobre a evolução da agricultura de Portugal Continental, desde o início da aplicação dos QCA até à reforma da PAC de 2003, iremos debruçar-nos sobre:

- as alterações sofridas pelas políticas publicas com incidência na agricultura portuguesa durante o período em análise;
- os aspectos mais relevantes da evolução do nosso sector agro-florestal nos últimos 15 anos.

2.1 Alterações sofridas pelas políticas com incidência na agricultura portuguesa nas últimas décadas

Nos últimos 15 anos verificaram-se diferentes tipos de alterações nas políticas agrícolas com incidência em Portugal.

Em primeiro lugar, alterações no processo de transição entre a 1ª e 2ª etapas do período de aplicação da PAC à agricultura portuguesa. A principal consequência destas alterações foi a harmonização dos preços dos cereais portugueses com os comunitários e a introdução da ajuda cofinanciada.

Em segundo lugar, alterações resultantes do processo de reforma da PAC iniciado em 1992 e alargado em 1999 no contexto da Agenda 2000. As principais linhas de força do processo de reforma da PAC que decorreu durante a última década concretizaram-se, no essencial:
- pelo desmantelamento gradual das medidas de suporte de preços de mercado, com a correspondente abertura dos mercados agrícolas e a aproximação dos respectivos preços de mercado aos correspondentes preços mundiais;
- pela introdução de pagamentos aos produtores baseados nas áreas cultivadas e no número de animais elegíveis, com a correspondente importância crescente das ajudas directas à produção, quer nas decisões dos produtores, quer nos respectivos rendimentos;
- pelo reforço e diversificação de medidas de política de desenvolvimento rural com funções de âmbito ambiental e territorial.

Em terceiro lugar, alterações introduzidas no âmbito do mercado único, das quais resultou, no essencial, uma harmonização generalizada das políticas agrícolas portuguesas com as comunitárias antes das datas inicialmente previstas e a criação de algumas medidas sectoriais e estruturais específicas como forma de compensação das antecipações verificadas.

Em quarto lugar, o início da aplicação dos QCA que permitiram um reforço dos apoios comunitários à transformação das estruturas agrícolas em Portugal.

Em quinto e último lugar, o processo de integração no Sistema Monetário Europeu, que durante os primeiros anos obrigou a uma política cambial que teve consequências muito negativas sobre o valor real dos preços e ajudas agrícolas e, consequentemente, sobre a competitividade e rendimentos agrícolas em Portugal.

Da acção conjugada destes diferentes tipos de alterações resultaram mudanças quer no nível de apoio, quer na composição das medidas de política agrícola em vigor durante os últimos 15 anos em Portugal.

O nível de apoio gerado pelas políticas agrícolas decresceu cerca de 30%, a preços reais, entre "1989" e "2003", tendo passado de 2540 para 1766 milhões de euros de 2004 (Quadro 2.1.).

Quadro 2.1. Evolução do nível e da composição dos apoios à agricultura portuguesa entre 1988 e 2004

Nível e composição dos apoios dados pelas políticas agrícolas	"1989"	"2003"	Variação em % entre "1989" e "2002"
Estimativa do suporte aos produtores (ESP)			
ESP total (10^6 euros)	2540	1766	-30,5
ESP em %	26,9	27,4	2,2
Composição do ESP (%)			
Medidas de suporte de preços de mercados (MSPM)	87,1	64,4	-48,6
Pagamentos aos produtores directamente ligados à produção (PPDLP)	5,4	16,5	113,6
Outros pagamentos aos produtores (OPP)	7,5	19,1	77,5
Total	100,0	100,0	-

Nota: "1989" e "2003" correspondem aos triénio 1988-1990 e 2002-2004
Fonte: Estimativas baseadas nas Contas Económicas de Agricultura e em dados da OCDE

Este nível de apoio apresentou, no entanto, uma evolução nos valores relativos, ligeiramente positiva, uma vez que a respectiva Estimativa de Suporte aos Produtores (ESP) passou de 26,9 para27,4% entre os triénios "1989" e "2003".

Muito mais profundas foram as alterações verificadas na composição das políticas em vigor em Portugal, uma vez que se verificou que, entre "1989" e "2003":
- o valor das transferências de rendimento geradas pelas medidas de suporte de preços de mercado decresceu cerca de 49%, passando o seu peso relativo, no contexto do valor total do ESP, de 87,1 para 64,4%;
- o valor das transferências de rendimento geradas pelo conjunto dos pagamentos aos produtores directamente ligados à produção cresceu cerca de 114%, tendo o seu peso no ESP total evoluído de 5,4 para 16,5%;
- o valor das transferências de rendimento geradas pelos restantes tipos de pagamentos aos produtores cresceu cerca de 78%, tendo o seu peso no valor total do ESP passado de 7,5 para 19,1%.

2.2 Aspectos mais relevantes da evolução da agricultura portuguesa nos últimos anos

As alterações verificadas quer no nível de apoio global, quer na composição das políticas agrícolas em vigor ao longo dos últimos 15 anos tiveram diferentes tipos de consequências, cujos aspectos mais relevantes iremos de seguida apresentar.

Evolução dos preços agrícolas

Primeiro, provocaram quebras muito significativas, em termos reais, nos preços no produtor dos produtos agrícolas e florestais que foram, parcialmente, compensadas pela evolução positiva das ajudas directas à produção e pelos decréscimos nos preços dos bens intermédios (Quadro 2.2.).

Quadro 2.2. Evolução do sistema de preços
e ajudas agrícolas em Portugal entre 1988 e 2004

Preços e ajudas directas	Variação em % entre "1989" e "2003"
Produtos agrícolas	
Preços no produtor	-40,2
Ajudas directas	242,9
Preços base	-36,4
Produtos vegetais	
Preços no produtor	-30,9
Ajudas directas	360,0
Preços base	-26,5
Produtos animais	
Preços no produtor	-51,7
Ajudas directas	143,9
Preços base	-48,5
Consumos intermédios	-47,7
Termos de troca	21,8

Fonte: Contas Economicas de Agricultura do INE

O valor real dos preços no produtor do conjunto dos produtos agrícolas reduziu-se 40,2% entre "1989" e "2003", decréscimos estes que foram muito mais significativos no caso dos produtos animais (-51,7%) do que nos produtos vegetais (-30,9%). Já no que diz respeito aos produtos florestais as quebras verificadas foram bastante inferiores tendo atingido 8,4% ao longo do período em análise.

O valor real das ajudas directas à produção cresceu de forma significativa, durante o período em causa, tanto no que se refere aos produtos vegetais (+360%) como no que diz respeito aos produtos animais (+144%). Estes acréscimos no valor real das ajudas directas não foram, no entanto, suficientes para compensar as descidas dos respectivos preços no produtor, tendo, apenas, contribuído para atenuar as quebras nos respectivos preços base (preços no produtor mais ajudas directas) que, entre "1989" e "2003" decresceram 26,5 e 48,5%, respectivamente, para os produtos vegetais e animais.

No que se refere aos preços dos bens intermédios, verificou-se uma quebra no seu valor real de 47,7% para a produção agrícola e de, apenas, 6,9% na produção florestal.

Do efeito conjugado da evolução dos preços e ajudas aos produtores agrícolas e florestais com a dos preços dos respectivos bens intermédios resultou uma evolução favorável (+21,8%) dos termos de troca agrícola e ligeiramente negativa (-1,6%) nos termos de troca florestais.

Evolução das estruturas das explorações agrícolas

Em segundo lugar, as alterações verificadas no sistema de preços e ajudas agrícolas conjugadas com outras transformações de natureza demográfica e sócio-económica, provocaram um decréscimo muito significativo, quer no número de explorações agrícolas de Portugal Continental (39%), quer no número de unidades de trabalho ano (UTA) agrícolas (47%) e florestais (32%), entre "1989" e "2003" (Quadro 2.3.).

Quadro 2.3. Evolução das estruturas das explorações agrícolas portuguesas entre 1988 e 2004

Estruturas das explorações agrícolas	Variação em % entre 1989 e 2003
Número de explorações agrícolas (Exp)	-38,9
Número de unidades de trabalho (UTA)	-47,0
Hectares de superfície agro-florestal (SAF)	-3,5
Hectares de superfície agrícola utilizada (SAU)	-4,9
SAF/Exp	60,2
SAU/Exp	58,0
UTA/Exp	-12,0
SAU/UTA	81,2
Fonte: RGA-89 e IE-2003	

Importa, neste contexto realçar que, entre 1989 e 1999:
– os decréscimos verificados no número de explorações agrícolas foram, sobretudo, significativas nas explorações agrícolas com menos de 20 hectares;

- apesar da redução para quase metade das UTA agrícolas, o respectivo índice de envelhecimento agravou-se significativamente, tendo passado de 1,46 para 2,59 UTA com mais 65 anos por cada UTA com menos de 40 anos, e o respectivo indicador de qualificação profissional melhorou, apenas, ligeiramente, tendo passado de 0,04 para 0,06 o número de activos com instrução superior face aos sem instrução ou com nível básico de instrução;
- o agravamento verificado no índice de envelhecimento dos activos agrícolas evoluiu de forma muito diferenciada de acordo com a dimensão física das respectivas explorações agrícolas, tendo atingido subidas superiores à média nas explorações com áreas inferiores a 5 hectares.

No que diz respeito à evolução das áreas das explorações agrícolas durante os últimos quinze anos verifica-se que tanto a respectiva superfície agro-florestal (SAF) como a sua superfície agrícola utilizada (SAU) decresceram apenas ligeiramente, com decréscimos de 3,5% no caso da SAF e de 4,9 % no caso da SAU. Também neste caso, importa sublinhar que as variações na SAU, entre 1989 e 1999, foram muito diferenciadas, tendo correspondido a decréscimos superiores à média para as classes de área inferiores a 20 hectares e positivas naquelas explorações com SAU superior a 50 hectares.

Em terceiro lugar, as alterações verificadas nos últimos quinze anos contribuíram para uma melhoria nas condições estruturais das explorações agrícolas que se mantiveram em actividade, as quais modernizaram as respectivas estruturas e tecnologias de produção e adoptaram um processo de extensificação dos respectivos sistemas de ocupação e uso do solo.

Do ponto de vista das condições estruturais das explorações agrícolas, a evolução verificada entre "1989" e "2003" foi bastante positiva uma vez que:
- a SAF média das explorações agrícolas do Continente cresceu 60,2%, tendo passado de 10,8 para 17,3 hectares;

- a SAU média das referidas explorações aumentou 58%, tendo passado de 6,7 para 10,6 hectares;
- a SAU por cada UTA utilizada aumentou 81,2%, tendo evoluído de 4,1 para 7,3 hectares.

Neste contexto, pode-se, ainda, sublinhar que as melhorias verificadas nas condições estruturais das explorações agrícolas do Continente foram, também, muito diferenciadas de acordo com a dimensão física das respectivas explorações, tendo sido, apenas, as explorações com mais de 100 hectares que, entre 1989 e 1999, atingiram, simultaneamente, acréscimos na SAU/Exp e SAU/UTA superiores à média de Portugal Continental.

Evolução nas tecnologias de produção agrícola

No que diz respeito à modernização das tecnologias de produção agrícola em Portugal, os dados disponíveis permitem-nos concluir do desempenho positivo alcançado pelas explorações agrícolas portuguesas ao longo do período "1989"-"2003".

De facto, ao longo dos últimos 15 anos o consumo anual de bens intermédios e de capital fixo das explorações agrícolas portuguesas cresceu, em volume e por cada UTA utilizada, 101,6%, o que expressa bem o esforço de modernização realizado. Medido por hectare de SAU este crescimento foi, no entanto, bastante menos significativo (12,5%) o que é consequência do processo de extensificação verificado na última década e meia no âmbito da ocupação e uso do solo praticados.

Importa, ainda, neste contexto realçar que o esforço de modernização observado apresentou evoluções muito diferenciadas em função da dimensão física das explorações agrícolas portuguesas. De facto, entre 1989 e 1999, os acréscimos verificados nas áreas de regadio, nas áreas das culturas permanentes e no número de bovinos foram sempre mais favoráveis nas explorações pertencentes às classes de área mais elevadas. Apenas, no caso do número de tractores é que a evolução verificada foi mais signifi-

Capítulo 2 – A agricultura portuguesa: Balanço de duas décadas ... | 143

cativa nas explorações com áreas inferiores a 5 hectares, tendo, no entanto, os acréscimos de potência sido muito mais significativos nas explorações com mais de 5 hectares de SAU.

No que diz respeito aos sistemas de ocupação e uso do solo praticados pelas explorações agrícolas portuguesas, a evolução observada aponta, como já anteriormente referimos, para uma tendência para a sua extensificação, uma vez que, entre 1989 e 1999, se verificou (Quadro 2.4.):

Quadro 2.4. Evolução da área ocupada pelos diferentes tipos de sistemas de ocupação e uso do solo em Portugal entre 1989 e 1999

Principais tipos de ocupação cultural	Variação em % entre 1989 e 1999
Superfície agro-florestal (SAF)	-2,2
Superfície florestal dentro da exploração agrícola	6,8
Superfície agrícola utilizada (SAU)	-3,6
Culturas temporárias	-22,5
Culturas permanentes	-9,7
Prados, pastagens permanentes e pousios	16,5

Fonte: RGA-89 e 99

- um decréscimo da SAU de 3,6% e um acréscimo da superfície florestal (SF) de 6,8%;
- um decréscimo de 22,5% na área ocupada por culturas temporárias e de 9,7% na área ocupada por culturas permanentes;
- um acréscimo de 70,1% na área ocupada por prados e pastagens permanentes, o qual é de, apenas, 16,5% quando nele fazemos reflectir a redução observada nas áreas de pousio (32,2%).

Evolução da produção e produtividade agrícolas

Em quarto lugar, as alterações verificadas na última década e meia geraram um ligeiro crescimento, em volume, da produção agrícola (5,8%), o qual foi mais significativo na produção animal (10,7%) do que na vegetal (2,6%). Já no que se refere ao volume da produção florestal a sua evolução foi, durante o período em causa, negativa (-8,2%).

Neste contexto, importa sublinhar que se verificaram diferenças significativas na evolução do volume de produção dos diferentes tipos de produtos agro-florestais.

No que diz respeito aos produtos agrícolas vegetais, as culturas arvenses apresentaram, entre "1989" e "2003" decréscimos muito elevados nos respectivos volumes de produção, tendo sido particularmente positivos os observados em geral para os produtos hortícolas e as frutas, com variações extremas entre os -87,6% do trigo mole e os 162,5% da couve flor (Figura 2.1.).

Figura 2.1. Evolução em volume dos seis produtos vegetais com maiores variações entre "1989" e "2003"

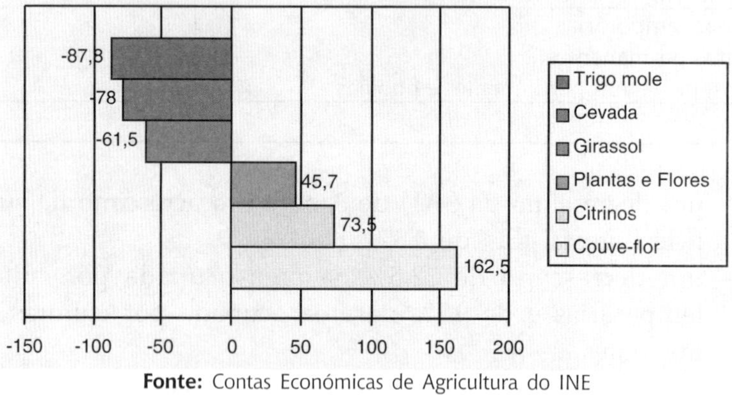

Fonte: Contas Económicas de Agricultura do INE

No que se refere aos produtos agrícolas animais, os decréscimos verificados no volume da produção dos diferentes tipos de carne contrastam com os ganhos observados para as aves, os ovos e o leite, com variações extremas entre os -51,4% da carne de bovinos e os 112% do leite (Figura 2.2.).

Figura 2.2. Evolução em volume de produção animal (variação em %)

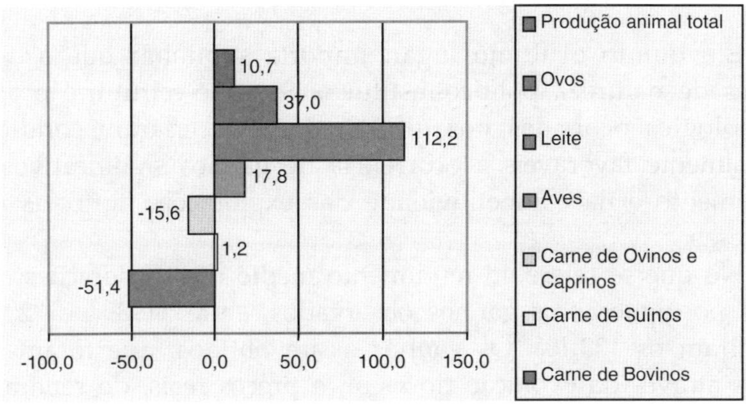

Produto	Variação (%)
Produção animal total	10,7
Ovos	37,0
Leite	112,2
Aves	17,8
Carne de Ovinos e Caprinos	-15,6
Carne de Suínos	1,2
Carne de Bovinos	-51,4

Fonte: Contas Económicas de Agricultura do INE

Em relação aos produtos do ramo silvícola, as evoluções positivas verificadas para a madeira de não resinosas para fins industriais (25,5%) e a lenha de resinosas e não-resinosas (19,9%), contrastam com os valores negativos observados para os restantes ramos da produção silvícola, aonde o volume da produção da cortiça decresceu 8,3% e o da madeira das resinosas para fins industriais apresentou uma redução de 36,7%.

Da conjugação da evolução em volume, verificada para a produção agrícola e para os consumos intermédios, com os ajustamentos estruturais ocorridos no período "1989"-"2003", verificaram-se ganhos muito significativos na respectiva produtividade do trabalho e uma quase estagnação da produtividade da terra. De facto, o valor acrescentado bruto (VAB) a preços constantes para cada UTA utilizada cresceu de 83,1% para o conjunto da produção agrícola, enquanto que o VAB a preços constantes por cada hectare de SAU, apenas, cresceu 2,1% durante o mesmo período. Os dados disponíveis permitem-nos ainda afirmar que também a produtividade do trabalho no âmbito da produção florestal cresceu cerca de 32% ao longo do período em causa.

Evolução do rendimento e competitividade agrícolas

Em quinto e último lugar, importa sublinhar que as alterações de natureza político-institucional, sócio-estrutural e agro--tecnológica ocorridas nos últimos 15 anos criaram condições globalmente favoráveis à ocorrência de ganhos significativos no rendimento e na competitividade das explorações agrícolas portuguesas.

No que se refere ao rendimento médio das explorações agrícolas portuguesas os ganhos observados, entre "1989" e "2003", atingiram os 123,1%. Os ganhos assim obtidos, que foram medidos através da evolução do valor, a preços reais, do rendimento empresarial líquido por UTA agrícola familiar, foram muitíssimo superiores, à evolução quer dos salários reais agrícolas (-37,5%), quer do valor real do salário médio nacional (22,1%) (Quadro 2.5.).

Quadro 2.5. Evolução do rendimento
e da competitividade das explorações agrícolas portuguesas entre 1989 e 2004

Rendimento e competitividade agrícolas	Variação em % entre "1989" e "2003"
Rendimento das explorações agrícolas (REL/UTAF)	123,1
Competitividade das explorações agrícolas (RF/UTA)	50,1
Produtividade económica (VALpp/SAU)	-26,2
Nível de apoio dado pelas políticas (ESP/SAU)	-26,9
Estrutura das Explorações agrícolas (SAU/UTA)	79,3

Nota: RF/UTA = (VALpp/SAU + ESP/SAU) x SAU/UTA

Fonte: Estimativas baseadas nas Contas económicas de Agricultura do INE e em dados da OCDE

No que diz respeito à competitividade média das explorações agrícolas os ganhos verificados atingiram os 50,1%. Os ganhos assim obtidos, medidos através do valor real do rendimento dos factores por UTA agrícola, ficaram a dever-se, exclusivamente, à melhoria das condições estruturais das explorações agrícolas, cujos acréscimos (79,3%) compensaram as perdas de eficiência económica observadas (26,2%) e as reduções verificadas no nível de apoio gerado por hectare de SAU por parte das transferências de rendimento resultantes das políticas em vigor (26,9%).

Na medida em que os ganhos médios alcançados pelas explorações agrícolas portuguesas nos últimos 15 anos, no contexto dos respectivos rendimento e competitividade dependeram, no essencial, das melhorias observadas nas suas estruturas de produção, pode-se concluir que tais ganhos foram muito diferenciados de acordo com a dimensão física das explorações. De facto, como já anteriormente tínhamos realçado, os acréscimos de SAU por UTA utilizada só foram superiores à média nacional (3,2 hectares), entre 1989 e 1999, para o caso das explorações agrícolas com mais de 50 hectares, tendo atingido valores muito acima da média no caso das explorações com mais de 100 hectares (26,1 ha).

Por outro lado, importa sublinhar que apesar de se terem observado reduções quer no nível global (30,5%) quer no valor por hectare de SAU (26,9%) dos apoios dados pelas políticas em vigor, ao longo da última década e meia, o nível de apoio obtido pelas explorações agrícolas portuguesas aumentou em média de forma muito significativa, tendo atingido um acréscimo de 26,7% por cada exploração agrícola e de 57,1% por cada UTA agrícola utilizada.

Também, neste caso, são muito significativas as diferenças observadas entre explorações agrícolas com dimensão física diferente, uma vez que é nas maiores explorações agrícolas aonde se concentram, actualmente, as transferências de rendimento geradas pelas políticas em vigor.

Finalmente, pode-se concluir que apesar dos ganhos médios de rendimento e de competitividade alcançados nos últimos 15 anos pelas explorações agrícolas portuguesas, os níveis de rendimento e competitividade actuais são ainda, apenas, cerca de 31,7 e 34,5% dos correspondentes níveis atingidos pelo conjunto das explorações agrícolas da UE-15.

3. Situação actual da agricultura portuguesa

A principal característica da situação actual da agricultura portuguesa é a enorme heterogeneidade das explorações agrícolas nacionais, quer do ponto de vista sócio-estrutural, quer do ponto de vista técnico-económico. Por este motivo, iremos dividir este ponto do capítulo em duas partes, uma primeira centrada sobre a caracterização sócio-estrutural das explorações agrícolas portuguesas e a segunda dedicada às respectivas características técnico-económicas.

3.1 Características sócio-estruturais da agricultura portuguesa

Uma das principais características da agricultura portuguesa é a esmagadora maioria do número de explorações de pequena e muito pequena dimensão.

De facto, as explorações com menos de 5 hectares representam, de acordo com o Inquérito às Estruturas de 2003 (IE-2003), 76% do número total das explorações agrícolas do Continente.

Esta predominância das pequenas e muito pequenas explorações agrícolas é, ainda, mais notório quando se leva em consideração a dimensão económica em vez da dimensão física das unidade de produção em causa.

De acordo com os dados do IE-2003, o número de explorações agrícolas com uma dimensão inferior a 8 UDE representa 85,7% do número total de explorações agrícolas de Portugal Continental (Quadro 3.1.).

Importa sublinhar que este conjunto de explorações agrícolas dá trabalho a 71,9% do numero total de UTAs agrícolas, mas ocupa, apenas, 28,9% da SAU total.

Assim sendo, uma segunda principal característica sócio--estrutural da nossa opinião corresponde ao enorme peso assumido pela SAU cultivada pelas explorações agrícolas de maior dimensão física e económica.

Quadro 3.1. Representatividade e características sócio-estruturais das explorações agrícolas portuguesas em 2003 de acordo com a respectiva dimensão económica

Representatividade e caracteristicas das explorações agrícolas	Dimensão económica (DE) ≤ 8 UDE	Dimensão económica (DE) > 8 UDE	Total
Número de explorações agrícolas (%)	85,7	14,3	100,0
Número de UTA (%)	71,9	28,1	100,0
Hectares de SAU (%)	28,9	71,1	100,0
Número de explorações com mais de 20 hectares de SAU (%)	10,4	89,6	100,0
Número de produtores (%)			
com menos de 35 anos	1,9	7,9	2,7
com menos de 55 anos	26,6	50,2	29,8
com mais de 65 anos	49,4	27,3	46,5
SAU/Exp (ha)	3,5	51,4	10,4
SAU/UTA (ha)	3,3	20,7	8,2
Nota: 1 UDE = 1200 uros			
Fonte: IE de 2003			

De facto, de um ponto de vista da sua dimensão, as explorações agrícolas com áreas superiores a 5 hectares, que representavam em 2003 24% do número total de explorações, ocupam uma SAU correspondente a 87% da área agrícola total do Continente. De um ponto de vista da respectiva dimensão económica este contraste ainda é mais significativo uma vez que 14,3% das explorações agrícolas em causa, que tinham em 2003, uma dimensão superior a 8 UDE, correspondiam a 71,1% da SAU total.

Da conjugação das duas características anteriores resulta uma terceira importante característica sócio-estrutural da agricultura portuguesa que é o enorme contraste existente entre as condições estruturais das explorações agrícolas com menos e mais do que 8 UDE.

De facto, enquanto que as explorações com uma dimensão económica inferior a 8 UDE apresentam uma SAU média de 3,5 hectares e uma SAU por UTA agrícola utilizada de 3,3 hectares, o conjunto formado pelas explorações agrícolas com maior dimensão económica (mais de 8 UDE), os dois indicadores em causa (SAU/Exp e SAU/UTA) apresentavam, respectivamente, os valores de 51,4 e 20,7 hectares, ou seja, valores muito superiores à média de Portugal Continental que eram de 10,4 hectares para a SAU média e de 8,2 hectares para a SAU por UTA.

Ainda, neste contexto, importa realçar que enquanto as explorações agrícolas com uma dimensão económica com menos de 8 UDE integravam apenas cerca de 10% de explorações com mais de 20 hectares, este valor atingia os 90% nas explorações agrícolas com mais de 8 UDE de dimensão económica.

Uma quarta característica a realçar na situação actual da agricultura portuguesa está relacionada com a existência de um tecido empresarial agrícola envelhecido, com um reduzido grau de qualificação profissional e uma insuficiente capacidade quer de gestão quer de organização comercial.

De acordo com os dados do RGA-99 o índice de envelhecimento médio dos produtores agrícolas portugueses era de 2,59, ou seja, por cada 100 produtores agrícolas com menos de 40 anos existiam em Portugal, em 1999, 259 produtores agrícolas com mais de 65 anos.

Esta situação era, no entanto, bastante diferente de acordo com as áreas das respectivas explorações agrícolas com valores próximos de 3 para as classes de áreas inferiores a 5 hectares e próximos das 0,8 para as explorações com áreas superiores a 50 hectares.

De acordo com os mesmos dados o indicador de qualificação profissional agrícola era, em média, de 0,06, ou seja, que para cada 100 produtores agrícolas sem instrução ou, apenas, com o ensino básico existiam 6 com um nível de instrução superior. Também neste caso as diferenças entre classes de área das explorações agrícolas as diferenças eram, em 1999, muito elevadas, com valores variando entre os 0,05 para áreas inferiores aos 5 hectares e os 0,64 para as áreas maiores do que os 100 hectares de SAU.

Com base nos dados disponíveis do IE-2003, o elevado nível de envelhecimento do tecido empresarial agrícola português pode também ser verificado uma vez que:
- em média, 45,6% dos produtores têm idades superiores a 65 anos;
- esta percentagem aumenta para 49,4% no caso das explorações agrícolas com uma dimensão económica inferior a 8 UDE);
- é, apenas, de 27,3% a percentagem de produtores com mais de 65 anos no conjunto das explorações agrícolas com uma dimensão económica superior a 8 UDE.

Uma quinta característica a realçar no contexto da situação actual da agricultura portuguesa diz respeito aos elevados níveis de pluriactividade e plurirendimento dos produtores agrícolas.

De acordo com os dados do RGA-99, pode-se afirmar que, em média, o indicador de pluriactividade era em 1999, de 0,95 e o de plurirendimento de 2,22, ou seja, que por cada 100 produtores com actividade principalmente desenvolvida dentro da respectiva exploração e rendimentos principalmente obtidos a partir da actividade agrícola desenvolvida existiam, respectivamente, 95 e 222 produtores cujas actividades e rendimento eram principalmente realizadas ou obtidas fora das respectivas explorações agrícolas.

Importa, também, neste caso sublinhar que os indicadores em causa apresentaram valores significativamente diferentes de acordo com a dimensão das respectivas explorações agrícolas:
- variando entre valores acima da média para áreas inferiores a 2 hectares e sendo de 0,32 no que se refere ao indicador de pluriactividade das explorações com áreas superiores a 100 hectares;
- variando entre valores superiores à media para área inferiores a 2 hectares e sendo de 0,18 para o indicador de plurirendimento das explorações agrícolas com áreas superiores a 100 hectares.

Neste contexto, importa, finalmente, sublinhar a existência, em Portugal, de condições estruturais, muito menos favoráveis do que na generalidade dos restantes estados membros (EM) da UE-15.

De facto, de acordo com os dados de 1999-2000, o indicador SAU/UTA atingia, em Portugal, o valor de 7,3 hectares enquanto que na média da UE-15 era de 19,8 hectares, atingindo valores mais ou menos diferenciados quando colocados por diferentes grupos de EM, ou seja:
- 8,8 hectares para o grupo que integra a Grécia, Portugal e a Holanda;
- 23,3 hectares para o grupo formado pela Espanha, Irlanda, Bélgica e Finlândia;
- 30,0 hectares para o grupo que integra a França, Alemanha, Dinamarca, Luxemburgo, Reino Unido e Suécia.

3.2 Características técnico-económicas da agricultura portuguesa

De acordo com os dados disponíveis, a superfície agrícola e florestal (SAF) de Portugal Continental ocupa actualmente cerca de 6,2 milhões de hectares (Quadro 3.2.).

Destes, 4,7 milhões de hectares correspondem à SAF das explorações agrícolas do Continente Português, distribuindo-se a restante área florestal do seguinte modo:
- 86 milhares de hectares de mata nacionais;
- 380 milhares de hectares de matas comunitárias (baldios);
- 330 milhares de hectares de florestas pertencentes às industrias de transformação de madeira;
- 100 milhares de hectares de matas pertencentes às autarquias, Igreja, ...;
- 526 milhares de hectares de matas e florestas pertencentes aos proprietários florestais privados.

Capítulo 2 – A agricultura portuguesa: Balanço de duas décadas ... | 153

Quadro 3.2. Superfície Agro-florestal de Portugal Continental

	Milhares de hectares
Superfície Agro-Florestal (SAF)	6156 [1)]
Superfície Florestal (SF)	3349
SF fora das explorações agrícolas	1422
- Matas e florestas nacionais	86
- Matas e florestas comunitárias	380
- Matas e florestas das autarquias, etc.	100
- Povoamentos florestais privados	856
* Industria florestal	330
* Proprietários florestais	526
SF dentro das explorações agrícolas	1927
- SF com culturas agrícolas sob-coberto	929
- SF sem culturas agrícolas sob-coberto	998
Superfície agrícola utilizada (SAU)	3736
SAU sem cobertura florestal	2807
- Culturas temporárias (com hortas familiares)	1085
- Culturas permanentes	705
- Prados e pastagens permanentes	606
- Pousio	411
SAU com cobertura florestal	929
[1)] SAF = SF+SAU sem cobertura florestal	

Fonte: RGA-99, Inquérito Florestal 1995-98 e outras fontes

Os cerca de 4,7 milhões de hectares de SAF integrados nas explorações agrícolas de Portugal Continental integram:
- cerca de 2,8 milhões de hectares de terra arável, culturas permanentes e prados e pastagens permanentes sem cobertura florestal;
- 929 milhares de hectares de culturas temporárias, pousios e prados e pastagens sob-coberto de matas e florestas;
- e cerca de um milhão de hectares de matas e florestas sem culturas sob-coberto.

Dos 3,2 milhões de hectares do Continente ocupados por povoamentos florestais (sem e com culturas sob-coberto) públicos, comunitários e pertencentes ou às industrias de transfor-

mação de madeira ou a proprietários florestais e agro-florestais privados, encontravam-se no final do século XX repartidos entre as seguintes espécies florestais:
- 976 milhões de hectares de pinheiro bravo;
- 713 milhares de hectares de montado de sobro e 462 milhares de hectares de montado de azinho;
- 672 milhares de hectares de eucalipto;
- 78 milhares de hectares de pinheiro manso;
- 300 milhares de hectares ocupados por uma grande diversidade de outras espécies florestais.

A importância relativa assumida pelas diferentes espécies florestais no conjunto da superfície florestal (SF) de Portugal Continental é relativamente diferente quando consideramos o conjunto dos povoamentos públicos, comunitários e privados ou, apenas, aqueles que pertencem aos proprietários agro-florestais e florestais privados.

De facto, enquanto que os povoamentos de pinheiro bravo representam 29% da SF total, o seu peso é de apenas 7% na área florestal pertencente aos proprietários privados. No caso do pinheiro manso a importância relativa é idêntica (cerca de 2%) nos dois conjuntos de áreas florestais em causa.

No caso dos povoamentos de eucalipto a importância relativa é, também, praticamente idêntica para a área total deste tipo de espécie florestal (20%) e para a área pertencente aos proprietários agro-florestais e florestais privados (22%).

Já no que diz respeito aos montados de sobro, a sua importância relativa á muito maior nos povoamentos florestais privados (56%) do que no conjunto da SF do Continente Português (21%), invertendo-se a situação no caso do montado de azinho (12 e 14% respectivamente).

A superfície agrícola utilizada (SAU) pelo conjunto das explorações agrícolas do Continente Português, representa cerca de 3,7 milhões de hectares, ou seja, 79% da SAF ocupada pelas explorações em causa e de 61% da SAF total de Portugal Continental.

De acordo com os dados disponíveis, cerca de 48% da SAU das explorações agrícolas do Continente está ocupada por terras ou em pousio (14%) ou com prados e pastagens permanentes (34%), a maioria dos quais(66%) correspondem a prados e pastagens espontâneas classificadas pelo INE como pobres.

No que se refere aos restantes quase 2 milhões de hectares de SAU, a respectiva área distribui-se do seguinte modo:
– cerca de 1,3 milhões de hectares ocupados com culturas temporárias, 45% das quais correspondentes a culturas arvenses de sequeiro, 23% a culturas arvenses de regadio e os restantes a prados e pastagens temporárias (21%) e a hortícolas e batata (10,5%);
– cerca de 730 milhares de hectares ocupados com culturas permanentes, 49% das quais correspondentes a olivais, 30% a vinha e os restantes 21% a fruteiras.

Poder-se-á, assim, afirmar que os cerca de 6.2 milhões de hectares correspondentes à SAF de Portugal Continental, se encontra distribuída por:
– matas e florestas sem culturas agrícolas sob coberto, que representam cerca de 2,4 milhões de hectares, ou seja, 35% da SAF total;
– uma superfície agrícola útil afecta a culturas arvenses de sequeiro, a prados e pastagens permanentes e a pousio que ocupa também quase 2,4 milhões de hectares, ou seja, cerca de 35% da SAF total;
– uma superfície agrícola útil afecta a culturas temporárias de regadio e a culturas permanentes, correspondentes a apenas, 1,4 milhões hectares, uma parte dos quais ocupados por pomares, vinhas e olivais relativamente envelhecidos, mal dimensionados e tecnicamente pouco evoluídos.

Daqui resulta que, em nossa opinião, apenas cerca de 1/3 da SAU das explorações agrícolas portuguesas correspondam a áreas que possam ser consideradas como economicamente competitivas, correspondendo os restantes 2/3 a áreas cuja viabilidade empresarial está dependente das transferências de rendimento geradas pelas medidas da política agrícola em vigor.

Chegámos a uma conclusão idêntica através da análise dos factores determinantes da dimensão económica das explorações agrícolas de Portugal Continental, as quais foram, para o efeito, divididas em dois grupos:
- o grupo das explorações agrícolas cuja dimensão económica depende principalmente da produtividade económica dos factores de produção utilizados;
- o grupo das explorações agrícolas cuja dimensão económica depende principalmente das transferências de rendimento geradas pelos diferentes tipos de políticas agrícolas em vigor.

O primeiro grupo de explorações ocupa cerca de 30% da SAU total do Continente Português, sendo os restantes 70% ocupados por explorações agrícolas cuja dimensão económica depende principalmente do efeito conjunto das medidas de suporte de preços, dos pagamentos aos produtores quer directamente ligados à produção (ajudas directas) quer baseadas na utilização condicionada de factores de produção (ajudas agro-ambientais) quer associados com a sua localização (indemnizações compensatórias às regiões desfavorecidas). De acordo com as nossas estimativas, apenas, cerca de 2% da SAU total é que corresponderá a explorações agrícolas cuja dimensão económica é principalmente apoiada por subsídios separados da produção.

Importa, neste contexto, sublinhar que as explorações agrícolas que têm dimensão económica inferior a 8 UDE (as muito pequenas e pequenas explorações) se repartem em partes quase iguais entre os dois grupos de explorações anteriormente identificados, enquanto que cerca de 84% da SAU total das explorações agrícolas com uma dimensão económica superior a 8 UDE (as médias grandes e muito grandes explorações) é ocupada por explorações que dependem principalmente das transferências de rendimento geradas pelas políticas actualmente em vigor.

Com base nos resultados obtidos no âmbito desta análise torna-se possível caracterizar do ponto de vista económico as explorações agrícolas portuguesas (Quadro 3.3.).

Quadro 3.3. Características económicas das explorações agrícolas em 2003 de acordo com a respectiva dimensão económica

(Milhares de Euros)

Indicadores	Explorações agrícolas cuja DE ≤ 8 UDE			Explorações agrícolas cuja DE > 8 UDE			Totalidades das explorações agrícolas
	DE dependente da produtividade económica	DE dependente da transferência de rendimentos	Total	DE dependente da produtividade económica	DE dependente da transferência de rendimentos	Total	
Competitividade das explorações agrícolas (MBT/UTA) [1]	3,38	2,83	3,20	11,68	11,2	11,5	5,22
Produtividade económica							
- da terra (MBE/SAL) [2]	0,74	0,15	0,44	1,7	0,098	0,36	0,40
- do trabalho (MBE/UTA) [3]	2,34	1,08	1,92	8,72	3,25	6,33	3,00
Nível de apoio dado pelas políticas agrícolas por							
- Ha de SAU (TRT/SAU) [4]	0,33	0,25	0,29	0,58	0,24	0,29	0,29
- UTA (TRT/UTA) [5]	1,04	1,75	1,28	2,95	7,95	5,13	2,22
Dimensão física das explorações agrícolas (SAU/UTA) (Ha)	3,16	6,98	4,41	5,13	33,23	17,4	7,59

Nota: 1 UDE = 1200 uros
(1) = (3)+(5)
(1) = [(2) + (4)] x (6)

Fonte: IE de 2003 e estimativas baseadas em dados do INGA

Do ponto de vista da competitividade das explorações agrícolas verifica-se que as explorações agrícolas portuguesas com uma dimensão económica (DE) superior a 8 UDE, apresentam níveis de competitividade 2,2 vezes superior à média do Continente e 3,6 vezes superior à média das explorações agrícolas com uma dimensão económica inferior a 8 UDE.

A principal explicação para as diferenças de competitividade em causa reside na maior dimensão física média das explorações com DE superior a 8 UDE (4 vezes superior às explorações com menos de 8 UDE) diferença esta que só em parte é compensada pela produtividade económica da terra (20% superior nas explorações com menos de 8 UDE) e que, em nada, é alterada pelas políticas agrícolas em vigor, cujo apoio por hectare de SAU é idêntico em ambos os casos.

Importa, por outro lado, realçar que os níveis de competitividade das explorações agrícolas com uma dimensão económica superior a 8 UDE são idênticos nas explorações cuja DE está principalmente dependente quer da produtividade económica dos factores, quer das transferências de rendimento geradas pelas políticas agrícolas em vigor. No caso das explorações agrícolas com DE inferior a 8 UDE, o nível médio da respectiva competitividade é nas explorações agrícolas com DE principalmente dependente, cerca de 20% superior às explorações cuja DE depende principalmente do apoio dado pelas políticas agrícolas.

No caso das explorações agrícolas com mais de 8 UDE, as diferenças verificadas entre elas, no que se refere aos factores determinantes da sua dimensão económica, permitem-nos concluir, que:
- enquanto as explorações cuja DE depende principalmente da sua produtividade apresentam, em média, níveis de produtividade económica por hectare de SAU, 17 vezes superiores às explorações cuja DE depende principalmente do apoio dado pelas políticas e beneficiam de transferências de rendimento por hectare de SAU 2,3 vezes superior às explorações do outro grupo;
- as explorações agrícolas cuja DE depende principalmente das transferências de rendimento geradas pelas políticas apresentam condições estruturais muito mais favoráveis do que as do outro grupo de explorações em causa, o que vem bem expresso no facto da respectiva SAU/UTA ser no primeiro caso 6,3 vezes superior ao outro.

No caso das explorações agrícolas com menos de 8 UDE, as diferenças verificadas entre as explorações agrícolas cuja DE depende ou da produtividade económica ou do nível de apoio dado pelas políticas, mostram que o primeiro grupo de explorações apresenta um nível de competitividade 20% superior ao outro grupo, porque, apesar de terem um SAU/UTA 2,2 vezes inferior, têm uma produtividade económica e beneficiam de um nível de apoio dado pelas políticas por cada hectare de SAU que é superior ao outro grupo, respectivamente, de 5 vezes e de 32%.

Poder-se-á, assim, concluir que a competitividade dos diferentes tipos de explorações agrícolas de Portugal Continental difere, entre si, sobretudo em função dos respectivos níveis de produtividade económica e dimensão física das explorações.

No que diz respeito à competitividade actual destes diferentes tipos de explorações a nível, quer do Continente, quer das sete regiões agrárias que o integram, importa realçar os seguintes aspectos.

Primeiro, que as explorações agrícolas com uma dimensão económica inferior a 8UDE e principalmente dependente da respectiva produtividade económica ocupam, actualmente, cerca de 21% da SAU do Continente Português e assumem uma grande expressão nas regiões agrárias do EDM, TM, BL e ALG aonde representam, respectivamente, cerca de 45,58, 72 e 86% das respectivas SAU (Quadro 3.4.). É, no entanto, na região de TM que este tipo de explorações agrícolas tem mais peso uma vez que representa cerca de 34% dos 787 milhões de hectares de SAU que se estima serem ocupadas actualmente por este tipo de explorações agrícolas de Portugal Continental (Quadro 3.5.).

Quadro 3.4. Representatividade intra regional da superfície agrícola utilizada das explorações agrícolas dos diferentes concelhos classificados de acordo com a dimensão económica e dependência das políticas

%

Regiões Agrícolas	Dimensão económica (DE) principalmente dependente da produtividade económica		Dimensão económica (DE) principalmente dependente das políticas agrícolas		TOTAL
	DE ≤ 8 UDE	DE > 8 UDE	DE ≤ 8 UDE	DE > 8 UDE	
Entre Douro e Minho	44.5	1.3	41.3	12.9	100.0
Trás-os-Montes	58.1	8.3	33.6	-	100.0
Beira Litoral	72.4	-	25.5	2.1	100.0
Beira Interior	24.6	-	53.7	21.7	100.0
Ribatejo e Oeste	25.6	50.2	1.1	23.1	100.0
Alentejo	0.4	3.8	17.0	78.8	100.0
Algarve	86.2	11.3	2.5	-	100.0
Continente	21.2	9.2	22.7	46.9	100.0

Segundo, que as explorações agrícolas com uma dimensão económica principalmente dependente da produtividade económica dos factores de produção que utiliza e com mais de 8 UDE, ocupa, actualmente, apenas, cerca de 9% da SAU de Portugal Continental. Trata-se de um tipo de explorações que só tem uma expressão significativa na região do RO, sendo o seu peso nos 342 milhares de hectares que ocupa no conjunto das sete regiões agrárias do Continente, de cerca de 63%.

Quadro 3.5. Representatividade inter regional da superfície agrícola utilizada das explorações agrícolas dos diferentes concelhos classificados de acordo com a dimensão económica e dependência das políticas

%

Regiões Agrícolas	Dimensão económica (DE) principalmente dependente da produtividade económica		Dimensão económica (DE) principalmente dependente das políticas agrícolas		TOTAL
	DE ≤ 8 UDE	DE > 8 UDE	DE ≤ 8 UDE	DE > 8 UDE	
Entre Douro e Minho	11.5	0.8	10.0	1.5	5.5
Trás-os-Montes	33.8	11.1	18.3	-	12.4
Beira Litoral	15.4	-	5.1	0.2	4.5
Beira Interior	13.1	-	26.8	5.2	11.3
Ribatejo e Oeste	14.0	63.2	0.6	5.7	11.6
Alentejo	1.0	21.4	38.9	87.3	51.9
Algarve	11.2	3.4	0.3	-	2.8
Continente	100.0	100.0	100.0	100.0	100.0

Terceiro, que as explorações agrícolas de dimensão económica inferior a 8 UDE e principalmente dependente das transferências de rendimento geradas pelas políticas agrícolas em vigor ocupam, actualmente, cerca de 23% da SAU do Continente Português, ou seja cerca de 840 milhares de hectares. Trata-se de um tipo de exploração agrícola que assume um importância significativa na área agrícola das regiões do EDM (41%), TM (34%), BL (26%) e BI (54%). É, no entanto, nas regiões do ALE, BI e TM que se concentra mais de 80% da SAU actualmente ocupada por este tipo de explorações agrícolas (**Quadro 3.4 e 3.5.**).

Quarto, as explorações agrícolas com uma dimensão económica superior a 8 UDE e principalmente dependentes das políticas agrícolas em vigor, ocupam, hoje em dia, cerca de 1,7 milhões de hectares, ou seja, quase metade dos cerca de 3,7 milhões de hectares da SAU do Continente Português. Apesar deste tipo de explorações agrícolas ter alguma expressão na BI (22% da respectiva SAU) é no ALE que ele é mais representativo, uma vez que ocupa cerca de 77% da respectiva SAU e corresponde a 87% da totalidade da SAU do Continente que é ocupada por este tipo de explorações agrícolas. (**Quadro 3.4. e 3.5.**).

Importa, finalmente, sublinhar que, para além das diferenças, já anteriormente referidas, quanto à dimensão física das explorações agrícolas de Portugal e dos restantes EMs da UE-15, tam-

bém se verificam diferenças quanto à produtividade económica dos factores, a qual é:
- muito menos favorável (cerca de 50%) no caso português, face às explorações agrícolas da Grécia, Holanda e Itália que têm uma dimensão física média semelhante à nossa;
- mais favorável (entre 15 e 30%) no caso português, face às explorações agrícolas dos restante onze EMs da UE-15, cuja dimensão física é, em média, muito superior à nossa.

Assim sendo, um dos principais desafios a vencer no futuro pelas explorações agrícolas portuguesas será o do aumento da sua dimensão económica, o qual implicará ganhos sustentáveis de produtividade económica e/ou acréscimos na respectiva dimensão física.

4. O futuro da agricultura em Portugal

A evolução da agricultura portuguesa ao longo da próxima década vai depender de três diferentes tipos de factores.

Em primeiro lugar, das alterações que se venham a verificar na composição da PAC em consequência do processo de reforma em curso e dos compromissos que venham a ser estabelecidos no contexto da OMC.

Em segundo lugar, da capacidade de resposta dos produtores agrícolas nacionais às alterações esperadas quer no nível de apoio global gerado pela PAC, quer na importância relativa assumida pelos diferentes tipos de medidas de políticas em vigor ao longo da próxima década.

Em terceiro lugar, do modo como vier a ser concebido e implementado o Programa de Desenvolvimento Rural para o período 2007-13.

Da acção conjugada do processo de reforma da PAC com as negociações em curso na OMC irá resultar, uma profunda alteração na composição futura da PAC, caracterizada, no essencial, por:

- um aprofundamento do processo de desmantelamento das medidas de suporte de preços de mercado iniciado em 1992;
- o alargamento à totalidade dos produtos agrícolas do processo de desligamento da produção das ajudas directas à produção aprovado na reforma da PAC de 2003 com a sua sujeição a um regime de pagamento único às respectivas explorações agrícolas;
- a diversificação e reforço dos apoios de âmbito agro--ambiental e agro-rural.

As alterações previstas na composição futura da PAC vão ter um impacto profundo sobre os tipos de agricultura de produção actualmente dominantes, uma vez que irão:
- exercer uma pressão adicional sobre a **agricultura de produção economicamente competitiva** em consequência da crescente abertura dos mercados agrícolas comunitários;
- inviabilizar os sistemas de **agricultura de produção apoiada por subsídios**, incentivando a sua **reconversão** futura para sistemas de:
  - agricultura de produção economicamente competitiva ou ambientalmente apoiada
  - agricultura de conservação e de serviços rurais
- provocar riscos de abandono agrícola.

Uma resposta adequada por parte dos produtores agrícolas portugueses às novas oportunidades de reconversão vai implicar, no essencial:
- ganhos de **dimensão económica** por parte das explorações agrícolas, os quais se poderão basear em ganhos de produtividade económica e/ou dimensão física;
- melhorias na **qualificação técnica** e na **capacidade de gestão empresarial** dos agentes económicos em causa;
- uma **diversificação** dos sistemas de agricultura praticados de forma a contribuir para a **multifuncionalidade** agrícola e rural;

– uma aposta crescente na **diferenciação** da produção agrícola, com base na **inovação** dos processos produtivos e de produtos finais;
– o estreitar da **cooperação** entre os produtos agrícolas e os restantes elos das cadeias agro-alimentar, agro-florestal e agro-ambiental em que se encontram inseridos;
– a **promoção** dos mercados de produtos agrícolas e alimentares a nível nacional e internacional.

A criação de condições favoráveis para que este tipo de respostas venham a tornar-se realidade, passa, em grande medida, pela forma como vier a ser concebido e implementado o **Programa de Desenvolvimento Rural PDR para o período 2007-13**.

São, no essencial, os seguintes os factores que irão ser determinantes para o sucesso futuro do PDR 2007-13.

Em primeiro lugar, é indispensável que o Plano estratégico Nacional (PEN) em preparação consagre uma **visão económica e multifuncional** do papel da agricultura portuguesa em detrimento da **visão produtivista e unifuncional** que, até hoje, tem dominado a concepção da política agrícola e rural em Portugal. Significa isto que as medidas de política que venham a ser adoptadas no futuro e os meios financeiros disponíveis deverão deixar de estar quase exclusivamente orientados para a viabilização da função de produção da nossa agricultura para passarem a visar a sustentabilidade futura das respectivas funções económica, ambiental e rural.

Em segundo lugar, é essencial que o PEN se baseie numa estratégia de desenvolvimento rural que constitua uma efectiva mudança relativamente ao passado recente, ou seja, que esteja orientada e assente em medidas que permitam fazer "**diferente e melhor**" em vez de continuar a propor "**mais do mesmo**".

Em terceiro lugar, que a proposta de uma **estratégia de mudança** venha reflectida quer no modelo de afectação de fundos entre os diferentes eixos prioritários do PDR 2007-13, quer no tipo de medidas que venham a ser propostas no contexto de cada eixo. No primeiro caso, tornar-se-á necessário privilegiar no futuro os eixos prioritários 2 (Conservação da Natureza e Gestão do Espaço Rural) e 3 (Diversificação da Economia Rural). Em relação ao Eixo 1 (Competitividade Agrícola e Florestal), alterando, assim, o modelo de afectação de fundos até hoje em vigor. No segundo caso, vai ser fundamental uma escolha das medidas de política que em vez de, como no passado, serem utilizadas para viabilizar sistemas e estruturas de produção independentes da sua competitividade económica e sustentabilidade ecológica e social, sejam seleccionadas em função da sua adequação às funções económica, ambiental e rural que se pretenda vir a implementar.

Em quarto lugar, que se venha a optar por uma coordenação e modalidades de aplicação do PDR 2007-13 caracterizada pelos três seguintes tipos de orientações.

Primeiro, a uma **coordenação forte e centralizada** das prioridades de natureza política e da gestão organizacional, financeira e orçamental do plano.

Segundo, à concepção e execução de **sub-programas sectoriais** baseados numa abordagem empresarial e numa gestão inter--profissional e orientados para o lançamento dos apoios previstos no **Eixo 1** no âmbito de fileiras agro-florestais prioritárias para a obtenção de ganhos acrescidos de competitividade.

Terceiro, à concepção e execução de **sub-programas regionais** e de **planos locais** integrando o conjunto das acções previstas no âmbito dos **Eixos 2 e 3** e visando a implementação de estratégias coerentes de desenvolvimento regional e local.

De acordo com as nossas previsões a opção por uma estratégia orientada para a **mudança** vai ter implicações futuras significativamente diferentes quanto à ocupação e uso do solo, face quer à situação actual, quer à evolução esperada no contexto de uma estratégia baseada na **continuidade** (Quadro 4.1.).

Capítulo 2 – A agricultura portuguesa: Balanço de duas décadas ... | 165

Quadro 4.1. Cenários alternativos de ocupação futura da SAU
pelos diferentes Sistemas de Agricultura (%)

Sistemas de agriculturas	Situação actual	Cenário de continuidade	Cenário de mudança
Agriculturas de Produção			
- apoiadas por subsidios	65	-	-
- economicamente competitivas	33	25	25
- ambientalmente apoiadas		2	7
Agricultura de conservação	} 2	} 40	} 68
Agricultura de serviços rurais			
Abandono agrícola futuro		33	-
Total	**100**	**100**	**100**

No que diz respeito aos sistemas de agricultura de produção, as nossas previsões levam-nos a afirmar que a muito reduzida dimensão económica de muitas explorações agrícolas em causa, vai fazer com que, ao longo dos próximos anos, se venha a verificar uma redução do peso relativo actual deste tipo de sistemas de agricultura de cerca de 35% da SAU, para cera de 27% no cenário de continuidade e de 32% no cenário de mudança.

Importa sublinhar que esta previsão tem subjacente duas previsões diferentes uma vez que assume que:
– no caso dos SA de produção economicamente competitivos, a evolução esperada será entre os 33% da SAU actual para 25% da mesma área total em ambos os cenários considerados;
– no caso dos SA de produção ambientalmente apoiados, a evolução prevista será de cerca de 2% de SAU actual para 7% da mesma área total no caso do cenário de mudança, mantendo-se a percentagem de 2% no cenário de continuidade.

Assim sendo, as grandes diferenças por nós esperadas quanto à evolução futura da agricultura portuguesa no contexto dos dois cenários apresentados, dizem respeito, à dimensão futura das áreas que virão a ser ocupadas por sistemas de agricultura de conservação e de serviços rurais, ou a sofrer de abandono agrícola.

No primeiro caso, é nossa convicção que o **Cenário de Mudança** oferece condições muito mais favoráveis para promoção dos sistemas de agricultura de orientação ambiental e rural do que o **Cenário de Continuidade**, uma vez que se prevê uma verba muito mais elevada a afectar ao respectivo **Eixo 2**. Por este motivo, é nossa previsão que, a área ocupada por este tipo de sistemas de agricultura atingirá cerca de 68% da SAU total no contexto do **Cenário de Mudança** e, apenas, 40% no contexto do outro cenário.

No que diz respeito ao abandono agrícola, admitimos ser possível evitá-lo em relação à da área agrícola actualmente utilizada, no caso de se vir a optar pelo **Cenário de Mudança**, tendendo, no entanto, a atingir cerca de 1/3 da SAU total se a afectação de verbas adoptada no âmbito do Programa de Desenvolvimento Rural (2007-13) se aproximar do **Cenário de Continuidade**.

Bibliografia

AVILLEZ, F. et al (2004), **Rendimento e Competitividade Agrícolas em Portugal**, Almedina, Coimbra

AVILLEZ, F. (2002 B), "Evolução dos Rendimentos dos Produtores Agrícolas" in **O Economista n.º 15**, Anuário de Economia Portuguesa, Lisboa.

AVILLEZ, F. et al (1998), **Small Farm Agriculture in Southern Europe**, Ashgate Publishing, Aldershot, UK.

AVILLEZ, F. (1993), "Portuguese Agriculture and the Common Agricultural Policy" in Silva Lopes **Portugal and EC Membership Evaluated,** Printer Publishers, London.

AVILLEZ, F. et al (1989), "Agricultura Portuguesa. Balanço de Três Anos de Adesão à CEE" in **II Encontro Nacional de Economistas Agrários**, Évora.

AVILLEZ, F. et al (1987), "Os Preços e Rendimentos Agrícolas no 1º Ano de Adesão de Portugal às CE" in **A Economia Portuguesa Face à CEE. Balanço de um Ano de Integração**. Livros Horizonte, Lisboa.

Capítulo 3

As pescas portuguesas:
Balanço de 20 anos de integração europeia

Manuel M. Cardoso Leal

Introdução

Quando se olha para as estatísticas do sector das pescas de Portugal nos últimos 20 anos é natural que se tenha uma sensação de perda desta milenar actividade. Desde a adesão de Portugal à Comunidade Europeia, em 1986, a produção de pescado caiu para cerca de metade. E quebra idêntica sofreram o número de navios e o número de pescadores.

Mas será esta evolução negativa consequência directa da adesão? O Gráfico 1 mostra como ela se integra numa trajectória descendente que afinal já vem de longe, desde a década de 1960, quando as pescas portuguesas atingiram o seu máximo. Quer dizer que a razão principal da quebra da produção de pescado nos últimos 20 anos deve ser procurada antes da adesão, mais concretamente, como é notório no gráfico, nas pescas em águas externas ou longínquas, sobretudo na tradicional pesca do bacalhau.

Nos anos 60, com efeito, era possível explorar livremente recursos ainda em relativo bom estado. Mas esse quadro de pesca livre terminou definitivamente na década seguinte (dez anos antes da adesão), quando se deu uma autêntica revolução no direito marítimo internacional pela qual praticamente todos os Estados costeiros estabeleceram «zonas económicas exclusivas» de 200 milhas, assim nacionalizando a maior parte dos recursos pesqueiros a nível mundial.

Também Portugal constituiu, nesse contexto, a sua ZEE, aliás a maior da Europa (somando as três zonas do Continente, Açores e Madeira) sem contudo lhe corresponder riqueza de igual dimensão em recursos piscícolas. Mas não evitou ficar sujeito a crescentes restrições de pesca nas águas colocadas sob a jurisdição de outros Estados, e isso é o que fundamentalmente explica a quebra de produção em águas externas evidenciada no gráfico.

As pescas portuguesas ficaram, desde então, cada vez mais confinadas às águas costeiras nacionais, assim aumentando a pressão sobre recursos relativamente limitados, dada a estreiteza (ou inexistência, nos arquipélagos) da plataforma continental, o que por sua vez também se reflecte na quebra da respectiva produção.

Fica claro que o problema maior das pescas (sem negar que possa ser também financeiro, tecnológico ou de mercado) é antes de mais um problema de indisponibilidade dos recursos, no que isso significa de mau estado biológico e/ou de más condições no seu acesso, quer nas águas costeiras nacionais (que passaram a comunitárias) quer nas águas externas. E esse problema, não sendo resultado directo da adesão, também não deixou depois disso de se agravar.

Para que serviram então todos os apoios comunitários recebidos, por exemplo, para adquirir modernas tecnologias de pesca e de aquicultura ou para melhorar as infra-estruturas portuárias e até para abater navios? Têm servido, além do mais, para assegurar uma transição mais tranquila.

A própria União Europeia, no seu conjunto, não tem evitado alguma baixa de produção, apesar do incremento da aquicultura. E a nível mundial também a pesca de captura tem demonstrado, nos últimos 20 anos, uma evidente estagnação.

Neste contexto, a escassez das capturas não se resolve com mais frota que desenvolva mais esforço de pesca. Pelo contrário. Daí que a orientação principal da vertente «estrutural» da Política Comum de Pescas seja a de reduzir as capacidades da frota.

A Política Comum de Pescas desdobra-se em quatro áreas principais: a da conservação, para proteger os recursos piscícolas; a das relações externas, com vista a obter possibilidades de pesca em águas de outros Países ou em águas internacionais; a dos fundos estruturais, para ajudar a competitividade do sector e adaptá--lo às restrições impostas pela escassez dos recursos; e a dos mercados, para manter uma «organização comum de mercado» dos produtos da pesca em benefício tanto dos produtores como dos consumidores.

Entretanto, o consumo de pescado não deixou de aumentar regularmente na União Europeia; e Portugal não deixou de se destacar pelo seu elevado consumo por pessoa. O que naturalmente só tem sido possível graças a importações crescentes. De facto, ao contrário da agricultura, o sector das pescas na União Europeia caracteriza-se por ser altamente deficitário. E assim deverá continuar no futuro, de acordo com previsões que apontam para um aumento da procura mundial dificilmente acompanhado por igual aumento da oferta, o que levará a uma valorização crescente do pescado (em termos globais).

O presente trabalho compõe-se de três capítulos. O primeiro é dedicado à evolução do sector da pesca em Portugal desde a sua integração na Comunidade Europeia. Segue-se uma caracterização geral do sector a nível comunitário, antes do capítulo final sobre perspectivas.

Justifica-se desde já uma chamada de atenção para a dificuldade de obter dados estatísticos fiáveis para todo o período em análise, respeitantes a vários indicadores não só de Portugal mas também da União Europeia e de cada um dos Estados-membros. De facto, nem sempre foi possível dispor de séries completas e consistentes, o que obrigou por vezes a restringir a análise a períodos mais curtos.

As principais fontes estatísticas analisadas foram as seguintes:
– relativamente às pescas portuguesas: a publicação do INE «As Pescas em Portugal», para o período 1986-1996, e as Estatísticas da Pesca anuais do INE para os anos subsequentes; o Gráfico 1 resulta de cálculos do autor baseados no INE;

– relativamente às pescas comunitárias: as publicações comunitárias «Factos e números sobre a Política Comum de Pescas», (edição de 2004), e «Anuário da Pesca – 2005», com dados do Eurostat.

Gráfico 1 – Produção das pescas portuguesas (peso vivo)

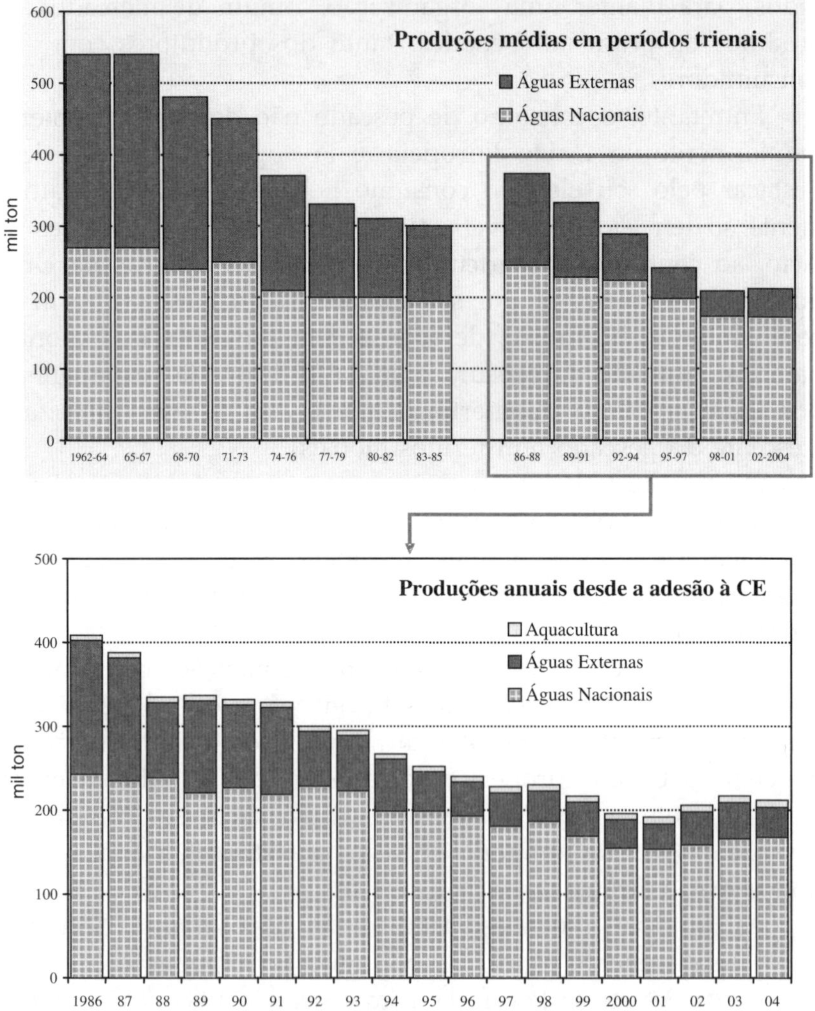

Nota: A subida de produção registada nos primeiros anos após a adesão à CE só aparentemente marca uma ruptura na tendência descendente, pois deve-se sobretudo a melhor cobertura estatística.

I. Evolução do Sector das Pescas Portuguesas

I.1 Pescas em águas nacionais

As águas nacionais são a principal fonte de recursos ao dispor das pescas portuguesas. É nelas que se efectuam hoje em dia mais de 80% das capturas (Vide Gráfico 1 e Quadro 1).

Quadro 1 – Capturas portuguesas (Mil toneladas)

	1986	1991	1996	2001	2004
Em águas nacionais	243	219	193	154	167
Em águas estrangeiras	160	104	41	30	36
TOTAL	403	323	234	184	203

Esquematicamente as pescas em águas nacionais equivalem às pescas das frotas «local» e «costeira» cujos desembarques são de pescado fresco ou refrigerado. Ao passo que as pescas em águas externas são realizadas pela frota «do largo» que desembarca pescado congelado. Exceptuam-se a este padrão as pescas em águas espanholas (2 ou 3 mil toneladas por ano) e nas águas marroquinas (actualmente suspensas e em vias de ser retomadas), que são como extensões da frota costeira com desembarques também de pescado refrigerado.

A aquicultura, que no conjunto da União Europeia tem compensado em parte a redução das capturas, no caso de Portugal limita-se a uma produção oscilante à volta das 8 mil toneladas, isto é, apenas 4% do peso total.

As pescas em águas nacionais repartem-se pelas zonas do Continente, dos Açores e da Madeira. Nas águas do Continente decompõem-se em diversos segmentos – arrasto, cerco e polivalente – e todos têm sido afectados pela quebra de capturas. Quanto às pescas nas águas dos Açores e da Madeira, são relativamente escassas e muito dependentes da ocorrência do atum, não pesando, em conjunto, mais que uns 10% a 15% do total (Quadro 2).

Quadro 2 – Capturas em águas nacionais (Mil toneladas)

	1986	1996	2004
Continente	216,8	164,0	144,7
Açores	18,8	17,3	13,1
Madeira	7,5	11,7	8,9
TOTAL	243,1	193,0	166,8

Também relativamente à maioria das espécies se confirma a quebra de desembarques (Quadro 3), o que denota o mau estado de conservação generalizado dos recursos biológicos das águas nacionais. Algumas, como a pescada e o lagostim, correm mesmo o risco de esgotamento pelo que estão sujeitas a «planos de recuperação» especiais.

Quadro 3 – Desembarques de algumas espécies no Continente

	1986	1996	2004	
	Mil toneladas	Mil toneladas	Mil toneladas	Mil euros
Sardinha	103	83	62	37 800
Carapau	33,5	13,6	13,1	20 714
Polvo	4	11,6	8,1	38 432
Cavala	9	4	13,6	3 128
Pescada	10	3,4	1,8	7 154
Faneca	3,4	2,4	3,4	5 224
Peixe-espada preto	3,3	7,5	2,3	5 847

Quanto à espécie mais abundante, a sardinha, o respectivo stock foi recuperado há vários anos através de um «plano nacional» que incluía a paragem obrigatória da pesca ao fim-de-semana, medida que ainda se mantém. Além disso, as próprias «organizações de produtores» aplicam medidas de auto-contenção para evitar excessos de oferta. Donde, as capturas da sardinha têm estado a níveis inferiores ao seu potencial e aos que eram correntes em décadas anteriores, não só por razões de conservação mas também por razões de mercado; aliás, a indústria de conservas já não exerce a mesma procura que outrora.

Para obviar ao mau estado de conservação dos recursos vivos têm sido aplicadas determinadas medidas, que corporizam o regime comunitário de conservação e gestão dos recursos. Este regime é uma componente essencial da Política Comum de Pescas e tem como objectivo a exploração sustentável dos recursos e, daí, a viabilidade económica das frotas e do sector em geral.

Uma das medidas mais importantes consiste na fixação das quantidades máximas de pescado – também designadas por TAC (totais admissíveis de captura) – que os pescadores podem capturar por ano de determinados stocks ou unidades populacionais, dependendo de pareceres científicos. Os TAC são repartidos em quotas pelos Estados-membros que entre si podem negociar trocas.

Nas águas nacionais há uma dúzia de espécies sujeitas a TAC e quotas, entre as quais se incluem a pescada e o carapau, mas não a sardinha e o polvo. A pescada é um exemplo de espécie muito procurada para a qual é normalmente negociado um reforço de quota a favor dos pescadores portugueses, em troca da cedência de quotas menos interessantes como a da sarda (Quadro 4).

Quadro 4 – Exemplos de TAC, quotas e capturas, em 2004

	TAC	Quota nacional	Quota (após troca)	Captura
Pescada	5 950	1 777	2 057	1 338
Sarda	32 305	5 503	3 313	1 946

Outras medidas de conservação são, por exemplo: a limitação do tempo que os navios passam na pesca (é o caso da paragem ao fim-de-semana); proibições de acesso a certas zonas de forma a proteger os ajuntamentos de adultos e juvenis em desova;

restrições ao uso ou à estrutura das artes de pesca (ex: malhagem mínima das redes); fixação de um tamanho mínimo do pescado que pode ser transportado a bordo e/ou desembarcado.

No entanto, o regime comunitário de conservação e gestão dos recursos não se tem revelado plenamente eficaz. A própria Comissão Europeia o reconheceu e por isso o reformou, em 2003, tendo então introduzido uma abordagem de longo prazo (e não apenas anual) na fixação dos objectivos a atingir nas unidades populacionais em causa. Procurou-se também um melhor cumprimento das regras, pelo reforço dos poderes dos inspectores comunitários na monitorização das actividades de controlo dos Estados-membros e pela obrigatoriedade do sistema de localização por satélite a todos os navios com mais de 15 metros.

Complementarmente tem sido incentivada a redução da capacidade das frotas comunitárias por se entender que em geral padecem de sobrecapacidade crónica. A questão não é meramente económica, mas está no cerne da gestão de uma actividade de caça, como é a pesca, que incide sobre recursos comuns que não têm fronteiras. Entregue a si mesma, qualquer capacidade que tenha de sobreviver em regime de concorrência aberta não deixará de se exercer, dentro da lógica «se não pesco eu, pesca o meu vizinho».

I.2 Pescas em águas externas

As pescas em águas estrangeiras (salvo as pescas mais próximas em águas espanholas ou marroquinas) praticamente coincidem com a «pesca longínqua», desenvolvida pelos navios de maior porte que compõem a «frota do largo», cujos desembarques são de pescado congelado a bordo (nos últimos anos deixou de haver desembarques de bacalhau salgado).

Como já se disse, foi neste segmento das pescas portuguesas que se verificou a maior quebra de capturas. Hoje em dia não chegam a 20% do volume total das pescas nacionais, mas na década de 1960 eram equivalentes às pescas em águas nacionais

Capítulo 3 – As pescas portuguesas: Balanço de 20 anos ... | 175

quando estas se encontravam também em melhor situação. Foi no tempo em que o acesso aos mares era livre e os recursos vivos não estavam tão sobreexplorados. Sobreveio entretanto a onda das «zonas económicas exclusivas» de 200 milhas. E iniciou-se a fase dos acordos bilaterais de pesca, cada vez mais onerosos, como forma de aceder aos recursos «nacionalizados». Quanto às águas internacionais, situadas fora das ZEE nacionais, a exploração dos recursos tem sido regulamentada por «organizações regionais de pesca», como é o caso da NAFO, no NW do Atlântico.

Presentemente há uns 60 navios portugueses a operar em pesqueiros longínquos, organizados em três segmentos principais:

- no Atlântico Norte, como herdeiros da antiga pesca do bacalhau agora orientada também para outras espécies;
- nas águas da Guiné-Bissau e Moçambique, na pesca do camarão;
- ao longo do Atlântico, na pesca do espadarte e de outras espécies migradoras, com artes de palangre.

Pertence à União Europeia, e não aos Estados-membros, a competência para celebrar acordos de pesca com outros Estados, bem como para ser parte de organizações regionais de pesca. De acordo com o documento comunitário «La pêche lointaine européenne», no ano 2000 a Comissão Europeia tinha concluído, ou estava em negociação para, 23 acordos de pesca. Além disso, a União Europeia era parte contratante de 19 organizações regionais de pesca.

Há perto de 3000 navios em actividade fora das águas comunitárias, dos quais 2100 a Norte e 900 a Sul. Enquanto que a Norte os acordos bilaterais (por exemplo, com a Noruega ou com a Islândia) se caracterizam em geral pela reciprocidade de direitos de pesca, a Sul caracterizam-se pela contrapartida financeira a cargo da União Europeia. O custo destas contrapartidas associadas aos acordos de pesca representa cerca de 30% do orçamento total da Política Comum de Pescas.

I.3 Frota de pesca e pescadores

A frota de pesca portuguesa, assim como o número de pescadores, têm sofrido uma redução drástica, em correspondência com a redução dos recursos disponíveis e das capturas. Consequentemente as produtividades, quer da frota quer dos pescadores, têm-se mantido relativamente estáveis (Quadro 5).

A redução da capacidade da frota tem sido em grande parte financiada por «prémios de abate» no âmbito da política comunitária. Foi mais intensa na primeira década após a adesão e incidiu sobretudo, por um lado, nos pequenos barcos sem motor e, por outro, nos grandes navios da pesca longínqua com mais de 1000 TAB (Toneladas de arqueação bruta). Navios grandes quase deixaram de ser construídos, (a nível mundial também, tendencialmente) o que afectou seriamente a indústria naval.

Quadro 5 – Frota de pesca portuguesa

	1989	1996	2004
Número de embarcações	16 195	11 597	10 089
Sem motor	7 597	2 538	2 168
Com motor	8 598	9 059	7 921
TAB (mil ton)	196	120	112
Potência (mil kw)	500	395	391
Pescadores matriculados	40 996	29 453	21 345
Capturas / TAB	1,7	1,95	1,9
Capturas / Pescador	8,1	7,9	9,5

Além dos prémios de abate, também têm sido concedidas ajudas à construção de novos navios, o que pode parecer contraditório. De facto, as ajudas à construção de navios só são normalmente atribuídas em condições de substituição para que não haja aumentos de capacidade. A sobrecapacidade das frotas permanece um dos problemas mais graves e persistentes com que se defronta a Política Comum de Pescas, a ponto de comprometer as medidas de conservação pela pressão imparável que exerce sobre os recursos piscícolas. Por isso é que uma reforma recente incluiu a eliminação, a partir de 2005, dos subsídios à construção de novos navios.

Outros domínios, além da frota, têm beneficiado das ajudas estruturais, tais como a aquicultura, o equipamento dos portos e a transformação e comercialização dos produtos.

Em Portugal, em todos estes domínios, foram aprovadas, desde a adesão à CE, ajudas totalizando o equivalente a 832 milhões de euros. Destes, cerca de 262 milhões visam a «redução do esforço de pesca» (Gráfico 2), através do abate de navios ou da sua paragem temporária ou da sua transferência para países terceiros ao abrigo de sociedades mistas, com apoios sociais para compensar os pescadores afectados. Foram abatidos perto de 1500 navios, o dobro dos navios construídos com apoios (740). Os apoios à construção e à modernização de navios somaram cerca de 200 milhões de euros, montante idêntico ao dos apoios à transformação e comercialização dos produtos da pesca.

Gráfico 2 – Apoios estruturais aprovados no período 1986-2005

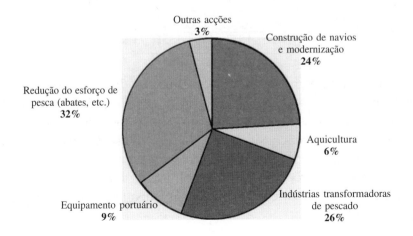

I.4 Aquicultura

A aquicultura tem conhecido algum desenvolvimento recente, embora com produções bastante limitadas. Este desenvolvimento concretiza-se sobretudo pelas novas produções de dourada, robalo e pregado (Quadro 6), que vieram acrescentar-se às produções tradicionais de amêijoa (em viveiros extensivos na Ria Formosa, Algarve) e de outros bivalves (ostra, mexilhão e berbigão) assim como de truta (de regime intensivo, em água doce, no Norte e Centro do país).

A amêijoa é, de longe, a produção mais valiosa. Mais: é a espécie, individualmente considerada, de maior valor de vendas em todo o sector (Vide Quadro 3). De tal modo que a aquicultura, se não passa de 4% da produção total de pescado, equivale a mais de 15% no seu valor total.

Quadro 6 – Aquicultura – produções por espécie

	1990	1996	2003	
	Ton.	Ton.	Ton.	Mil euros
Truta	2 000	1 302	954	1 880
Amêijoa	2 008	1 814	3 186	47 793
Dourada, robalo, pregado	107	948	3 158	16 453
Outros peixes	271	84	12	111
Outros moluscos	71	1 203	718	904
TOTAL	4 457	5 351	8 033	67 141

Tem havido um aumento do número de estabelecimentos (1210 em 1996; 1488 em 2003), graças aos investimentos financiados com ajudas comunitárias, investimentos que todavia não deram ainda plenos resultados. Na sua quase totalidade estão localizados em zonas estuarinas ecologicamente sensíveis e sujeitos a fortes restrições. Falta uma política de ordenamento, assim como processos de licenciamento, mais adequados ao incremento da aquicultura.

I.5 Transformação de produtos da pesca

A indústria transformadora do pescado tem largas tradições em Portugal, quer na vertente de salga e secagem, associada à pesca do bacalhau em águas distantes, quer na vertente de conservas, complementar da pesca da sardinha nas águas nacionais. A indústria de congelados é a mais recente e progressiva.

A indústria de salga e secagem foi afectada pela redução das quotas de pesca e tem sobrevivido em total dependência da matéria-prima importada. Ultimamente tem conhecido um novo dinamismo em torno do bacalhau salgado demolhado pronto a cozinhar. É ainda a mais importante em valor de vendas.

Quadro 7 – Indústrias de pescado, valores das vendas (Milhões de euros)

	1992	2003	Evolução anual
Secagem de bacalhau	180	254	3%
Congelados	58	196	12%
Conservas	116	130	1%

A indústria de conservas tem sofrido uma estagnação, o que não impede de ser a maior fonte de exportações do sector. Tem sido também obrigada a recorrer à importação de matérias-primas, inclusive de sardinha, para além de outras para as quais se tem diversificado, como é o caso do atum.

A indústria mais recente, a de congelados, já ultrapassou as conservas em valor de vendas. A maioria das empresas limita-se a operações simples de posteamento, filetagem e embalamento, mas há uma crescente diversificação para produtos mais elaborados, prontos para consumo e pré-cozinhados.

De um modo geral tem havido uma forte melhoria das condições de higiene das empresas. Pode apontar-se ainda ao conjunto destas indústrias de transformação do pescado a falha de não assegurarem um interesse maior pela pesca de espécies que permanecem subaproveitadas nas águas nacionais.

I.6 Mercado e balança comercial

Desde a adesão têm sido adoptadas as disposições da OCM (Organização Comum de Mercado) dos produtos da pesca. Foram constituídas «organizações de produtores» e accionadas medidas de intervenção, nomeadamente «retiradas» com ou sem congelação adicional («prémios de reporte») em casos de excesso pontual de oferta. Como se previa, o segmento da pesca da sardinha é o que mais tem recorrido a tais disposições com um nível de retiradas oscilando entre 5% e 10% dos respectivos desembarques.

A integração europeia significou a liberalização e a diversificação dos fluxos comerciais, dentro da União e em relação a todo o mundo. Quanto ao consumo de pescado, manteve-se sempre elevado, apesar da quebra da produção nacional que presentemente só satisfaz cerca de metade das necessidades do mercado. Por isso, como é notório no Quadro 8, as importações de produtos da pesca têm crescido bastante mais do que as exportações.

Quadro 8 – Balança comercial de produtos da pesca*

	1990		2003	
	Mil toneladas	Milhões euros	Mil toneladas	Milhões euros
Importações	219,5	432	357,5	1 026
Exportações	94,4	205	114	333
Saldo	- 125,1	- 227	- 243,5	- 693
Export/Import		47,5%		32,5%

* Inclui: peixe fresco, congelado e salgado; crustáceos e moluscos; e conservas

II. As Pescas Na União Europeia

Faz-se neste capítulo uma caracterização geral do sector das pescas na União Europeia que, atendendo à escassez de dados estatísticos fiáveis, se limita ao período 1993-2003.

Neste período a produção total de pescado da UE/15 cresceu até 1995 mas desde então tem diminuído quase constantemente (Gráfico 3). O incremento da aquicultura só em parte tem compensado a quebra das capturas.

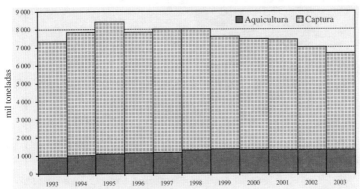

Gráfico 3 – Produção de Pescado na União Europeia (UE/15)

O recente alargamento da UE para 25 Estados-membros acrescentou uns 10% à produção comunitária de pescado. Donde, o total dos agora 25 Estados-membros da UE atingiu, em 2003, cerca de 7 300 mil toneladas.

Espanha e Dinamarca são os Estados-membros com maiores produções, seguidos pela França e o Reino Unido (Gráfico 4). Habitualmente a Dinamarca costuma ser a primeira, em quantidade pescada; no entanto, perde muito, em valor, dado que a sua pesca se destina em grande parte à indústria de farinha e óleo. Em termos do valor de pescado, não há dúvida que a produção espanhola é, de longe, a mais importante. Aliás, é notável a forma como a Espanha soube resistir ao choque do direito marítimo internacional.

Quanto à produção portuguesa de pescado, é décima no conjunto da UE/15. E é superior às produções dos novos Estados-membros, excepto a Polónia (com produção equivalente).

Num contexto em que a pesca comunitária tem perdido peso na produção mundial, também a pesca portuguesa tem perdido peso no total comunitário: 4,0% em 1993 e 3,3% em 2003.

Gráfico 4 – Produção de Pescado dos Estados-Membros da UE (2003)

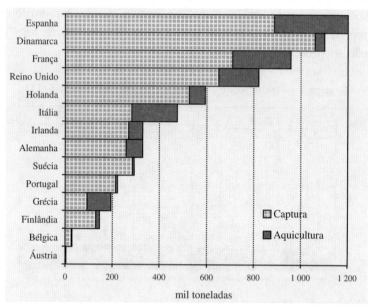

A aquicultura comunitária cresceu regularmente até 1998 e desde então estabilizou à volta de 1,3 milhões de toneladas, representando, cerca de 20% da produção total de pescado, mas cerca de 35% em valor. O Gráfico 4 mostra quais os Estados-membros com maiores produções de cultura: Espanha, França, Itália e Reino Unido. Em valor, a maior produção é a do Reino Unido, à base de salmão, sendo a da Espanha à base de mexilhão. As espécies mais produzidas são: mexilhão, truta, salmão e ostra.

A frota de pesca comunitária tem estado num processo de redução (Quadro 9), aliás sob o impulso de medidas específicas com esse efeito, como é o caso dos prémios de abate.

Quadro 9 – Frota de pesca comunitária (UE/15)

	1995	2004	Redução (%)
Nº de embarcações	100 085	85 709	- 14,4
TAB (mil toneladas)	2 108	1 884	- 10,7
Potência (mil kw)	8 141	6 946	-14,7

No entanto, a frota de pesca portuguesa, em todo o período após a adesão à CE, sobretudo nos primeiros anos, sofreu uma redução ainda mais acentuada. É constituída por um número relativamente elevado de embarcações de pequena dimensão média (TAB média de 11,2 contra 22 na EU/15) e com uma produtividade também menor do que a média comunitária (1,9 toneladas de pescado por cada TAB da frota, contra 2,8 toneladas na UE/15).

O consumo de pescado tem crescido regularmente na União Europeia, situando-se numa média de 23,7 kg por pessoa, no ano 2000, isto é, acima do consumo médio mundial de 19 kg. Portugal é o Estado-membro que apresenta o mais alto consumo por pessoa, cerca de 55 kg, seguido pela Espanha com 43 kg. Entre os novos Estados-membros, os mais populosos (da Europa Central) têm consumos médios à volta dos 10 kg/pessoa/ano.

O mercado comunitário de pescado é bastante sofisticado, servido por fortes indústrias transformadoras cujo valor global de produção quase duplica o valor cumulativo das capturas e da aquicultura. As maiores indústrias situam-se nos países mais populosos, aos quais se junta a Dinamarca com um desenvolvimento proporcionalmente maior das suas indústrias de pescado. A indústria portuguesa vale 3,4% do total comunitário, o que afinal não destoa da sua importância relativa no conjunto do sector.

Atendendo ao carácter deficitário do seu mercado, a União Europeia tem de recorrer em grande escala às importações nomeadamente de matérias-primas para transformação. A maioria dos Estados-membros da EU/15 – com excepção da Dinamarca, da Holanda e da Irlanda – apresenta balanças comerciais negativas. No entanto, também as exportações da União têm mostrado forte dinamismo. Um dinamismo que decerto não deixará de se intensificar com o recente alargamento a dez novos Estados-membros, que em geral de pescado pouco produzem e pouco consomem.

III. Perspectivas

Há sérias interrogações que se colocam quanto ao futuro das pescas tanto em Portugal como no conjunto da União Europeia e afinal em todo o Mundo. Qual a resposta dos recursos piscícolas, em particular das espécies mais procuradas, às pressões de frotas cada vez mais eficazes? Até que ponto as medidas de conservação adoptadas permitirão uma recuperação significativa dos recursos? Qual a atitude dos consumidores perante o pescado, tendo em conta as preocupações com a saúde ou com o ambiente? Em que medida é que tecnologias mais desenvolvidas permitirão, por um lado, explorar novos recursos marinhos e, por outro, torná-los atractivos para o consumidor? Como será a aquicultura encarada pela sociedade relativamente ao seu impacto sobre o ambiente e em que medida novas tecnologias poderão neutralizar esta incidência negativa? O encarecimento da energia é conjuntual ou vai pesar no longo prazo?

Apresentam-se, no entanto, com a devida prudência, algumas projecções que se situam na linha de tendências que presentemente já se manifestam: A procura mundial de pescado deverá continuar a crescer quer por aumento demográfico quer por aumento do rendimento médio. A oferta de pescado terá dificuldade em responder a esta pressão a não ser por via da aquicultura, uma vez que as pescas de captura terão já atingido o seu potencial global. Donde, o equilíbrio entre a procura e a oferta irá concretizar-se por aumentos dos preços reais do pescado (em termos globais) e pela sua valorização relativamente a outros alimentos, nomeadamente a carne.

Que previsão é possível fazer da produção comunitária de pescado? A tendência mais recente aponta para alguma dificuldade em manter um nível acima dos 7 milhões de toneladas. Neste contexto, a aquicultura deverá reforçar o seu papel, podendo aproximar-se dentro de 10 a 15 anos, dos 2 milhões de toneladas, o que corresponderia a mais de um quarto da produção total e perto de metade do seu valor total.

A frota de pesca deverá, no seu conjunto, ver reduzidas as suas dimensões, por força dos prémios de abate e de outras medidas, visando a exploração sustentável dos recursos. Donde é de prever que se acentue o problema do envelhecimento da frota. Mas tal redução não significará necessariamente menores produções, antes maiores produtividades.

As tendências essenciais dos mercados deverão manter-se, nomeadamente a intensificação do comércio intra-comunitário e o aumento do consumo (não tanto em Portugal), quer em quantidade quer em sofisticação. O aumento do consumo deverá ser mais acentuado nos novos Estados-membros do Leste em consonância com a melhoria dos rendimentos bem como dos circuitos e das logísticas do comércio do pescado.

Quanto às pescas portuguesas, a chave do seu desenvolvimento está nas águas nacionais, onde se obtêm cerca de 80% da produção total. Das águas externas não será de esperar muito mais do que manter as pescarias existentes. E da aquicultura, o melhor que se pode prever, atendendo às restrições nas zonas estuarinas, é o seu fomento em águas do mar.

O Gráfico 1 sugere que a continuada quebra da produção a que se assistiu nas últimas décadas tenha chegado ao seu ponto mais baixo nos anos 2000-2001. Mas só o tempo dirá se a ligeira recuperação então iniciada se irá consolidar no futuro. Nas águas nacionais o maior objectivo terá de continuar a ser o da melhoria do estado dos recursos, em especial dos mais valorizados e que correm maiores riscos. Mas esta é uma melhoria que não admite ilusões: será lenta e sempre baseada na persistente e rigorosa aplicação das medidas de conservação em vigor ou de outras que se venham a justificar. O que não impede que, ao mesmo tempo, haja recursos a ser explorados abaixo do seu potencial, por exemplo o verdinho, a sarda e a própria sardinha. Mais inovação nas indústrias transformadoras e adequadas reformas no sistema de primeira venda poderão reforçar o interesse comercial que leve ao melhor aproveitamento do conjunto dos nossos recursos piscícolas.

Capítulo 4

A indústria portuguesa:
Desindustrialização – progresso ou declínio?

Vítor Santos
Ana Jacinto

1. Introdução

A desindustrialização progressiva e a emergência dos serviços foram os aspectos que marcaram decisivamente a paisagem económica em Portugal ao longo dos últimos vinte anos de integração europeia.
O grande fulgor revelado pelos serviços e o declínio relativo do emprego na indústria transformadora, a par do dinamismo revelado pelas exportações de produtos industriais provenientes das novas economias emergentes, levou alguns líderes de opinião a reagir contra esta tendência evolutiva. Argumentava-se que, dada a importância vital da indústria transformadora e a ineficácia das políticas macroeconómicas para estimular o desenvolvimento industrial, se deveriam promover políticas sectoriais que passariam pela concessão de subsídios e a promoção de políticas proteccionistas como forma de minimizar esta tendência de longo prazo. Será que estas sugestões têm subjacente uma reflexão séria sobre esta problemática ou, antes pelo contrário, reflectem uma postura reactiva tradicional que tende a contrariar a evolução histórica ao nível da reconfiguração da estrutura

sectorial das economias? Será que esta atitude face à indústria mais não é do que uma *remake* de uma opinião semelhante assumida, ao longo dos anos, relativamente à agricultura, face à consolidação das sucessivas revoluções industriais? Estas são algumas das questões a que procuraremos responder neste capítulo.

No ponto 2 procura evidenciar-se que a dramatização do fenómeno da desindustrialização não parece fazer sentido, tanto mais que tudo indica tratar-se de uma evolução natural que reflecte uma boa dinâmica e um comportamento sustentável da actividade económica. No ponto 3 faz-se uma análise dinâmica do processo de reestruturação industrial, procurando identificar as tendências pesadas que lhe estão subjacentes e a nova configuração da estrutura sectorial resultante deste processo de mutação. No ponto 4 procede-se a uma reflexão sobre as implicações da dinâmica de crescimento sectorial, a que se assistiu nas duas últimas décadas, sobre as opções de política pública. Finalmente, no ponto 5 apresentam-se as principais conclusões deste capítulo.

2. Desindustrialização: progresso ou declínio?

O declínio relativo do emprego e do produto na indústria transformadora, nomeadamente nos sectores tradicionais, a par do dinamismo revelado pelos serviços, tem vindo a preocupar alguns analistas e os decisores políticos em Portugal. Simplificando um pouco, dir-se-ia que o debate tem evoluído entre a rejeição da possibilidade de virmos a ser uma espécie de Florida da Europa (muitos de nós preferíamos ser uma nova Califórnia!) e um certo desencanto pelo facto das políticas públicas não focalizarem a sua atenção nos sectores mais directamente produtivos. Sem pôr em causa a necessidade de aprofundar a reflexão sobre esta problemática, parece-nos que, por um lado, urge ultrapassar uma excessiva dramatização desta situação muito marcada por uma certa nostalgia industrialista e, por outro, há que procurar enquadrar a análise deste fenómeno no actual contexto de implantação de um novo paradigma técnico-económico.

Desde logo, convém ter presente que existe um certo artificialismo na informação estatística referente aos serviços: muitas empresas industriais passaram a subcontratar serviços que antes produziam internamente e, em consequência, por mero efeito estatístico, deixaram de ser contabilizadas como actividades industriais. Mas tal não significa que não tenha existido uma alteração substancial na estrutura económica dos diferentes países.

No limiar do pós-industrialismo, a relevância crescente dos serviços é explicada pelas alterações que têm vindo a processar-se nas preferências dos consumidores (turismo, lazer, saúde e educação) e da organização das empresas (por exemplo, a emergência das novas tecnologias da informação) que tem conduzido a uma expansão mais intensa da procura de serviços quando comparada com os restantes sectores. De facto, como é evidenciado num estudo publicado pelo GEPE, *"Serviços Informacionais e Transição para a Economia do Conhecimento em Portugal"*, é nestes sectores que se verifica, também no caso português, um ritmo de crescimento mais acentuado (ver figuras 1 e 2).

Figura 1 – Estrutura do Emprego por sector de actividade em Portugal 1986-2004

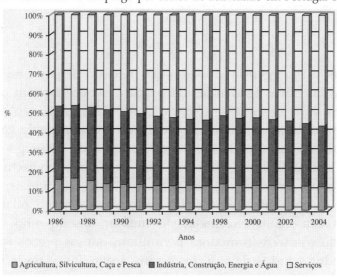

Fonte: Banco de Portugal, INE e GEE com base em dados do INE

Figura 2 – Estrutura do VAB a preços correntes, 1986 – 2004

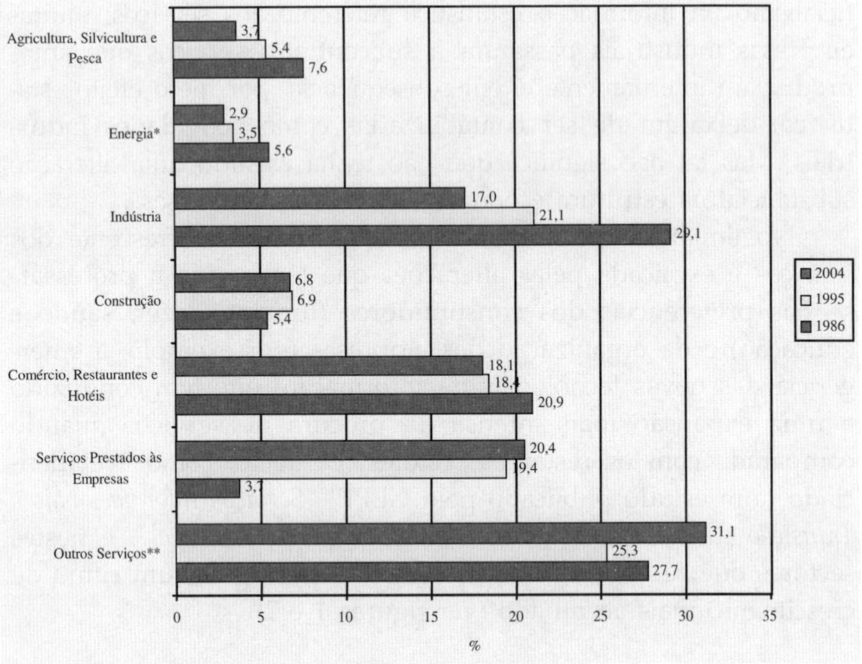

Sector	2004	1995	1986
Agricultura, Silvicultura e Pesca	3,7	5,4	7,6
Energia*	2,9	3,5	5,6
Indústria	17,0	21,1	29,1
Construção	6,8	6,9	5,4
Comércio, Restaurantes e Hotéis	18,1	18,4	20,9
Serviços Prestados às Empresas	20,4	9,4	3,1
Outros Serviços**	31,1	25,3	27,7

* Inclui Carvão, Petróleo, Electricidade, Gás e Água
** Líquido dos Serviços Bancários Imputados
Fonte: GEE com base no INE – Contas Nacionais

Mas a emergência dos serviços não é apenas uma consequência das novas tendências da procura, sendo também o resultado das mutações que se têm verificado na organização dos sistemas produtivos: tal como aconteceu no sector agrícola ao longo do século passado, o declínio e a libertação de emprego que se verifica actualmente na indústria deve-se também ao facto de ter ocorrido um crescimento da produtividade na indústria mais intenso do que nos serviços. De resto, a estagnação relativa da procura e a maior eficiência e o melhor desempenho exibido pela indústria transformadora permitiram que os preços relativos dos produtos industriais decrescessem, acentuando, ainda mais, a perda de importância, em valor ou em termos de emprego, da

Capítulo 4 – A indústria portuguesa: Desindustrialização – progresso ... | 191

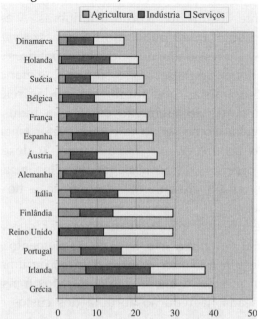

Figura 3 – Mudança da estrutura sectorial

Fonte: European Competitiveness Report 2000 e dados estimados pelo WIFO utilizando Contas Nacionais ESA, EUROSTAT.

produção industrial[1]. A evolução dos preços relativos dos produtos industriais também significa que, em termos físicos, a trajectória, ao longo do tempo, da produção industrial foi bastante mais favorável do que poderíamos ser levados a concluir quando analisamos o percurso inter temporal da produção em valor.

A disciplina competitiva imposta pelas importações de produtos industriais tem levado alguns países industrializados a assumir posturas proteccionistas como aconteceu com os Estados Unidos relativamente ao sector siderúrgico ou, mais recentemente, com os ganhos de quota de mercado das novas economias emergentes da China e da Índia, nomeadamente no caso específico

---

[1] Para uma análise quantificada da evolução dos preços relativos nos diferentes países da União Europeia veja-se European Commission (2005).

dos têxteis, suscitada pela liberalização plena, desde o início de 2005, decorrente do fim do Acordo Multifibras. A este propósito, Peter Drucker, num artigo publicado no *The Economist*, chamou a atenção para a necessidade dos decisores políticos resistirem às pressões dos lóbis empresariais e sindicais, evitando repetir as atitudes proteccionistas que foram assumidas relativamente à agricultura, a partir do momento em que a indústria transformadora se revelou como sendo um novo sector emergente.

Tal como aconteceu no passado com o desenvolvimento industrial, é preciso estar consciente da relevância que os serviços podem ter no crescimento económico e no aumento da produtividade.

Nesta perspectiva, não podemos ignorar que a nova revolução industrial em curso não tem, como elemento catalisador, a emergência de um qualquer recurso natural, de uma nova forma de energia ou, mesmo, a queda dos custos dos transportes, sendo sobretudo baseada na redução abrupta dos custos de comunicação e de processamento da informação, na valorização do conhecimento e numa globalização crescente das actividades económicas.

Devemos também ter presente que, no caso português, é ainda dominante uma cultura empresarial baseada numa concepção da actividade industrial reduzida ao núcleo central das actividades de transformação. Em consequência disso, a cadeia de valor, na indústria transformadora, continua excessivamente centrada no ciclo de produção, verificando-se um subdesenvolvimento tecnológico e comercial, em termos de I&D e concepção de produtos, a montante, e de marketing, comercialização e distribuição, a jusante. Neste novo contexto, e por oposição à percepção tradicional de que os serviços têm uma natureza improdutiva, numa nova economia em que os pilares centrais são a informação e o conhecimento, os serviços serão, cada vez mais, um factor estruturante do desenvolvimento sustentável.

Como é salientado em vários estudos, nomeadamente nos Relatórios da Competitividade da Comissão Europeia, os serviços tiveram um papel essencial na acentuação da divergência da

Economia Europeia em relação aos Estados Unidos durante a segunda metade da década de 1990. Em primeiro lugar, os Estados Unidos exibiram uma taxa de crescimento da produtividade dos serviços (com exclusão dos serviços públicos) que correspondeu a mais do dobro da verificada para os países da União Europeia; esta performance deveu-se à utilização intensiva das novas tecnologias da informação, à inovação e à liberalização dos mercados. Em segundo lugar, a vantagem competitiva revelada pela indústria transformadora dos Estados Unidos, quando comparada com a performance da União Europeia, não se deve apenas ao maior peso das indústrias de base tecnológica e beneficiando de procuras mais dinâmicas, mas também ao papel destacado que os serviços tiveram no estímulo à inovação e à reestruturação industrial. Finalmente, e ao contrário do que acontecia no passado recente, uma parte cada vez mais significativa dos serviços são transaccionados nos mercados globais, podendo assumir um papel decisivo na performance competitiva dos países nos mercados internacionais.

Em suma, embora se compreenda que a desindustrialização progressiva da economia portuguesa suscite as preocupações dos analistas e dos decisores políticos, urge reorientar este debate numa nova perspectiva que, ao invés de uma postura imobilista que procure contrariar os ventos da história, adopte uma atitude mais aberta aos novos desafios da modernidade.

3. Padrão de especialização produtiva: breve análise da evolução histórica

À custa de que sectores se tem operado a dinâmica de desindustrialização da economia portuguesa ao longo das últimas duas décadas? Terá feito maiores "vítimas" essencialmente nos sectores tradicionais? Seria conveniente que o processo de desindustrialização se viesse a verificar à custa do decréscimo do peso de sectores tradicionais na economia, implicando tal uma alteração do padrão de especialização produtiva do país. Importará, portanto, analisar e evolução do próprio padrão de especialização para se aferir da eventual evolução de Portugal em termos industriais.

Ao longo de décadas, Portugal assentou a sua especialização produtiva em sectores tradicionais, de baixo valor acrescentado, apresentando uma estratégia de competição pelos preços no mercado internacional. O sistema produtivo português não acompanhou, durante anos, o que de mais competitivo se fazia a nível mundial. Continuou a privilegiar estratégias de *price competition*, assentes em trabalho pouco qualificado e em baixos salários, tentando apostar em mercados pouco exigentes (com especial incidência do comércio com países africanos), prosseguindo processos produtivos relativamente ultrapassados aplicados a produtos banalizados, de ainda pouca qualidade e reduzido conteúdo tecnológico. A par disso, negligenciavam-se aspectos fundamentais da competitividade como é actualmente encarada, como sejam, por exemplo, serviços associados à venda dos produtos, domínio dos circuitos de distribuição ou assistência técnica pós-venda.

A especialização produtiva portuguesa, longe de se ter alterado significativamente ao longo dos últimos anos, revela-se relativamente imutável. Portugal continua a apresentar uma especialização, quer ao nível da produção quer ao nível do comércio externo, em sectores tradicionais, com especial destaque para os Têxteis, vestuário e calçado (dentro deste o calçado assume uma importância bastante expressiva), seguido dos Outros produtos minerais não metálicos. Outro sector a destacar é o da Madeira e produtos da madeira e cortiça (Tabelas 1 e 2).

De ressaltar ainda que, para além de Portugal reforçar a sua posição num sector tradicional (Têxtil, vestuário e calçado), tal reforço ficou a dever-se a subsectores menos desenvolvidos a nível tecnológico, como é o caso do vestuário e calçado. Com efeito, Portugal apresentou um acentuar da sua especialização produtiva num subsector (vestuário) essencialmente intensivo em mão--de-obra, reduzindo, por outro lado, o grau de especialização no

Capítulo 4 – A indústria portuguesa: Desindustrialização – progresso ... | 195

Tabela 1 – Especialização produtiva para o ano de 1991

%

CAE	Sector	Portugal	Espanha	França	Itália	Reino Unido	Bélgica	Holanda	Alemanha	Áustria	Dinamarca	Suécia	Finlândia	UE
15-37	Indústria Transformadora	100,0	100,0	100,0	100,0	100,0	100,0	100,0	100,0	100,0	100,0	100,0	100,0	100,0
15-16	Alimentação, Bebidas e Tabaco	139,0	153,0	128,1	94,8	132,6	118,4	155,1	75,4	120,9	169,2	84,4	123,3	100,0
17-19	Têxtil, Vestuário e Calçado	441,3	160,2	114,0	259,6	103,6	115,2	56,5	64,0	114,3	80,6	30,0	65,7	100,0
17	Têxtil	443,7	126,2	105,0	247,5	n.d.	183,4	83,4	73,7	137,0		46,3	46,1	100,0
18	Vestuário	408,5	148,7	117,3	218,2	n.d.	51,2	25,3	56,4	82,8	n.d.	13,3	84,5	100,0
19	Calçado	531,9	317,0	137,4	425,9	n.d.	60,0	52,2	52,1	126,2	n.d.	20,8	81,0	100,0
20	Madeira e Produtos da Madeira e Cortiça	197,2	121,8	83,4	127,9	67,8	80,6	64,2	80,1	216,6	111,4	265,9	234,6	100,0
21-22	Pasta, Papel e Artes Gráficas	108,9	84,9	95,0	69,8	126,8	80,5	135,8	79,4	89,8	124,6	165,6	230,7	100,0
21	Pasta e Papel	95,3	90,2	78,7	61,3	n.d.	91,8	104,6	74,7	118,6	n.d.	257,2	369,8	100,0
22	Artes Gráficas	119,8	84,3	106,9	76,7	n.d.	76,3	157,6	84,3	75,8	n.d.	117,9	157,6	100,0
23	Coque, Produtos petrolíferos refinados e combustíveis nucleares	n.d.	118,2	104,4	76,5	100,6	94,9	115,2	22,9	49,5	8,3	54,7	108,4	100,0
24	Química	79,7	90,9	99,7	78,9	116,1	170,4	148,7	104,6	65,3	88,9	84,7	70,0	100,0
25	Borracha e Plásticos	n.d.	130,2	138,3	116,6	149,5	118,6	106,3	146,3	123,2	144,9	81,7	97,8	100,0
26	Outros Produtos Minerais não metálicos	303,0	205,2	137,6	169,0	92,6	136,0	100,7	102,3	191,1	116,7	88,9	121,4	100,0
27-28	Metalurgia e Produtos metálicos	58,6	89,8	111,1	110,3	89,9	126,2	99,9	107,7	119,5	83,3	110,2	86,4	100,0
27	Metalurgia	45,0	74,1	76,2	68,0	81,4	162,0	69,8	88,8	124,9	48,2	104,4	88,3	100,0
28	Produtos Metálicos	67,9	100,7	135,1	139,5	95,7	101,6	120,6	120,8	115,8	107,5	114,1	85,1	100,0
29-33	Máquinas e Equipamento	32,5	54,1	74,5	81,6	77,2	57,9	66,3	116,3	89,8	90,8	91,0	77,1	100,0
29	Máquinas e equipamento não especificado	26,2	56,3	71,6	101,2	74,7	59,8	63,3	130,3	102,9	129,7	114,4	108,5	100,0
30-33	Máquinas eléctricas e electrónicas e produtos ópticos	37,1	52,4	76,6	67,1	79,1	56,5	68,5	106,0	80,1	62,0	73,7	53,9	100,0
34-35	Material de Transporte	34,6	101,0	95,0	59,9	104,4	96,3	49,9	133,9	48,8	42,0	127,6	49,3	100,0
34	Automóvel	26,5	116,7	101,2	55,6	76,5	n.d.	n.d.	165,0	54,0	22,0	131,5	25,3	100,0
35	Outro Material de Transporte	51,2	64,6	79,3	67,6	161,5	n.d.	n.d.	63,5	36,2	83,8	116,0	99,6	100,0
36-37	Outras Indústrias Transformadoras e Reciclagem	63,1	104,9	99,6	110,4	61,4	78,3	156,1	70,4	125,6	157,9	61,6	78,7	100,0

Nota: (n.d.) não disponível
Indicador de especialização produtiva = [VAB (país, sector) / VAB (país, Ind. Transf.)] / [VAB (UE, sector) / VAB (UE, Ind. Transf.)] * 100
Fonte: GEE com base em OCDE/STAN

Tabela 2 – Especialização produtiva para o ano de 1999

CAE	Sector	Portugal	Espanha	França	Itália	Reino Unido	Bélgica	Holanda	Alemanha	Áustria	Dinamarca	Suécia	Finlândia	UE
15-37	Indústria Transformadora	100,0	100,0	100,0	100,0	100,0	100,0	100,0	100,0	100,0	100,0	n.d.	100,0	100,0
15-16	Alimentação, Bebidas e Tabaco	151,4	134,8	124,5	89,1	123,1	120,6	174,1	83,7	109,7	148,1	n.d.	67,0	100,0
17-19	Têxtil, Vestuário e Calçado	486,2	166,3	100,2	290,1	104,1	128,9	51,6	52,2	91,8	56,3	n.d.	48,3	100,0
17	Têxtil	376,6	129,1	89,7	262,8	n.d.	190,9	n.d.	56,6	105,2	n.d.	n.d.	44,9	100,0
18	Vestuário	529,7	168,0	104,9	263,9	n.d.	64,1	n.d.	48,0	61,7	n.d.	n.d.	49,0	100,0
19	Calçado	771,4	297,3	122,1	446,7	n.d.	43,8	46,2	42,1	111,4	n.d.	n.d.	56,2	100,0
20	Madeira e Produtos da Madeira e Cortiça	187,3	102,0	61,6	104,4	47,3	62,5	60,9	76,9	181,6	104,5	n.d.	184,8	100,0
21-22	Pasta, Papel e Artes Gráficas	92,7	81,7	83,5	66,1	122,7	84,1	127,7	81,1	90,9	113,6	n.d.	224,2	100,0
21	Pasta e Papel	110,3	96,5	73,5	65,8	n.d.	83,9	82,1	68,8	99,2	n.d.	n.d.	469,6	100,0
22	Artes Gráficas	86,1	76,3	91,8	68,5	n.d.	87,1	157,1	90,6	72,9	n.d.	n.d.	96,5	100,0
23	Coque, Produtos petrolíferos refinados e combustíveis nucleares	56,9	125,6	129,2	92,5	85,5	121,3	132,5	34,5	149,8	16,5	n.d.	38,4	100,0
24	Química	48,5	81,4	100,5	79,3	98,0	170,4	121,7	87,5	54,2	85,2	n.d.	58,1	100,0
25	Borracha e Plásticos	62,6	110,4	109,5	102,3	116,6	97,7	79,1	116,6	92,6	108,4	n.d.	82,9	100,0
26	Outros Produtos Minerais não metálicos	287,0	204,3	123,2	167,7	90,3	141,1	103,0	105,8	153,5	112,7	n.d.	81,8	100,0
27-28	Metalurgia e Produtos metálicos	57,0	107,0	114,5	121,5	86,8	122,5	96,2	113,5	129,0	100,7	n.d.	85,8	100,0
27	Metalurgia	54,3	111,3	95,2	91,9	n.d.	190,8	72,0	110,3	173,0	65,9	n.d.	106,9	100,0
28	Produtos Metálicos	57,2	103,4	120,9	132,2	n.d.	91,1	105,0	113,0	107,9	113,9	n.d.	75,3	100,0
29-33	Máquinas e Equipamento	40,9	56,8	82,7	87,6	92,4	59,4	71,3	118,1	103,7	112,5	n.d.	140,1	100,0
29	Máquinas e equipamento não especificado	23,9	68,7	83,4	125,1	93,1	65,2	83,3	151,5	123,5	168,3	n.d.	111,2	100,0
30-33	Máquinas eléctricas e electrónicas e produtos ópticos	52,0	49,1	82,3	63,2	91,9	55,7	63,6	96,5	90,9	76,3	n.d.	158,9	100,0
34-35	Material de Transporte	50,1	105,7	105,1	55,3	97,3	78,0	48,9	125,7	55,0	36,4	n.d.	30,8	100,0
34	Automóvel	57,1	119,4	101,8	46,6	n.d.	92,1	n.d.	151,2	66,1	17,9	n.d.	15,9	100,0
35	Outro Material de Transporte	31,5	68,7	108,0	73,3	n.d.	41,4	n.d.	60,2	26,6	78,0	n.d.	64,3	100,0
36-37	Outras Indústrias Transformadoras e Reciclagem	116,7	123,7	98,9	127,9	105,1	80,2	191,4	77,5	137,2	145,9	n.d.	61,1	100,0

Nota: (n.d.) não disponível
Indicador de especialização produtiva = [VAB (país, sector) / VAB (país, Ind. Transf.)] / [VAB (UE, sector) / VAB (UE, Ind. Transf.)] * 100
Fonte: GEE com base em OCDE/STAN

Capítulo 4 – A indústria portuguesa: Desindustrialização – progresso ...

Tabela 3 – Evolução da saída de mercadorias por grupos e subgrupos de produtos (em % do total), 1986 – 2002

SECTOR	1986	1987	1988	1989	1990	1991	1992	1993	1994	1995	1996	1997	1998	1999	2000	2001	2002
Agro-alimentares	9,198	8,218	8,305	7,648	7,297	8,075	7,688	7,342	7,340	7,462	7,503	7,467	7,234	7,102	7,038	7,166	7,652
Energéticos	3,294	1,919	2,825	3,289	3,512	2,634	2,941	3,384	4,091	3,193	2,289	2,305	1,596	1,835	2,553	1,849	1,915
Químicos	6,751	6,345	6,998	6,638	6,354	5,783	5,340	5,590	6,271	6,237	5,860	6,377	6,483	6,755	7,542	7,330	7,852
Madeira, Cortiça e Papel	13,594	14,656	14,748	14,017	12,236	11,371	10,595	10,519	10,849	11,059	9,312	9,627	9,446	9,425	10,271	9,526	9,347
Peles, Couros e Têxteis	11,513	10,841	10,408	9,247	8,771	8,820	8,601	8,672	8,371	7,712	7,499	7,920	7,886	7,786	7,504	7,807	7,564
Vestuario e Calçado	27,826	30,336	28,754	27,849	29,143	30,342	30,364	29,931	27,730	24,153	23,500	22,388	21,202	20,211	17,660	17,422	16,262
Minérios e Metais	5,882	5,149	5,306	6,398	6,533	6,168	5,749	5,973	6,058	5,921	5,357	5,508	5,710	5,911	6,342	5,977	6,194
Máquinas	10,939	11,422	10,918	11,927	12,892	13,307	14,058	14,735	15,751	17,089	16,146	15,912	17,655	19,028	19,943	19,097	19,228
Material de Transporte	4,911	5,170	5,767	7,218	6,834	6,480	7,637	6,502	5,982	9,762	15,566	15,496	15,841	15,336	14,741	16,941	16,955
Produtos Acabados Diversos	6,093	5,944	5,972	5,769	6,427	7,020	7,028	7,353	7,559	7,413	6,948	7,002	6,957	6,611	6,406	6,884	7,030
Total da saída	100,000	100,000	100,000	100,000	100,000	100,000	100,000	100,000	100,000	100,000	100,000	100,000	100,000	100,000	100,000	100,000	100,000

Fonte: Elaboração própria com base em dados do GEPE

subsector têxtil, fundamentalmente capital – intensivo. De facto, a indústria do vestuário, por ainda se encontrar num baixo nível de automatização, continua muito dependente de mão-de-obra com fracas qualificações. Por outro lado, no têxtil, verifica-se a tendência para a utilização de sistemas cada vez mais automatizados, de elevada tecnologia e cada vez mais flexíveis, verificando-se, por isso, uma redução de trabalhadores manuais, a favor de efectivos habilitados para lidar com sistemas sofisticados de controlo e supervisão, logo pessoal com elevado nível de qualificações.

O padrão de especialização reflecte-se necessariamente nas exportações portuguesas. Portugal apresenta uma predominância de produtos dos sectores do Vestuário e do Calçado. Ainda merecedoras de destaque, são as exportações provenientes dos sectores da Madeira, Cortiça e Papel, Peles, Couros e Têxteis ou Máquinas. Só desde 2002 é que as exportações de Máquinas conseguiram suplantar as exportações de Vestuário e Calçado.

A conservação da especialização produtiva em sectores tradicionais, como os Têxteis ou o Vestuário e Calçado, não augura nada de bom para o tecido empresarial português. Portugal já começa a sentir a pressão dos produtos originários das novas economias emergentes asiáticas, sobre as exportações, e não só, de produtos nacionais. A aposta em trabalho pouco qualificado e mal pago não é a solução para a competitividade das empresas portuguesas. Outros concorrentes começam a surgir e, no espaço de poucos anos, conseguirão, caso não se faça nada para alterar esta tendência, suplantar as exportações portuguesas. Urge então a aposta clara numa diferenciação dos produtos portugueses pela qualidade, com a promoção e afirmação inequívocas de marcas nacionais no contexto internacional.

O padrão de especialização que caracteriza a estrutura económica portuguesa e a sua relativa imobilidade reflecte-se no desempenho da indústria portuguesa (ver figuras 4, 5 e 6):
– Ao contrário do comportamento observado em alguns países europeus (Irlanda, Bélgica, Finlândia, Áustria e Reino

Unido), que exibiram uma melhoria significativa nos seus índices de produtividade, Portugal viu degradar o seu desempenho embora de uma forma menos pronunciada do que países como a Grécia, Alemanha, Itália e Dinamarca.

– Embora se tenha vindo a assistir, no decurso dos últimos 20 anos, a um processo de aproximação da estrutura produtiva nacional relativamente à média da União Europeia, muito influenciado pela trajectória convergente que tem caracterizado o sector primário e os serviços, deve realçar-se, no entanto, que a indústria transformadora não tem acompanhado, com a mesma intensidade, este movimento.

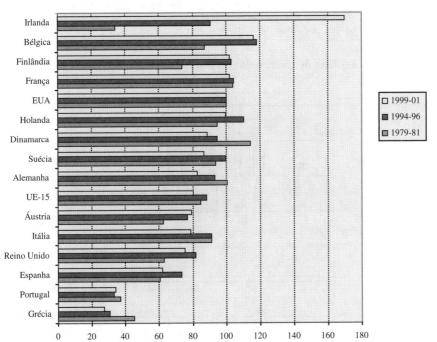

Figura 4 – Produtividade do Trabalho na indústria, (EUA=100)

Fonte: Gráfico obtido a partir do tratamento dos resultados publicados em O´Mahony, M. e van Ark, B. (2003), EU productivity and competitiveness: an industry perspective, Enterprise publications, European Commission.

Figura 5 – Indíce de especialização por níveis de qualificação – 2003

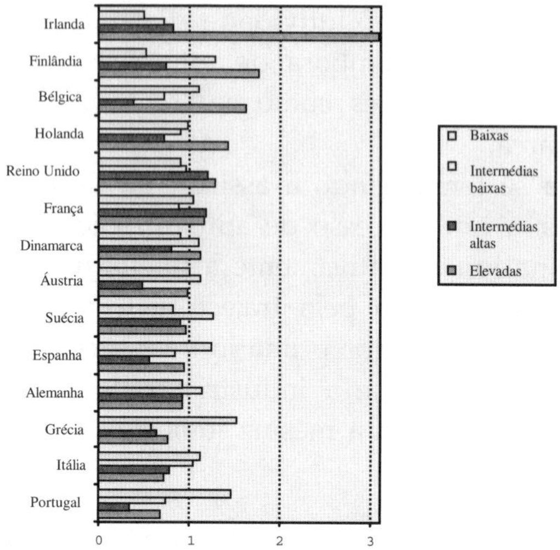

Fonte: Gráfico obtido a partir do tratamento dos resultados publicados em O´Mahony, M. e van Ark, B. (2003), EU productivity and competitiveness: an industry perspective, Enterprise publications, European Commission.

Figura 6 – Taxa de crescimento do emprego por nível de qualificações
– 1995-2001 –

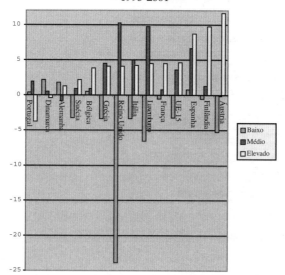

Fonte: Gráfico obtido a partir do tratamento dos resultados publicados em European Commission (2002), European competitiveness report, European Commission.

Apesar de ter ocorrido uma ligeira perda dos sectores tradicionais e um aumento do peso relativo (na produção e no comércio externo) do sector automóvel e, embora com menor expressão, das máquinas eléctricas, o nosso padrão de especialização continua a ser dominado por actividades baseadas na utilização de baixas qualificações, pouco intensivas em inovação e revelando uma fraca dinâmica de crescimento da procura.

Também não deixa de ser curioso voltar a salientar que o padrão de especialização da indústria portuguesa permaneceu quase imutável durante muitos anos e que apenas em 1995 ocorreu uma alteração significativa, tendo-se verificado, a partir daí, uma estabilização do nosso perfil de especialização, embora num patamar superior. Parece ser hoje reconhecido, por todos, que esta alteração se deve, quase exclusivamente, à entrada em funcionamento da AutoEuropa que, pela influência que este investimento teve nas cadeias de fornecimentos, acabou por suscitar efeitos verdadeiramente estruturantes na indústria transformadora portuguesa.

A identificação do choque indutor da mudança, suscita a questão de saber porque permaneceu imutável, durante tantos anos, o nosso padrão de especialização e, já agora, porque estabilizou após a instalação da AutoEuropa.

Figura 7 – Evolução da estrutura das exportações: taxa de variação entre 1986 e 1998

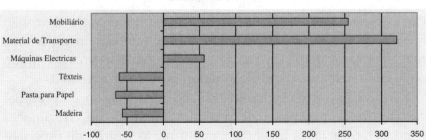

Fonte: INE – cálculos efectuados a partir das Estatísticas do Comércio Externo
Nota: Considerados os três sectores cujo peso na estrutura das exportações exibiu variações mais significativas

Existem vários factores que explicam esta situação. Em primeiro lugar, a abertura progressiva da economia portuguesa contribuiu para preservar a especialização nos sectores onde temos vantagens comparativas (estáticas), isto é, nos sectores tradicionais.

Em segundo lugar, as políticas públicas focalizaram a sua atenção, não tanto na criação das condições que estimulassem a diversificação da estrutura produtiva, mas sobretudo na prossecução de medidas que estimulassem a ascensão da cadeia de valor e da pirâmide da qualidade, dando prioridade crescente aos chamados factores dinâmicos da competitividade. Todos nós sabemos hoje que, se é verdade que esta estratégia conduziu ao reforço da qualidade da nossa produção industrial, também não é menos verdade que a dificuldade que as empresas portuguesas tiveram no desenvolvimento de estratégias de diferenciação do produto (marcas, investimento em redes de distribuição próprias, etc.) acabou por impedir que os incrementos da qualidade se reflectissem num ajustamento proporcional dos preços de venda. Um estudo, efectuado para o sector do calçado português, fornece indicações, muito claras, de que a imagem de Portugal funciona com uma externalidade negativa; na realidade verificou-se que a predisposição a pagar pelo mesmo par de sapatos era inferior em 25% quando os consumidores se apercebiam que se tratava de uma marca portuguesa!

Em terceiro lugar, uma parte significativa das políticas públicas tem tido um pendor "conservacionista", apostando, sobretudo, na preservação e manutenção da paisagem empresarial. Como exemplo destacado desta orientação poderíamos citar, não apenas os incentivos comunitários, mas também instrumentos regulamentares que, pela via da imposição de barreiras à entrada ou à saída, inibem a renovação da capacidade empresarial.

Sendo os sectores dominantes no nosso tecido empresarial caracterizados por produzir produtos maduros de crescimento lento, somos levados a concluir que o nosso padrão de especialização acaba por afectar a dinâmica de crescimento da economia portuguesa. Tal significa que, a par da criação de condições que promovam a ascensão da cadeia de valor, parece fazer todo o sentido procurar diversificar a nossa estrutura produtiva, estimulando a emergência de novos sectores industriais intensivos em inovação e de crescimento rápido. No ponto seguinte faz-se uma reflexão sobre os principais contornos das políticas públicas que incentivem a prossecução deste objectivo.

4. Que opções de política pública?[2]

Durante os trinta anos correspondentes ao período 1970--2000, Portugal exibiu um diferencial médio de crescimento positivo em relação aos países da OCDE de cerca de 0,6%[3]. Como se pode verificar na figura 8, houve claramente três factores cuja contribuição se destacou nesta trajectória de crescimento: o *gap* tecnológico, pela positiva, e o capital humano e a Produtividade Total do Factores (PTF), pela negativa.

Em relação ao *gap* tecnológico, a interpretação que a teoria do crescimento neoclássica faz deste resultado é a seguinte: a existência de um *gap* tecnológico entre países com diferentes níveis de desenvolvimento, permite que a difusão das tecnologias e do conhecimento acumulado nos países mais desenvolvidos para os países menos desenvolvidos permita superar a chamada lei dos rendimentos decrescentes e facilite, numa fase inicial, a convergência[4].

Os efeitos sistémicos decorrentes do modelo de funcionamento dos mercados, das instituições da sociedade civil e do

---

[2] Para mais desenvolvimentos sobre este assunto veja-se Santos (2005).

[3] Sobre este assunto veja-se Bassanini e Scarpetta (2001).

[4] Tal como referem Ostry e Nelson (1995) ou Hart e outros (2000) convém não ser excessivamente ingénuo nesta matéria: a generalidade dos países e, sobretudo aqueles que assumem uma posição de liderança em termos globais, tendem a exacerbar uma postura defensiva (o chamado tecno-globalismo) e a bloquear ou a deferir no tempo o processo de difusão das inovações de forma a prolongar no tempo o seu avanço tecnológico.

Figura 8 – Economia Portuguesa: contribuição de diferentes factores para a convergência real com os países da OCDE (1970-2000)

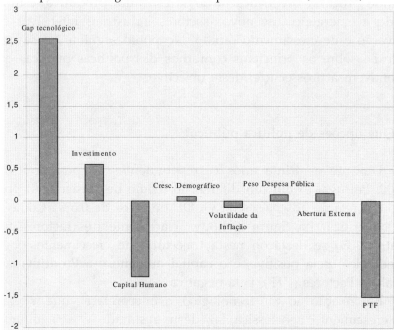

Fonte: Gráfico obtido a partir do tratamento dos resultados publicados em "*OECD Economic Surveys: Portugal, OECD, 2003, p. 103*".

Estado, traduzido pela PTF – Produtividade global dos factores, acabam por influenciar significativamente o desempenho da economia portuguesa, puxando para baixo a taxa de crescimento do PIB per capita em cerca de 1,5%[5].

---

[5] Os efeitos sistémicos sistematizados pela variável PTF acabam por influenciar significativamente o desempenho económico dos diferentes países; em alguns casos, como Portugal e a Grécia, este factor, por si só, teria contribuído para que a economia destes países divergisse, em média, 1.5% relativamente ao desempenho médio dos países da OCDE; pelo contrário, os EUA exibem uma "vantagem comparativa" na competitividade sistémica com tal peso que, se todos os restantes factores fossem neutros, bastaria a eficiência global dos factores para assegurar que a taxa média de crescimento dos EUA estivesse 1.89% acima da do conjunto dos países da OCDE.

Não deixa de ser curioso que factores como sejam o peso do investimento no PIB, o crescimento populacional, a volatilidade da inflação, o peso da Despesa Pública no PIB e a exposição internacional da economia não tenham tido uma influência significativa na dinâmica de crescimento da economia portuguesa. Sobre estes factores parece-nos relevante fazer os seguintes comentários muito sintéticos:

- Apesar da economia portuguesa ter exibido uma taxa de investimento muito mais elevada que a média dos países da UE, e a circunstância desse facto não se reflectir no processo de crescimento, significará que não precisamos de investir com mais intensidade, mas, sobretudo, de investir melhor. O que é que se pretende dizer com isto? Há, muito claramente, que proceder à alteração das nossas prioridades de investimento a diferentes níveis: o Estado investiu mais em infraestruturas e hardware e menos no conhecimento e no software; as empresas investiram prioritariamente em edifícios e equipamentos e não na organização e na inovação; as próprias famílias cuidaram mais da habitação e do automóvel do que da educação.
- Curiosamente, a instabilidade macroeconómica (medida pelo desvio padrão da taxa de inflação) parece não ter tido reflexos negativos em termos de crescimento económico. Deve realçar-se que tal resultado se poderá dever, sobretudo, ao facto de, a generalidade dos países da OCDE evidenciarem situações de elevada estabilidade macroeconómica e, portanto, este factor ser relativamente neutro[6].

---

[6] Deve realçar-se que a evidência empírica nos mostra que políticas macroeconómicas desadequadas condicionam decisivamente o processo de crescimento. A instabilidade macroeconómica, induzida pela incapacidade de responder a choques exógenos, foi um dos factores que influenciou o colapso dos processos de crescimento dos países em vias de desenvolvimento a partir do início dos anos 1970. Os exemplos do México, de alguns países asiáticos e, mais recentemente, da Argentina são elucidativos.

– É também um pouco inesperado que a "dimensão do Estado" (medida pelo consumo público) não constitua um entrave ao crescimento. Em alguns países, como os EUA, Portugal, Grécia, o Estado acabou por constituir, mesmo, um dos motores do crescimento[7].

Tabela 4 – Impactos das políticas públicas

Políticas	Impactos sustentados (num período de 10 anos) no PIB per capita
"Fundamentais" e Ambiente de Negócios	
Redução de 1% na taxa de inflação	0.4%
Aumento de 1% na intensidade de comércio externo	0.5%
Convergência para os níveis atingidos pelos 3 países da UE com melhor desempenho: - Privatizações - Liberalização dos mercados; - Eliminação de barreiras específicas à entrada Efeito Total	 0.15%([a]) 0.22%([a]) 0.14%([a]) 0.50%([a])
Convergência para os níveis atingidos pelos 3 países da OCDE com melhor desempenho: - Privatizações - Liberalização dos mercados; - Eliminação de barreiras específicas à entrada Efeito Total	 0.91%([a]) 0.24%([a]) 0.34%([a]) 1.49%([a])
Plano Tecnológico, Educação e Capital Social	
Aumento de 1 ano de escolaridade	4% a 7%
Aumento de 0.1% no peso das despesas de I&D das empresas no PIB	1.5%
Convergência para os níveis de "Capital Social" médio dos países da OCDE	1.5%

Fonte: Estimativas obtidas a partir dos seguintes documentos publicados pela OCDE: Scarpetta, Bassanini, Pilat e Schreyer (2000), Bassanini, Scarpetta e Hemmings (2001); Bassanini e Scarpetta (2001); Nicoletti e Scarpetta (2003); "Le Rapport de l´OCDE sur la Croissance", 2001.
([a]) Impacto sustentado na produtividade num período de 10 anos.

---

[7] Sobre este assunto veja-se "*OECD Economic Surveys: Portugal, OECD, 2003, p. 103*".

– A internacionalização da economia portuguesa, embora tenha influenciado positivamente o processo de crescimento, acabou por ter um efeito menos expressivo do que seria expectável. Será que este resultado sugere que os efeitos competitivos e reestruturadores do processo de internacionalização já se esgotaram e que agora é preciso identificar mecanismos endógenos que permitam alimentar a dinâmica de crescimento?

Sobre os três factores que influenciaram, de forma mais expressiva, o nosso processo de crescimento parece-nos ainda relevante salientar dois aspectos adicionais: o *"gap"* tecnológico é, por definição, um factor cujos efeitos tendem a perder eficácia à medida que decorre o processo de convergência; as mutações ao nível do capital humano e da qualidade das instituições apenas tendem a fazer reflectir os seus efeitos no longo prazo.

Estes resultados sugerem algumas pistas em relação à identificação das políticas públicas, com reflexos no sector industrial, que serão analisadas em seguida.

Na tabela 4 apresentam-se estimativas para o impacto de políticas públicas alternativas, tomando, como indicador, os efeitos sustentados no PIB *per capita* (e, noutros casos, na produtividade) no decurso de um período de 10 anos. Face às determinantes do processo de crescimento identificadas no ponto anterior, consideram-se dois tipos de políticas alternativas: por um lado, as políticas que visam a correcção dos equilíbrios macroeconómicos ou a melhoria das condições de funcionamento dos mercados ("Fundamentais" e Ambiente de Negócios); por outro lado, as políticas que elegem a melhoria do nível de qualificações ou a intensificação da inovação como sua principal preocupação (Plano Tecnológico e Educação).

Os dois indicadores utilizados para ilustrar os efeitos de políticas de educação ou de inovação revelam um enorme efeito no crescimento do nível de bem-estar social. Naturalmente que se pode criticar a simplicidade e o carácter genérico destes dois indicadores ou, até, o facto de não permitirem analisar a eficiência de cada uma das políticas que lhe estão associadas. Como é bem conhecido, este último aspecto não é despiciendo, pelo menos no caso português, já que existe claramente a percepção que, não é apenas "atirando dinheiro para cima", que se resolvem os problemas.

Curiosamente, o impacto decorrente da correcção das condições de funcionamento dos mercados depende da fasquia que for estabelecida: se o *benchmark* for os três melhores países da União Europeia, a eficácia das reformas será muito pouco significativa; porém, se formos mais exigentes e procurarmos fazer *benchmarking* com os países mais eficientes da OCDE, os efeitos serão muito mais significativos. Deve realçar-se que a reflexão a propósito dos efeitos das reformas apenas se preocupa com os impactos no crescimento e não atende a um aspecto essencial: os efeitos destas duas opções sobre a equidade, nomeadamente no curto e médio prazo.

Em síntese, o Plano Tecnológico parece ser, muito claramente, uma excelente opção: o hiato que ainda nos separa dos países mais desenvolvidos, a par do elevado retorno potencial decorrente das políticas de educação e inovação, constituem as principais razões justificativas dos fortes impactos destas políticas. Já quanto ao Ambiente de Negócios, tudo dependerá das escolhas do Governo: se a opção for proceder a pequenos ajustamentos conducentes à simplificação administrativa, consolidar os processos de privatização em curso e manter, no essencial, o modelo social europeu, os efeitos esperados no crescimento económico não serão muito significativos. De acordo com os resultados apresentados, as mutações no Ambiente de Negócios apenas teriam um efeito expressivo no crescimento económico, se as escolhas do governo apontassem para os modelos dominantes nos países com opções mais liberais da OCDE. É preciso ter bem presente que a escolha entre estas duas opções não remete apenas para alterações de procedimentos de natureza burocrática, administrativa e regulamentar; na realidade, no cerne destas opções estão subjacentes escolhas, muito claras, em relação ao modelo de sociedade que, não são neutras do ponto de vista político, nem irrelevantes nas suas implicações económicas e sociais!

Apesar dos resultados apontarem para a necessidade de se concentrarem esforços nas políticas de educação e inovação, gostaríamos de fazer uma qualificação adicional sobre as políticas que visam a liberalização e a Reforma do Estado. O facto da Despesa Pública ter atingido, para a média dos países da OCDE, uma valor próximo do 50%, existindo a percepção de que o Estado continua a ter um peso excessivo na actividade económica e, também, muita evidência empírica de que a sociedade civil beneficiaria se a decisão relativa à afectação de uma parte desses recursos fosse da responsabilidade do sector privado. Por isso mesmo, se fala muito hoje das falhas do Estado[8] por contraposição às chamadas falhas de mercado.

5. Conclusões

Tende a reunir algum consenso que as economias desenvolvidas estão no limiar do pós industrialismo em que os serviços tendem a tornar-se, por força das alterações das preferências dos

---

[8] Existe um número, cada vez mais vasto, de estudos que permitem afirmar que a Reforma do Estado pode ter enormes reflexos no crescimento económico. Em 2002, o Banco de Portugal promoveu uma Conferência que dedicou a sua atenção a este aspecto. Apenas a título ilustrativo, citam-se os seguintes resultados:
- A duração dos procedimentos judiciais, em Portugal, é cerca do dobro da observada na União Europeia ou nos novos países asiáticos (Tavares, 2002);
- Existe uma ineficiência estimada no sector da saúde, também em Portugal, de 9.1% e, se a utilização da despesa fosse eficiente, mesmo mantendo o mesmo nível de despesa, a esperança de vida poderia aumentar de 3.2 anos, passando de 69.3 para 72.5 anos (St. Aubyn, 2002); a ineficiência estimada na educação é de cerca de 13.5 % (St. Aubyn, 2002).

consumidores e da dinâmica da procura, o centro de gravidade da vida económica. Neste contexto, a discriminação positiva da indústria transformadora não faz qualquer sentido na medida em que, ao contrariar-se a afectação de recursos para outras actividades (como sejam, nomeadamente, os serviços), se está a afectar negativamente a dinâmica de longo prazo das economias.

Embora se tenha vindo a assistir, no decurso dos últimos 20 anos, a um processo de aproximação da estrutura produtiva nacional relativamente à média da União Europeia, muito influenciado pela trajectória convergente que tem caracterizado o sector primário e os serviços, deve realçar-se, no entanto, que a indústria transformadora não tem acompanhado, com a mesma intensidade, este movimento. Apesar de ter ocorrido uma ligeira perda dos sectores tradicionais e um aumento do peso relativo (na produção e no comércio externo) do sector automóvel e, embora com menor expressão, das máquinas eléctricas, o nosso padrão de especialização continua a ser dominado por actividades baseadas na utilização de baixas qualificações, pouco intensivas em inovação e revelando uma fraca dinâmica de crescimento da procura.

Sendo os sectores dominantes no nosso tecido empresarial caracterizados por produzir produtos maduros de crescimento lento, somos levados a concluir que o nosso padrão de especialização acaba por afectar a dinâmica de crescimento da economia portuguesa. Tal significa que, a par da criação de condições que promovam a ascensão da cadeia de valor, parece fazer todo o sentido procurar diversificar a nossa estrutura produtiva, estimulando a emergência de novos sectores industriais intensivos em inovação e de crescimento rápido.

Os resultados empíricos, apresentados neste estudo, sugerem que um Plano Tecnológico, a par de uma aposta na educação e no "investimento em capital social", constituem uma afectação de recursos com um efeito muito expressivo em termos de crescimento económico e de reestruturação industrial, com reflexos muito positivos em termos de bem-estar social. Já quanto ao Ambiente de Negócios, tudo dependerá das escolhas do Governo:

se a opção for proceder a pequenos ajustamentos conducentes à simplificação administrativa, consolidar os processos de privatização em curso e manter, no essencial, o modelo social europeu, os efeitos esperados no crescimento económico não serão muito significativos. De acordo com os resultados apresentados, as mutações no Ambiente de Negócios apenas teriam um efeito expressivo no crescimento económico, se as escolhas do governo apontassem para os modelos dominantes nos países com opções mais liberais da OCDE.

Referências bibliográficas

BASSANINI, A. e SCARPETTA, S. (2001), *The Driving Forces of Economic Growth: Panel data Evidence for the OECD Countries*, OECD Economic Studies, n.º 33.

BASSANINI, A., SCARPETTA, S. e HEMMINGS, P. (2001), *Economic Growth: The Role of Policies and Institutions, Panel Data Evidence from OECD Countries*, Economic Department Working Papers n.º 283, OECD.

ELMESKOV, J. e SCARPETTA, S. (2000), *New Sources of Economic Growth in Europe?*, OECD.

European Commission (2005), *EU sectoral competitiveness indicators*, Enterprise and industry publications, European Comission.

European Commission (2000), *European Competitiveness Report*, European Commission.

European Commission (2002), *European Competitiveness Report*, European Commission.

HART, J. e outros (2000), "Technonationalism and cooperation in a globalizing industry", em Prakash, A. e Hart, J. (orgs.), *Coping with Globalization*, Routledge, pp. 117-147.

JACINTO, A. (2005), *O alargamento da União Europeia a Leste e o Investimento Directo Estrangeiros em Portugal e nos novos membros – Determinantes de Localização e deslocalização de empresas. Ava-*

liação econométrica dos determinantes de atracção do IDE aplicada a Portugal, dissertação de mestrado em Gestão e Estratégia Industrial, Instituto Superior de Economia e Gestão – Universidade Técnica de Lisboa.

LOPES, J. (1996), *A Economia Portuguesa desde 1960*, Gradiva, Lisboa.

MATEUS, A. (1998), *Economia Portuguesa desde 1910*, Verbo.

MATA, E. e VALÉRIO, N. (1994), *História Económica de Portugal – Uma Perspectiva Global*, Presença, Lisboa.

Ministério da Ciência e do Ensino Superior, *Ciência e Tecnologia (2003), Principais Indicadores Estatísticos*, Observatório da Ciência e do Ensino Superior.

NICOLETTI, G. e SCARPETTA, S. (2003), *Regulation, Productivity and Growth: OECD Evidence*, OECD Economics Department Working Papers, n.º 47.

OECD (2003), *OECD Economic Surveys: Portugal*, OECD.

OECD (2004), *OECD Economic Surveys: Portugal*, OECD.

OLSON, M. (1982), *The Rise and Decline of Nations: Economic Growth, Stagflation, and Social Rigidities*, Yale University Press.

O'MAHONY, M. e VAN ARK, B. (2003), EU productivity and competitiveness: an industry perspective, Enterprise publications, European Commission.

OSTRY, S. e NELSON, R. (1995), *Techno-Nationalism and Techno-Globalism: Conflict and Cooperation*, Brookings Institution.

SANTOS, V. (2005), "Competitividade, Capital Social e Inovação", em Neves, O. (org.), *Competitividade, Inovação e Emprego*, Cadernos Sociedade e Trabalho V, pp. 221-234.

SCARPETTA, S., BASSANINI, A., PILAT, D. e SCHREYER, P. (2000), *Economic Growth in the OECD Area: Recent Trends at the Aggregate and Sectoral Level*, Economic Department Working Papers n.º 248, OECD.

SIMÕES, V. (Coordenador) (1993), *Impacto do Investimento Directo Estrangeiro (IDE) na Estrutura Industrial Portuguesa*, Estudo Realizado no âmbito do Programa 5 do PEDIP, Lisboa.

ST. AUBYN, M. (2002), *Evaluating Efficiency in the Portuguese Health and Education Sectors*, Conferência do Banco de Portugal.

TAVARES, J. (2002), *Firms, Financial Markets and the Law: Institutions and Economic Growth in Portugal*, Conferência do Banco de Portugal.

Fontes Estatísticas

– Banco de Portugal
– Eurostat
– INE – Instituto Nacional de Estatística
– GEE – Gabinete de Estratégia e Estudos do Ministério da Economia e da Inovação
– Ministério da Ciência, Tecnologia e Ensino Superior

Capítulo 5

A Política Energética Portuguesa
– Passado, Presente e Futuro

Álvaro Martins Monteiro

1. Introdução

A energia é um factor vital ao funcionamento e desenvolvimento de qualquer sociedade moderna. Um abastecimento energético de qualidade, técnica e economicamente eficiente e respeitador dos valores ambientais, é uma pré-condição indispensável à fixação dos padrões de qualidade de vida das sociedades evoluídas. A compreensão desta dimensão estratégica do sector energético tem levado a que as grandes orientações de desenvolvimento do sector recolham um significativo grau de consensualidade e tenham vindo a ser seguidas de forma persistente, desde a entrada de Portugal na União Europeia. Ainda recentemente, a Resolução do Conselho de Ministros 169/2005 de 24 de Outubro enunciava os três eixos estratégicos da Política Energética Portuguesa:

"I) Garantir a **segurança do abastecimento de energia**, *através da diversificação dos recursos primários e dos serviços energéticos e da promoção da eficiência energética na cadeia da oferta e na procura de energia;*

II) **Estimular e favorecer a concorrência**, *por forma a promover a defesa dos consumidores, bem como a competitividade e* *a eficiência das empresas, quer as do sector da energia quer as demais do tecido produtivo nacional;*

III) *Garantir a **adequação ambiental** de todo o processo energético, reduzindo os impactes ambientais às escalas local, regional e global, nomeadamente no que respeita à intensidade carbónica do PIB."*

Estes três grandes eixos estratégicos encontram depois materialização ao nível da política energética concreta que, por sua vez, influencia a forma como se produz, transforma, transporta, distribui, comercializa e utiliza a energia. Efectivamente, olhando retrospectivamente, podemos dizer que o sector da energia teve alterações muito profundas durante as últimas duas décadas, em todas as suas vertentes, quer em Portugal quer na União Europeia.

Uma das alterações tem ocorrido, precisamente, ao nível da organização do sector, por via do processo em curso de liberalização dos mercados energéticos, que tem em vista melhorar a eficiência das cadeias energéticas e, assim, aumentar a competitividade da economia. Graças a esse processo, assistiu-se ao desmantelamento dos grandes monopólios, típicos do sector, e evoluiu-se progressivamente para o estabelecimento do mercado único da energia, no qual qualquer consumidor poderá escolher livremente, no espaço europeu, o seu fornecedor de serviços energéticos. O Mercado Ibérico da Electricidade (MIBEL), cujo início, há muito anunciado, só em 2006 dá os primeiros passos, faz também parte do movimento de liberalização do sector, proporcionando condições de concorrência aos agentes consumidores e produtores de electricidade, com os impactos esperados em termos de redução dos preços da electricidade.

Por outro lado, assistimos nos últimos anos a uma progressiva alteração no perfil de abastecimento energético do país. Procedeu-se à introdução do gás natural, generalizou-se a utilização de sistemas de conversão de energia mais eficientes, nomeadamente por via da cogeração, e intensificou-se a utilização das fontes de energia renováveis, nomeadamente a energia eólica. Este efeito de diversificação do abastecimento energético permite melhorias importantes, quer ao nível da segurança de abastecimento quer ao nível da redução da poluição gerada pelo sistema energético.

As preocupações com a melhoria do desempenho ambiental dos sistemas energéticos e, de um modo mais geral, com a sustentabilidade do sector, têm modelado as iniciativas de política energética. Nesse âmbito têm sido prosseguidas, no passado recente e serão reforçadas no futuro próximo, as medidas visando a promoção da eficiência energética e o reforço das energias renováveis no abastecimento energético. De algum modo, as preocupações ambientais conjugadas com as possibilidades abertas pelas novas tecnologias de produção e transformação de energia estão a operar uma progressiva mudança de paradigma dos sistemas energéticos: dos grandes sistemas de produção centralizada de energia, que alimentam pesadas redes de distribuição, deverá, desejavelmente, evoluir-se para sistemas descentralizados, altamente eficientes e orientados para o serviço energético requerido pelo utilizador e perfilam-se no horizonte novos produtos energéticos e novas tecnologias, como é o caso, a título de exemplo, do hidrogéneo, da nova geração das células fotovoltaicas, da tecnologia para o aproveitamento da força das marés.

As profundas alterações em curso, que continuarão no futuro próximo, exigem a participação de todos, seja como agentes económicos directamente interessados no sector, seja como simples cidadãos e consumidores informados. Com efeito, os desafios postos pela necessidade de redução das emissões gasosas ligadas à produção de electricidade e a tendência para a subida de preço dos recursos energéticos de origem fóssil apontam para a necessidade de políticas activas de utilização racional de energia e de utilização das energias renováveis.

2. O petróleo, os choques petrolíferos e o futuro

O petróleo deve ser considerado como a forma de energia por excelência do século XX, tendo o seu baixo preço permitido um desenvolvimento acelerado das sociedades. O petróleo merece um capítulo à parte em qualquer análise do sector energético, devido à grande dependência do petróleo que se verifica na generalidade das sociedades e ao facto de condicionar o mercado de formas de energia alternativas.

Desde 1973, altura do primeiro choque petrolífero, o mercado tem atravessado situações de alerta no mundo da energia, determinadas quer por conflitos políticos nas regiões produtoras quer por posições de força do grandes produtores, bem consubstanciadas na constituição da Organização dos Países Exportadores de Petróleo (OPEP).

A partir de 1970 o preço do barril de petróleo saiu dos tradicionais 5 dólares por barril para preços entre os 10 e os quase 80 dólares o barril registados nos últimos meses. Existe a convicção de que jamais se reverterá para preços na casa dos 10 ou 20 dólares, dado que a procura mundial está em franco crescimento e que o ritmo de descoberta de novos jazigos tem vindo a abrandar. Espera-se que o pico de exploração do petróleo ocorra dentro de poucos anos (Hubbert peak[1]), podendo a partir daí o preço do petróleo subir para valores acima dos 100 dólares, estando assim aberto caminho para a penetração de formas de energia substitutas do petróleo (gás natural, carvão, recursos energéticos renováveis, entre outros).

---

[1] A teoria do pico na exploração petrolífera teve a sua origem no geofísico Americano Marion King Hubbert que em 1956 apresentou um modelo para explicar a evolução na exploração dos recursos petrolíferos. Em linhas gerais a teoria diz que a exploração do recurso crescerá rapidamente devido ao desenvolvimento tecnológico e à criação de infraestruturas, atingindo algures o máximo e declinando a partir daí devido a insuficiência das reservas descobertas face ao aumento os ritmos de exploração. Existe alguma controvérsia sobre o momento de ocorrência deste pico.

A subida de preço do petróleo arrasta no mesmo sentido o preço do gás natural, sendo possível encontrar neste aumento de preços algumas virtualidades, de que se destaca o desenvolvimento de tecnologias para a exploração de formas de energia alternativas, o desenvolvimento das energias renováveis, maiores investimentos em utilização racional de energia e a possibilidade de melhor ser possível controlar as emissões de gases com efeito de estufa com origem na utilização de combustíveis de origem fóssil.

O impacto em Portugal dos choques petrolíferos não diferiu muito do impacto registado noutros países da Europa desenvolvida: aumento da factura petrolífera, subida de preços dos derivados do petróleo e da electricidade, um acrescido interesse pela exploração do potencial de energia renováveis.

3. Sociedade, Economia e Energia

O consumo da energia em Portugal tem mantido um crescimento sustentado ao longo dos anos, em correspondência não só com o progresso económico e social verificado nas últimas décadas mas, também, como resultado de alguma ineficiência energética devida ao crescimento dominante de consumos não produtivos. Deste últimos destacam-se os do sector dos transportes e o consumo de energia das famílias, que justifica a elevada intensidade energética do produto interno bruto, com tendência para o crescimento, a segunda mais alta da UE(15), quando a tendência na generalidade dos Estados Membros e da média comunitária é para o decréscimo.

As mais altas taxas de crescimento dos consumos têm-se verificado sobretudo nos edifícios (4%) e nos transportes (5%) por razões que se ligam directamente ao comportamento dos cidadãos, ao contrário do que se passa no sector da indústria, naturalmente mais sujeito aos efeitos do mercado, quer quanto ao controlo dos custos da energia, quer quanto à adopção de medidas de eficiência energética, quer, ainda, quanto ao controlo ambiental. De notar que os edifícios, residenciais e de serviços, são responsáveis por mais de 60% de toda a electricidade disponibilizada para consumo, o que revela que, se a electricidade é um problema para as emissões de CO_2, os edifícios têm que ser parte da solução para este problema. Do mesmo modo, os transportes, pela sua natureza e pela diversidade privado/público, no que isso representa para a eficiência energética, constituem um enorme desafio à eficiência no planeamento e na gestão dos sistemas urbanos. Edifícios e transportes energeticamente eficientes deverão ser objectivo nacional e, naturalmente, autárquico.

As necessárias medidas de promoção da eficiência energética e das energias endógenas renováveis não devem ser vistas apenas como resposta conjuntural aos problemas da segurança de abastecimento e da competitividade. Quando devidamente enquadradas e estruturadas, essas medidas podem constituir uma importante contribuição para dinamizar a economia nacional, gerando volumes significativos de investimento, de investigação e desenvolvimento e de emprego.

Quer do lado da oferta de energia, quer do lado da oferta de serviços de energia, próximos da procura, o investimento privado e a concorrência são factores essenciais para a redução da factura energética e para a dinamização da economia. Estima-se que o volume de investimento em produção de energia eléctrica a realizar até 2010 seja superior a sete mil milhões de euros, cabendo a maior parte às energias renováveis.

As condições técnicas da inserção da energia eléctrica com origem nas fontes de energia renováveis na rede e toda a fileira da eficiência energética, nomeadamente, dos serviços de energia, constituem um campo aberto de estímulo à inovação e ao desenvolvimento tecnológico aplicado à energia por parte dos centros de I&D nacionais.

Capítulo 5 – A política energética portuguesa – Passado, presente e futuro | 221

Figura 1 – Evolução do consumo final de energia por sector em Portugal

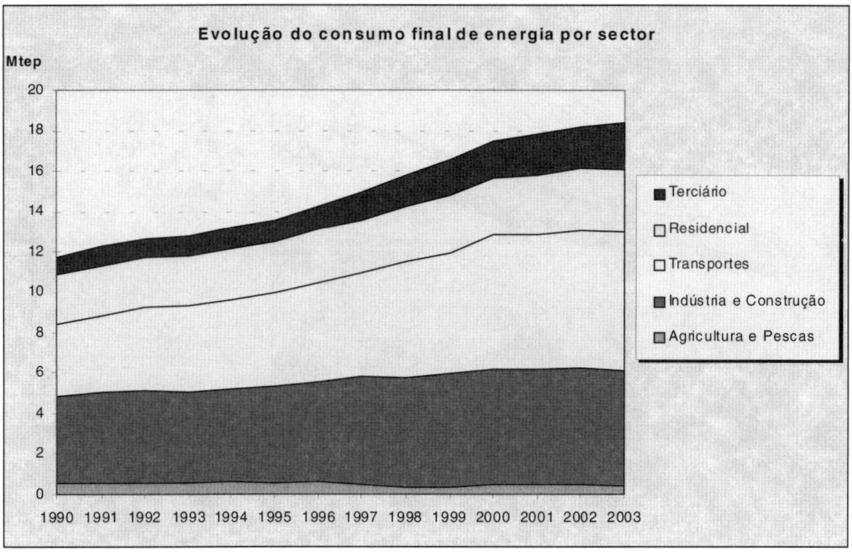

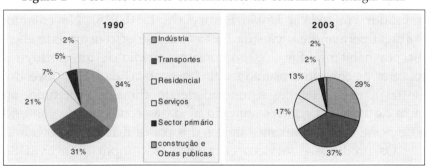

Fonte: Balanços energéticos da DGGE.

Figura 2 – Peso dos sectores consumidores no consumo de energia final

Fonte: Balanços energéticos da DGGE.

Figura 3 – Consumo de energia final por forma de energia

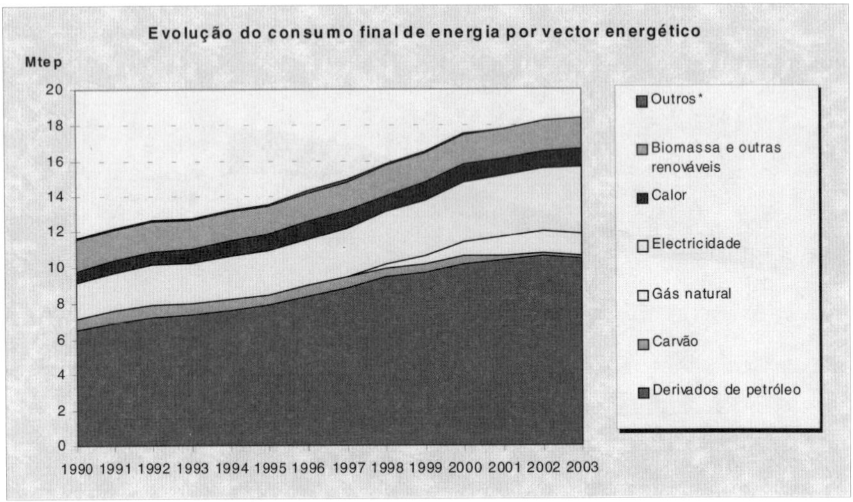
Evolução do consumo final de energia por vector energético
Mtep
20
18
16
14
12
10
8
6
4
2
0
1990 1991 1992 1993 1994 1995 1996 1997 1998 1999 2000 2001 2002 2003
Outros*
Biomassa e outras renováveis
Calor
Electricidade
Gás natural
Carvão
Derivados de petróleo

Fonte: Balanços energéticos DGGE.

O forte crescimento do consumo de energia primária, que se verifica em Portugal, traduz-se num aumento do consumo de energia per-capita de 1,7 tep[2] para 2,5 tep entre 1990 e 2002, apesar do aumento da população. Foi o maior crescimento deste indicador em toda a União Europeia a 15 (UE15). No entanto, Portugal permanece o país da UE15 com menor consumo de energia por habitante. Em 2002, o consumo médio de um português foi cerca de 65% do consumo médio "per capita" da UE15, devendo-se tal a razões ligadas à amenidade do clima e, sobretudo, ao facto de Portugal não ter atingido ainda as condições de conforto e de posse de equipamentos típicos dos países mais desenvolvidos.

Os produtos e serviços energéticos são input da actividade económica e bem de consumo final das famílias. O preço da energia e a eficiência na sua utilização são determinantes para a produtividade da economia, sobretudo nas actividades mais intensivas em energia. Os gráficos seguintes permitem-nos uma leitura

---

[2] Tep – tonelada equivalente de petróleo.

da forma como os indicadores de conforto e de produtividade da energia evoluíram desde a adesão de Portugal à União Europeia.

Portugal apresentava no período da adesão à União Europeia uma das mais baixas capitações de electricidade e de energia da Europa dos 15 (figuras 4, 5 e 6). Estes indicadores reflectem o nível de bem-estar das populações e de desenvolvimento das economias, descontado o impacto eventual originado pela diferente estrutura produtiva, eficiência na utilização da energia e condições climatéricas dos países. Os consumos per capita têm vindo a aumentar e será desejável que assim continue a acontecer, mesmo que as políticas de utilização racional de energia e de redução das emissões de gases com efeito de estufa tenham sucesso. Historicamente constata-se que os países em que as capitações diminuíram no tempo são países que atingiram níveis elevados de bem-estar, com saturação de equipamentos utilizadores de energia, tendo êxito a exploração de jazidas de ineficiência na utilização da energia.

Esta constatação mostra só por si a pressão a que o sistema energético português irá estar submetido nos próximos anos, com grande dificuldade no cumprimento das metas a que Portugal está obrigado (39% de produção de electricidade a partir de fontes de energia renovável em 2010 e 27% de aumento das emissões de gases com efeito de estufa em média no período 2008--20012 em relação a 1990).

Do mesmo modo, em Portugal a intensidade energética do PIB continua em ciclo ascendente, tal como acontece com a nossa vizinha Espanha. Analisando a situação passada de países mais desenvolvidos pode constatar-se que este mesmo percurso foi efectuado, verificando-se a inversão da tendência com o desenvolvimento do sector dos serviços (de baixa intensidade energética) e logo que a população atingiu níveis elevados de bem--estar. Assim, é possível que nos próximos anos se assista ainda ao aumento da intensidade energética do PIB, aguardando-se por um ciclo de crescimento franco que permita melhorar a produtividade da energia e aumentar o grau de terciarização da economia.

Figura 4 – Consumos de energia primária por habitante

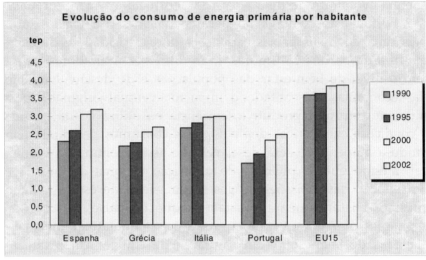

Fonte: EUROSTAT.

Figura 5 – Consumo de electricidade per capita em 1990 e em 2002

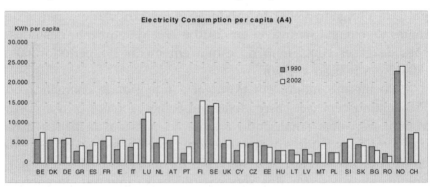

Fonte: ESPON 2.1.4 – Territorial trends of energy services and networks and territorial impact of EU energy policy – CEEETA 2005.

Figura 6 – Consumo de energia final per capita nos países da UE

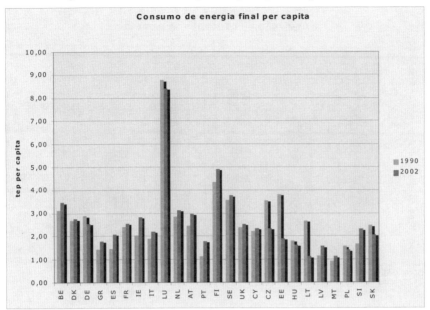

Fonte: ESPON 2.1.4 – Territorial trends of energy services and networks and territorial impact of EU energy policy – CEEETA 2005.

Perante os desafios que se deparam ao país em termos de desenvolvimento e de convergência para a média comunitária é, assim, inexorável o aumento da intensidade energética do PIB e da capitação de energia. Portugal sempre foi um país com uma elevada dependência externa em energia primária (figura 7), que invariavelmente tem rondado os 85%. Para além da hidroelectricidade, da biomassa e de algum carvão de fraca qualidade, a que se juntam agora com alguma expressão o recurso eólico, Portugal sempre apresentou uma forte dependência externa, face à importância que os recursos de origem fóssil assumem no balanço energético português. E não é de esperar que tal situação se inverta dado o aumento esperado do consumo de energia, como já se salientou atrás, podendo quando muito atenuar-se alguns pontos percentuais se as políticas de penetração das renováveis e de utilização racional de energia tiverem sucesso nos próximos anos.

Figura 7 – Dependência externa

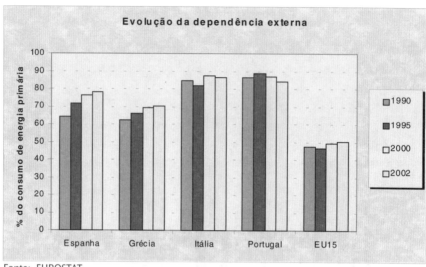

Fonte: EUROSTAT.

Em consequência da forte dependência externa, a factura energética com os combustíveis importados não só vem sofrendo um crescimento acelerado como está dependente de factores exógenos, nomeadamente os que provocam variações dos preços das matérias-primas (108,8 % entre 1999 e 2000) e das taxas de câmbio nos mercados internacionais.

Cerca de 30% dos combustíveis importados é destinado à produção de electricidade, forma de energia particularmente 'urbana' mas que comporta no mix actual cerca de 450g de CO_2 emitidos por KWh na rede.

4. Os grandes desafios do século XXI

O sector energético atravessa uma fase de elevada instabilidade.

Por um lado estamos a atravessar um choque petrolífero, provocado pela instabilidade política em países de zonas produtoras e pelo receio de redução acelerada das reservas de petróleo e gás natural. Por outro lado a tomada de consciência das agressões ao ambiente causadas pelos elevados níveis de emissões gasosas associadas à utilização de recursos de origem fóssil, com destaque para as emissões de dióxido de carbono, um dos gases percursores do efeito de estufa, obriga os países a privilegiar a utilização de fontes renováveis de energia, que em geral apresentam custos de transformação mais elevados do que as fontes de energia convencionais, devido ao seu carácter descentralizado e ao efeito de escala. Muitas das energias renováveis apresentam viabilidade para os promotores privados apenas com níveis de subsidiação ou de "prémio" que se irá repercutir nos preços finais da energia. Contudo, o aumento dos preços do petróleo e do gás natural, que será uma realidade inelutável nas próximas décadas, dará um contributo decisivo para a criação de mercado para as fontes renováveis de energia.

O Petróleo

A subida dos preços do petróleo e do gás natural, que segue os preços daquele, tem a virtualidade de desencadear um interesse acrescido pelas energias renováveis, pela utilização racional da energia em geral e pela investigação em novas tecnologias, como já se disse atrás. O petróleo, em termos de reservas, de preços, de procura, continuará a ser falado nas próximas décadas mas a sua escassez no mercado acabará por ser uma realidade mais cedo ou mais tarde. A adaptação a esta realidade terá custos enormes, por ausência de um substituto imediato, mas ao mesmo tempo fomentará o incremento da investigação em novas formas de energia e levará à adaptação da sociedade a novas realidades em termos de energia.

A energia nuclear

Conjugando a subida dos preços dos recursos de origem fóssil com as emissões de gases com efeito de estufa que advêm da sua utilização, foi igualmente suscitado um renovado interesse pela produção de electricidade utilizando a via nuclear, como está bem patente em polémica recente em Portugal, que veio relembrar o debate ocorrido na década de oitenta do século passado, que determinou o abandono daquela via e o investimento em centrais térmicas a carvão. E muitas das razões que determinaram o abandono da opção nuclear há cerca de trinta anos permanecem na sua essência as mesmas: custos elevados de investimento, incerteza quanto ao destino a dar aos resíduos nucleares, custos de desmantelamento, dificuldade em encontrar em Portugal um local para a implantação da central. Os acidentes entretanto ocorridos com centrais de tecnologias e gerações diferentes e as baixas taxas de utilização registadas em algumas centrais conhecidas, veio agravar os receios da opinião pública. O próprio risco económico não é de desprezar, implicando taxas de juro no financiamento mais elevadas do que no investimento em centrais convencionais.

A electricidade com origem em fontes renováveis

Portugal assumiu o compromisso no âmbito da União Europeia de, em 2010, produzir 39% da sua electricidade final com origem em fontes de energia renováveis (FER). Tendo tal valor sido já pontualmente atingido no passado, face à importância do nosso sistema hidroeléctrico, com especial relevo para as centrais de fio de água do Douro, alcançá-lo no futuro tem-se revelado problemático dado que a taxa de crescimento dos consumos de electricidade (5 a 6 % ao ano) tem superado a capacidade de incremento de produção com origem em fontes de energia renovável, tanto mais que a variabilidade da hidraulicidade afecta seriamente esses resultados.

Na área das energias renováveis e de investimentos em curso cabe destaque para o aproveitamento do potencial eólico que o país dispõe, tendo o actual Governo fixado como meta os 5100 MW, a atingir em 2012. Trata-se de meta exequível para os próximos cinco anos, envolvendo globalmente um investimento que deve rondar os 5500 milhões de Euros. Será desejável que o país possa aproveitar este potencial enorme de investimento para a criação dum *cluster* industrial, sem o qual o valor acrescentado na fase de investimento será reduzido. Está em curso actualmente um concurso lançado pelo Governo para a atribuição de direitos de ligação de cerca de 2000 MW a dois consórcios, sendo condição necessária para o consórcio classificado em primeiro lugar o investimento numa fábrica de aerogeradores que permita endogeneizar a tecnologia e reter mais valor acrescentado no país.

Quanto às restantes fileiras das energias renováveis existe ainda algum potencial hídrico por explorar, está um concurso aberto para a atribuição de 60 MW de pontos de ligação para centrais de biomassa e os 150 MW de tecnologia fotovoltaica encontram-se já quase todos atribuídos, pese embora o custo elevado desta tecnologia. Na energia das ondas assiste-se ao lançamento de alguns projectos experimentais, tal como na produção de electricidade através do solar térmico, mas não se vislumbram no horizonte tecnologias para a produção de electricidade em larga escala que permitam a construção de uma alternativa ao actual parque electroprodutor, com uma componente centralizada muito importante.

O Protocolo de Quioto

Em 1997 o Protocolo de Quioto, assinado no quadro de uma iniciativa das Nações Unidas, fixa pela primeira vez na história metas de redução de emissões de gases com efeito de estufa para o grupo de países mais desenvolvidos. Na origem do Protocolo está a constatação de que a temperatura média da Terra tem vindo a subir gradualmente e a convicção de que a emissão de gases com efeito de estufa tem neste fenómeno um papel preponderante.

Como se sabe o CO_2, um dos principais gases com efeito de estufa, tem origem na combustão de combustíveis fósseis. Daqui resulta que o sector energético passou a estar no centro das atenções e a ser alvo de planos estratégicos para a redução de emissões. O Programa Nacional das Alterações Climáticas (PNAC) deve encarar-se como um plano estratégico do País, tendo em vista a adopção de políticas e medidas que permitam a Portugal cumprir o compromisso assumido de não aumentar em média no período 2008-2012 mais do que 27% das emissões registadas em 1990.

O não cumprimento da meta assumida obrigará o Estado Português a comprar no mercado internacional licenças de emissão, sendo uma incógnita actualmente o preço que o mercado irá fixar por tonelada de CO_2 (10, 20 ou 30 €/ton CO_{2e}[3] são cotações que têm sido avançadas em diferentes análises de prospectiva).

Figura 8 – Análise do Compromisso de Cumprimento do Protocolo de Quioto, no ano médio do período 2008-2012

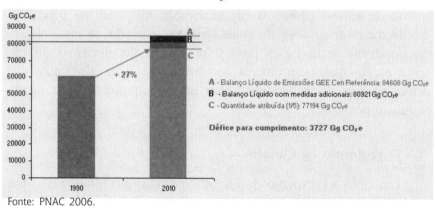

Fonte: PNAC 2006.

Como se constata da Figura 8 Portugal deverá apresentar um deficit estimado que rondará os 4 milhões de toneladas de CO_2 e em média no período 2008-2012.

---

[3] CO_{2e} – CO_2 equivalente, abarcando as emissões dos seis gases de efeito de estufa considerados no protocolo de Quioto.

O Comércio Europeu de Licenças de Emissão (CELE)

Um dos instrumentos de redução de emissões, da iniciativa da União Europeia, é o Comércio Europeu de Licenças de Emissão (CELE), que tem como primeiro período de efectividade 2005-2007. O CELE foi criado pela Directiva 2003/87/CE do Parlamento Europeu e do Conselho, de 13 de Outubro de 2003, tendo sido transposta para a ordem jurídica portuguesa pelo Decreto-Lei n.º 233/2004 de 14 de Dezembro, constituindo o primeiro instrumento de mercado intra-comunitário de regulação das emissões de GEE.

Estão abrangidos pelo CELE a generalidade das instalações industriais de combustão com mais de 20 MWth.

O CELE encontra os fundamentos teóricos no teorema de Coase[4], constituindo um instrumento de mercado puro, e garantindo que as reduções de emissões se fazem na economia a custo mínimo.

O mercado entretanto tem vindo a funcionar, com as oscilações de cotações a responder aos fundamentais do mercado: ligação ao preço do petróleo e às condições climatéricas assim como à maior ou menor generosidade dos planos de atribuição aprovados pelos 25 países da UE participantes, envolvendo mais de 12000 instalações.

O sector dos transportes e os biocombustíveis

Já se disse atrás que o sector dos transportes desempenha um papel fulcral como consumidor de energia. A generalidade dos meios de transporte utiliza a gasolina ou o gasóleo, daqui decorrendo que a par da importância no balanço energético do sector a sua responsabilidade a nível de emissões é igualmente muito elevada.

---

[4] Ronald Coase, prémio Nobel em 1991.

É neste sector e no sector da produção de electricidade que o desafio do cumprimento de Quioto decorre, não sendo ainda de menosprezar o sector dos edifícios.

Como imaginar o sector dos transportes em cenário de escassez de petróleo? É difícil, com a tecnologia actual, assente nos motores de combustão, responder a esta questão. Na sequência da teoria do pico de Hubbert, alguns autores têm apresentado visões derrotistas das sociedades em cenário de escassez e mesmo esgotamento rápido das reservas petrolíferas. O papel dos biocombustíveis nos transportes, por permitirem reduzir a dependência de derivados do petróleo, afigura-se, assim, de enorme importância, a par do desenvolvimento das tecnologias das células de combustível ou dos carros eléctricos.

Países como o Brasil investiram no passado nos biocombustíveis, no caso deste país na produção de álcool a partir de cana de açúcar. É normalmente apontado como caso de sucesso mas sem contabilizar os danos ambientais causados pela cultura intensiva da cana.

Contudo, os biocombustíveis, bioetanol ou biodiesel, têm subjacente um problema de competitividade com os derivados do petróleo, devido aos elevados custos de produção da matéria prima.

Em Portugal pensou-se em dada altura que as culturas energéticas (girassol, colza e outras) poderiam ajudar a viabilizar o perímetro de regadio da barragem de Alqueva. Contudo, o custo da água da rega e as produtividades dificilmente resistem à competição de outras áreas com clima mais propício.

5. Conclusão

As sociedades devem estar preparadas para enfrentar os desafios postos pelo sector energético no curto, médio e longo prazos.

Esses desafios são de várias ordens, sendo relevantes as questões dos aumentos de preços do petróleo e o impacto na competitividade das empresas e na factura energética dos países, a questão das emissões de gases com impacto local e global derivados da combustão de produtos de origem fóssil.

Nos últimos vinte anos a economia mundial assentou a satisfação das necessidades de energia essencialmente nos recursos de origem fóssil, com aumento de peso do gás natural no balanço energético da generalidade das economias.

As energias renováveis tiveram um desenvolvimento incipiente, contrariando expectativas criadas com o primeiro choque petrolífero registado em 1973, que chamou a atenção do Mundo para a necessidade de redefinir as grandes linhas de política energética no sentido da segurança do abastecimento e da redução da dependência do petróleo. Contudo, a enorme dependência de recursos energéticos de origem fóssil mantém-se, ainda que actualmente com maior peso do gás natural como se referiu acima.

Será difícil arriscar um cenário de evolução do sector energético para os próximos vinte anos. A dificuldade de resposta às questões seguintes ilustra os desafios que a economia Mundial deverá enfrentar nas próximas décadas:

i) A economia chinesa e indiana continuarão o surto de desenvolvimento registado nos últimos anos? Se sim qual o impacto da procura de combustíveis de origem fóssil nos mercados mundiais?

ii) Uma resposta positiva à primeira questão de i) terá como consequência uma antecipação da diminuição das reservas de petróleo em relação ao que se espera actualmente? Essa antecipação terá consequências ainda mal conhecidas em termos de preços e do acentuar dos conflitos nas regiões detentoras das grandes reservas a nível mundial?

iii) As energias renováveis conseguirão um desenvolvimento sustentável que permita atenuar a escassez de petróleo?

iv) Que desenvolvimentos tecnológicos poderão ocorrer nas próximas décadas, susceptíveis de darem um contributo positivo para a alteração de paradigma energético (pilhas de combustível, fusão nuclear, fotovoltaico, ...)?

v) Qual o grau de sucesso das políticas de mitigação das emissões de gases com efeito de estufa?
vi) Qual o grau de penetração possível dos biocombustíveis nos sistemas de transporte?

Capítulo 6

Transportes e infraestruturas de transportes

Carlos Correia da Fonseca[1]

1. Apresentação do capítulo

Um dos objectivos fundamentais que ditou a vontade colectiva nacional de aderir à então CEE foi assegurar a convergência económica e social de Portugal em relação aos países mais desenvolvidos.

Portugal era então um país muito mal dotado de infraestruturas de transportes e superar rapidamente as dificuldades ao nível das acessibilidades com o recurso a investimentos massivos na rede rodoviária foi então considerado como uma das condições necessárias para assegurar o desenvolvimento económico. O paradigma subjacente era a associação histórica entre duas variáveis: ritmo de crescimento da actividade económica e desenvolvimento das infraestruturas económicas.[2]

---

[1] Algumas partes deste capítulo (nomeadamente, a PCT, as políticas em Portugal e o investimento em infraestruturas de transportes em Portugal) retomam algumas informações do trabalho de investigação *"Formulação de Políticas Públicas no Horizonte 2013"*, de Novembro de 2005, elaborado para a Direcção Geral de Desenvolvimento Regional, em que o autor participou, e que foi coordenado pelo Professor Doutor Engenheiro Fernando Nunes da Silva e Professor Doutor João Figueira de Sousa.

[2] Talvez que persistisse então uma certa forma de pensamento, que foi denunciado, por exemplo, no Relatório do Banco Mundial de 1994, onde se

Esta canalização de recursos para a rede rodoviária, importa sublinhar, foi considerada de forma quase unânime pelos decisores da administração central, pelos autarcas e por uma larga maioria da opinião pública, como o tipo de acessibilidade que permitiria a melhor mobilidade possível e que deveria viabilizar o crescimento económico e a coesão territorial e social. Graças aos fundos comunitários e ao esforço nacional, Portugal dispõe hoje de uma rede de auto-estradas que é das melhores da UE – 15, já que são poucos os países que apresentam melhores indicadores de densidade de auto-estradas (metros de auto-estrada por quilómetro quadrado de território e habitantes por quilómetro de autoestrada). A este crescimento da rede viária está associada uma explosão da posse e uso do transporte individual.

Como consequência do crescimento da oferta de infraestruturas rodoviárias e, ainda, de um conjunto de outros factores de entre os quais se podem destacar a melhoria generalizada do poder de compra, a explosão da posse e uso do automóvel e as características do planeamento (ou falta dele) do uso dos solos urbanos, os vinte anos que decorreram desde a adesão foram particularmente ricos em transformações nos domínios do território e da mobilidade. Deu-se um crescimento rápido da taxa de urbanização, desertificaram-se os centros das cidades, a população foi residir maioritariamente para as periferias urbanas,

---

demonstra o equívoco de pensar que a melhoria das infraestruturas, só por si, é capaz de induzir o desenvolvimento económico. As relações entre desenvolvimento e infraestruturas de transportes são muito complexas. Uma coisa, contudo, parece estar hoje demonstrada: mais do que uma relação de causa-efeito, existe uma interacção entre as variáveis, em que cada uma potencia a outra. Um corolário desta regra aponta para a necessidade de encontrar o justo equilíbrio: a cada nível de desenvolvimento deverá corresponder um certo nível de serviço das infraestruturas. De pouco adianta, então, sobre-dotar o país ou região de infraestruturas se o nível de desenvolvimento económico não o requerer. O sobre-investimento tenderá, neste caso, a traduzir-se em desperdício de recursos que poderiam (deveriam) ter aplicações mais rentáveis do ponto de vista económico e social.

aumentou o número e extensão média das viagens e cresceu a dependência do automóvel. A qualidade do ar degradou-se, em grande medida devido às emissões de gases e partículas poluentes pelos automóveis. A sinistralidade rodoviária é elevada. O congestionamento urbano e as perdas de tempo que lhe estão associadas ganharam expressão económica em termos de recursos desperdiçados. Aumentou a dependência do petróleo no sector. Finalmente, agravou-se a degradação da qualidade de vida como consequência da soma de todos os factores atrás enunciados.

Estas tendências foram observáveis um pouco por todo o lado, impondo, no espaço europeu, novas reflexões e novas linhas de intervenção pública. A Política Comum de Transportes prevista no tratado de Roma mas apenas consubstanciada após Maastricht, marca a resposta comunitária aos factores negativos que nos anos 90 se acumulavam. De Maastricht para cá a Comissão tem sido prolixa na produção e divulgação de estudos, Livros Verdes e Livros Brancos, na elaboração de recomendações e publicação de Directivas.

Fazer um balanço dos 20 anos de adesão não deverá, portanto, consistir apenas na elencagem dos investimentos comparticipados realizados em Portugal. Há que ir mais longe e analisar se a convergência se tem vindo a conseguir, mas não e apenas numa perspectiva a dois tempos de comparação do Portugal que era com o Portugal que é, medido, por exemplo, em termos de quilómetros de auto-estrada ou de caminhos-de-ferro. Mais rica será a perspectiva que proceda a uma avaliação que permita entender os novos problemas, a enorme evolução do pensamento e das recomendações da UE e, principalmente, os casos de sucesso em que boas práticas têm vindo a responder melhor não só aos problemas do desenvolvimento económico mas também à necessidade de caminhar para uma mobilidade sustentável. Avaliar, enfim, o modo como estas linhas têm vindo a ser entendidas e praticadas em Portugal e com que resultados.

Esta é a perspectiva de abordagem do presente capítulo. Começa-se por analisar a evolução do pensamento europeu, consubstanciado nos estudos e directivas comunitárias. Passa-se de seguida para a análise da produção de pensamento virado para a acção em Portugal, isto é, dos documentos de política económica sectorial. Investiga-se a coerência e eficácia de tais documentos para, finalmente, se ensaiar um balanço crítico que contenha, de forma mais ou menos explícita, o que se afiguram ser, hoje, as urgências de reformulação da política de transportes em Portugal.

Uma última ressalva: o presente documento está datado e, dado o desfasamento temporal da informação disponível, os últimos anos abrangidos são 2003 e, nalguns casos, 2004. Contudo, assiste-se presentemente em Portugal ao que parece ser um novo fôlego na definição das políticas públicas no sector e que parecem apontar no bom sentido. O reordenamento em curso do sistema jurídico de enquadramento, a procura de novas formas de relacionamento dos operadores com a Tutela, nomeadamente através da reformulação das autoridades metropolitanas de transporte, ou a muito recente apresentação do Plano Nacional de Logística, são disso promissores sinais.

2. Como a necessidade aguçou o pensamento e o engenho da União

2.1 A mobilidade insustentável

Embora o Tratado de Roma preveja, no seu Título IV, uma Política Comum de Transportes (PCT)[3], esta esteve por muitos anos ausente das preocupações dos estados-membros. Só com o Tratado de Maastricht de 1992 seriam estabelecidas as suas bases políticas, institucionais e orçamentais.

---

[3] O Artigo 74. do Tratado estabelece que "No que diz respeito à matéria regulada no presente título, os Estados-membros prosseguirão os objectivos do Tratado no âmbito de uma política comum dos transportes".

Durante a década de noventa a prática da PCT foi orientada para o objectivo de abertura do mercado dos transportes[4]. Pela segunda metade da década de noventa, contudo, a problemática da mobilidade começa a ser objecto de uma abordagem diferente, na sequência de uma consciencialização progressiva sobre os grandes problemas relacionados com o sector, a saber: (i) congestionamento urbano originando perdas de tempo, com forte expressão económica; (ii) excessivo consumo energético, com quase total dependência dos combustíveis fósseis; (iii) crescimento da emissão de gases e partículas poluentes para a atmosfera, nomeadamente Gases com Efeito de Estufa (GEE); (iv) sinistralidade rodoviária; e (v) perda de qualidade de vida nos espaços urbanos. É, enfim, a entrada em pleno da problemática da sustentabilidade no sector dos transportes.

Para dar alguma expressão quantitativa a estes problemas, refira-se:

(i) Os custos do congestionamento para a economia europeia foram estimados, em 2001, como atingindo 0,5% do PIB comunitário; nada se fazendo, a tendência será para a sua duplicação.[5]

(ii) O sector dos transportes é o principal consumidor de energia final na UE (25). No início da década de noventa a indústria era o principal consumidor; contudo, a partir de 1998 o consumo energético do sector dos transportes ultrapassa o da indústria, situando-se acima dos 30% do consumo global. De referir que, enquanto na indústria a tendência linear é decrescente, nos transportes ela é crescente. O sector dos transportes é responsável pelo consumo de 70% dos combustíveis fósseis (petróleo).

---

[4] No transporte rodoviário de mercadorias foram definidas as redes transeuropeias e os camiões passaram a transportar carga de qualquer origem para qualquer destino comunitário, independentemente do seu país de registo. No modo ferroviário, em 2001 fixou-se o ano de 2008 como o limite para a total abertura do mercado.

[5] Ver Livro Branco A Política Europeia de Transportes no Horizonte 2010: a Hora das Opções, CE, 2001.

Gráfico 1 – Evolução da estrutura do Consumo Final de energia, por sector – UE(25)

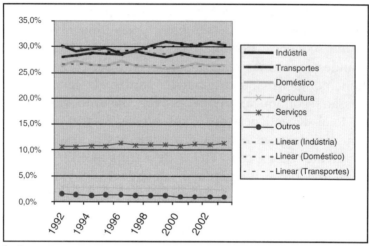

ft: Eurostat

Quadro 1 – Consumo de petróleo na UE, por sector

2003	Residencial e terciário		Indústria		Transporte		total	
	Mtep	%	Mtep	%	Mtep	%	Mtep	%
Petróleo	96,8	20,4%	46,9	9,9%	331,5	69,8%	475,2	100,0%

Ft: Fazer Mais com Menos, Livro Verde CE, DGET, 2006

(iii) Como consequência do peso esmagador dos combustíveis fósseis, o sector dos transportes tem o maior peso das emissões de dióxido de carbono, CO2, (mais de 30%). Emite ainda 40% do total de Óxidos de Azoto, 55% de monóxido de carbono, e mais de 30% dos COV (compostos orgânicos voláteis). De notar que os transportes rodoviários representam, em relação a qualquer destes poluentes, entre 70 e 95% das emissões do sector – dados Eurostat.

(iv) Em 2002 morreram na estrada, em todo o espaço UE (25), 49.806 pessoas, menos 26% do que dez anos antes

(1992)[6]. Assim, embora se registe um importante decréscimo da sinistralidade, os valores mantêm-se elevados, originando custos económicos e humanos.
(v) Sinistralidade, poluição, congestionamento, são fenómenos que contribuem para a degradação da qualidade de vida das populações da UE.

Na origem destes problemas estão questões de fundo, tendências históricas que se agravaram nas últimas décadas:
– O crescimento da riqueza sempre esteve associado ao crescimento da mobilidade, isto é, o aumento do PIB apresenta uma associação histórica positiva entre o número e a extensão das viagens. Entre 1985 e 1999 o PIB europeu cresceu cerca de 40%, arrastando um crescimento mais do que proporcional da mobilidade.

Gráfico 2 – Evolução comparada do PIB, PKT e TKT, 1985 – 1999, UE15

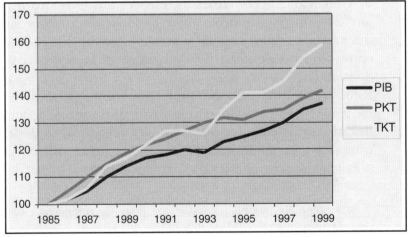

ft: Eurostat

---

[6] ft: Eurostat.

– O crescimento do nível de vida europeu no pós-guerra, associado ao embaratecimento relativo do preço do automóvel e aos preços baixos dos combustíveis fósseis, originou um crescimento explosivo da posse e uso da viatura individual. Nos últimos 25 anos o número de automóveis por mil habitantes duplicou, atingindo os actuais cerca de 500 na UE (25).[7]

– O crescimento da população urbana, que em 1980 representava 76,8% do total da EU (15), em 1999 era já de 80%[8]. O padrão de expansão dos centros urbanos evoluiu de forma a aumentar a necessidade de mobilidade motorizada: as cidades, que até aos anos cinquenta do século 20 foram estruturadas pelo caminho-de-ferro, pesado ou ligeiro, criando concentrações de população em torno das estações, começam por aquela altura a mudar de padrão. Os solos ainda disponíveis vão sendo ocupados, muitas das vezes sem planeamento disciplinador. Especializam-se as funcionalidades no uso dos solos – dormitórios, zonas de comércio, zonas industriais, escolas, etc. O centro mantém as principais funções, obrigando as populações suburbanas a realizar viagens pendulares, cada vez maiores, entre centro e periferia. Predominam ocupações de baixa densidade.

– Estas transformações são simultaneamente permitidas e induzidas pelo crescimento do uso do automóvel, num mecanismo que se auto-alimenta. O resultado deste padrão urbano é a inviabilização do uso do transporte colectivo e a instalação generalizada da automóvel dependência.[9]

---

[7] De notar, contudo, que esta densidade de posse de automóvel é ainda inferior à dos Estados Unidos (770 Veic/1000 hab).

[8] European Union Energy & Transport in Figures, DGET, CE, 2001.

[9] Este padrão é mais característico dos USA, Austrália e novas grandes cidades da África, Ásia e América do Sul. Algumas cidades europeias, como por exemplo as nórdicas, são excepção, apresentando formas de urbanismo planeado com necessidades minimizadas de deslocação. Ver, por exemplo, [Cervero1998] e [Duany2000].

Quadro 2 – Km percorridos por ano e extensão média das viagens casa / trabalho

Cidades	Km de automóvel por anos e por pessoa, 1980	Km de automóvel por anos e por pessoa, 1990	Extensão média da viagem casa-trabalho Km, 1980	Extensão média da viagem casa-trabalho Km, 1990
Dos EUA	8.806	10.870	13.0	15.0
Da Austrália	5.794	6.536	12.0	12.6
Da Europa	3.526	4.519	8.1	10.0

Ft: [NEWMAN98], pg. 106

Estes factores conjugados traduziram-se em profundas alterações da repartição modal a favor do modo rodoviário e, dentro deste, é o automóvel que transporta a maioria das pessoas. Também nas mercadorias este fenómeno é evidente. Em 30 anos, de 1970 a 1999, o transporte de mercadorias por estrada, medido em toneladas*km[10], passou de 30% do total para cerca de 45%, enquanto a quota de mercado da ferrovia baixou de 21% para 8%. No transporte de passageiros, autocarros e comboios perdem quota de mercado de forma constante (de 12% para 8% e de 10% para 6% dos passageiros*km, respectivamente), enquanto se assiste a um crescimento permanente do peso do automóvel individual.

Quadro 3 – Mercadorias (ton*km) repartição modal – UE15

	estrada	comboio	vias fluviais	pipelines	cabotagem	Total
1970	30,8%	21,2%	7,7%	5,1%	35,3%	100,0%
1980	33,1%	15,2%	5,7%	4,9%	41,2%	100,0%
1990	40,7%	11,1%	4,7%	3,3%	40,2%	100,0%
1995	43,2%	8,4%	4,3%	3,2%	40,8%	100,0%
1997	43,4%	8,6%	4,3%	3,1%	40,6%	100,0%
1998	43,7%	8,4%	4,2%	3,1%	40,7%	100,0%
1999	44,5%	8,0%	4,1%	3,0%	40,4%	100,0%

ft: Correia da Fonseca, Carlos, Para uma Mobilidade Sustentável, 2001, DGenergia, Portugal

---

[10] Ton*km é a unidade de medida da procura de transporte para mercadorias, representando a totalidade dos quilómetros percorridos pelas toneladas de mercadorias. Para a procura de transporte de passageiros a unidade correspondente é o Passageiro*km, ou PK, que se lê como a totalidade dos km percorridos pelos passageiros.

Gráfico 3 – Mercadorias, quota de mercado modo rodoviário – tendência UE15

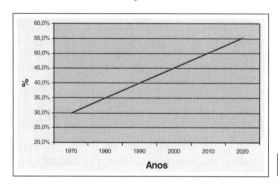

[3]..........QM = 0,00506T − 9,671
r=0,986

Quadro 4 – Passageiros (P*km) – Repartição modal – UE15

	Transporte Individual	Autocarros	Eléctrico e Metro	Comboio	Avião
1970	74,0	12,6	1,8	10,1	1,5
1980	76,2	11,6	1,4	8,4	2,6
1990	79,1	9,2	1,2	6,7	3,9
1995	79,5	8,7	1,1	6,1	4,6
1996	79,3	8,8	1,1	6,2	4,7
1997	79,3	8,6	1,1	6,1	4,9
1998	79,1	8,7	1,1	6,0	5,2
1999	79,0	8,4	1,1	6,1	5,4

ft: Correia da Fonseca, Carlos, Para uma Mobilidade Sustentável, 2001, DGEnergia, Portugal

Gráfico 4 – Passageiros, quota de mercado modo rodoviário – tendência UE15

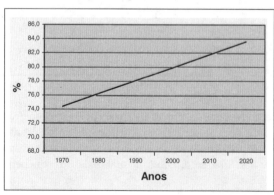

[8]..........QM=0,1852 t-290,5
r=0,959

Hoje a União Europeia enfrenta uma contradição que urge resolver: por um lado, a criação do mercado único passou por assegurar as quatro liberdades básicas – livre circulação de pessoas, de mercadorias, de serviços e de capitais – o que se traduziu num crescimento enorme do volume de mercadorias e de pessoas transportadas dentro da União. O funcionamento da economia exige um sector de transportes dinâmico e eficiente. Mas a mobilidade, tal como hoje se caracteriza e pelas tendências que apresenta, é insustentável. O desafio europeu será, portanto, conseguir caminhar para uma mobilidade sustentável, sem no entanto ter uma intervenção excessiva no mercado que tenda a enviesar preços e retirar eficiência económica ao sistema de transportes.

2.2 A Política Comum de Transportes

O Livro Branco A Política Europeia de Transportes no Horizonte 2010: a Hora das Opções[11] estabelece uma estratégia que visa responder, num horizonte de 30 anos, aos desafios e aos problemas detectados, esperando-se que dê resultados já palpáveis até ao final da década. O Livro Branco começa por reafirmar a estratégia do Conselho Europeu de Gotemburgo (2001), que estabeleceu dois objectivos fundamentais: (i) reequilibrar a quota de mercado entre todos os modos na cadeia de transportes, e (ii) dissociar o crescimento da procura de transporte do crescimento económico geral.

A estratégia identificada assenta em quatro grandes objectivos:
1. Reequilibrar os modos de transporte
2. Suprimir estrangulamentos
3. Colocar os utentes no centro da política de transportes
4. Controlar a globalização dos transportes

---

[11] Comissão Europeia, 2001, ISBN 92-894-0345-4.

Para atingir os objectivos o Livro Branco enuncia sessenta medidas dos mais variados tipos. Em breve, o Livro Branco estabelece recomendações para as políticas nacionais e compromissos em relação a iniciativas da Comissão para o futuro imediato. São medidas que visam, fundamentalmente, criar as condições para que as pessoas e as mercadorias sejam naturalmente direccionadas para o uso do transporte público, o qual se deverá caracterizar por ser a forma mais cómoda, mais barata, mais segura e ambientalmente mais sustentável para satisfazer as necessidades de deslocação. Como corolário, pretende-se que o modo ferroviário volte a desempenhar um papel central na mobilidade e que os transportes marítimos e fluviais sejam desenvolvidos.

As medidas podem ser agrupadas em 4 categorias, a saber:

1. Mercados e Preços (MP) – Para caminhar para um mercado de transporte baseado em sistemas de preços correctamente determinados, recomenda-se (i) o desenvolvimento de metodologias para uma tarifação das infraestruturas economicamente correcta; (ii) considerando que a sobreutilização do automóvel é a consequência de o utilizador não estar a pagar o verdadeiro custo da utilização, preconiza-se a internalização dos custos externos, em especial os ambientais; (iii) os operadores de transportes deverão receber o valor economicamente correcto pelo serviço que prestam, isto é, o valor que cobre todos os custos de produção e ainda uma margem de lucro adequada. Por outro lado, haverá que estabelecer uma forma social e economicamente correcta de repartir estes custos pelos diferentes beneficiários do sistema de transportes: passageiros, agentes económicos que beneficiam com a existência de transportes que levam os trabalhadores ou clientes às suas portas, autarquias, comunidade nacional como um todo, através da transferências de indemnizações compensatórias obtidas dos impostos gerais pagos pelos cidadãos; (iv) abertura dos mercados, em especial, por estar muito incompleta, a do mercado ferroviário;

2. Governância: medidas muito diversas. A título de exemplo, relevam-se: (i) criação de uma estrutura comunitária para a inter-

operabilidade e segurança rodoviária; (ii) criação de uma entidade reguladora forte para o transporte aéreo; (iii) simplificar o quadro regulamentar do transporte marítimo e fluvial, promovendo, em especial, a criação de balcões únicos para formalidades administrativas e aduaneiras e reunindo os actores da cadeia logística; (iv) reforçar as regras de segurança marítima; (v) harmonizar normas sobre segurança em túneis rodoviários e ferroviários pertencentes à rede RTE-T[12] (vi) harmonizar regras e procedimentos de combate à condução sob efeito do álcool e drogas; (vii) impor cintos de segurança nos autocarros; (viii) alargar as medidas comunitárias de protecção do passageiro aéreo ao passageiro do transporte marítimo, do ferroviário e do rodoviário urbano, em especial as que se referem a qualidade de serviço, transparência de informação e condições contratuais.

3. Investimentos públicos apoiados pela UE – (i) apoiar a construção dos corredores ferroviários com prioridade às mercadorias; (ii) desenvolver as infraestruturas necessárias à materialização de verdadeiras auto-estradas do mar; (iii) apoiar novos corredores da RTE-T, priorizando as redes rápidas para passageiros; (iv) Desenvolver e concluir até 2008 o projecto Galileu de navegação por satélite com cobertura mundial.

4. Investigação e Desenvolvimento tecnológico – apoio a projectos de desenvolvimento de novos combustíveis e de novas tecnologias para viaturas mais amigas do ambiente.

As acções previstas no Livro Branco têm vindo a ser postas em vigor desde 2001. Assim:
1. No transporte ferroviário
   a. Concluída a transposição das directivas e orientações do 1º pacote ferroviário, que cria o mercado europeu de transporte de mercadorias;

---

[12] Rede Transeuropeia de Transportes, prevista no Acto Único Europeu e Regulamentada no tratado de Mastricht.

b. Está em vias de aprovação o modelo de regulação visando a integração do mercado europeu ferroviário, incluído no 2º pacote ferroviário;
c. Está em preparação o 3º pacote ferroviário, que deverá completar o quadro legislativo do sector

De notar que estas acções a nível legislativo têm chocado, na prática, com obstáculos à sua implementação. A interoperabilidade está ainda muito longe de ser alcançada devido à existência de múltiplas "barreiras técnicas", designadamente os diferentes tipos de corrente eléctrica, altura dos cais das estações, pendentes máximas nas linhas, pesos por eixo e sistemas de sinalização/telecomunicações incompatíveis, para não falar das diferenças de bitola na Península Ibérica, Finlândia e Países Bálticos.

2. No transporte aéreo foi aprovada a Directiva 2005/46/EC que reforça os direitos dos passageiros. Um projecto de Regulamento já ratificado pelo Parlamento e pelo Conselho Europeu estabelece a obrigatoriedade de prestação de informação aos passageiros sobre a identidade da transportadora aérea, contendo indicadores que permitam uma avaliação do risco associado à viagem – saber, por exemplo, se o operador cumpre todas as normas de segurança do transporte aéreo (acesso do passageiro ao que ficou conhecido por lista negra).

3. No transporte marítimo, tem vindo a ser dada prioridade ao Transporte Marítimo de Curta Distância (TMCD). Espera-se que 50% do acréscimo de tráfego de mercadorias venha a ser captado pelo TMCD. Já foram tomadas várias medidas, de que se destacam:

a. Programa de incentivos à intermodalidade (Marco Pólo 1 – 2003-2006 – e Marco Pólo 2 – 2007-2013), integração do projecto "auto-estradas do mar" nos projectos prioritários da rede Transeuropeia de Transportes (RTE-T), normalização das unidades de carregamento (contentores e caixas móveis)

b. Normalização e informatização dos procedimentos aduaneiros
c. Criação dos balcões administrativos únicos nos portos, instalação de Centros de Promoção do TMCD
4. No transporte rodoviário deram-se importantes passos. A Directiva 1999/62/CE, conhecida por Directiva Eurovinheta, foi alterada pela Proposta de Directiva do Parlamento 2003/0175 (COD) que a complementa. Esta revisão irá permitir:
   a. Que os estados-membros possam variar as taxas de portagem em função de diversos factores, tais como tipo de veículo, emissões gasosas, período do dia ou nível de congestionamento;
   b. Aplicar o princípio da tarifação de infraestruturas para financiamento cruzado, isto é, as portagens de uma auto-estrada poderão ser utilizadas no todo ou em parte para financiar portos ou caminhos-de-ferro;
5. Finalmente, está no Parlamento Europeu para apreciação uma proposta de Directiva – 2000/0212 (COD) – que deverá regular as obrigações de serviço público e contratos de serviço público para o transporte de passageiros por via-férrea, estrada e via navegável interior. Os objectivos da directiva são:
   a. Assegurar o direito ao livre acesso por parte dos operadores de transporte a qualquer mercado nacional;
   b. Enquadrar as práticas de concorrência controlada no âmbito da concessão de serviços públicos de transporte, em regime de exclusividade;
   c. Definir critérios de avaliação da qualidade dos serviços a prestar;
   d. Regulamentar a atribuição de subvenções públicas ao transporte público, como contrapartida da satisfação de determinados requisitos mínimos pelos operadores de transporte e que deverão ser contratualizados com as autoridades públicas administrativas.

Em síntese, a resolução dos problemas ligados ao uso excessivo do automóvel – congestionamento, acidentes, poluição, consumos energéticos, qualidade de vida – ganharam grande peso durante a década de 90 e contra eles a Comissão propõe uma política comum de transportes, isto é, um conjunto de acções que visem alterar padrões de repartição modal e assegurar uma mobilidade sustentável no triplo sentido: ambiental, social e financeiro. Contudo, como muito bem se realça nas Conclusões do Livro Branco, os resultados apenas serão obtidos se existir forte vontade política para a pôr em prática. As situações concretas variam muito entre os diferentes estados – membros e daí que não seja possível estabelecer-se um padrão comum de intervenção de cada Estado. Por isso, para além da vontade política, deverá existir a nível nacional clara consciência dos problemas, um bom diagnóstico, para que a transposição da PCT para a prática de cada país se faça de forma inteligente.

Finalmente, como também é referido nas Conclusões do Livro Branco, os objectivos da PCT não são atingíveis dentro do quadro estrito do sector dos transportes. Existe uma consciência crescente de que a resolução dos problemas enunciados passa por acções coordenadas envolvendo, por exemplo, o ordenamento do território e o planeamento urbano, as políticas de investigação e desenvolvimento, a política energética e a política ambiental.

3. As políticas de transportes em Portugal depois da adesão

Em Portugal, em termos de diagnóstico, os problemas associados à mobilidade cabem bem no quadro geral descrito no capítulo anterior: queda tendencial da utilização do transporte público, distorções da repartição modal com peso crescente do uso do automóvel, congestionamento, sinistralidade, consumo excessivo de energia e poluição. Contudo, é difícil afirmar que, ao longo dos vinte anos de integração europeia, a política económica portuguesa tenha entendido os problemas e desenhado as medidas necessárias para os resolver ou, pelo menos, mitigar: os documentos de política económica foram dando, ao longo do tempo, sinais contraditórios para o sector, com frequentes inflexões de rumo; a legislação de enquadramento pouco evoluiu e os investimentos reflectiram, de forma geral, a inconsistência das opções estratégicas.

3.1 Os documentos de política

A resposta nacional global aos desafios colocados pela União Europeia em matéria de mobilidade sustentável encontra--se em dois documentos principais: o Plano Nacional para o Desenvolvimento Económico e Social (PNDES 2000-2006) e o Programa Nacional para as Alterações Climáticas (PNAC 2000-2006). Um outro documento de carácter geral deveria ter também influência no sector dos transportes: as Medidas para Diminuir a Dependência do Petróleo. Finalmente, existem mais dois documentos de política sectorial com relevância para o enquadramento do sector, a saber: o Plano Rodoviário Nacional e o Livro Branco da Política Marítimo-Portuária.

3.1.1 *O Plano Nacional de Desenvolvimento Económico e Social (PNDES)*

O PNDES é o único documento que contém uma estratégia global de desenvolvimento e uma perspectiva estratégica para o sector dos transportes. O seu horizonte (2000-2006) está esgotado e ainda não foi substituído por um novo ciclo.

No domínio dos transportes o PNDES coloca quatro grandes desafios para o horizonte do plano:
– Integração internacional do país, em particular no espaço europeu e Ibérico e integração da economia no processo de globalização. A concretização do objectivo tem uma componente principal, que passa pela valorização da fachada atlântica – portos de Sines, Lisboa, Setúbal, Aveiro e Leixões, aeroporto do Porto, novo aeroporto de Lisboa, reconversão do aeroporto de Beja – e uma componente secundária – corredor multimodal Irún-Portugal, ligação fer-

roviária de mercadorias Lisboa/Madrid/Barcelona e alta velocidade Lisboa/Madrid.
- Reforço do sistema urbano nacional e sua capacidade atractiva e competitiva, o que passa pela conclusão do corredor litoral Norte-sul e respectivos eixos transversais (Aveiro – Vilar Formoso e Lisboa – Caia) pela conclusão da rede de auto-estradas e requalificação da rede ferroviária nacional.
- Reforço da coesão e solidariedade internas, através da melhoria das ligações entre a rede rodoviária nacional e as redes locais, melhoria dos sistemas de transportes.
- Aposta prioritária na logística, através da construção e operacionalização de interfaces intermodais e pela criação de condições que promovam o desenvolvimento de operadores de transporte profissionais, capazes de combinar os diferentes modos de transporte.

No domínio das acessibilidades e sua articulação com a dinâmica de estruturação urbana e ordenamento do território, o conceito explorado no PNDES estabelece as seguintes orientações:
(i) Estruturação do corredor Litoral Norte-Sul, promovendo o reforço das relações de uma nova centralidade – a Área Metropolitana do Porto (AMP) – com a Galiza e articulação da Área Metropolitana de Lisboa (AML) com o resto do território;
(ii) Consolidação dos eixos transversais e diagonais estruturantes;
(iii) Consolidação dos Eixos de Coesão Territorial possibilitando a uma maior articulação das cidades raianas e interiores com a rede principal nacional.

Articuladas com estas orientações foram definidos programas e medidas, de que se salientam:
a. Infraestruturação básica do território, colmatando carências ao nível das diversas redes: rodoviária, ferroviária, portuária e aeroportuária;

b. Realização de um novo ciclo de investimentos compatíveis com uma nova lógica de organização e de gestão do sistema de transportes, na perspectiva da complementaridade dos vários modos e respectivas interfaces;
c. Reorientação da inserção de Portugal nas redes Transeuropeias de Transportes (RTE-T) segundo os quatro corredores ibéricos principais – Galaico-Português, Irun-Portugal, corredor da Estremadura e corredor Mediterrânico.

O PNDES é um documento bem estruturado e com uma estratégia coerente e consistente. Contudo a sua implementação foi muito prejudicada pela falta de decisões atempadas ou por medidas mal articuladas com a estratégia estabelecida.

3.1.2 *O Plano Nacional para as Alterações Climáticas (PNAC)*

O PNAC foi elaborado em 2001. Em 2004 são-lhe acrescidas algumas medidas adicionais. O PNAC enuncia a estratégia nacional para o cumprimento daquilo que foi acordado com a UE no quadro da partilha de responsabilidades entre os países membros para cumprir o Protocolo de Quioto. De acordo com o estabelecido, Portugal deveria limitar o crescimento das suas emissões de GEE, na média dos anos de 2008 a 2012, a 27% em relação ao ano base de 1990.

O PNAC 2001 enuncia um conjunto de medidas para o sector de transportes, um dos maiores emissores de GEE, que deveriam traduzir-se numa redução das emissões entre 2,4 e 2,7 Teragramas de equivalente dióxido de carbono (TgCO2e). O quadro 5 enuncia as medidas relativas ao sector dos transportes.

Como se pode observar as medidas concentram-se no lado da oferta (construção/ expansão de sistemas de transporte público ferroviário urbano), medidas administrativas (redução de velocidade nas auto-estradas, incentivo a abate de veículos velhos), algumas de carácter técnico (programa auto-oil[13] por exemplo) e, finalmente, medidas do lado dos combustíveis – biocombustíveis e gás natural. Repare-se que nada é estabelecido directamente em relação às alterações na repartição modal a favor do transporte público, objectivo que no espaço EU (15 ou 25) tem mobilizado uma parte importante do esforço público.

Quadro 5 – Medidas do PNAC para o sector dos transportes

Medida	Redução GEE em 2010 (TgCO2e)	
	Cenário Baixo	Cenário Alto
Programa auto-oil	0,7	0,8
Expansão do Metro de Lisboa	0,02	0,02
Construção do Metro do Sul do Tejo	0,02	0,02
Construção do Metro do Porto	0,03	0,03
Construção do Metro do Mondego	0,02	0,02
Redução dos tempos de viagem Lisboa-Porto-C.Branco-Algarve	0,05	0,05
Ampliação da frota de veículos a gás natural – CARRIS e STCP	0,0007	0,0007
Incentivo ao abate de veículos em fim de vida	Irrelevante	Irrelevante
Redução de 6 km/h na velocidade nas auto-estradas	0,3	0,3
Directiva bio-combustíveis	1,3	1,3
Total	2,4	2,7

---

[13] O primeiro programa – Auto-Oil I – foi lançado em 1992 e tinha por objectivo fixar as normas obrigatórias de emissão dos veículos e da qualidade dos combustíveis, devendo as normas a criar entrar em vigor em 2000. O programa envolveu a indústria automóvel e as gasolineiras europeias, procurando avaliar e consensualizar os meios mais económicos para redução das emissões provenientes do sector dos transportes rodoviários. Foi concluído em 1996, originando a COM (1996) 248, a qual levou à adopção das Directivas n.º 98/69/CE e 98/70/CE. O programa Auto-Oil II surgiu em 1997 e visava estabelecer um quadro para a avaliação de diferentes opções políticas para redução de emissões. Contou com um maior envolvimento dos diferentes parceiros, e abarcou medidas mais vastas para redução de emissões. Presentemente está já em discussão o Auto-oil 6.

As Medidas Adicionais contidas na revisão de 2004 vieram privilegiar o uso de instrumentos fiscais (impostos sobre combustíveis e sobre veículos individuais) e a formação para a condução económica. Introduzem o desiderato de transferir as mercadorias do transporte por conta própria para o transporte público e os passageiros do transporte individual para o público colectivo, em especial nas AML e AMP. Contudo, fica omissa a identificação das acções e instrumentos a utilizar para realizar a necessária transferência modal.

3.1.3 Medidas para a diminuição da dependência do petróleo

Em Novembro de 2004, na sequência da consciencialização sobre os efeitos desastrosos para a economia portuguesa da tendência para o crescimento do preço do barril de petróleo, o Governo publicou um documento que designou por Programa de Actuação para Reduzir a Dependência de Portugal face ao Petróleo.

O Programa estabelece como metas:
  a. Diminuir até 2010 a intensidade energética[14] de Portugal até 20%;
  b. Reduzir a dependência do petróleo[15] também em 20% no mesmo horizonte temporal; e
  c. Reduzir a factura energética[16] em 15%

No sector dos transportes o documento identifica um conjunto de medidas, de entre as quais se destacam:
  a. Aumento da eficiência do transporte de passageiros através de incentivos à utilização de transportes públicos (por exemplo, desenvolver programas de promoção da imagem);

---

[14] *Intensidade energética*: consumo de energia final, em toneladas de equivalente petróleo (tep) por unidade de PIB.

[15] *Dependência do petróleo*: consumo de petróleo por tep de energia primária total.

[16] Custo da energia importada.

b. Estímulo à redução da intensidade energética dos veículos privados de passageiros;
c. Aumento da eficiência do transporte de mercadorias através de medidas como o estímulo à renovação da frota de viaturas pesadas e o desenvolvimento de infraestruturas logísticas adequadas;
d. Introdução de fontes de energia alternativa ao petróleo (motorizações híbridas ou a gás natural para as redes de transportes urbanos e biocombustíveis).

A experiência internacional mostra que é excessivamente ambicioso esperar cumprir estas metas num tão curto espaço. Reduzir a intensidade energética e a dependência do petróleo implica alterações profundas de práticas e processos que exigem investimentos e alterações de comportamentos que podem levar até 20 anos de acções empenhadas, permanentes e, por consequência, caras (caso da Dinamarca, um dos casos de sucesso deste tipo de intervenção). As medidas identificadas são genéricas, vagas e pouco estruturadas. Fundamentalmente, não constituem um programa virado para a acção.

3.1.4 *O Plano Rodoviário Nacional (PRN 2000)*

O PRN 2000 foi criado pelo Decreto-Lei 222/98, modificado posteriormente pela Lei 98/99, e constitui uma revisão do PRN 85, que estabeleceu o primeiro plano rodoviário depois de 1945.

O PRN 2000 separa a rede nacional da municipal, sendo a rede nacional dividida em fundamental e complementar. A rede fundamental é integrada pelos Itinerários Principais, em número de 9, e a complementar pelos Itinerários Complementares (37) e pelas Estradas Nacionais. As estradas classificadas no PRN 2000 atingem 16.500 quilómetros (2.544 de IP's, 3.388 de IC's e o restante de EN's). Em Dezembro de 2004 estavam construídos 55% dos IP's e IC's (76% dos IP's e 38% dos IC).

3.1.5 O Livro Branco da Política Marítimo-Portuária

O Livro Branco da Política Marítimo-Portuária Rumo ao Século XXI foi publicado em 1999 pelo Ministério do Equipamento e afirma o "...papel estratégico do transporte marítimo e dos portos nacionais no comércio internacional e no desenvolvimento sustentado a longo prazo, considerando os portos portugueses como parceiros da melhoria de competitividade e de internacionalização da nossa economia".

Reconhecendo as vantagens comparativas dos portos portugueses (localização em relação às grandes rotas de comércio da Europa com o resto do mundo e condições naturais favoráveis – profundidades, fraca amplitude de marés, etc.) e as orientações europeias para o desenvolvimento do transporte marítimo, em especial o de curta distância, no sentido da mobilidade sustentável, o Livro Branco estabelece um programa de acções visando o aumento da sua competitividade.

Como grandes linhas de acção destacam-se:
- Reforço da competitividade e agressividade comercial dos portos portugueses e da cadeia logística onde estes se integram, reduzindo progressivamente a factura portuária aos clientes finais assim como o tempo de desembaraço dos navios e de despacho das mercadorias, tudo isto apoiado num reforço da participação privada na exploração portuária;
- Realização de um conjunto selectivo de investimentos em infraestruturas portuárias, direccionadas para a vocação estratégica dos portos;
- Construção de uma rede de mobilidade marítimo-terrestre eficiente, inserindo os portos numa rede intermodal e logística, interna e europeia, associada a uma melhoria das acessibilidades de curta e longa distância;
- Generalização das novas tecnologias de informação e telemática no sector marítimo-portuário;
- Criação de condições que facilitem à marinha mercante nacional a exploração de segmentos de actividade em que possa deter vantagens comparativas;

– Definição de alianças portuárias com operadores internacionais de transporte marítimo e com outros portos europeus reforçando a competitividade e o dinamismo dos portos portugueses;
– Valorização dos recursos humanos implicados no sector marítimo-portuário.

O Livro Branco aponta para acções concretas em vários domínios, tais como:
(i) Reforma das instituições do Estado e reorganização global do sector, englobando, i.a., a transformação das Administrações portuárias em empresas públicas, a criação do Instituto Marítimo-portuário;
(ii) Reformulação dos instrumentos e modelos de gestão do sector portuário, englobando, nomeadamente, a publicação da Lei de Bases das Concessões Portuárias e as Bases Gerais do Sistema Tarifário.
(iii) Reformulação do Quadro Legal e Institucional do Sector Marítimo
(iv) Realização de investimentos de carácter estratégico, como sejam a modernização, reordenamento e optimização dos portos de Lisboa e Leixões, expansão da oferta de Setúbal e Sines, melhoria das acessibilidades rodo e ferroviárias e investimentos em tecnologias de informação;
(v) Formação de recursos humanos;
(vi) Aposta na cooperação.

3.2 O quadro jurídico regulamentar

Em 1945 foi publicada a Lei de Coordenação dos Transportes Terrestres (Lei 2.008) que seria regulamentada em 1948 pelo Regulamento de Transporte Automóvel (Decreto-Lei 37.272). Estes diplomas são típicos do regime de proteccionismo económico da época, desconfiado em relação ao papel regulador do mercado. Partindo do princípio que a actividade transportadora tende para o monopólio natural, a concorrência não se considera possível, fomentando-se por isso a concentração. Define vocações modais e cria mecanismos, nomeadamente tributários, para evitar a concorrência. Este sistema de diplomas funcionou com eficácia durante muitos anos; contudo, ele é incompatível com o novo conceito de funcionamento do mercado dos transportes, pelo que foi revogado em 1990 pela Lei de Bases do Sistema de Transportes (Lei 10/90 de 17 de Março). No entanto, o sistema de produção legislativa português não se mostrou capaz de criar um verdadeiro substituto da velha Lei de Bases. Muitos dos artigos do diploma de 1990 não estão ainda regulamentados, pelo que se mantêm em vigor disposições de 1945 e 1948, o que torna o sistema incoerente e mal adaptado às necessidades actuais. Acresce que da Lei de 1990 até à actualidade vem sendo criada uma legislação avulsa mais ao sabor de questões pontuais do que de uma estratégia consistente, o que contribui decisivamente para a falta de transparência do sistema e para um certo caos legislativo.

Por exemplo, o Decreto-Lei 439/83, de 22 de Dezembro, cria a Taxa Municipal de Transportes que visava resolver o problema do financiamento do transporte público; nunca entrou em vigor. O Decreto-Lei 8/93, de 11 de Janeiro, cria o conceito de título combinado; a sua aplicação deu origem a uma "inflação" de títulos entre operadores que tornam os tarifários das áreas metropolitanas totalmente opacos aos não utilizadores, que são aqueles que se deveriam captar para o sistema de transporte público. O Decreto-Lei 268/03, de 28 de Outubro, criou as Autoridades Metropolitanas de Transportes, elemento fundamental para a estruturação da oferta de transporte público, para a melhoria da sua qualidade, para a criação de um sistema estável de financiamento e para um relacionamento adequado entre operadores e tutela. Contudo, três anos após a sua criação, e apesar de terem sido nomeadas comissões instaladoras, até ao presente ainda nenhuma AMT está a funcionar.

4. Da formulação das políticas à realidade

4.1 Os investimentos públicos[17]

No período de 1976 a 1998 o Investimento Público em Infraestruturas de Transportes (IPIT) correspondeu, em média, a 1,6% do PIB e a 6,6% da FBCF. Em termos reais, a taxa média de crescimento do IPIT foi, no mesmo período, de 6%, apesar de se verificarem fortes oscilações anuais. De forma geral, a taxa de crescimento anual do IPIT foi superior à do PIB e à da FBCF.

No período de 1988 até ao final da década de 90 o peso do IPIT cresceu, atingindo 2% do PIB e 8% da FBCF. Esta é uma consequência directa do início dos QCA's.

O Quadro 6 decompõe o IPIT por subsector.

Quadro 6 – Peso dos IPIT por subsector – média 1989-1998

Subsector	% do IPIT no período dos QCA's I e II
Rodoviário	69,6%
Ferroviário	18,4%
Portuário	8,7%
Aeroportuário	3,4%

O IPIT rodoviário representa, de longe, o maior peso de mobilização de recursos, com tendência crescente ao longo de todo o período. Do total investido na rede rodoviária, 43% foi para a rede nacional, 38,5% para a rede municipal e 18,5% para as auto-estradas. Enquanto a rede nacional mobilizou um volume geralmente crescente de recursos ao longo do período, a rede municipal viu a sua importância relativa diminuir todos os anos; o peso relativo da rede de auto-estradas oscilou.

---

[17] Fonte dos números do capítulo: Formulação de Políticas Públicas no Horizonte 2013, DGDR, Nov 2005.

Quadro 7 – IPIT 1999-2004

Milhões €	1999				2000				2001			
	OE	UE	OF	tot	OE	UE	OF	tot	OE	UE	OF	tot
Rodoviário	493,1	26,3	66,5	585,9	474,7	86,3	4,9	565,9	490,8	240,8	50,2	781,8
Ferroviário	114,8	97,7	235,4	447,9	113,4	82,8	292,2	488,4	149,0	168,1	395,4	712,5
Marítimo e Fluvial	28,5	35,9	38,6	103,0	39,4	6,2	13,4	59,0	46,0	22,1	7,9	76,0
Aéreo	0,5	0,0	0,0	0,5	0,4	0,0	0,2	0,6	0,1	0,0	0,0	0,1
Diversos	23,9	0,3	0,0	24,2	28,3	0,3	0,0	28,6	18,6	0,2	0,0	18,8
Total	660,8	160,2	340,5	1.161,5	656,2	175,6	310,7	1.142,5	704,5	431,2	453,5	1.589,2

Milhões €	2002				2003				2004			
	OE	UE	OF	tot	OE	UE	OF	tot	OE	UE	OF	tot
Rodoviário	488,0	138,3	35,8	662,1	517,6	175,8	88,1	781,5	641,4	166,1	57,9	865,4
Ferroviário	139,2	294,9	575,0	1.009,1	158,6	283,1	746,1	1.187,8	140,5	207,1	705,6	1.053,2
Marítimo e Fluvial	37,1	29,1	42,1	108,3	30,9	33,1	29,7	93,7	10,0	18,6	19,1	47,7
Aéreo	0,1	0,0	0,0	0,1	0,2	0,1	0,0	0,3	0,6	0,1	0,3	1,0
Diversos	14,5	0,7	0,0	15,2	8,9	0,6	0,0	9,5	19,3	0,6	0,0	19,9
Total	678,9	463,0	652,9	1.794,8	716,2	492,7	863,9	2.072,8	811,8	392,5	782,9	1.987,2

Ft: GEP, MOPTC (site na Internet)
OE – Cap. 50 do Orçamento de Estado; UE – Fundos Comunitários; OF – Outras Fontes

Em termos regionais, o IPIT concentrou 60% do seu volume em 6 distritos: Lisboa (16,2%), Porto (11,1%), Aveiro (9,0%), Setúbal (7,6%), Coimbra (6,9%) e Faro (6,9%). São, portanto, os distritos do litoral, em detrimento dos do interior, que concentram o principal esforço de investimento em infraestruturas de transporte.

O período do QCA III (2000-2006) trouxe algumas alterações a este panorama. O investimento em estradas perde peso (50% em 1999 e 43,5% em 2004) com o ferroviário a ganhar maior expressão (38,5% em 1999 e 53% em 2004). O marítimo e fluvial continua a perder peso neste período.

4.2 Os resultados

4.2.1 *Infraestruturas de transportes*

A evolução da dotação de Portugal em infraestruturas de transportes é um dos aspectos mais salientes do período pós adesão.

Em relação às auto-estradas, a rede cresceu de 316 km para cerca de 2.000 km entre 1990 e 2003. O país passa assim de uma média de 31.256 habitantes por quilómetro de auto-estrada em 1990 para 5.194 em 2003. Como a média europeia (UE 15) era, para as mesmas datas, de 9.249 e 7.128, verifica-se que Portugal passa de uma situação cerca de 4 vezes inferior à média europeia em 1990 para uma situação acima da média. Este indicador de densidade das auto-estradas é confirmado pelos metros lineares de auto-estrada por quilómetro quadrado de superfície total: a UE – 15 passa de 12,4 para 16,8 m/km2 e Portugal sobe de 3,4 para 21,8. Ou seja, Portugal passa de uma situação de subdotação para uma das melhores situações na UE. Em 2003 Portugal tem uma densidade de auto-estradas, em relação à sua população, melhor do que vários dos países mais desenvolvidos da União – Bélgica ou Alemanha, por exemplo. Repare-se o pouco investimento que a Irlanda, um dos países que mais se desenvolveu com a adesão, fez em auto-estradas, já que a sua rede passou de um total de 26 km para 176 km, apresentando em 2003 uma densidade (m/km2 e habitantes por km) inferior à média da UE – 15.

A rede rodoviária total, incluindo as estradas municipais, atingiu em 2003 cerca de 80.000 km, da qual a rede fundamental ascendia a cerca de 12.700 km (estradas nacionais, 38,7%, estradas regionais, 35,5%, Itinerários Principais, 15,6% e Itinerários Complementares, 10,2%). Correndo o risco de inconsistência na classificação entre as diversas redes de estradas de cada país – membro, tomando a totalidade da rede (80.000 km) obtêm-se valores de densidade rodoviária um pouco inferiores à média europeia, o que mostra que o investimento em auto-estradas foi priorizado em relação ao resto da rede. Outros países tomaram opções diferentes: a Irlanda apresenta indicadores de densidade rodoviária total melhores do que os portugueses: 1.369 m/km2 e 42 habitantes por km de estrada na Irlanda, 863 e 131 em Portugal, e 1.231 e 98 na UE – 15, respectivamente.

No que se refere ao caminho-de-ferro, Portugal seguiu a tendência europeia de desclassificação de rede ferroviária, redu-

Quadro 8 – Indicadores europeus sobre infraestruturas de transportes

	área	Pop (mio)*	Rede estradas			estradas total	Densidade rodo 2003				Extensão rede ferro			Densidade m/km
			autoest. 1990	2003	Var. 03/90		autoestradas m/km2	hab/km	rede rodoviária m/km2	hab/km	1990	2003	Var 03/09	
Áustria	84.000	8,1	1445	1670	15,6%	106.058	19,88	4.850,3	1.263	76	5.624	5.787	2,9%	68,9
Bélgica	31.000	10,4	1666	1729	3,8%	149.739	55,77	6.015,0	4.830	69	3.479	3.521	1,2%	113,6
Dinamarca	43.000	5,4	601	1027	70,9%	71.952	23,88	5.258,0	1.673	75	2.344	2.273	-3,0%	52,9
Finlândia	305.000	5,2	225	653	190,2%	103.850	2,14	7.963,2	340	50	5.867	5.851	-0,3%	19,2
França	544.000	59,6	6824	10379	52,1%	998.001	19,08	5.742,4	1.835	60	34.070	29.269	-14,1%	53,8
Alemanha	357.000	82,5	10854	12044	11,0%	644.441	33,74	6.849,9	1.805	128	40.981	36.054	-12,0%	101,0
Grécia	132.000	11,0	190	742	290,5%	114.607	5,62	14.824,8	868	96	2.484	2.414	-2,8%	18,3
Irlanda	70.000	4,0	26	176	576,9%	95.811	2,51	22.727,3	1.369	42	1.944	1.919	-1,3%	27,4
Itália	301.000	57,3	6193	6487	4,7%	668.721	21,55	8.833,1	2.222	86	16.066	16.287	1,4%	54,1
Luxemburgo	3.000	0,4	78	147	88,5%	5.201	49,00	2.721,1	1.734	77	271	275	1,5%	91,7
Portugal	92.000	10,4	316	2002	533,5%	79.428	21,76	5.194,8	863	131	3.064	2.818	-8,0%	30,6
Espanha	505.000	40,7	4693	10296	119,4%	164.139	20,39	3.953,0	325	248	14.539	14.387	-1,0%	28,5
Suécia	411.000	8,9	939	1591	69,4%	139.847	3,87	5.594,0	340	64	11.193	11.037	-1,4%	26,9
Holanda	34.000	16,2	2092	2541	21,5%	125.839	74,74	6.375,4	3.701	129	2.798	2.811	0,5%	82,7
Reino Unido	244.000	59,3	3181	3609	13,5%	416.226	14,79	16.431,1	1.706	142	16.914	17.050	0,8%	69,9
Total	3.156.000	379,4	39.323,0	55.093,0	40,1%	3.883.860	17,46	6.886,5	1.231	98	161.638	151.753	-6,1%	48,1

*: 1Jan 2003Ft. Europe in Figures, Eurostat Yearbook 2005

zindo a sua extensão total. Este fenómeno verificou-se em toda a União: a UE – 15 perdeu 6,1% da sua rede ferroviária entre 1990 e 2003. Portugal apresenta valores de desclassificação da rede superiores às médias europeias: 8,3%. A contrastar com Portugal, a Grécia apenas desclassificou 2,8%, a Irlanda, 1,3%. A Bélgica, a Áustria, o Luxemburgo e a Itália aumentaram a sua rede. A Espanha apresenta uma queda de 1%, mas em 2003 a tendência de diminuição inverteu-se, tendo a extensão total da rede ferroviária em Espanha passado de 13.856 km em 2002 para 14.387 km em 2003.

4.2.2 Mobilidade e transporte

O volume de total de transporte de pessoas e bens está historicamente relacionado com as variações da produção. Assim, a expansão do número e extensão das viagens está tradicionalmente ligada às variações do PIB.

Quadro 9 – Transporte de mercadorias e de passageiros (todos os modos)

		1997	1998	1999	2000
UE(15)					
	Tk	1.413	1.483	1.537	1.579
	Pk	4.297	4.390	4.489	4.506
Portugal					
	Tk	20	21	22	23
	Pk	87	92	97	102
PIB UE(15)		2,6	2,9	3	3,9
PIB Portugal		4,2	4,8	3,9	3,9
Ft: Eurostat					

PK e TK em milhares de milhões; PIB – taxa média de crescimento anual

No Quadro 10 pode observar-se que entre 1995 e 2003 a taxa média de crescimento anual dos passageiros-km transportados é inferior à do PIB. Nas mercadorias a taxa média de crescimento anual das toneladas – km é ligeiramente superior à da produção.

Capítulo 6 – Transportes e infraestruturas de transportes | 265

Quadro 10 – Taxas de crescimento anual – UE (25)

	1995-2004 (valores anuais)	2003-2004 (valores anuais)
PIB preços constantes	2.3 %	2.4 %
Transporte de passageiros Pkm	1.9 %	0.9 %
Transporte de mercadorias Tkm	2.8 %	5.1 %
Nota: *O forte crescimento do transporte de mercadorias entre 2003 e 2004 deve-se, em parte, a alterações metodológicas na recolha de dados para as estatísticas de transportes de alguns países-membros da UE. Ft: Energy and Transport in Figures, 2005, DG Energia e Transporte		

Construindo os índices TK/PIB e PK/PIB, que se podem interpretar como o conteúdo de transporte por unidade de PIB (para mercadorias e para passageiros, respectivamente), obtêm-se as séries constantes dos Quadro 11, Quadro 12, Gráfico 5 e Gráfico 6.

Em relação ao transporte de mercadorias, verifica-se que na UE-15 se tem aproximadamente mantido o volume de transporte por unidade de PIB. A Alemanha, a Espanha e a França distinguem-se pela tendência para a diminuição. Portugal é um país excepção, com o crescimento do PIB associado a um crescimento mais do que proporcional ao volume de transporte.

Gráfico 5 – Toneladas-km transportadas por unidade de PIB (índice, 1995=100)

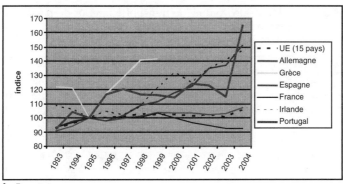

ft: Eurostat

Gráfico 6 – Passageiros-km transportados por unidade de PIB (índice, 1995 – 100)

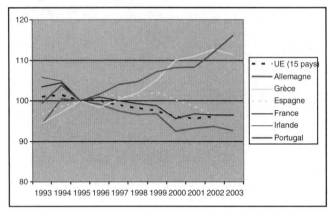

Quadro 11 – Índice de volume de transporte interno de mercadorias em relação ao PIB – toneladas-km / PIB (em Euros constantes de 1995), 1995=100

	1993	1994	1995	1996	1997	1998	1999	2000	2001	2002	2003	2004
UE (15)	92,4	95,8	100	99,9	101	102,3	102,2	102,2	101,4	101,9	100,5	105,3
Alemanha	90,5	94,5	100	97,8	99,8	101,4	103,7	103,3	103,3	102,2	103,1	107,5
Grécia	122,2	121,2	100	117,3	128,6	141	141,7					
Espanha	93,3	97,4	100	98,1	101,7	108,9	111,7	117,7	122,5	135,4	137,1	151,4
França	93,5	96,9	100	100	100,5	100,5	103,3	100	96,8	94,6	92,4	92,8
Irlanda	109,1	106	100	104,4	102	108,4	121,2	132	125,1	135	141	147,7
Portugal	91,7	104,1	100	116,3	120,6	116,3	115,8	114,5	124,2	122,8	114,9	165,9

Ft: Eurostat

Quadro 12 – Índice do volume de transporte interior de passageiros em relação ao PIB – passageiros-km / PIB (em Euros constantes de 1995), 1995=100

	1993	1994	1995	1996	1997	1998	1999	2000	2001	2002	2003
UE (15)	100,8	101,3	100	100	98,8	98,2	97,5	95,8	95,5	95,9	
Alemanha	94,3	100,5	100	99,1	97,5	96,6	96,9	92,5	93,2	93,6	92,6
Grécia	94,4	97,2	100	98,4	100,3	102	105,1	110	110,9	112,6	111,3
Espanha	96,9	98,5	100	101,9	100,9	101,1	102,2	100,1	98,6	96,4	96,4
França	103,5	104,5	100	100,8	100	99,3	98,8	95,5	96,8	96,4	96,4
Irlanda	105,7	104,9	100	101,6	104	104,8	107,2	108,2	108,4	112,1	116,1
Portugal	99,4	103,9	100	101,6	104	104,8	107,2	108,2	108,4	112,1	116,1

Ft: Eurostat

Em relação ao transporte de pessoas, a tendência europeia é claramente decrescente, com o índice a baixar cerca de 5% entre 1995 e 2002. Isto significa menos viagens por unidade de PIB, o que parece indiciar a quebra do elo histórico entre mobilidade e nível de actividade. Países como a Alemanha, a Espanha ou a França estão dentro desta tendência, com a Alemanha abaixo da média UE-15. Portugal é, de novo, excepção, com o peso das viagens de pessoas por unidade de PIB a crescer ao longo de todo o período.

Em relação às tendências de futuro, um estudo prospectivo publicado em 2003 pela Direcção Geral de Energia e Transportes da União Europeia,[18] apresenta uma previsão de evolução do Produto Interno (GDP) da população POP e da procura de transporte de passageiros (Gpk) e de mercadorias Gtk. As séries têm origem em 1990, usam valores reais até ao presente e mostram extrapolações efectuadas para o período até 2030. Passando os valores a índice (1990=100), construiu-se o Gráfico 7. De realçar os seguintes aspectos:

(i) Registe-se o fraco poder das variações demográficas para explicar a mobilidade – população quase estagnada e mobilidade fortemente crescente;

(ii) O Transporte de mercadorias cresce até 2005 a um ritmo próximo do ritmo de crescimento do PIB (GDP), embora superior;

(iii) Contudo, para o futuro aponta-se para uma aproximação destas duas variáveis, o que aponta para um decréscimo do conteúdo de transporte de mercadorias por unidade de PIB;

(iv) Regista-se já, actualmente, uma tendência para o crescimento da mobilidade das pessoas inferior à do PIB, tendência que os analistas apostam se venha a intensificar, assim se justificando o afastamento futuro das duas curvas. Trata-se de uma forte tendência para a redução do número e extensão de viagens de pessoas por unidade de PIB.

---

[18] "European energy and transport – Trends to 2030", encontra-se em <http://ec.europa.eu/dgs/energy_transport/figures/trends_2030/index_en.htm>

Gráfico 7 – EU-15 – Crescimento previsional da população, PIB e procura de transportes

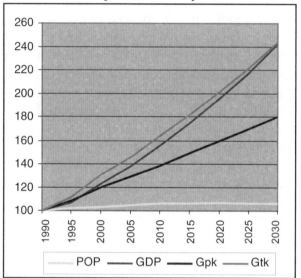

4.2.3 Repartição modal

Em relação aos passageiros na UE-15 o automóvel em uso individual (TI) transportou, em 2002, 84,9% dos passageiros – quilómetro (pk), o autocarro 8,6% e o caminho-de-ferro (inclui pesado, metro e ligeiro), 6,5%. Em média UE-15, entre 1991 e 2002 assistiu-se a um ligeiro aumento (1,5 p.p.) da quota de mercado do automóvel, com ligeiras diminuições do autocarro e caminho--de-ferro. A parte do transporte de pessoas em automóvel em Portugal passa, no mesmo período, de 72,5% em 1991 (muito inferior à média comunitária) para 87,5% em 2002, 2.6 p.p. acima da média europeia. Da amostra de países seleccionados no Quadro 13, Portugal é o que apresenta maior crescimento da quota de mercado do transporte individual.

Também no transporte de mercadorias se assiste em Portugal a um crescimento da quota de mercado da rodovia em relação à ferrovia que é bastante superior à média da UE-15. A quota comunitária de mercado da ferrovia passa de 16,1% para 14% (menos 2,1 p.p.). Em Portugal a ferrovia tem um peso muito inferior à média comunitária e apresenta uma queda também superior: passa de 9,5% para 5,3% (menos 4,2 p.p.).

Em relação à mobilidade global de pessoas verifica-se em Portugal, entre 1991 e 2001, uma perda de importância das deslocações a pé (de 21% para 19%), uma grande quebra do transporte público colectivo (de 51% para 28%) e uma subida explosiva do uso do automóvel (26% para 52%).

Observando a evolução dos passageiros transportados nas duas áreas metropolitanas (Lisboa e Porto) constata-se que os operadores estão a perder clientes. Apenas o Metro de Lisboa apresenta, a partir de 2000, tendência crescente, o que se deve ao forte crescimento da extensão da rede (uma análise de passageiros por estação demonstra a tendência para diminuição da intensidade do uso do Metro).

Quadro 13 – Repartição modal – passageiros

	1991	1992	1993	1994	1995	1996	1997	1998	1999	2000	2001	2002
Viaturas particulares
UE (15)	83.4	83.9	84.1	84.7	84.5	84.4	84.4	84.5	84.5	84.5	84.6	84.9
Alemanha	83.5	83.9	83.6	85.1	84.7	84.7	84.7	84.9	85.1	84.6	84.9	85.5
Grécia	71.3	71.1	72.1	72.7	73.0	73.5	74.0	74.9	76.0	76.6	77.4	78.2
Espanha	80.4	80.8	81.4	81.9	82.0	81.3	81.5	80.5	81.2	81.4	81.2	82.8
França	85.1	85.6	86.2	86.5	86.8	86.4	86.4	86.4	86.6	86.1	86.6	86.6
Irlanda	78.1	78.2	78.1	77.7	78.3	79.2	79.7	80.0	80.8	81.6	81.8	82.3
Portugal	72.5	70.9	75.1	77.4	79.2	80.9	81.4	82.4	83.8	84.8	85.7	87.5
Autocarro
UE (15)	9.7	9.5	9.3	9.0	9.1	9.2	9.1	9.1	8.9	8.9	8.8	8.6
Alemanha	9.7	9.4	9.1	8.1	7.9	7.9	7.9	7.7	7.6	7.8	7.6	7.5
Grácia	25.8	26.1	25.5	25.4	25.1	24.4	23.8	23.4	22.4	21.6	20.9	20.2
Espanha	13.7	13.2	13.2	13.0	13.0	13.8	13.4	14.4	13.8	13.6	13.7	12.3
França	6.1	5.8	5.8	5.7	5.6	5.6	5.5	5.4	5.2	5.3	4.9	4.8
Irlanda	16.7	17.0	17.0	17.8	17.4	16.7	16.2	16.0	15.4	15.0	14.7	14.0
Portugal	18.0	20.8	17.2	15.7	14.6	13.6	13.3	12.6	11.8	11.6	10.7	9.1
Caminho-de-ferro (todos os tipos)
UE (15)	6.8	6.6	6.5	6.3	6.4	6.5	6.5	6.5	6.5	6.6	6.6	6.5
Alemanha	6.8	6.7	7.3	6.8	7.3	7.4	7.5	7.4	7.4	7.6	7.5	7.0
Grécia	2.9	2.8	2.3	1.8	1.9	2.1	2.2	1.7	1.6	1.9	1.7	1.7
Espanha	5.8	6.0	5.4	5.1	5.0	4.9	5.1	5.1	5.0	5.0	5.1	4.8
França	8.8	8.6	8.0	7.8	7.5	8.0	8.1	8.2	8.2	8.6	8.5	8.6
Irlanda	5.2	4.8	4.8	4.5	4.4	4.1	4.1	4.0	3.8	3.4	3.5	3.6
Portugal	9.6	8.3	7.7	6.9	6.2	5.5	5.2	5.0	4.4	3.6	3.5	3.4

Quadro 14 – Repartição modal – mercadorias

	1993	1994	1995	1996	1997	1998	1999	2000	2001	2002	2003	2004
Caminhos-de-ferro													
UE (15)	16.1	16.2	15.5	15.3	15.8	15.2	14.6	14.8	14.3	13.9	14.1	14
Alemanha	20.4	20.5	18.9	19	19.3	18.7	17.4	18.2	17.7	17.9	18.6	19.1
Grécia	3.2	1.9	2.3	2.2	1.8	1.5	1.6	:	:	:	:	:
Espanha	7.8	8.5	9.7	9.8	10.3	8.3	7.9	7.2	6.8	5.9	5.7	5.1
França	21	21.3	20.7	21	22.2	21.5	20	20.6	19	19	18.1	17
Irlanda	10.1	9.8	9.9	8.3	6.9	5.4	4.9	3.8	4	2.9	2.5	2.3
Portugal	9.5	8.1	9.7	7.4	8.3	7.5	7.7	7.5	6.7	6.9	7	5.3
Estradas													
UE (15)	75.6	75.4	76.6	77.1	76.4	77.1	77.9	77.6	78.4	78.9	79.2	79.2
Alemanha	61.8	61.6	63.9	64.3	64.4	65	67.4	66.1	67.2	67	67.8	66.9
Grécia	96.8	98.1	97.7	97.8	98.2	98.5	98.4	:	:	:	:	:
Espanha	92.2	91.5	90.3	90.2	89.7	91.7	92.1	92.8	93.2	94.1	94.3	94.9
França	75.3	75.3	76.5	76.4	74.9	75.3	76.8	76	77.9	77.8	78.8	79.9
Irlanda	89.9	90.2	90.1	91.7	93.1	94.6	95.1	96.2	96	97.1	97.5	97.7
Portugal	90.5	91.9	90.3	92.6	91.7	92.5	92.3	92.5	93.3	93.1	93	94.7
Navegação interior													
UE (15)	8.3	8.4	8	7.6	7.8	7.7	7.5	7.6	7.4	7.2	6.8	6.8
Alemanha	17.9	17.9	17.2	16.7	16.3	16.2	15.2	15.7	15.1	15.1	13.6	14
Grécia	0	0	0	0	0	0	0	0	0	0	0	0
Espanha	0	0	0	0	0	0	0	0	0	0	0	0
França	3.7	3.4	2.8	2.6	2.9	3.2	3.2	3.4	3.1	3.1	3.1	3.2
Irlanda	0	0	0	0	0	0	0	0	0	0	0	0
Portugal	0	0	0	0	0	0	0	0	0	0	0	0

Quadro 15 – Evolução da repartição modal das deslocações pendulares
(trabalho e escola)

	AML		AMP	
	1991	2001	1991	2001
A pé	21,0%	16,0%	27,0%	19,0%
TI (automóvel)	26,0%	46,0%	31,0%	52,0%
Transporte Colectivo	51,0%	36,0%	42,0%	28,0%
Outros	2,0%	2,0%	1,0%	1,0%

4.2.4 Posse e uso de automóvel

A taxa de motorização, definida como o número de viaturas ligeiras particulares por milhar de habitantes, conheceu um crescimento explosivo em Portugal, com uma aceleração bem superior à média europeia. Segundo os dados do Eurostat[19], em 1970 existiam 49 carros por mil habitantes; em 1990 eram 258, ou seja, 5 vezes mais automóveis; em 2003, este valor teria mais do que duplicado, passando para 572[20]. O parque automóvel passou de 421 mil viaturas para cerca de 6 milhões (multiplicado por 14). Dito de outro modo, em 1970 Portugal tinha uma taxa de motorização que mal atingia 27% da média comunitária (UE15). Em 1990 ela era 66% da média. Em 2003, a taxa de motorização é 16% superior à média da mesma UE15. De acordo com os dados do Eurostat, citados em Energy and Transport in Figures, 2005, Portugal apresentava em 2003 uma taxa de motorização apenas ultrapassada pela do Luxemburgo. Superior à Suíça, Alemanha e todos os restantes países europeus.

Quadro 16 – Transporte público colectivo nas áreas metropolitanas de Lisboa e Porto – evolução

(mio PK)	1994	1995	1996	1997	1998	1999	2000	2001	2002	2003
Lisboa	517,3	503	504,1	503,1	508,8	462,7	465,9	456,2	446,1	452,8
Metro	136,2	123,9	128	117,4	125,3	108,1	139,8	144,6	145,7	176,1
Eléctricos	27,1	25,1	24,2	25,7	27	25,4	22,8	21,2	19,9	19,5
Autocarros	354	354	351,9	360	356,5	329,2	303,3	290,4	280,5	257,2
PORTO	250	249,6	247,1	246,2	246,2	245	239,7	234,3	209,2	227,9
Metro	-	-	-	-	-	-	-	-	-	6
Autocarros+ troley	238,3	244,6	244	245,3	245,5	244,3	239,3	234,1	208,9	221,7
Eléctricos	11,7	5	3,1	0,9	0,7	0,7	0,4	0,2	0,3	0,2

Em Portugal, o parque automóvel (TI) não se limitou a crescer. A sua utilização conheceu também um crescimento extremamente rápido. Em passageiros – km (PK) transportados em automóvel, o número passou de 13,8 milhares de milhões em 1970 para 97 (mais 7 vezes), enquanto na UE-15 o crescimento foi de 1,5 para 4,7 milhões de milhões (mais 2,6 vezes).

---

[19] *Energy and Transport in Figures, 2005, DG Energia e Transporte.*

[20] Segundo um estudo da DGTTF (Evolução do Sector dos Transportes Terrestres, 2005) e citando a ACAP e a DGV, a taxa de motorização em 2003 seria inferior ao apresentado pelo Eurostat: 380 veic/1000 hab.

Assumindo uma taxa de ocupação dos automóveis decrescente tanto em Portugal como na UE (1,5 pessoas por vk em 1970, 1,4 em 1980 e 1,3 a partir de 1990) obtêm-se estimativas para os quilómetros percorridos por dia e por veículo. É interessante notar que em Portugal parece assistir-se a uma estabilização dos km por veículo por dia em torno dos 35, e na UE esse valor é sempre crescente, situando-se actualmente perto dos 66 km.

Gráfico 8 – Taxa de motorização – Viaturas ligeiras por mil hab.

ft. Pk – Eurostat

Gráfico 9 – Portugal – passageiros km e veículos km em TI

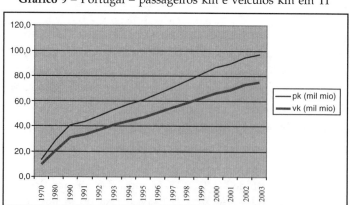

ft. Pk – Eurostat; vk – estimativa

Gráfico 10 – Km por veículo (TI) /dia – Portugal e UE

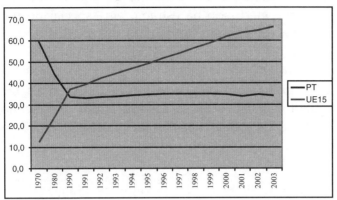

ft: estimativas a partir de Eurostat

4.2.5 Sustentabilidade

4.2.5.1 Transportes e energia

A dependência portuguesa do petróleo é claramente superior à média europeia. Em 2003, o petróleo estava na origem de 59% do consumo energético nacional, medido em Tep; o mesmo indicador para a média europeia UE-15 era 39%.

A produção nacional tem uma incorporação energética muito acima da média europeia. Cada Milhão de Euros de Produto Interno Bruto é conseguido, em Portugal (2003) com 236 toneladas de equivalente petróleo (tep). A média europeia (UE-15) era de 189. O país da União com perfil de intensidade energética mais parecido com o português é a Grécia – 249. Contudo, a Grécia baixou, entre 1990 e 2003, de 263 para 249, enquanto Portugal, no mesmo período, subiu de 222 para 236. Como se pode observar no Gráfico 13, Portugal é o único país da amostra escolhida onde este indicador subiu.

O comportamento do sector dos transportes tem uma elevada quota na explicação desta evolução muito negativa. Como se viu, o crescimento da actividade económica tem estado associado, em Portugal, a um crescimento mais do que proporcional da mobilidade. Por outro lado, esse acréscimo de mobilidade tem sido maioritariamente efectuado na estrada, em especial no transporte individual e no camião, em detrimento dos modos de transporte mais eficientes do ponto de vista energético e ambiental.

Como corolário deste facto, Portugal é dos países onde as emissões de gases com efeito de estufa (GEE) mais têm crescido. Enquanto na UE – 15 se assistiu a um decréscimo, entre 1990 e 2003, de 1,4% das emissões, em Portugal estas cresceram 37%.

Gráfico 11 – Consumo interno bruto de energia, por fonte – UE(15), 2003

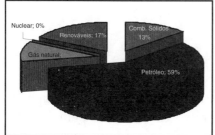

Gráfico 12 – Consumo interno bruto de energia, por fonte – Portugal, 2003

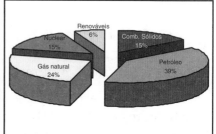

ft: EU – Transport and Energy in Figures, 2005

Quadro 17 – Intensidade carbónica e intensidade energética em alguns países da UE-15

	1990		2003		Variação	
	IC	IE	IC	IE	IC	IE
EU15	2,33	216	2,17	189	-6,7%	-12,5%
EU15	2,26	242	2,08	217	-7,6%	-10,1%
Dinamarca	2,78	148	2,79	126	0,3%	-14,9%
Alemanha	2,65	205	2,45	160	-7,6%	-22,0%
Grécia	3,20	263	3,13	249	-2,0%	-5,3%
Espanha	2,28	216	2,29	189	0,6%	-12,2%
França	1,59	198	1,42	187	-10,8%	-5,3%
Irlanda	2,86	256	2,81	159	-1,9%	-37,8%
Itália	2,54	194	2,47	192	-2,7%	-1,0%
Portugal	2,31	222	2,27	236	-1,8%	5,9%
Reino Unido	2,69	265	2,45	212	-9,0%	-20,0%

Capítulo 6 – Transportes e infraestruturas de transportes | 275

Gráfico 13 – Variação da intensidade energética – 1990-2003

Gráfico 14 – Portugal, consumo de energia final, por sector, 2003

Gráfico 15 – UE(15), consumo de energia final, por sector, 2003

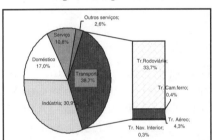
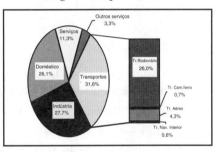

ft: EU – Transport and Energy in Figures, 2005

Quadro 18 – Consumo de energia nos transportes (1995=100)

	1992	1993	1994	1995	1996	1997	1998	1999	2000	2001	2002	2003
UE (15)	96,2	98,3	98,7	100	102,9	104,8	109,0	111,7	112,8	113,4	114,3	115,3
Dinamarca	93,2	94,2	98,7	100	102,2	103,7	105,1	106,5	106,1	106,7	106,1	110,2
Grécia	95,6	100,3	100,2	100	102,0	104,6	113,4	115,9	111,9	114,5	116,0	121,3
Espanha	95,4	94,2	98,5	100	106,4	107,4	116,8	122,3	126,0	131,1	133,8	140,9
Irlanda	91,3	96,9	98,3	100	112,8	121,1	140,6	157	170,9	182,4	187,1	188,9
Portugal	88,9	92,2	96,5	100	105,3	108,5	117,5	124,5	134,3	134,9	146,8	146

Quadro 19 – Emissões de Gases com Efeito Estufo (GEE) pelos Transportes

	1991	1992	1993	1994	1995	1996	1997	1998	1999	2000	2001	2002
UE (15)	727.709	753.186	761.734	765.932	776.203	793.879	803.353	829.386	850.176	851.111	860.067	968.731
Portugal	11.310	12.205	12.672	13.230	13.880	14.459	15.165	16.641	17.520	19.125	19.983	20.464
UE (15)	100	104	105	105	107	109	110	114	117	117	118	133
Portugal	100	108	112	117	123	128	134	147	155	169	177	181

Em índice, 1991=100

Quadro 20 – Emissão de GEE em relação ao ano de base

	1990	1995	2000	2003
UE 15	99,7	97,1	96,4	98,3
Bélgca	99,2	103,8	100,6	100,6
Dinamarca	99,6	110,2	98,1	106,3
Alemanha	99,6	88,3	81,4	81,5
Grécia	98	102,5	118,5	123,2
Espanha	99,2	110	133	140,6
França	100	99,1	98,7	98,1
Irlanda	99,9	107,8	127,8	125,2
Itália	100,2	103,4	108	111,6
Holanda	99,4	105,2	100,4	100,8
Áustria	100	102,1	103,2	116,6
Portugal	100	117,2	135	136,7
Finlândia	100	101,6	99,7	121,5
Suécia	99,9	101,5	93	97,6
Reino Unido	99,5	91,9	86,7	86,7

Ft:Eurostat

4.2.5.2 *Acidentes*

No início da década de 90 Portugal apresentava uma sinistralidade muito elevada, apenas comparável à situação da Grécia. Contudo, assistiu-se a uma queda rápida da sinistralidade. Actualmente o número de vítimas por milhões de veículos-km (VK) situa-se muito perto da média europeia.

Gráfico 16 – Evolução do número de vítimas mortais em acidentes rodoviários

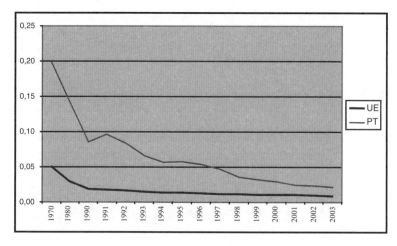

5. Estará tudo por fazer?

O balanço que se pode fazer de 20 anos de integração de Portugal na União Europeia não é, no domínio da mobilidade e acessibilidades, positivo. Admitindo a mobilidade sustentável como objectivo, é forçoso reconhecer que os resultados atingidos pela própria União, como um todo, também não são brilhantes, embora passos importantes estejam a ser dados, em especial em alguns dos países. Contudo, em Portugal o crescimento económico tem vindo a ser feito com um agravamento das variáveis que definem a sustentabilidade dos transportes, contrariando tendências da União e caminhando, em relação a algumas delas, no sentido contrário àquilo que seria de esperar se as políticas fossem lúcidas, realistas, corajosas e postas em prática.

Com efeito:

(i) Nada de positivo se avançou no sentido da revisão do sistema legal de enquadramento da actividade. Ao contrário do que fez, por exemplo, a França, criando um corpo de 4 diplomas com a capacidade de reger todas as questões da mobilidade e seus interfaces com o ambiente, a energia e o planeamento urbano, em Portugal mantém-se a dispersão caótica de diplomas incompletos, parcelares e, por vezes, contraditórios.

(ii) A informação técnica sobre o sector é reduzida, atrasada e, geralmente, de fraca qualidade. Não se efectuam inquéritos frequentes à mobilidade de forma a conhecerem-se padrões e preferências, o que dificulta sobremaneira o planeamento de redes e sistemas.

(iii) Não se procedeu à necessária articulação, na prática, entre o ordenamento do território, o planeamento urbano, o ambiente, a energia e a mobilidade. Assim, os planeadores continuam a promover padrões urbanos que agravam a automóvel-dependência, que dificultam a oferta eficiente de transporte público, e que se traduzem em mais congestionamento, em consumos energéticos evitáveis e em emissões desnecessárias de GEE.

(iv) As entidades ordenadoras dos sistemas de mobilidade nas principais áreas urbanas (Autoridade Metropolitana de Transporte, que existe na lei mas não na realidade portuguesa) são imprescindíveis para definir (i) a lógica e hierarquização das redes de transporte público; (ii) o relacionamento entre os operadores e o Estado, através, por exemplo, de contratos de concessão do serviço público; (iii) o financiamento do sistema, criando formas estáveis e sustentáveis de financiamento das obrigações de serviço público; e (iv) o acompanhamento e fiscalização da execução dos contratos de concessão. Contudo, esta função superior do Estado não é assegurada. O resultado é a existência de operadores públicos sempre à beira da falência técnica, à espera que um subsídio milagroso venha salvar a sua honorabilidade perante a banca comercial, e de operadores privados que se reclamam da independência face ao Estado mas estão sempre à procura de uma forma de maximizar as verbas que conseguem sacar do Orçamento de Estado, seja a que título for.

(v) O transporte público urbano tem, de forma geral, má qualidade: está organizado privilegiando as ligações radiais de entrada nos principais centros urbanos, não respondendo à procura crescente entre periferias; é pouco seguro (assaltos cada vez mais frequentes nos comboios, por exemplo); os sistemas de informação ao público são, geralmente, de péssima qualidade, não convidando os não utilizadores a entrar no sistema, por desconhecimento de percursos, horários e tarifários; os acordos bilaterais entre empresas agravaram a opacidade do sistema tarifário; os horários não facilitam uma utilização mais frequente do transporte público.

(vi) As populações do interior estão cada vez mais entregues ao automóvel individual, ao táxi ou, em alternativa, a sistemas perversos, como sejam a utilização abusiva do transporte escolar e do transporte do sistema de saúde para assegurar as suas necessidades de deslocação à sede do concelho, sem que sistemas adequados de oferta de transporte público que respondam em tempo real às necessidades da procura sejam, enfim, criados na lei e na prática. Em particular, a acessibilidade das populações de áreas de fraca ou muito fraca densidade populacional aos benefícios mínimos do desenvolvimento (ensino, saúde, lazer) é deplorável.

(vii) O processo previsto ainda nos anos 80 para a modernização do sistema ferroviário está incompleto: não se concluiu a modernização da Linha do Norte (e se vier a ser decidido que a modernização não deverá ser concluída devido à perspectiva de construção do TGV, teremos então que assumir que os milhares de milhões de Euros já gastos nesse projecto não terão tido a melhor das utilizações); foi feita a modernização da Linha da Beira Alta e da Linha Lisboa-Algarve, mas estes, para se poupar no investimento, não conseguiram tornar a oferta competitiva em relação ao modo rodoviário, assim transformando uma aparente austeridade no dispêndio de recursos numa irracionalidade total de despesa.

(viii) A estratégia para o novo aeroporto de Lisboa, como definida no PNDES, que previa passar a funcionar como um hub para o transporte aéreo entre a Europa, as Américas e a África, está grandemente prejudicada pelos atrasos, com o aeroporto de Madrid a ocupar progressivamente essa posição.

(ix) Os portos viram a sua capacidade e a sua actividade progredir de forma muito positiva. Contudo, a má articulação dos portos com a cadeia de transportes e, principalmente, a falta de uma estratégia concertada para o desenvolvimento da logística, levaram a que os objectivos do PNDES não fossem cumpridos e o sistema

portuário não se tenha conseguido afirmar no quadro europeu, sem capacidade para bater a concorrência feroz dos portos espanhóis.
(x) Apesar do descomunal investimento rodoviário, permanecem os chamados missing links, isto é, as ligações entre a rede fundamental e os centros urbanos secundários, o que leva a que as ligações entra as "vizinhanças" das cidades nacionais sejam rápidas, mas as ligações centro a centro continuam muito difíceis.
(xi) A aposta determinada na logística foi um sonho do PNDES. Apenas em 2006 foi apresentado um Plano Nacional de logística.

Estará, então, tudo por fazer? A observação da forma como a mobilidade tem evoluído mostra que, mantendo-se as condições que têm determinado a evolução do transporte de pessoas e de mercadorias, o caminho estaria traçado: uso e abuso do automóvel, congestionamento, perdas de tempo, emissões crescentes de poluentes seriam o panorama, numa convergência objectiva não com a UE mas com outros espaços que têm trilhado percursos análogos: S. Paulo, no Brasil, será o paradigma.

Contudo, algo mudou. Não por obra de políticas voluntaristas, mas por alterações de mercado que há pouco tempo eram ainda imprevistas: a tendência para o crescimento do preço da energia. A entrada da China e da Índia como compradores das ramas, que são finitas, criaram uma nova tensão no mercado que só se pode traduzir por preços crescentes, independentemente de flutuações de curto prazo. Por outro lado, o comércio das emissões de carbono cria a perspectiva de Portugal estar a pagar milhões de Euros em consequência de não ser capaz de assegurar o cumprimento das metas de emissões.

Se a energia barata acabou, cada vez será mais difícil manter o actual padrão de mobilidade. Por isso, e mais que não seja para evitar crises indesejáveis, talvez seja chegado o momento de, finalmente, compreender o que está em causa e de agir em conformidade.

Bibliografia

Banco Mundial, (1994). *Infraestruturas para o desenvolvimento*, Relatório sobre o Desenvolvimento Mundial, The World Bank, Washington D.C.

CERVERO, R. (1998). *The transit metropolis*. Island Press, Washington D.C.

Comissão Europeia, (2001). *A Politica Europeia de Transportes no horizonte 2010: A hora das opções*. Livro Branco. Bruxelas.

Comissão Europeia, (2001). *European Union energy and transport in figures*, DGET, Bruxelas.

Comissão Europeia, (2006). *Fazer mais com menos*, Livro Verde, DGET, Bruxelas.

CORREIA DA FONSECA, C. (2002). *Para uma mobilidade sustentável*. Trabalho de investigação. DGGE, Lisboa.

NUNES DA SILVA, F., FIGUEIRA DE SOUSA, J., Correia da Fonseca, C. et all. (2006). *Formulação de políticas públicas no horizonte 2013 – Acessibilidades e transportes*. Trabalho de investigação. DGDR, Lisboa.

DUANY, A., et all., (2000), *The suburban nation – the rise of sprawl and the decline of the American dream*. North Point Press, New York.

NEWMAN P. e KENWORTHY, J. (1999). *Sustainability and cities: Overcoming automobile dependence*. Island Press, Washington D.C.

Capítulo 7

Política social em Portugal e a Europa, 20 anos depois

José António Pereirinha
Francisco Nunes

A adesão de Portugal e Espanha à Comunidade Económica Europeia (CEE), actual União Europeia, em Janeiro de 1986, veio originar um enriquecimento da diversidade de regimes de Estado--providência no espaço comunitário europeu, consolidando o modelo da Europa do Sul e, desta forma, *latinizando* o modelo social europeu. Por seu turno, a restauração do regime democrático em Portugal, ocorrida poucos anos antes (Abril de 1974), tinha originado um alargamento dos direitos de cidadania, em particular dos direitos sociais, aprofundando o carácter universal desses direitos e originando um aumento das despesas sociais públicas, para as quais foi exigido um esforço redistributivo acrescido (reforço da solidariedade fiscal), mas deixando clareiras na capacidade de realização plena desses direitos. A adesão de Portugal à CEE veio *europeizar* o Estado-providência português, em três sentidos fundamentais. Por um lado, veio alterar o *contexto* (nacional) em que a discussão dos problemas sociais se passou a realizar e a formulação das políticas se passou a fazer. Veio igualmente alterar o *conteúdo* (significado científico e político) dessa análise e da intervenção política. Traduziu-se também numa alteração da *orientação* (em termos das grandes opções e objectivos de política, dos instrumentos e formas de intervenção) da política social. A política social em Portugal apresenta assim, nos tempos de hoje, características que resultam de um conjunto de marcos de desenvolvimento em que se encontram presentes: i) a herança do Estado Social do Estado-Novo, com funções de previdência, cobertura de riscos sociais clássicos; ii) as marcas de universalismo e igualitarismo social resultantes da revolução de 1974; iii) as alterações do contexto, do conteúdo e da orientação da política social, cujas características nacionais estavam já formadas, e que tiveram lugar com a adesão à Europa (CEE/UE) em 1986. É nestas novas características, traduzidas num reforço da europeização dessas políticas, que iremos centrar o nosso texto.

Uma Política Social em contexto diferente

A *europeização* da Europa do Sul constitui um dos efeitos referidos por vários autores como resultado do processo de integração destas economias na CEE/UE. Com este conceito pretende-se significar um fenómeno multifacetado de aproximação aos valores e às instituições em padrões vigentes no conjunto dos países europeus (Morlino, 2005). Ainda que insuficientemente estudado para Portugal, parece hoje não haver dúvidas quanto a uma aproximação gradual das modalidades de intervenção social do Estado que teve lugar, nos últimos vinte anos, ao que correntemente designamos por *"modelo social europeu"*. Essa aproximação gradual teve lugar nos valores (princípios, fundamentos normativos) orientadores da actuação política, nas formas de intervenção dos actores sociais (coordenação das políticas, articulação entre diferentes actores), na natureza dos riscos sociais cobertos e dos direitos sociais em que a garantia dessa cobertura se traduz e nas formas de assegurar o seu financiamento. Ainda que a concepção e implementação das políticas sociais nunca tenha deixado de ser da competência dos Estados nacionais, a europeização da política social em Portugal consistiu, acima e antes de tudo, numa *europeização do contexto* em que essa política social passou a ser concebida, tendo-se igualmente alterado o quadro de referência da análise da política social e, portanto, da sua reformulação, ou reforma. E esta alteração tem diferentes significados e consequências que importa realçar, sendo de destacar: *i)* o surgimento de um contexto supranacional que passou a constituir uma referência para a análise dos problemas sociais e para a fundamentação da intervenção política, alterando a agenda política das questões sociais em Portugal; *ii)* terem ganho novas formas, e importância relativa distinta, as relações entre os actores políticos e sociais, e emergido novas formas de configuração institucional no desenho das políticas sociais; *iii)* o facto de algumas formas de intervenção social terem ganho expressão territorial, com o desenvolvimento do nível local dessas intervenções e de, a esse nível, terem surgido formas inovadoras de articulação entre políticas e entre actores sociais. A todas estas dimensões de análise devemos dar alguma atenção.

Um contexto supranacional na concepção das políticas

Os sucessivos alargamentos da CEE vieram enriquecer o modelo social europeu, com a introdução de novas formas de intervenção social. Seguindo a tipologia *"clássica"* de Esping--Anderson (1990), os países fundadores da CEE (Holanda, Bélgica, Luxemburgo, França, República Federal Alemã e Itália) constituem o modelo *continental-corporativo* de Estado social, onde predomina a cobertura de riscos sociais suportados em formas estritas de solidariedade (entre trabalhadores), do tipo seguro social, de inspiração Bismarkiana, baseadas nas contribuições sobre os rendimentos salariais. O alargamento ocorrido nos anos setenta (em 1973 aderem a Dinamarca, o Reino Unido e a Irlanda) veio trazer para a Europa formas distintas de Estado social (o modelo *liberal* de Estado residual anglo-saxónico e o modelo *social-democrata*, igualitário e interventor dos países nórdicos), tributárias do modelo

Beveredgiano, com maior peso na solidariedade geral, de base fiscal (impostos sobre os rendimentos globais) em que assenta o seu financiamento. Nos anos oitenta, a adesão da Grécia (em 1981) e da Espanha e Portugal (1986) veio juntar, ao modelo social europeu, novas formas de Estado social, rudimentar e mais jovem nas suas formas de intervenção (de países que tinham recentemente reconquistado as suas democracias), e onde os mecanismos não estatais de solidariedade social constituem componente apreciável de provisão do bem-estar. Constituem o que Leibfried (1991) designa por *Latin Rim*, ou que Ferrera (1996) designa por *modelo da Europa do Sul*. Na década seguinte, em 1995, aderem a Áustria, a Finlândia e a Suécia. A entrada destes dois últimos constitui o reforço, no modelo social europeu, da sua orientação igualitária e assente num alargado princípio de solidariedade fiscal e da importância, nos Estados-providência, das políticas activas, isto é, que pressupõem uma maior participação dos cidadãos nas políticas sociais, não os remetendo para uma posição subalterna de meros agentes beneficiários de transferências sociais.

O **Quadro 1** permite situar Portugal no contexto do modelo social europeu e, em particular, no grupo dos países da Europa do Sul a que pertence. Segundo as estatísticas do EUROSTAT, em Portugal as despesas em protecção social rondam 22% do PIB. Em Portugal temos, portanto, um Estado-providência de *pequena dimensão* se o situarmos no contexto da EU-15 (em que a média é de 28%), ou se tivermos como referência os países nórdicos, em que esse indicador ultrapassa os 32%. É também um Estado-providência em que as políticas activas para o mercado de trabalho (educação, formação, emprego) têm expressão fraca: as despesas públicas em políticas activas de emprego em Portugal (e, também em geral os países do Sul da Europa) representam uma percentagem de apenas 1%, enquanto nos países nórdicos representa cerca de 3%. É também um Estado-providência com políticas de apoio a família muito rudimentares: em meados da década de 1990, enquanto as despesas públicas em serviços destinados às famílias e idosos nos países nórdicos ultrapassavam 5% do PIB, em Portugal (e, em geral, nos países do Sul da Europa), rondava apenas 0,5%. Sendo um país em que a taxa de actividade feminina é elevada, mesmo comparativamente com os outros países do sul da Europa (aspecto distintivo ainda pouco esclarecido nas suas causas), terá certamente efeitos negativos na vida familiar, num contexto de políticas de apoio familiar com fraca expressão.

Em contrapartida, Portugal consagrou no domínio da saúde direitos universais e garantia de acesso à sua realização, à qual consagra recursos expressivos (que ultrapassa os 6% do PIB, percentagem superior à da UE-15). E, em termos de custos suportados pelos contribuintes, convém registar (sem com isto querer significar que seja desejável, ou comportável economicamente, o seu aumento), que a tributação em Portugal representa uma percentagem do PIB inferior à da generalidade dos países da UE-15 (34,5% em 1997, quando a média da UE-15 era, nesse ano, de 42,8%, e entre os países da Europa do Sul, essas percentagens se situavam entre 35% em Espanha e 45% em Itália).

Em 2004, e após a ratificação do Tratado de Nice, dá-se o último alargamento a outros países mediterrânicos (Chipre e Malta) e, pela primeira vez, a países do antigo bloco de leste (República Checa, Croácia, Estónia, Hungria, Polónia, Roménia, Eslovénia e Eslováquia). Com este alargamento, para a actual UE-25, surge um novo conjunto de países que, tendo herdado princípios socialistas, e de direcção central na gestão económica e social das suas sociedades, defrontam a necessidade de reorganizar as suas sociedades para a economia de mercado, preparando-se, portanto, para defrontar os riscos sociais típicos das economias capitalistas.

A política social na Europa

Quando Portugal aderiu, em 1986, à CEE, estava em curso uma reorientação da política social na Europa. Com a ascensão de Jacques Delors, em 1985, à Presidência da Comissão, a necessidade de criar um espaço social, como forma de garantir a dimensão social, com coesão social, da criação do mercado interno, levou a que a política social se tenha tornado um *"pré-requisito funcional da integração económica"* (G. Room, 1994, citado em Hantrais, 1995). Com a assinatura do Acto Único, em 1986 (Portugal foi já um dos subscritores), o uso da maioria qualificada foi estendido a alguns domínios da política social (que até aí se submetiam à regra da unanimidade). A ideia do *diálogo social*, originário da Presidência Belga, foi difundida pela Europa, defendendo-se a necessidade do estabelecimento de uma plataforma mínima de direitos sociais, como base de negociação para promover a coesão social que garantisse a dimensão social na criação do mercado interno.

É neste contexto que Portugal adere à CEE. Nos anos seguintes três documentos fundamentais vão ter importância muito significativa no desenvolvimento da política social europeia e vão ter impacto na reflexão sobre os problemas sociais em Portugal, na avaliação das políticas sociais e na sua concepção. Um desses documentos foi a Carta Comunitária dos Direitos Sociais Fundamentais dos Trabalhadores, adoptada pelos países da União (à excepção do Reino Unido) em 1989, e o programa de acção dela resultante. Outro documento político foi o Acordo sobre Política Social anexo ao Tratado da União Europeu, assinado em Maastricht em 1992 e que, através do Protocolo sobre Política Social (face à não aceitação do capítulo social pelo Reino Unido) permitiu progredir na implementação da Carta dos Direitos Sociais, mesmo com a rejeição do Reino Unido. O terceiro documento foi o Livro Verde (1993) e, depois, o Livro Branco (1994) da Política Social Europeia, que constituem as referências fundamentais para a política social na União Europeia.

A existência, na CEE, de uma grande diversidade de sistemas nacionais de protecção social, veio colocar algumas questões políticas relevantes na orientação a dar à política social na União Europeia. Uma dessas questões levantava-se a propósito do receio de *"dumping social"* em resultado dos menores custos unitários de mão-de-obra nos regimes de protecção social menos desenvolvidos (como na Grécia e em Portugal), implicando menores custos indirectos de mão-de-obra. Por outro lado, a necessidade de realizar a coordenação dos sistemas nacionais não se deveria (por ser politica e economicamente inviável) traduzir em harmonização, uniformização ou unificação de sistemas. O respeito pelo princípio da *subsidiariedade* corresponderia ao reconhecimento mútuo dos sistemas de protecção social, e seria nesse sentido que deveria progredir a política social na Europa. O objectivo de *harmonização* dos sistemas seria substituído pelo objectivo de *convergência*. O Livro Branco da Política Social Europeia de 1994 consagraria o objectivo da convergência de objectivos e de políticas e a coexistência de diferentes sistemas nacionais, o que permitiria progredir no sentido dos objectivos fundamentais da União.

Portugal adere, assim, à CEE/UE, num contexto de renovação da orientação da política social na União Europeia, quando se estão a dar passos muito significativos na construção social da Europa. Isto não deixará de ter importantes efeitos na forma como os problemas sociais em Portugal passam a ser conceptualizados e percepcionados politicamente. E tal acontece numa situação social muito desfavorável em comparação com a realidade social na Europa de que passou a fazer parte.

As desvantagens sociais em Portugal

A situação de Portugal, quando comparada com o conjunto dos países da EU-15, evidencia gritantes desvantagens no domínio social. Considerando os dados disponíveis para 1997 (**Quadro 1**), onze anos após a adesão, Portugal é o país com menor rendimento por habitante, é também o país com mais elevada taxa de pobreza e é o país com mais elevada desigualdade da distribuição do rendimento disponível. É também o país em que a desigualdade dos rendimentos salariais é mais elevada.

Quadro 1 – Selecção de Indicadores sociais por tipologia de Estado-providência (Ferrera, 1996)

Países	PIB per capita (1997) em PPP (a)	Despesa Social no PIB, (b)	Taxa de pobreza (c)	Gini (d)	Dispersão salarial: D9/D1 (e)	Pensões no PIB	Educação	Família e serviços a idosos	Políticas activas de emprego	Políticas de formação	Políticas de combate à exclusão	Taxa de emprego (f)	Taxa de desemprego	Taxa de desemprego de longa-duração	Taxa de participação feminina
Dinamarca	119	33,6	4,4	0,227	2,17	5,6	6,5	5,3	1,9	1,1	1,5	75,3	5,1	1,3	70,2
Suécia	95	34,8	nd	nd	2,13	9,0	6,6	5,1	2,0	0,5	1,1	51,2	8,2	3,0	69,4
Finlândia	95	32,1	nd	nd	2,38	9,1	6,6	3,1	1,2	0,4	0,7	64,8	11,4	3,6	61,2
Reino Unido	95	27,7	11,6	0,345	3,30	7,6	4,6	1,2	0,4	0,1	0,3	71,2	6,3	2,4	64,2
Irlanda	96	18,9	9,4	0,357	nd	4,6	4,7	0,6	1,7	0,2	0,4	59,8	7,8	4,9	48,2
Áustria	107	29,5	12,1	0,297	3,66	13,4	4,5	0,9	0,5	0,2	0,3	67,4	4,7	1,3	59,0
Bélgica	108	30,0	11,4	0,296	2,25	10,3	5,0	0,3	1,3	0,3	0,7	57,3	8,8	5,3	47,5
Alemanha	103	30,5	10,9	0,296	2,32	10,9	4,5	1,4	1,3	0,4	0,6	64,1	9,4	4,9	55,6
França	99	30,8	9,9	0,290	3,28	12,2	5,8	1,5	1,4	0,4	0,5	59,4	11,7	5,1	52,3
Holanda	103	30,9	5,2	0,247	2,60	7,8	4,6	1,0	1,8	0,2	0,7	69,8	4,0	2,1	59,4
Luxemburgo	154	26,2	9,5	0,304	nd	10,4	4,3	1,0	0,3	0,01	0,4	60,2	2,8	1,1	45,6
Itália	99	24,8	9,5	0,314	2,80	13,6	4,5	0,3	1,1	0,01	0,0	50,8	12,2	8,1	36,7
Espanha	74	22,4	14,9	0,340	nd	9,2	4,8	0,4	0,7	0,2	0,1	51,2	18,8	9,0	35,7
Portugal	68	21,6	15,9	0,368	4,05	7,7	5,4	0,5	0,9	0,3	0,1	66,8	4,9	2,1	58,1
Grécia	70	23,3	14,9	0,351	nd	10,1	3,7	:	0,4	0,1	:	54,9	9,6	4,4	39,6
Média UE	96	27,8	13,6	0,322	2,81	9,4	5,1	1,6	1,2	0,3	0,5	61,1	10,0	4,9	51,3

Fonte: Ferrera (2000), adaptado. (a) OCDE = 100, valores em PPP (paridades de poder de compra); (b) A despesa social refere-se, nesta fonte, a despesa pública total com o sistema de protecção social (c) definida como a percentagem de indivíduos abaixo 50% do valor do rendimento disponível mediano por adulto equivalente; não existe informação sobre este indicador, nesta fonte, para alguns dos países; (d) O coeficiente de *Gini* varia entre 0 e 1: valores do indicador mais próximos da unidade representam uma situação de maior dispersão dos rendimentos; valores próximos de 0 indicam uma distribuição mais igualitária do rendimento disponível equivalente dos indivíduos; (e) D1 refere-se ao rendimento médio do decil inferior na distribuição de rendimentos salariais; D9 refere-se ao rendimento médio do decil superior da distribuição referida; para alguns países não existe informação disponível que permita apresentar os valores para este indicador. (f) nível de emprego total / população na faixa etária 15-64 anos.

Os dados referentes ao peso das despesas sociais no produto são referentes a 1996, enquanto que os dados referentes aos restantes indicadores se reportam a 1994 e têm como fonte originária o EUROSTAT e a publicação da OCDE: *Employment Outlook*, Julho de 1996.

nd = não disponível.

O **Quadro 2** apresenta um conjunto de indicadores e medidas de desigualdade na distribuição do rendimento e de pobreza, calculados (Farinha Rodrigues, 2005) com base no uso dos microdados provenientes dos Inquéritos aos Orçamentos Familiares (IOF) em três anos diferentes, abarcando toda a década de 90: 1989/90, 1994/95 e 2000.

Tratando-se de um suporte estatístico que apenas permite leituras estáticas referentes aos momentos em que o inquérito aos agregados domésticos privados é lançado, uma das principais vantagens que esta fonte apresenta relativamente à sua utilização para efeitos de medição das desigualdades do rendimento e pobreza reside na possibilidade de se considerar um conceito de rendimento disponível dos agregados mais alargado do que a mera consideração das suas componentes monetárias, como acontece, por exemplo, no conceito de *receita líquida total* adoptado pelo Painel Europeu de Agregados Familiares do EUROSTAT, habitualmente utilizado para comprações internacionais (Ver Quadro 1). Com efeito, o rendimento disponível dos IOF é composto pelo rendimento monetário e pelo rendimento não monetário, que representa, grosso modo, a receita em géneros (valorização monetária de recursos relativos a autoconsumo, autoabastecimento ou autolocação) dos agregados domésticos privados. Esta componente tem uma importância relevante na formação dos rendimentos em Portugal (com particular evidência nos grupos situados na parte inferior da hierarquia de rendimentos): o rendimento não monetário representa 17% no total dos recursos dos agregados em 1989, 18% em 1995 e 14% em 2000 (Farinha Rodrigues, 2005). A consideração desta componente na geração de indicadores e medidas de desigualdade e de pobreza melhora pois, do ponto de vista do rigor metodológico e da verdade estatística e conceptual, o diagnóstico dos problemas sociais em análise, relativamente a outras fontes.

Da leitura dos números resultam bem patentes os elevados índices de desigualdade do rendimento e da pobreza económica dos agregados e dos indivíduos durante a década de noventa. Portugal é o país da EU-15 com o maior nível de desigualdade

Quadro 2 – Distribuição do Rendimento Disponível[a]
por Adulto Equivalente[b]
– Medidas de Desigualdade e Pobreza em Portugal

	1989	1995	2000
Rendimento médio por ad.- equiv (euros/ano)	6709	7860	8937
Índice de *Gini*		0,3169	0,3473
0,3481 Índice de Atkinson ($\varepsilon = 0,5$)	0,0818	0,0979	0,0985
Índice de Atkinson ($\varepsilon = 1,0$)	0,1545	0,1810	0,1814
Índice de Atkinson ($\varepsilon = 2,0$)	0,2886	0,3205	0,3140
Índice de Entropia Generalizada ($\theta = 1,0$)	0,1751	0,2136	0,2152
Índice de Entropia Generalizada ($\theta = 2,0$)	0,2332	0,2904	0,2910
Rácios de percentis			
P90/P50	2,084	2,256	2,195
P90/P10	4,228	4,697	4,628
P95/P05	6,619	7,553	7,513
Linha de Pobreza (euros) (c)	3392,7	3776,5	4355,8
Incidência real da Pobreza			
Agregados (milhares)	666,4	699,1	849,1
Indivíduos (milhares)	1.715,7	1.813	1.950,4
Incidência relativa da Pobreza F(0)	0,1764	0,1829	0,1910
Intensidade da Pobreza F(1)	0,0433	0,0465	0,0470
Severidade da Pobreza F(2)	0,0163	0,0176	0,0170
Défice de recursos médio (euros)	146,7	175,5	204,6

Fonte: Farinha Rodrigues (2005), a partir dos dados **IOF** (Inquéritos aos Orçamentos Familiares) 1989/90, 1994/95 e 2000.
(a) O conceito de *rendimento disponível* nos IOF engloba o *rendimento monetário* (salários e ordenados, rendimentos do trabalho por conta própria, rendimentos do capital, rendimentos de propriedade, transferências privadas, pensões e outras prestações sociais) e o *rendimento não monetário* (salários em géneros, autoconsumo/ autoabastecimento, autolocação e outras transferências não monetárias).
(b) Escala de equivalência "modificada" da OCDE.
(c) Linha de pobreza = 60% do rendimento mediano por adulto equivalente.

do rendimento e com a maior taxa de pobreza relativa. Durante a década de noventa houve um agravamento generalizado das desigualdades, muito por força de uma deterioração da posição relativa dos indivíduos de menores rendimentos, o que também é consentâneo com o agravamento das medidas de intensidade da pobreza apresentadas: o défice de recursos médio dos indivíduos pobres agravou-se consecutivamente ao longo da década em cerca de 40% (Farinha Rodrigues, 2005). Por detrás de proporções, é bom lembrar, estão magnitudes absolutas: ao longo da década de noventa houve um aumento de cerca de 250 mil indivíduos observados numa situação de pobreza relativa, sendo que, em 2000, são quase dois milhões os portugueses classificados como pobres, em função do seu rendimento e em termos relativos. Esta situação surge num cenário de melhoria sustentada do rendimento médio real ao longo de toda a década de noventa. A melhoria do nível de rendimento médio real traduziu-se num claro enviesamento a favor das classes superiores de rendimento, alimentando o agravamento das desigualdades neste período, principalmente na primeira metade da década, leitura que é patente nos indicadores dos rácios de percentis apresentados no **Quadro 2**. Por outro lado, também as medidas de desigualdade apresentadas registam um aumento mais sensível na primeira metade da década em qualquer das variantes paramétricas das mesmas. Os diferentes parâmetros das medidas de desigualdade representam diferentes formas de ponderar as variações de rendimento das classes inferiores, ou superiores, da distribuição resultando, por isso, em diferentes formas normativas de ajuizar sobre a desigualdade observada num dado momento do tempo. Assim, por exemplo, os índices mais sensíveis às alterações do rendimento na parte superior da distribuição são os que revelam um crescimento mais significativo: entre 1989 e 2000, o índice de Atkinson com parâmetro de aversão à desigualdade mais baixo ($\varepsilon = 0,5$) sobre cerca de 20% e o índice de entropia generalizada com $\theta = 2$ cresce cerca de 25% (Farinha Rodrigues, 2005), resultados que denotam um crescimento proporcional assimétrico do rendimento junto dos agregados situados no topo da hierarquia dos rendimentos, na sociedade portuguesa. Se olharmos para as opções paramétricas que valorizam mais as alterações de rendimento na parte inferior da distribuição ($\varepsilon = 2$, na medida de Atkinson) podemos constatar que houve tendência para uma certa atenuação da desigualdade na parte inferior da distribuição, na segunda metade da década o que, em parte, é fruto dos impactos positivos derivados da implementação de novas medidas de política social, como é o caso do rendimento mínimo garantido, cujo funcionamento regular se iniciou a partir de 1997, em Portugal. As medidas de pobreza económica seleccionadas também corroboram esta ténue recuperação da posição económica dos indivíduos mais desfavorecidos, no período entre 1995 e 2000.

Problemas sociais "novos" para realidades sociais "antigas"

As acentuadas desigualdades sociais em Portugal, de que a desigualdade da distribuição do rendimento, acabada de analisar, constitui a dimensão mais expressiva e mais determinante de muitas outras (das desigualdades da despesas e dos padrões de consumo, das desigualdades do nível de instrução e do sucesso escolar, das desigualdades do nível de protecção contra os riscos sociais, etc.), são a expressão de factores económicos e sociais a que a acção do Estado-providência, na sua acção de garantia de direitos, parece insuficiente para responder com a acção de mecanismos correctores. Os níveis de pobreza monetária (a sua incidência na população, a sua intensidade e severidade, o carácter persistente que assume) na sociedade portuguesa, quando comparados com a situação dos outros países da União Europeia, obrigaria a colocar esta realidade na agenda política nacional, por tanto tempo ausente no debate político nacional, e como objectivo de política, nos governos nacionais. Para esta alteração muito contribuiu o facto de a pobreza e a exclusão social terem vindo a assumir, nos documentos oficiais da União Europeia, um lugar central nas preocupações da política social europeia.

A pobreza, enquanto *realidade social "antiga"* na sociedade portuguesa, passou a assumir a natureza de um *"novo" problema social* (entendido como necessidade de intervenção assumida como tal, social e politicamente), tendo entrado na agenda da política social em Portugal. Para tal foi decisiva a alteração do contexto (de *nacional* para um nível *supranacional*) da análise da realidade social, em resultado da adesão de Portugal à União Europeia, no período em que tal ocorreu, quando a questão social estava no centro das atenções políticas no processo de integração europeia.

Não apenas nas prioridades da agenda política se fez sentir o efeito de alteração do contexto na política social em Portugal. Este também se notou ao nível da análise da realidade social (*diagnósticos* sociais e *avaliação* de políticas) e na forma como essa actuação se faz (isto é, no *processo* da política social). Portugal passou a constar entre os países para os quais o EUROSTAT produz e divulga estatísticas, e entre elas ganha especial destaque informação estatística sobre vaiáveis sociais que, antes da adesão, era quase inexistente em Portugal. Referimo-nos aos indicadores sociais, tal como resultaram de uma profunda reflexão científica em Atkinson *et al.* (2002) e os conhecidos *indicadores de Laeken*, actualmente um quadro fundamental para a análise comparativa da realidade social dos países membros da União Europeia. Outro marco importante foi a produção regular de estatísticas sobre rendimento e condições de vida, com natureza longitudinal, em painel de agregados familiares a todos os países da União Europeia (o *ECHP* e o actual *SILC*), que possibilitam análises comparativas das realidades sociais dos países membros, introduzindo análises dinâmicas da demografia, dos rendimentos e das condições de vida, nessas análises. A partir desta produção regular de informação estatística e do seu tratamento e divulgação, deixou de ser possível (e também de fazer sentido) que as análises da realidade social em Portugal fiquem fora do contexto europeu a que este país pertence.

A **Figura 1** situa Portugal no contexto da UE na sua composição actual, com 25 países membros. Como vimos anteriormente, Portugal ocupava a última posição no indicador taxa de pobreza na UE-15. Após o último alargamento, Portugal continua numa posição muito desfavorável, em ante-penúltimo lugar no *ranking* do referido indicador.

Figura 1 – Taxas de pobreza, EU-25, 2001

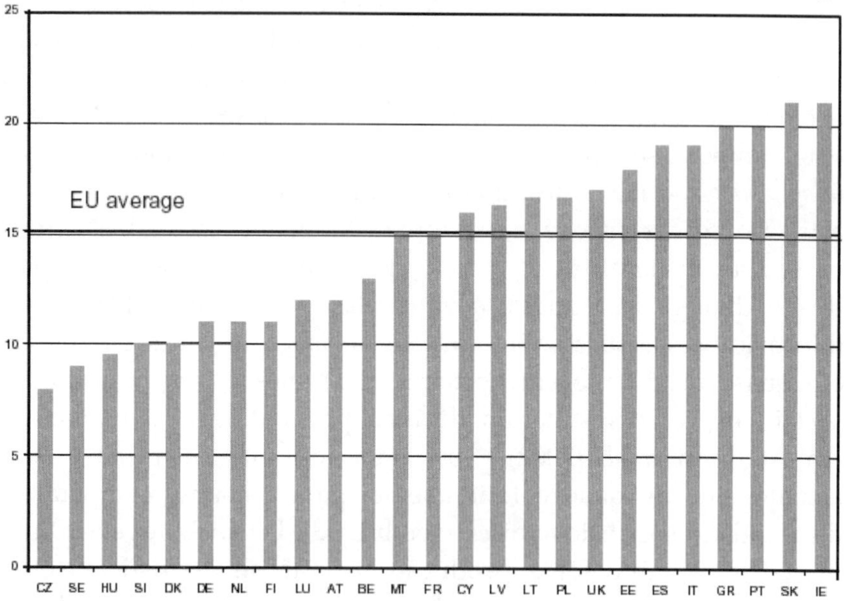

Fonte: Atkinson et al (2005).

Novos contextos institucionais de actuação política

Os sistemas de protecção social não sofreram alterações estruturais após a adesão, com o reconhecimento mútuo dos sistemas nacionais e o respeito pelo princípio da subsidiariedade. Mas tal não significa que não tenham ocorrido alterações de conteúdo das políticas, como mais adiante se verá. E em grande medida essas alterações decorreram, uma vez mais, da alteração do contexto em que as políticas sociais passaram a ser concebidas e executadas. O exemplo mais recente dessa alteração é a adopção do *método de coordenação aberta*, na sequência da estratégia de Lisboa. De acordo com este método (com aplicação nos actuais Planos Nacionais de Acção para a Inclusão e nos Planos Nacionais para o Emprego), os objectivos estratégicos são concertados ao nível europeu, sendo os planos nacionais da responsabilidade dos Estados-membros, fazendo-se uso, na concepção e acompanhamento dos planos, das boas práticas dos diversos Estados na execução dos planos, bem monitorizado com uso de indicadores sociais, concebidos e desenvolvidos ao nível supranacional.

Embora o conceito de *Política Social* não se encontre expresso, como tal, no ordenamento jurídico que enquadra as políticas públicas em Portugal, a Constituição da República Portuguesa prevê, no seu art. 81.º, que "incumbe prioritariamente ao Estado no domínio económico e social: a) promover o aumento do *bem--estar social* e económico e da *qualidade de vida* das pessoas, em especial das mais desfavorecidas, no quadro de uma estratégia de desenvolvimento sustentável; b) promover a *justiça social*, assegurar a igualdade de oportunidades e operar as necessárias correcções das desigualdades na distribuição da riqueza e do rendimento, nomeadamente através da política fiscal" (itálicos nossos). Há, assim, três conceitos que permitem identificar os contornos de uma política social em Portugal: o conceito de *bem--estar social* (conceito genérico), enunciado como objectivo de actuação do Estado; a noção de *qualidade de vida* (conceito normativo, de contornos mal definidos neste texto jurídico) como aproximação ao conteúdo de bem-estar social; a promoção de *justiça social* como princípio normativo por excelência (mas também impreciso) da actuação das políticas públicas. Com intenções claras mas de conteúdo impreciso, a interpretação do articulado da Constituição da República Portuguesa em termos de Estado-providência seria possível através da forma como, no contexto europeu, se foi configurando. É assim que o conceito de *cidadania* enquanto direito (e a sua dimensão social, em particular, característica do Estado-providência) e a sua negação, por factores não desejados pelo indivíduo (que ficaria conhecida pelo conceito de *exclusão social*), viriam a ser, no final da década de 1980, o princípio orientador, por excelência, da política social na Europa, e também em Portugal. Mais uma vez o contexto supranacional a produzir efeitos nos contornos da política social em Portugal.

Quadro 3 – Estrutura das prestações sociais por grupos de funções no sistema de protecção social (como percentagem dos benefícios sociais totais em cada país; taxas arredondadas)

Benefícios sociais por risco/ ANO	EU-15	B	DK	D	EL	E	F	IRL	I	L	NL	A	P	FIN	S	UK
Velhice e sobrevivência																
1990	46	42	37	46	52	43	43	30	60	48	37	50	42	34	:	45
1996	45	43	39	41	49	45	46	26	66	43	39	49	43	34	39	40
1998	46	43	38	42	53	46	44	25	64	44	41	48	43	34	39	44
2001	46	44	38	43	51	45	44	24	62	38	42	50	46	37	40	46
Doença, cuidados de saúde e invalidez																
1990	36	34	30	38	33	37	36	38	34	38	45	33	47	44	:	33
1996	36	32	29	37	34	37	35	39	29	39	44	33	45	36	34	38
1998	35	33	31	36	30	37	34	41	30	37	40	35	46	37	35	37
2001	36	35	33	37	31	37	35	47	31	40	32	33	44	38	39	37
Desemprego																
1990	7	13	15	6	4	18	8	16	2	3	8	5	3	6	:	6
1996	8	15	14	10	4	15	8	17	2	4	12	6	6	14	10	6
1998	7	13	12	9	5	13	8	15	3	4	7	5	5	12	9	4
2001	6	12	10	8	6	13	7	9	2	4	5	5	4	10	6	4
Tx substituição. liq. prestações desemprego (1995) [%] (*)	74	71	83	75		73	82	57	42	88	83	66	83	83	81	68
Família e Infância																
1990	8	9	12	8	8	2	9	11	5	11	6	10	7	13	:	9
1996	8	8	12	9	8	2	9	13	4	13	4	11	6	13	11	8
1998	8	9	13	10	8	2	10	13	4	14	5	10	5	13	11	9
2001	8	9	13	10	7	3	10	14	4	16	4	11	6	12	10	7
Habitação e combate à pobreza/exclusão social																
1990	3	2	6	3	3	1	4	5	0,1	1	4	2	0	3	:	7
1996	3	2	7	3	4	1	5	5	0,1	1	2	2	1	4	6	8
1998	4	3	6	3	4	1	5	5	0,1	3	7	1	2	4	5	7
2001	4	2	6	5	5	5	5	0,2	3	7	2	2	3	4	7

Fonte: EUROSTAT – European System of Integrated Social Protection Statistics (classificação ESSPROS), *The Social Situation in the European Union – 2000 Report* (Eurostat). Nota: para a recolha de 3 momentos de observação, inclui-se também, de forma adaptada, dados da edição de 2001 do relatório da mesma série do EUROSTAT. (*) Calculadas após impostos directos: média para 4 diferentes tipos de famílias (pessoa só, casal sem filhos, casal com 2 filhos) e dois níveis diferentes de ganhos profissionais (salário médio e 66,7% do salário médio).

Funções (e efeitos redistributivos) do Estado-providência em Portugal

O **Quadro 3** apresenta dados europeus sobre a desagregação tipológica da despesa dos sistemas de protecção social[1], para a década de noventa, pelos principais grupos de funções sociais do sistema. É notória a importância que os gastos com pensões de reforma e sobrevivência têm em todos os países: trata-se da principal fatia da despesa social pública em qualquer Estado--membro, que se foi reforçando ligeiramente, em geral, ao longo da década de noventa. Apesar do peso marginal que as prestações de solidariedade tem em todos os sistemas – traduzida especificamente na rubrica "Habitação e combate à pobreza e exclusão social"[2] – é bem patente o menor desenvolvimento desse subsistema nos países da Europa do Sul (Espanha, Itália, Portugal e Grécia), relativamente aos restantes modelos de Estado-providência europeus, reflexo da juventude dos sistemas nestes países, por comparação com os modelos anglosaxónico, continental e escandinavo. Já em relação ao nível médio da taxa de substituição subjacente às prestações sociais de protecção ao desemprego: Portugal pratica taxas de substituição médias ao nível de alguns países escandinavos, acima da média europeia para esse parâmetro.

O grupo de países formado pela Dinamarca, Holanda, Alemanha, França, Finlândia e Suécia, significativos representantes dos regimes de *welfare* escandinavo e continental, destacam-se claramente por possuirem uma maior expressão das despesas

---

[1] Devido à fonte utilizada, os dados apresentados não se referem exclusivamente às prestações do sistema de segurança social, mas sim ao sistema de protecção social (classificação SEEPROS).

[2] De notar que, dentro de cada grupo de benefícios sociais — que estão arrumados, no quadro 3, por funções do sistema de protecção, estão incluídos algumas prestações de solidariedade (com impactos redistributivos verticais), relacionadas com a respectiva função. No entanto, a valorização da componente principal, e autonomizada, de benefícios de natureza assistencial encontra-se expressa na rubrica *"Habitação e combate à pobreza e exclusão social"*, nesta fonte estatística.

sociais em funções ligadas à protecção da família e na prevenção do risco de exclusão social. No outro extremo, encontramos os países da **Europa do Sul**, em que um menor esforço em despesa pública social, um sistema de protecção social mais incipiente, e um sistema de segurança social ainda fortemente ancorado na componente previdencial, se traduz em *performances* mais pobres em termos de prevenção do risco de exclusão.

O **Quadro 4** apresenta dados que nos permitem avaliar sumariamente o alcance do impacto redistributivo das prestações sociais totais em indicadores de pobreza – incidência e intensidade (*gap* de pobreza) – nos diferentes países, possibilitando uma apreciação complementar a respeito da capacidade redistributiva dos sistemas de segurança social na prevenção do risco de pobreza. Ressalta claramente a capacidade redistributiva das prestações sociais nos países escandinavos: as taxas de pobreza reduzem-se drasticamente em países como a Dinamarca, Suécia ou Finlândia após a actuação do efeito das prestações sociais na formação do rendimento disponível dos seus beneficiários, situação que tanto é legível em termos de incidência como em termos de intensidade. Nos antípodas da *performance* redistributiva do Estado-providência escandinavo estão os países da Europa do Sul que apresentam um grau de homogeneidade entre si quanto ao fraco alcance redistributivo do Estado por via das prestações dos sistemas de segurança social, em termos de protecção do risco de pobreza.

Quadro 4 – Indicadores sobre efeitos redistributivos das prestações sociais na população em risco pobreza, antes e depois de prestações sociais, 1997, população total, Europa

	B	DK	D	EL	E	F	IR	I	L	NL	A	P	FIN	S	UK	EU-15
Risco de pobreza antes (incidência)	46	38	39	38	43	43	41	42	42	38	40	**39**	52	45	44	42
Risco de pobreza depois (incidência)	15	8	15	23	20	16	20	19	12	11	13	**24**	8	9	22	17
Gap de pobreza antes (intensidade)	74	72	68	64	66	64	66	70	57	71	60	**62**	86	67	72	68
Gap de pobreza depois (intensidade)	31	21	28	35	36	26	19	38	22	28	26	**30**	21	28	33	31

Fonte: EUROSTAT (2003)

Portugal: política social e sua reforma, meados década de 1980

A partir de meados dos anos oitenta, coincidente com a adesão de Portugal à CEE, o novo contexto (supranacional) em que a política social se passa a fazer em Portugal, inicia-se um período de reflexão alargada sobre a natureza dessa política (conceito, como vimos acima, de contornos mal definidos, sem tradição na cultura institucional portuguesa), de avaliação da sua eficácia, da adequação das suas formas organizativas, do papel dos diferentes actores dessa política e do nível territorial em que actuam, e como repartem entre si as suas responsabilidades. É um tempo de procura de soluções de maior eficácia das políticas, adaptando e melhorando o funcionamento das instituições, de melhoria da coordenação das políticas e de melhor articulação entre os diversos actores sociais. É também um tempo marcado por uma grande intervenção dos parceiros sociais em órgãos de concertação social, tendo o diálogo social então realizado dado origem a importantes acordos, em domínios importantes da política social em Portugal. Isto significa que a alteração do contexto em que a política social se concebe e executa também tem lugar em termos de alterações do enquadramento institucional das políticas e dos actores no plano nacional.

É também nesta época (em meados da década de oitenta) que são tomadas, em Portugal, importantes medidas de política, reformadoras do quadro legal de configuração dos direitos sociais. Em 1984 é aprovada a nova Lei de Bases da Segurança Social, definindo os princípios organizativos do sistema de segurança social, e que perdura até à aprovação de nova Lei de Bases em 2000. Em 1986 dá-se a reforma da educação, essencialmente orientada para o aumento da eficácia do sistema educativo tendo em vista adequá-lo às novas realidades sócio-culturais e procurando fazer face a dois grandes problemas que então constituíam pontos fracos do sistema educativo: o insucesso e o abandono escolares. Mais tarde, em 1990, é aprovada a Lei de Bases da Saúde que, reafirmando a protecção à saúde como direito fundamental dos cidadãos, consagra os princípios da universalidade, provisão de forma integrada dos cuidados de saúde, de forma tendencialmente gratuita e garantindo a equidade no acesso dos utentes. Fica desta forma enquadrado o sistema nacional de saúde, criado em 1979, o elemento mais forte do universalismo igualitário do Estado-providência em Portugal.

Há assim uma contemporaneidade entre as alterações da política social em Portugal em domínios fundamentais (educação, saúde e protecção social), reforçando os direitos sociais em Portugal, e a adesão à CEE/UE, num contexto de afirmação da política social na Europa que reforça, internamente, o processo de consolidação e modernização da política social em Portugal.

Novos conteúdos de política social no contexto europeu

No final dos anos oitenta, alguns documentos fundamentais emanados das instituições comunitárias consagram novas orientações de política social que constituem marcos importantes na fixação do conteúdo da política social, quer ao nível supranacional quer ao nível dos países membros, entre os quais Portugal. Trata-se, em primeiro lugar, da Carta dos Direitos Sociais Fundamentais dos Trabalhadores, adoptada pelos Estados membros pela declaração dos chefes de Estado e de governo dos países da comunidade em Dezembro de 1989 (Commission of the European Communities, 1990), para os quais foi entendido, politicamente que, *"num espírito de solidariedade, é importante combater a exclusão"*. Nesse mesmo ano, foram também de grande importância, por um lado, a decisão do Conselho de lançar o Programa Comunitário dirigido à integração dos mais desfavorecidos (Council of the European Communities, 1989a) e, bem assim, a Resolução do Conselho de Ministros sobre o combate à exclusão social (Council of the European Communities, 1989b). Estes documentos marcam o início de um novo período de reflexão teórica, de análise da realidade social e de orientação da política social, marcado pela problemática da *"exclusão social"*, um novo conceito que entrou, desta forma, no glossário da política social na Europa.

A exclusão social passou a constituir um *"novo"* problema social, na forma como foi reconceptualizada a questão da desvantagem relativa dos indivíduos e grupos sociais na sociedade a que pertencem sendo, neste aspecto, de um maior alcance analítico (e de orientação de política social) relativamente ao (*"clássico"*) conceito de pobreza, ainda que o não substitua na forma como a sociedade é analisada. Na verdade, vai tornar pertinente a distinção entre os conceitos de pobreza, de privação e de exclusão social, por terem orientações diferentes mas com bastantes complementaridades (Pereirinha, 1996).

Nas sociedades actuais o fenómeno da *exclusão social* não coincide necessariamente com o de escassez de recursos (*pobreza*). Antes remete para uma situação em que algumas pessoas se encontram marginalizadas na sociedade, tendo quebrado (ou não tendo conseguido estabelecer) os laços que a ela as unem, isto é, para delas se sentirem membros. Esta forma de abordagem está em mais directa consonância com a perspectiva de Sen (1985), ao centrar a sua atenção sobre a relação entre os recursos, os bens, as características e as *"capacidades"* (*capabilities*) (individuais) de *"funcionar"* na sociedade. Remete assim para uma análise da sociedade (e não meramente sobre os indivíduos nessa sociedade) e em que medida, nessa sociedade existem, ou se geram, mecanismos integradores dos indivíduos, capazes de participarem plenamente na vida normal dessa sociedade. Isto significa que, na perspectiva da exclusão, há uma dimensão relacional da privação que ultrapassa a dimensão distributiva, que está na origem de uma parte muito significativa da privação material decorrente da escassez de recursos (i.e., da pobreza).

Embora susceptível de diferentes interpretações, a perspectiva dominante da exclusão social, no quadro da União Europeia, foi a que fez assentar, na concepção moderna de cidadania (civil, política e social e, no que respeita a este último, o cerne do funcionamento do Estado-providência), o conteúdo do conceito de exclusão social. E, deste modo, tornou o conceito de exclusão social (e o de cidadania, que lhe está associado) um guia de leitura analítica da política social, e também um princípio orientador dessa política. Segundo a perspectiva dominante, pode afirmar--se que as sociedades consagram um conjunto de direitos sociais (direito ao trabalho, à habitação, a um nível de vida mínimo, à educação, à saúde) aos quais correspondem instituições sociais próprias do Estado-providência, tendo em vista garantir o exercício desses direitos. Exclusão social é, então, nesta perspectiva, uma situação de incapacidade individual de realização desses direitos de cidadania, e que radica no funcionamento destas instituições e/ou em factores de natureza económica ou social que limitam o acesso dos indivíduos à realização desses direitos. Entre os factores de natureza económica sobressaem os relativos ao funcionamento do mercado de trabalho. Mas o próprio funcionamento do Estado-providência pode também, ele próprio, gerar situações de exclusão.

Podemos então, sumariamente, enunciar o conjunto das alterações que tiveram lugar no conteúdo e na orientação da análise da política social e, também, na sua concepção (Pereirinha, 2006a): *i)* a maior relevância dada às dimensões de natureza não monetária das desvantagens sociais, e o carácter multidimensional dessas desvantagens; *ii)* o carácter relacional destas desvantagens sociais, nomeadamente o papel da comunidade local e das relações familiares em tais dimensões; *iii)* a perspectiva dinâmica da pobreza, a que se deve dar importância e que significa, em termos de actuação de política social, focar a atenção sobre o processo gerador da pobreza e não meramente a situação (estática) de falta de recursos; *iv)* o papel dos direitos de cidadania como princípio orientador da actuação social e o reconhecimento do papel das instituições para garantir o exercício desses direitos, pois se reconhece que o próprio funcionamento das instituições do Estado-providência podem (também) estar na origem de restrições ao exercício efectivo da cidadania; *v)* a evidência de que existem vários níveis (sociais, políticos, territoriais) de factores com impacto na pobreza e na exclusão social, cujo reconhecimento social e político vão originar novas modalidades de intervenção política a esses diferentes níveis.

A dimensão relacional do fenómeno da exclusão social leva a que não se possa encarar a política social apenas nos seus domínios curativo e preventivo, mas deve igualmente incluir a integração social como área privilegiada de política social, e presente nos seus objectivos. As políticas de rendimento mínimo garantido, do tipo que viria a ser criada em Portugal, e apoio a iniciativas de desenvolvimento local e projectos localmente estabelecidos de luta contra a pobreza, integram-se neste âmbito de actuação.

Coordenação das políticas, uma nova preocupação

Entram também, na agenda da análise da política social, a partir da participação portuguesa em instâncias comunitárias, novas preocupações na orientação da política social e nas suas formas organizativas. Uma dessas preocupações foi a da *coordenação das políticas sociais*, tendo em vista o aumento da sua eficácia, evitando-se a duplicação de actuações, reduzindo os seus custos externos em outras políticas, promovendo-se ganhos de complementaridade de actuação nas várias políticas. Não existindo uma cultura de coordenação no quadro das políticas públicas sociais, o debate interno sobre estas questões fez sentido, pois estavam a ocorrer algumas alterações nas formas organizativas da política social visando o aumento da sua eficácia.

Denotam-se, em finais da década de oitenta e inícios da década seguinte, algumas tendências correspondendo a formas distintas de coordenação de políticas (Pereirinha, 1993). Há, em primeiro lugar, um esforço de coordenação de políticas sociais sectoriais, mantidas sob a responsabilidade dos ministérios sectoriais, mas orientadas no sentido da complementaridade das actuações de política, reforçando a eficácia de cada uma delas. É o que sucede no domínio da política de educação e formação e sua articulação com as políticas de emprego. A política de formação profissional passou a constituir, desde 1990, uma componente importante da política social em Portugal, muito orientada para a formação inicial dos jovens (e, nesse sentido, articulada com a política da educação), formação de trabalhadores tendo em vista facilitar a sua integração no mercado de trabalho, bem como os grupos sociais mais vulneráveis visando essa integração. Os programas operacionais, sob a responsabilidade do Instituto de Emprego e Formação Profissional, apoiados financeiramente por fundos comunitários (Fundo Social Europeu), constituíram componente importante desta política, em termos de valores dispendidos e de número de pessoas abrangidas. A reforma da educação, por outro lado, foi muito orientada no sentido de ajustar o sistema educativo com vista a criar melhores qualificações profissionais para os jovens quando entram no mercado de trabalho. Pode afirmar-se que uma das características da política social deste período foi a convergência da política de educação com os objectivos da política de formação profissional, com uma preocupação muito centrada na melhor integração no mercado de trabalho.

Uma segunda forma de coordenação consistiu na criação de programas englobando mais do que um ministério para fazer face a algum problema específico, tendo-se traduzido na criação de organismos de coordenação, sem no entanto alterar a estrutura preexistente da administração pública. Constituem exemplos deste tipo de actuação as estruturas criadas e os programas executados com vista a promover o sucesso educativo, ou os programas visando a reintegração da população toxicodependente, ou a protecção das crianças em risco.

Outra forma de coordenação veio na sequência do processo de adaptação da política social aos novos riscos sociais e que se foi traduzindo no desenvolvimento de políticas sociais categoriais, no respeito pelos direitos sociais, delimitados especificamente no quadro constitucional, relativos a algumas áreas de problemas sociais ou de grupos populacionais: os direitos da família, as mulheres, a infância e juventude, a terceira idade, os imigrantes e as minorias étnicas, a população com deficiência, a toxicodependência (Pereirinha, 1999). São criadas estruturas consultivas e outras formas organizativas envolvendo várias categorias de actores sociais relevantes em cada uma destas áreas de actuação visando conceber e implementar políticas categoriais, de natureza transversal aos vários domínios sectoriais.

Uma quarta forma de coordenação consistiu na criação de programas de carácter multidimensional, dirigidos às desvantagens múltiplas dos grupos sociais mais vulneráveis, envolvendo a criação de órgãos de coordenação para esse efeito. Estão, neste caso, a criação de programa de luta contra a pobreza, que adiante veremos. Esta forma de coordenação é mais complexa, envolvendo vários actores sociais em parceria, actuando ao nível local, e correspondendo a uma concepção de política social que é dirigida a um conjunto de direitos que ultrapassa os direitos sociais clássicos. Corresponde também a uma orientação da política social na União Europeia, a que adiante aludiremos com mais pormenor.

Participação plural dos actores sociais

Também na forma de participação dos actores sociais ocorreram, a partir de meados da década de oitenta, alterações de natureza institucional com impacto significativo no desenho das políticas sociais em Portugal. Algumas destas alterações foram objecto de análise pela Comissão Europeia no âmbito de Observatórios de Políticas (ver Room, 1994), podendo afirmar-se que as tendências observadas em Portugal seguiram, de forma genérica, padrões comuns às que se observaram nos restantes países da CEE/UE, ainda que com algumas especificidades próprias no contexto nacional.

É notório, neste período, um papel importante desempenhado pelos parceiros sociais na forma como a política social foi conduzida em alguns dos seus domínios, em particular na área do emprego e formação profissional. O papel das organizações não governamentais é reforçado em vários domínios da política social: nova legislação de enquadramento das Instituições Particulares de Solidariedade Social (IPSS) publicada em 1983, alargando o âmbito da sua actuação, tendo aumentado muito significativamente o número de IPSS registadas na Direcção Geral de Acção Social (duplicando entre 1986 e 1996). Estas instituições ganham também significativo peso negocial, com representação em órgãos consultivos de política social em várias áreas, e com participação, em parceria com outros actores sociais, em programa sociais em vários domínios. Existe um movimento generalizado de descentralização regional de serviços da administração central em vários domínios da política social (educação, acção social, saúde) e uma importância crescente da intervenção social ao nível local.

Dimensões territoriais para a intervenção social

A implementação de um Programa Nacional de Luta Contra a Pobreza foi uma das medidas de política onde mais directamente se fizeram sentir, na sua concepção, as novas orientações políticas estratégicas de luta contra a pobreza de âmbito comunitário. O primeiro programa europeu de combate à pobreza decorreu no período 1975-80 tendo Portugal participado, após a adesão, no segundo programa (período 1984-88). A metodologia do segundo programa consistia em projectos de investigação-acção dirigidos a oito grupos-alvo: desempregados de longa-duração, jovens desempregados, idosos, famílias monoparentais, população migrante e refugiados, população marginalizada e população desprotegida vivendo em zonas rurais e zonas urbanas. No terceiro programa (período 1989-94), Portugal participou com alguns projectos, mas estes obedeceram a uma metodologia diferente, correspondendo a um conjunto de princípios em que se destacam: i) a participação dos grupos-alvo nos projectos, ii) o carácter multidimensional dos projectos (isto é, envolvendo não só aspectos económicos mas também outras dimensões, como a habitação, saúde, educação, formação, etc); iii) a parceria entre actores sociais, envolvendo diferentes autoridades (municípios, delegações regionais da administração central, empresas privadas e instituições sem fins lucrativos); iv) a actuação do projecto deveria dirigir-se aos factores que efectivamente determinam a pobreza na área de intervenção.

Os projectos aprovados para o terceiro programa constituíram uma pequena parte dos projectos de luta contra a pobreza concebidos nacionalmente, um pouco por todo o país. Em 1990 são criadas duas autoridades regionais (Comissariados Regionais – Norte e Sul – de Luta Contra a Pobreza) encarregados de coordenar um programa nacional de projectos locais de iniciativa governamental. O interesse do problema da pobreza e desta forma de intervenção provém do reconhecimento, pelo governo, das graves situações de pobreza existentes no país e, por outro lado, é resultado da influência da experiência (e também da motivação política) dos projectos da CEE de luta contra a pobreza. Trata-se de um conjunto de projectos que, actuando ao nível local, se dirigem à pobreza na sua concepção multidimensional e relacional (portanto na acepção de exclusão social), envolvendo formas de coordenação de políticas e articulação de actores sociais ao nível local (parcerias). É elevado o número de autarquias com responsabilidade na promoção destes projectos, onde participam também Misericórdias, Instituições Particulares de Solidariedade Social (IPSS), Centros Regionais de Segurança Social e centros sociais e paroquiais. Pela importância que assumem na dinamização de acções locais de desenvolvimento, e pela forma como se disseminaram por todo o território nacional, estes projectos constituem um elemento importante de participação da sociedade civil e sua articulação com o Estado, com a participação do financiamento público, o que constitui uma forma de actuação que traduz o efeito da influência da política social tal como estava a ser ditada pelos órgãos da CEE.

Os quadros seguintes permitem fazer uma apreciação das características dos projectos de luta contra a pobreza (PLCP) em Portugal, a partir de um estudo por nós coordenado (Pereirinha, 1999) e referente a um período relevante desta política: refere-se ao conjunto dos 162 projectos em execução desde Janeiro de 1996. Um inquérito dirigido em 1997 às entidades promotoras destes projectos permitiu obter informação sobre 116 desses projectos, dos quais 43 são da responsabilidade do Comissariado Norte e 73 do Comissariado Sul. A informação recolhida permite caracterizar os projectos pelas características dos problemas a que se dirige (**Quadro 5**) e pela natureza das acções desenvolvidas (**Quadro 6**) permitindo, do seu confronto, encontrar indicadores de eficácia e eficiência desses projectos (**Quadro 7**). Em todos eles, é dada informação sobre a percentagem dos projectos de luta contra a pobreza que identifica algum destes grupos/problema ou tipo de acção na sua caracterização.

Quadro 5 – Projectos de Luta Contra a Pobreza segundo a população alvo
(natureza dos problemas)
(1997)
%

População alvo	Norte	Sul	Total
Crianças	90.7	23.6	48.7
Jovens	90.7	20.8	47.0
Mulheres	37.2	12.5	21.7
Idosos	69.8	16.7	36.5
Famílias monoparentais	4.7	1.4	2.6
Famílias numerosas	0.0	1.4	8.7
Pessoas isoladas	2.3	4.2	3.5
Minorias étnicas	11.6	5.6	7.8
Baixa escolaridade	9.3	9.7	9.6
Trabalhadores não qualificados	14.0	11.1	12.2
Desempregados	37.2	16.7	24.3
Baixos salários	4.7	5.6	5.2
Emprego precário	18.6	8.3	12.2
Agricultores	4.7	0.0	1.7
Pescadores	2.3	0.0	0.9
Alcoólicos	11.6	5.6	7.8
Toxicodependentes	9.3	4.2	6.1
Portadores de HIV	0.0	1.4	0.9
Doentes crónicos	2.3	0.0	0.9
Deficientes	25.6	2.8	11.3
Mendigos	0.0	2.8	1.7
Sem-abrigo	4.7	9.7	7.8

Fonte: Pereirinha (1999)

Estes projectos, que tiveram uma duração média de cerca de 3,5 anos, envolvendo em média cerca de 3700 pessoas, dirigem-se a uma grande diversidade de problemas sociais, a atende à população-alvo a que se destinam. Embora seja elevado o número de projectos que identificam a população, em geral, como alvo, é significativo o número de projectos que apresentam, como população-alvo, os idosos e as crianças, em especial na região Norte, bem como os desempregados e a população com deficiência.

Quadro 6 – Projectos de Luta Contra a Pobreza segundo as acções projectadas
(natureza das políticas)
(1997)   %

Acções	Norte	Sul	Total
Emprego	60.5	30.6	41.7
Formação Profissional	74.4	56.9	63.5
Alfabetização/Ensino recorrente	14.0	22.2	19.1
Apoio educativo	76.7	19.4	40.9
Inserção escolar normal	83.7	2.8	33.0
Outras acções	76.7	34.7	50.4
Melhoria do alojamento	72.1	31.9	47.0
Apoio ao realojamento	20.9	1.4	8.7
Outras acções	30.2	12.5	19.1
Inf. saúde	32.6	19.7	24.6
Prevenção da saúde	58.1	11.3	28.9
Desintoxicação	11.6	0.0	4.4
Outras acções	53.5	19.7	32.5
Equipamento de apoio a crianças	32.6	15.5	21.9
Equipamento de apoio a jovens	18.6	12.7	14.9
Equipamento de apoio a idosos	25.6	12.7	17.5
Outro equipamento social	27.9	35.2	32.5
Inf/orientação sócio-familiar	97.7	29.6	55.3
Inf/orientação sócio-escolar	76.7	14.1	37.7
Inf/orientação sócio-profissional	83.7	22.5	45.6
Informação jurídica	0.0	0.0	0.0
Inf. direitos sociais	16.3	0.0	6.1
Outras inf/prient	69.8	23.9	41.2
Animação sócio-cultural	90.7	63.0	73.3
Projectos de vida	48.8	25.4	34.2
Auto-estima	51.2	15.5	29.0
Prevenção de Comp desviantes	51.2	19.7	31.6
Outros acompanhamentos	46.5	31.0	36.8
Educação e emprego	97.7	69.9	80.2
Saúde	76.7	41.1	54.3
Habitação e equipamento	83.7	75.3	78.5
Inform, anim e aconselhamento	97.7	80.8	87.1

Fonte: Pereirinha (1999)

No **Quadro 6** pode ver-se em que medida estes projectos contém, na forma como foram concebidos, acções concordantes com a natureza dos grupos-alvo e problemas identificados.

Em geral, é significativo o número de projectos que orienta a sua actuação nos domínios do emprego e formação e na inserção escolar. Nota-se também uma grande preocupação, nestes projectos, de actuações dirigidas a melhoria de equipamento social e relacionadas com a saúde. Pode afirmar-se que "os projectos de luta contra a pobreza tendem a conjugar acções nos mais importantes domínios em que se vive e se combate a exclusão social" (Pereirinha, 1999:535).

O **Quadro 7** pretende avaliar a consistência das acções desenvolvidas pelos projectos em relação aos grupos-alvo, em que E1 = nº projectos com grupo-alvo i e acção do tipo i/nº projectos com grupo-alvo i (indicador de *eficiência*) e E2 = nº projectos com grupo-alvo i e acção do tipo i/nº projectos com acção tipo i (indicador de *eficácia*), em que i se refere a vários domínios identificados nos quadros anteriores.

Quadro 7 – Projectos de Luta Contra a Pobreza: concordância entre grupos-alvo e tipos de acções (indicadores de eficiência e de eficácia) (1997)

%

População alvo		E1	E2
Grupos demográficos	Norte	95.2	97.6
Acções de informação	Sul	37.3	81.5
Animação e Aconselhamento	Total	61.4	91.2
Grupos socioprofissionais	Norte	45.2	100.0
Acções de Educação e	Sul	23.5	75.0
Emprego	Total	33.3	88.6
Grupos com problemas de	Norte	36.1	100.0
habitação, acções de habitação e	Sul	14.5	85.1
Equipamento social	Total	23.1	93.8
Grupos com problemas de saúde	Norte	42.4	87.5
Acções dirigidas à saúde	Sul	30.0	69.2
	Total	36.5	79.3

Fonte: Pereirinha (1999)

Pode observar-se que os valores do indicador de eficácia (E2) são sempre (em todos os domínios) superiores aos do indicador de eficiência (E1). Não é de estranhar que tal aconteça se tivermos em conta a natureza multidimensional do problema da exclusão social e que, por esse facto, a actuação política deve dirigir-se a essa multidimensionalidade, em todos os domínios relevantes para o indivíduo e para o meio em que vive (ambiente local). Deve notar-se que valores próximos de 100% para o indicador de eficácia significam que as acções desenvolvidas são de um tipo consistente com o grupo-alvo da população, cobrindo integralmente esse problema. Valores inferiores a 100% para indicador de eficiência significam que as acções de cada tipo não se circunscrevem aos grupos-alvo correspondente ao problema relacionado com essa acção, propagando-se a outros grupos populacionais ou problemas. Este tipo de situação, com este tipo de efeitos de política é, afinal, o reflexo na natureza multidimensional dos problemas de exclusão.

O rendimento mínimo (de inserção) garantido

A criação, em 1996, do rendimento mínimo garantido, RMG (actualmente com a designação de rendimento social de inserção, RSI, após a sua modificação em 2003) foi, provavelmente, a medida de política social em que foi mais notória e significativa a influência da política social da União Europeia. Foi na âmbito da presidência portuguesa que surge a Recomendação do Conselho 92/441/EEC, Julho 1992, sobre os "critérios comuns respeitantes aos recursos suficientes e assistência social nos sistemas de protecção social" em que os Estados membros reconhecem "o direito fundamental de uma pessoa ter recursos suficientes e assistência social de forma a poder ter uma vida compatível com a dignidade humana, como parte de uma actuação compreensiva e consistente de combate à exclusão social".

O RMG/RSI constitui uma prestação do regime não contributivo da segurança social, acompanhado por um programa de inserção social, visando um duplo objectivo: por um lado, assegurar que as famílias e indivíduos tenham acesso a um conjunto de recursos que possibilitem satisfazer as suas necessidades básicas e, por outro lado, possibilitar a alteração de causas que estão na origem dessa situação de carência, através da celebração de contratos de inserção que possibilitem uma progressiva integração social e profissional. A criação do RMG/RSI, com este conteúdo e orientação de política social, é claramente a manifestação da prevalência dos conceitos de pobreza (escassez de recursos, dimensão *distributiva*) e de exclusão social (défice de integração social e profissional, dimensão *relacional*) na análise dos problemas sociais e na orientação da política social, uma clara influência europeia na política social em Portugal.

Numa apreciação genérica dos efeitos do RMG/RSI (Pereirinha, 2006a), pode afirmar-se que, ainda que o número de beneficiários represente apenas 3,5% da população portuguesa (onde a taxa de pobreza ronda os 20%), esta medida de política constitui um marco muito importante na modernização da política social em Portugal, sendo claramente o mais evidente elemento caracterizador da sua *europeização*. Constituiu um alargamento dos direitos sociais, ainda que se note a sua não completa realização. Alguns autores (Farinha Rodrigues, 2004) estimam em 72% a taxa de *take-up* desta medida, o que significa que cerca de 28% das famílias com direito a aceder a esta política não o fazem. O efeito desta medida de política na pobreza é relativamente diminuto: reduz muito pouco o número de pessoas pobres mas, em contrapartida, tem efeito significativo na redução da severidade da pobreza. Mas notam-se efeitos na integração profissional dos beneficiários: para cerca de 1/3 dos beneficiários que tiveram contratos de inserção do tipo profissional, o RMG/RSI aumentou as suas possibilidades de integração no mercado de trabalho. As possibilidades de sucesso desta medida de política encontram-se na melhor participação de parceiros sociais na organização dos contratos de inserção. E pode também afirmar-se que a existência de alguma cultura de participação, ao nível local, por parte dos agentes com responsabilidade na sua implementação, designadamente nos programas nacionais de luta contra a pobreza, e outros programas sociais desenvolvidos ao nível local, tem constituído um elemento facilitador da eficácia desta medida.

Mas em Portugal a pobreza é persistente

A disponibilização de dados longitudinais sobre condições de vida dos agregados familiares e dos indivíduos tornou possível um melhor conhecimento da população vulnerável à pobreza, permitindo introduzir uma nova dimensão na caracterização do fenómeno: a sua *duração*. Deste modo, sendo possível, através de dados de painel, acompanhar a situação de uma unidade de observação (agregado ou indivíduo) ao longo do tempo, temos acesso a distinguir diferentes perfis dos indivíduos face à persistência da pobreza. Assim, na caracterização do fenómeno ganha importância conjunta não apenas as dimensões de incidência, intensidade e severidade da pobreza, já consagradas anteriormente nas propostas de medida do fenómeno em termos monetários, mas também a dimensão da *persistência* na situação de pobreza, isto é, dito de forma simples, quantos anos passam os indivíduos vulneráveis na pobreza. O Painel Europeu de Agregados Familiares (*ECHP*), realizado pelo EUROSTAT, tornou disponível informação longitudinal para todos os Estados-membros, facilitando a realização de estudos comparativos compreendendo a maioria dos países da EU-15. O **Quadro 8** é disso exemplo. Nele podemos ver, em termos comparativos, uma descrição das taxas de pobreza antes e depois do efeito causado pelas prestações sociais na formação do rendimento disponível monetário dos indivíduos. Trata-se de um método simples, e bastante geral e agregado neste caso, de apreciar o impacto redistributivo de uma componente relevante na formação do rendimento das famílias que advém de uma forma de intervenção do Estado por excelência, através das complexas transferências realizadas entre o sistema de segurança social e as famílias.

Quadro 8 – Efeito das transferências sociais no risco de pobreza
de longa duração 1997
população total, Europa

	B	DK	D	EL	E	F	IR	I	L	NL	A	P	UK	EU-13
*Proporção de indivíduos por n° de anos na pobreza, **antes** de transferências sociais*														
0 anos	41	43	54	46	41	46	46	44	51	52	48	**46**	46	47
1 ano	10	15	10	13	12	9	8	13	8	9	14	**12**	10	11
2 anos	6	7	6	9	9	6	8	9	7	5	10	**9**	8	7
3 anos	7	6	7	10	13	7	9	9	34	7	28	**8**	7	9
4 anos	35	28	24	22	25	32	29	25	..	27	..	**24**	29	26
Duração média (anos)	2,2	1,7	2,1	2,3	2,2	2,3	2,3	2,2	..	2,0	..	**2,5**	2,2	2,2
*Proporção de indivíduos por n° de anos na pobreza, **após** as transferências sociais*														
0 anos	67	80	76	62	62	72	68	66	78	79	78	**62**	66	70
1 ano	13	11	11	13	14	10	11	13	11	10	11	**13**	12	12
2 anos	7	4	5	8	10	5	7	8	6	4	6	**6**	8	7
3 anos	6	3	5	9	8	5	7	6	4	4	5	**7**	7	6
4 anos	7	2	4	7	6	7	7	6	..	3	..	**12**	6	6
Duração média (anos)	1	2,8	3,0	2,8	2,9	3,1	3,1	2,8	..	3,1	..	**2,8**	3,0	3,0

Fonte: Eurostat (2003): ECHP 1994-1997; dados não disponíveis para a *Finlândia* e *Suécia*.

No **Quadro 8** podemos verificar facilmente que Portugal, bem como os restantes países da Europa do Sul, apresentam um impacto redistributivo das prestações sociais na redução da pobreza significativamente menor do que nos restantes países europeus, com particular destaque para os países do modelo continental (não é apresentada informação sobre estes indicadores para a Suécia e Finlândia uma vez que estes países entraram tardiamente na formação do painel europeu).

Os quadros seguintes reforçam a evidência de que a pobreza em Portugal na década de noventa se encontra fortemente representada por indivíduos vulneráveis a uma situação de *pobreza persistente*. Antes de examinar mais de perto os valores, justifica-se uma pequena nota metodológica sobre a tipologia dinâmica de pobreza proposta. Em termos longitudinais, consideramos dois grandes grupos de pobreza: os pobres *crónicos*, ou de longa duração, e os pobres *transitórios*. Os primeiros estiveram sempre numa situação de pobreza monetária ao longo do período em análise (neste caso, o horizonte temporal utilizado no estudo referenciado foi 1994-1998) ou, eventualmente, terão sofrido um episódio esporádico fora da pobreza que, em termos médios, não é suficiente para se poder excluir a natureza crónica da sua situação face à pobreza. Os pobres de longa duração são assim formados pelos *persistentes* (casos mais graves numa situação crónica) e pelos *intermitentes* (casos de pobreza crónica com estados episódicos fora da pobreza). Por outro lado, os pobres transitórios representam indivíduos que tiveram um episódio de pobreza em pelo menos um dos anos do horizonte temporal em análise mas que, analisado o seu rendimento médio (*smoothed income*) ao longo do horizonte temporal em análise, não seriam classificados como estando numa situação de pobreza monetária.

Um indicador muito útil na análise da dinâmica de pobreza resulta do conceito de prevalência da pobreza, medida como a proporção de indivíduos que, numa dada população, passaram um ano, ou mais numa situação de pobreza monetária. Por exemplo, considerando uma linha de pobreza contemporânea fixada em 60% do rendimento disponível monetário mediano por adulto equivalente, podemos ver que cerca de 40% da população portuguesa passou pelo menos um ano numa situação de pobreza monetária no quinquénio 1994-98 (Nunes, 2005). Havendo um ritmo relevante de fluxos de entradas e saídas de pobreza num dado horizonte temporal, é fácil ver que a prevalência da pobreza (um indicador só possível em presença de dados longitudinais) tenderá a ser significativamente superior à taxa de pobreza (a incidência da pobreza) observada num dado momento do tempo. Podemos ver, ainda recorrendo ao **Quadro 9** que as taxas de pobreza no período analisado oscilaram entre 21 e 22% da população.

Estes dois indicadores podem ser ainda combinados de uma forma muito interessante: ao medirmos a proporção de pobres num dado momento (taxa de pobreza) qual é a sua composição em termos de pobres *crónicos* e *transitórios*? Podemos ver que, embora o peso da população pobre crónica seja relativamente baixo (cerca de 20% da população, como se observa no **Quadro 10**), analisando o **Quadro 12**, cerca de 70% dos indivíduos classificados como pobres num dado ano são crónicos; apenas 30% se referem a indivíduos que sofrem uma situação transitória na pobreza. Existe uma considerável sobrerepresentação dos pobres crónicos na população pobre observada em cada momento particular, reportando-nos à década de noventa, em Portugal (Nunes, 2005). E este aspecto tem uma enorme relevância para a Política Social no sentido em que, pelo aprofundamento da caracterização do perfil da população pobre, se pode melhor definir populações-alvo para a implementação de medidas que possam vir a reduzir a vulnerabilidade dos indivíduos face à persistência da pobreza, atacando ou eliminando factores causais associados ao carácter crónico da pobreza. Um dos instrumentos privilegiados na análise da eficácia da intervenção do Estado na redução do fenómeno tem a ver, como já se referiu, com os impactos redistributivos induzidos por prestações sociais.

Quadro 9 – Distribuição da frequência do número de vezes na pobreza no painel indivíduos, Portugal, período 1994-1998

Número de vezes pobre	LP40	LP60	LP70
	%	%	%
Nunca pobre	78,7	61,2	52,2
1 vez pobre	10,0	12,0	12,5
2 vezes pobre	4,6	6,4	7,9
3 vezes pobre	2,4	6,2	7,2
4 vezes pobre	2,5	5,4	6,8
5 vezes pobre	**1,8**	**8,8**	**13,4**
Prevalência	**21,3**	**38,8**	**47,8**
População	100	100	100
Taxas de pobreza *cross-section*			
Vaga 1994	10,8	21,9	28,5
Vaga 1995	9,7	23,2	30,3
Vaga 1996	8,4	20,9	27,8
Vaga 1995	8,1	21,3	28,1
Vaga 1998	8,4	21,6	29,2

Fonte: Nunes, F. (2005). PEAF Portugal (painel equilibrado, 5 vagas iniciais. Dados ponderados (vaga 1). Os limiares de pobreza considerados são, respectivamente, 40, 60 e 70% do rendimento disponível mediano real por adulto equivalente (escala "modificada" da OCDE). A taxa de prevalência da pobreza identifica-se com o conceito de população pobre longitudinal.

Capítulo 7 – Política social em Portugal e a Europa, 20 anos depois | 319

Quadro 10 – Composição da população longitudinal em função do rendimento disponível por adulto equivalente total
Portugal, 5 primeiras vagas do PEAF (1994-1998); *LP60*

Classificação Longitudinal	%
PERSISTENTES	8,9
INTERMITENTES	10,5
TRANSITÓRIOS	19,4
População Pobre Longitudinal	38,8
NUNCA POBRES	61,2
População	100,0
Classificação Longitudinal	%
PERSISTENTES	22,8
INTERMITENTES	27,0
TRANSITÓRIOS	50,2
População Pobre Longitudinal.	100,0

Fonte: Nunes, F. (2005). PEAF (1994-1998), Portugal. A composição da população pobre (composição da prevalência da pobreza no horizonte temporal 1994-1998) baseia-se na dimensão de incidência da pobreza. Linha de Pobreza contemporânea fixada em 60% do valor do rendimento real mediano por adulto equivalente da distribuição total, considerada como referência.

No entanto, esta análise deve ser efectuada de forma cuidadosa pois nem todas as prestações sociais atribuídas aos agregados têm como finalidade o alívio da pobreza económica, aspecto teórico que, porém, não cabe aprofundar neste texto.

Quadro 11 – Eficácia das prestações sociais na redução do *gap* de pobreza de longo-prazo, 1994-1998, Portugal

Redução do gap de pobreza devido às prestações sociais			
Número de vezes pobre	Total	Solidariedade	Família	Sol. + família
	%	%	%	%
Persistente	51,4	2,9	4,3	7,0
Intermitente	58,4	5,4	6,7	11,5
Transitório	72,3	8,3	12,5	19,7
Nunca-pobre	71	5,0	8,1	12,7

Fonte: Nunes, F. (2005). PEAF Portugal (painel equilibrado, 5 vagas iniciais. É considerado um limiar de 60% do rendimento mediano por adulto equivalente.

O **Quadro 11** mostra como no caso português tende a verificar-se uma maior eficácia na redução da intensidade da pobreza junto dos pobres transitórios relativamente aos pobres crónicos. Mesmo as prestações de solidariedade que, por força da sua natureza redistributiva vertical, estariam mais vocacionadas para a atenuação das situações mais graves de insuficiência de rendimento, tendem a concentrar-se mais nos indivíduos que, embora estando expostos a riscos de exclusão social, não são os mais vulneráveis no processo de empobrecimento na sua forma persistente, ou de longo-prazo. Este tipo de resultados levanta a importante questão sobre a eficiência dos recursos mobilizados pelas políticas públicas face à definição das populações-alvo e das prioridades de actuação com vista a resolver ou atenuar os problemas mais prementes de desvantagem social.

Quadro 12 – Composição da população pobre captada nas taxas de pobreza *cross-section*; Portugal, 5 primeiras vagas do *PEAF*; LP60 contemporânea

Composição longitudinal da taxa de pobreza em W*i*	W1 %	W2 %	W3 %	W4 %	W5 %
PERSISTENTES	40,5	38,1	42,4	41,5	40,8
INTERMITENTES	27,9	33,9	35,1	32,9	30,8
TRANSITÓRIOS	31,6	28,0	22,5	25,6	28,4
CRÓNICOS	68,4	72,0	77,5	74,4	71.6
Taxa de pobreza *Cross-section* na W*i*	21,9	23,2	20,9	21,3	21,6

Fonte: Nunes, F. (2005). PEAF Portugal. Cálculos reportados à LP60 – linha de pobreza contemporânea fixada em 60% do valor mediano do rendimento real total por adulto equivalente. Painel equilibrado de indivíduos. Os pobres *crónicos* representam a agregação dos pobres persistentes e intermitentes. W1 ... W5 : 5 vagas do painel (1994 ... 1998)

(Algumas) notas finais[3]

A *pobreza* – entendida como situação de desvantagem face a uma norma social de bem-estar mínimo, socialmente aceite e

---

[3] Nesta secção reproduzimos parcialmente o texto Pereirinha (2006b)

politicamente reconhecida – é, actualmente, o *grande défice nacional*. Este défice deve ser encarado numa visão tridimensional: é um défice de *rendimento* (em Portugal, a principal causa da pobreza é a escassez de rendimento, e essa é a sua principal manifestação), é um défice de *cidadania* (a mais séria consequência social da falta de rendimento é a incapacidade, que daí resulta, da realização dos direitos de cidadania, quer dos direitos sociais quer, também, dos direitos sociais e políticos) e é um défice de *capacidades* (*"capabilities"*, segundo Amartya Sen, isto é, a capacidade de pertencer de pleno direito à sociedade onde se vive e nela participar, *"funcionando"*, no relacionamento com os outros e com as instituições que a constituem, segundo os padrões comuns que nela vigoram).

Sendo o grande défice nacional actual, nem todos o entendem deste modo, e nem sempre foi entendido como tal na sociedade portuguesa. Isto é, a percepção da pobreza é uma percepção normativa, social e política. E, sendo uma realidade social antiga (é nestes termos que vem sendo identificada pela análise da sociedade portuguesa, na sua evolução nas últimas décadas), só muito recentemente esta realidade teve expressão política, manifestada em intervenções concretas dirigidas à sua erradicação. Podemos então dizer que, sendo uma *realidade antiga*, é um *problema social recente* (enquanto realidade social que origine uma percepção política, acompanhada de necessidade de intervenção de políticas).

A pobreza em Portugal é, também, uma *herança estrutural* que se propaga ao longo do tempo. Isto tem um significado múltiplo. Significa, em primeiro lugar, que não é um fenómeno conjuntural, que resulte de alguma causa económica, demográfica, ou de qualquer outro tipo que tenha ocorrido recentemente. Pelo contrário, ainda que possa ter sido agravado por algum(ns) factor(es) conjuntural(is), a pobreza é um fenómeno estrutural, que tem a sua principal causa no modelo de crescimento seguido em Portugal, que tem feito assentar a competitividade económica nacional em elementos que comprometem (ao invés de potenciarem) a coesão social: baixos salários, mão-de-obra pouco qualificada. Mas significa também que a pobreza se transmite no tempo, entre gerações sucessivas: são os salários baixos do passado que originam pensões de reforma reduzidas na actualidade; são rendimentos escassos na actualidade que condicionam o progresso escolar dos jovens no presente e os seus rendimentos no futuro.

A pobreza em Portugal, após a adesão de Portugal à (actual) União Europeia, tornou-se também, no final dos anos 1980, uma manifestação nacional de um problema social europeu (de pobreza e exclusão social), ainda que com dimensão nacional muito expressiva e com factores causais próprios. Isto é, a pobreza (na sua concepção dominante de exclusão social) é *um problema europeu*, colocado entre os objectivos da política social europeia e originando formas de actuação e de coordenação de actuações políticas nacionais entre os países da União Europeia. É o que encontramos, actualmente, nos Planos Nacionais de Acção para a Inclusão (PNAI) e nos métodos de coordenação aberta que conjugam actuações políticas nacionais com objectivos estratégicos definidos a nível supranacional (da União Europeia).

Em consonância com as características nacionais, mas também enquanto problema (que também é) europeu, pretende-se que seja encarado, como o é na União Europeia, como um objectivo da política social, traduzindo uma preocupação política de elevada prioridade, capaz de articular eficazmente as políticas sociais (de protecção social, da educação, de formação e emprego, de saúde, de cuidados pessoais) com a política de emprego e com a política económica. E que a política social não seja encarada enquanto área de actuação que origine apenas custos (sem retorno económico), mas também formas de actuação com vantagens económicas (*"política social como factor produtivo"*, como foi estabelecido na Cimeira de Lisboa), justificando, assim, também por razões económicas, o que tem plena justificação em termos sociais, no domínio dos valores e dos direitos.

As mudanças ocorridas na orientação da análise dos problemas e na concepção da políticas traduziu-se, genericamente, na maior relevância dada às dimensões não monetárias das desvantagens sociais (ainda que estas estejam na sua origem) e ao seu carácter multidimensional, tendo-se realçado e valorizado aspectos relacionais (e não meramente distributivos) dessas desvantagens. Passou-se a valorizar mais os aspectos dinâmicos, de processo, relativamente aos estáticos, o que significou olhar mais às causas (onde se deve actuar, preventivamente) comparativamente com as manifestações, ou consequências (a tradicional forma de actuação curativa, de tipo meramente assistencial). Passou-se a identificar diversos níveis em presença quando se pretende actuar sobre a pobreza: o indivíduo, a família a que pertence, a comunidade onde está integrado, a localidade onde reside, a região a que pertence, o país onde se encontra, o espaço supranacional onde se situa, etc. É nestes diferentes níveis que se encontram causas distintas, mas de actuação cumulativa, e se localizam diferentes variáveis de actuação política. Novos desafios, portanto, para a política social.

A extensão e a severidade da pobreza, como realidade muito importante em Portugal, exige um grande esforço das políticas públicas (quer das políticas sociais quer das políticas económicas e de emprego). Mas o objectivo de erradicação da pobreza não pode ser encarado como um objectivo de curto-prazo, que se possa alcançar num horizonte temporal curto. Dada a complexidade e a natureza estrutural do problema, a erradicação da pobreza é um objectivo de longo-prazo.

A actuação dirigida à pobreza deve ultrapassar (ainda que a incluindo) a mera actuação redistributiva do Estado. Pela natureza do problema, deve ser encarada como uma questão nacional: a resolução do *grande défice nacional*. Devem conjugar-se, de forma equilibrada, as políticas de tipo curativo com as (que se devem privilegiar) de tipo preventivo, de actuação sobre os processos que produzem pobreza (longo-prazo, em ciclo de vida, entre gerações). Devem conjugar-se (articulando-se) actuações a diversos níveis de responsabilidade territorial da produção da pobreza e da sua representação social e política. Devem articular-se políticas universais (direitos sociais universais) com políticas e programas sociais selectivamente dirigidos a grupos-alvo e problemas específicos. E estas recomendações correspondem, de forma sintética, a formas de actuação que encontramos nos textos e nas orientações políticas da União Europeia.

Referências

ADNETT, N., S. HARDY (2005) *The European Social Model*. Edward Elgar.

APOSPORI, E., J. MILLAR (2003) *The dynamics of social exclusion in Europe: comparing Austria, Germany, Greece, Portugal and the UK*. Edward Elgar.

ATKINSON, A., B. CANTILLON, E. MARLIER and B. NOLAN (2002) *Social Indicators, the EU and Social Inclusion*, Oxford: Oxford University Press.

BARNES, M. e tal. (2002) *Poverty and Social Exclusion in Europe*. Edward Elgar.

Commission of the European Communities (1990) *Community Charter of the Fundamental Rights of Workers*. Brussels.

Council of the European Communities (1989a) *Decision of 18.07.89 establishing a medium-term Community action programme concerning the economic and social integration of the economically and socially less privileged groups in society* (89/457/EEC), Official Journal of the European Communities, L224/10, Brussels.

Council of the European Communities (1989b) *Resolution of 29.09.89 on combating social exclusion* (89/C277/01), Official Journal of the European Communities, C277/1, Brussels.

DEPP/MTS (2002) *Portugal 1995-200: Perspectivas da Evolução Social*. Celta Editora.

ESPING-ANDERSEN, G. (1990) *The Three Worlds of Welfare Capitalism*. Cambridge: Polity Press.

EUROSTAT (2003a). *European Social Statistics – Income, Poverty and Social Exclusion, Second Report – Data: 1994 – 1997*. Theme 3 –

Population and Social Conditions, Luxembourg: Office for Official Publications of the European Communities.

FARINHA RODRIGUES, C. (2004) *The redistributive impact of the guaranteed minimum income programme in Portugal*. WP9/DE/ /CISEP.

FARINHA RODRIGUES, C. (2005). *Distribuição do Rendimento, Desigualdade e Pobreza: Portugal nos Anos 90*. Tese de doutoramento. Instituto Superior de Economia e Gestão, Universidade Técnica de Lisboa.

FERRERA, M. (1996) "The southern model of welfare in social Europe". *Journal of European Social Policy*, 6(1), pp.17-37.

FERRERA, M.; HENERIJCK, A.; Rhodes, M. (2000) *O Futuro da Política Social*, Celta.

GUILLÉN, A.; ÁLVAREZ, S.; ADÃO E SILVA, P. (2005) "O redesenhar dos Estados-providência espanhol e português: o impacto da adesão à União Europeia". In Royo, S. (org.) *Portugal, Espanha e a Integração Europeia*. ICS, Lisboa.

HANTRAIS, L. (1995) *Social Policy in the European Union*. Macmillan, London.

LEIBFRIED, S. (1991) *Towards a European Social Model?* Bremen.

MORLINO, L. (2005) "Conclusão: a europeização da Europa do Sul" In Costa Pinto, A., Severiano Teixeira, N. (org) *A Europa do Sul e a construção da União Europeia 1945-2000*. ICS, Lisboa.

NUNES, Francisco (2005). *Dinâmica de Pobreza e Eficácia do Sistema de Solidariedade e Segurança Social*. Tese de doutoramento. Instituto Superior de Economia e Gestão, Universidade Técnica de Lisboa.

PEREIRINHA, J. (1992) *European Community Observatory on National Policies to Combat Social Exclusion: Portugal (Consolidated Report 1990-1991)*. CEE, Animation et Recherche, Lille.

PEREIRINHA, J. (1993) *Agencies, Institutions and Programmes: their interrelationship and coordination in the administration of social exclusion*. Lisbon: CISEP.

PEREIRINHA, J. (1996) "Pobreza e exclusão social. Algumas reflexões sobre conceitos e aspectos de medição". In Ferreira, J.M., ela l. (ed) *Entre a Economia e a Sociologia*. Celta, pp. 208-232.

PEREIRINHA, J. (2006a) "Poverty and anti-poverty policies in Portugal: the experience of the Guaranteed, Minimum Income" in Petmesidou, M, C. Papatheodorou (eds) *Poverty and Social Deprivation in the Mediterranean – Trends, Policies and Welfare Prospects in the New Millenium*, Zed Books, London, New York.

PEREIRINHA, J. (2006b) *A pobreza e as políticas sociais em Portugal: o que são? como estão? para onde vão?* Comunicação no Seminário organizado pela REAPN, Marinha Grande, 6 Abril 2006.

PEREIRINHA, J. (coord) (1999) *Exclusão Social em Portugal: Estudo de Situações e Processos e Avaliação das Políticas Sociais*. Lisboa: CISEP.

ROOM, G. (coord) (1994) *Observatory on national policies to combat social exclusion*. CEE/DGV.

SEN, A. (1985) A sociological approach to the measurement of poverty: a reply to Professor Peter Townsend. *Oxford Economic Papers*, 37: 669-676.

Capítulo 8

O desenvolvimento dos recursos humanos em Portugal nos últimos 20 anos

Margarida Chagas Lopes

1. Introdução

Aceitar o convite para redigir o presente Capítulo constituíu um desafio do qual nos apercebemos desde o início.

Antes de mais, porque pese embora uma certa visão pessimista, muito a gosto de alguma intelectualidade portuguesa, os progressos verificados nestes domínios nos últimos vinte anos foram visíveis, diversificados, de etiologia e impactos muito diversos. É bem verdade que, enquanto País, teríamos necessitado que tais progressos tivessem sido bem mais significativos e que muito caminho há ainda para ser feito, sobretudo porque a tal nos compele a imperiosa necessidade de revertermos o processo de divergência face à União Europeia que marca o nosso trajeto recente.

Mas quando atendemos a factos tão simples como, por exemplo, o de que, segundo o Recenseamento de 1981, mais de 26% da população residente era então analfabeta, torna-se bem óbvia a dinâmica de fundo que marcou a evolução entretanto sofrida pelo nosso sistema de ensino.

Uma qualquer reflexão, por necessariamente limitada que seja, sobre o desenvolvimento dos Recursos Humanos, designadamente num período de tempo tão amplo, não pode ignorar as tendências verificadas noutros domínios para além do estritamente educativo. Tratando-se, ainda para mais, de uma fase de evolução tão marcada pela afluência dos fundos comunitários, como o FSE, não poderemos deixar de levar também em conta as tendências evolutivas do sistema de formação profissional, domínio onde o afluxo daqueles fundos se fez sentir com particular incidência.

E, mesmo assim, não deveremos então dar por delimitado o nosso domínio de reflexão. As aprendizagens prosseguem ainda depois do ingresso nos Mercados de Trabalho e o desenvolvimento de competências que neles tem ou deveria ter lugar não pode deixar de ser igualmente considerado, mesmo que de forma superficial.

Mas temos também de reflectir sobre a importantíssima revolução conceptual ao nível da própria noção de conhecimento e aprendizagem, que nos levou a reconsiderar o papel da escola nas nossas sociedades. Ou seja, fomos forçados a deixar de exigir à escola (ou às escolas) que continuasse a desempenhar o papel impossível de produtor e transmissor único do conhecimento e fomos progressivamente admitindo – nem sempre sem restrições, devemos dizê-lo – que se estabelecessem parcerias com outros intervenientes, imprescindíveis face aos amplos e intrincados processos de que se constroem as aprendizagens nos dias de hoje: as organizações, empresariais e outras, muitas das instâncias do serviço público, os parceiros sociais, a voz das comunidades e interesses do desenvolvimento local, entre outros.

Isto é, fomos assistindo na prática à génese dos processos de constituição do conhecimento em novos moldes – ao longo e ao largo da vida, para utilizar as expressões consagradas que vieram a ser propostas para rebaptizar a aprendizagem, segundo estes novos formatos[1]. Não seria, com efeito, expectável que os

---

[1] Tradução corrente dos termos ingleses *lifelong learning* e *lifewide learning*.

desígnios do conhecimento ficassem imunes à revolução científica e tecnológica que atravessou os últimos vinte anos e entroncou, em termos epistemológicos, num processo de revisão profunda do paradigma vigente: a crescente turbulência e imprevisibilidade dos tecidos social e económico desautorizavam com cada vez maior veemência as abordagens que se tinham alicerçado sobre a confiança acrítica e a inquestionabilidade dos reguladores tradicionais. O mesmo viria a acontecer, inevitavelmente, se bem que não sem resistência, com as teorias explicativas e os modelos de abordagem dos domínios educação e mercado de trabalho, aqueles onde, afinal, se desenrola predominantemente o desenvolvimento dos Recursos Humanos.

Nos próximos pontos passaremos em revisão alguns destes aspectos.

2. A evolução das teorias de referência

Um dos aspectos que torna difícil e, ao mesmo tempo, exigente, a análise da evolução e desenvolvimento dos Recursos Humanos ao longo das últimas duas décadas entronca no facto de, também ao nível do enquadramento teórico, se terem registado progressos extremamente significativos.

Como é habitual no domínio das Ciências Sociais, em geral e, muito especialmente, em Economia, aqueles progressos teóricos foram sendo constituídos através de processos alternados de confronto e convergência: aqui, fundamentalmente, entre as abordagens *mainstream*, sempre prontas a reendogeneizar as críticas que lhe vão sendo crescentemente dirigidas, e as teorias críticas alternativas, frequentemente mais avançadas na interpretação empírica do que na correspondente estruturação epistemológica e teórica.

O que é certo é que nos encontramos hoje muito longe dos pressupostos que enformaram abordagens outrora centrais para a investigação em Economia dos Recursos Humanos, como as teorias do investimento em capital humano: abandonámos, de há muito, a concepção de aprendizagem como equivalente a percurso linear, unidireccional e irreversível, com términus natural no momento da inserção laboral. Tendo herdado dos trabalhos de investigação de sociólogos da educação e economistas das décadas de 60 e 70 do século passado importantes contributos para a apreensão das formas e fontes da qualificação e da aprendizagem[2], tínhamos por estabelecido o papel fundamental da tríade educação-experiências de trabalho – formação profissional, naqueles mesmos processos. A abordagem standard de Mincer (1974), representável através da célebre função em U invertido, era representável nestes termos:

Figura 1 – A Equação *standard* de Mincer – representação estilizada

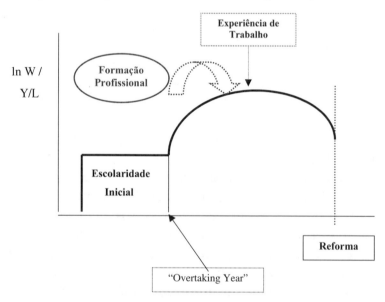

---

[2] De que «La qualification du travail: de quoi parle-t-on ?», do Commissariat Géneral du Plan (1978), constitui um dos contributos precursores.

Decorre da figura que a concepção Minceriana fazia terminar, irremediavelmente, a escolaridade antes da inserção profissional. Esta, por sua vez, interviria sob a forma de uma passagem automática da escola para o mercado de trabalho a ter lugar no chamado "overtaking year"; a experiência de trabalho – em princípio única – traduziria a lei de crescimento natural da produtividade (e, portanto, do salário) em ciclo de vida, com uma segunda fase de obsolescência, natural e inevitável. A formação profissional, por sua vez, assumiria o cariz de intervenção discreta e acidental, a meio do ciclo de actividade, correspondente a uma situação de muitíssimo menor dinâmica do progresso técnico.

Na equação *standard* de Mincer, tantas vezes convocada como base de trabalho em investigação aplicada à economia portuguesa, estipulavam-se as variações salariais em função da escolaridade (s) e da experiência profissional (x) nos seguintes termos:

$$Ln\ W = a_0 + a_1\ s + a_2\ x - a_3\ x^2 + u$$

No entanto, a dinâmica da economia e sociedade globais rápida e progressivamente se encarregava de colocar novos desafios àquela formalização.

Assim, a escola pode (deve...) intervir em cada uma das fases do ciclo de vida, mesmo após a inserção profissional. Visando agora públicos, contextos e necessidades formativas diferentes, imperioso se tornou que soubesse e procedesse à diversificação das suas ofertas curriculares, depois de estabelecido (mas não necessariamente alcançado) o limiar mínimo de qualificações homogéneas e transferíveis por equivalência.

Do mesmo modo, em vez de uma experiência de trabalho homogénea e tendencialmente associada a uma mesma, ou a um número reduzido, de situações de trabalho, encontramo-nos perante um contexto cada vez mais marcado pela mobilidade de trabalho e, inevitavelmente, pela recorrência dos momentos de desemprego ou inactividade que mediam entre ocupações distintas. O que significa que, também aqui, tende a imperar a diversidade das fontes de aprendizagem e das competências de trabalho adquiridas ao longo da vida, embora este resultado não seja só por si suficiente para garantir a natureza "estratégica" das mesmas, i.e., a sua capacidade para "cavalgar as ondas da competitividade".

Por outro lado, não sendo plausível nem fácil ajustar em tempo útil as competências pretendidas pela produção e as qualificações detidas pelos candidatos a emprego, da formação profissional de activos se veio a esperar, então, um papel de bem maior relevo e uma capacidade para fazer face aos novos desafios bastante mais robustos do que há vinte anos supúnhamos.

Em suma, as trajectórias de aprendizagem e actividade em ciclo de vida encontram-se cada vez mais imbrincadas, não sendo indiferentes a tal articulação as vicissitudes e descontinuidades perante o mercado de trabalho:

Figura 2 – Trajectórias de actividade perante o trabalho e a aprendizagem

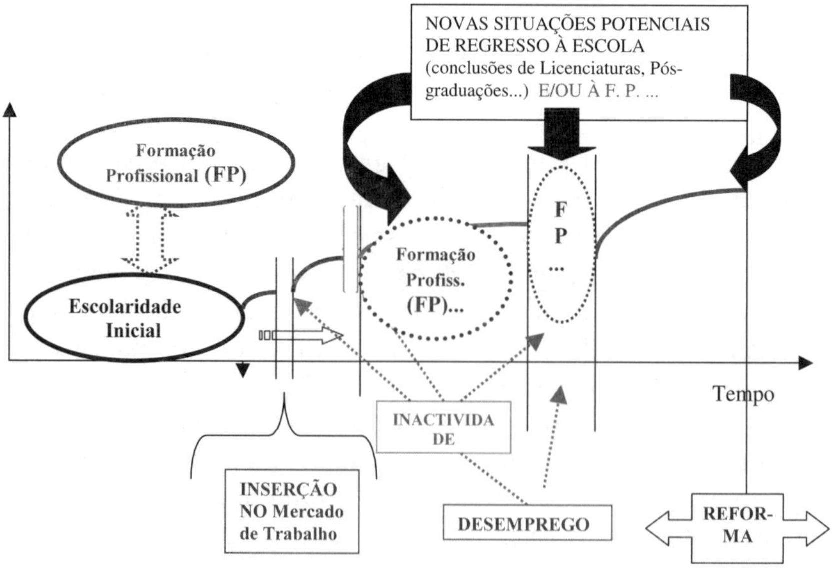

Nesta representação podemos encontrar algumas das características fundamentais das trajectórias individuais em ciclo de vida que tipificam os nossos dias: as relações com a escola (eventualmente, com a Universidade) tendem a retomar-se posteriormente à inserção profissional, em diferentes situações – de trabalho, de desemprego ou inactividade; a história de actividade e trabalho é, por essência, acidentada e descontínua, seguindo-se a um processo de inserção cada vez menos automático e imediato; a formação profissional intervem agora, potencialmente e com mais ou menos eficácia e qualidade, em distintos momentos do ciclo de vida, seja durante a escolaridade inicial, seja já após a entrada no mercado de trabalho, constatando-se a sua primordial importância (pela presença ou ausência...) nos momentos de desemprego. Neste contexto, adequa-se particularmente a interpretação de Weiss (1987) que propõe como formulação para o crescimento do capital humano (dK/dt), a função:

$$dK/dt = K_0 [(h^* K_{te,j}) - \delta K_{td,i}],$$

em que K_0 representa o nível de qualificações ("capital humano") adquirido na escolaridade inicial, $h^* K_{te,j}$ a contribuição qualificante das sucessivas experiências de trabalho e $\delta K_{td,i}$ o desgaste de competências que tem lugar durante os momentos de desemprego/inactividade... a menos que intervenham processos formativos de compensação, designadamente sob a forma de frequência escolar – eventualmente pós-graduada – e formação profissional.

3. Novas competências e perfis profissionais

Mas a evolução paradigmática também veio dar origem a novas concepções de qualificação e competências, mais ricas e amplas do que as subjacentes ao conceito tradicional. De facto, aquele núcleo central de componentes da qualificação individual, essencialmente constituído pela interacção dinâmica entre escolaridade, experiência profissional (ou experiências de trabalho) e formação profissional, tem vindo a ser progressivamente alargado, mercê de contributos e reflexões desenvolvidos nos últimos 20 anos. Sem exagerar, poderemos atribuir a quase total paternidade deste processo de alargamento de âmbito conceptual à escola da regulação francesa, onde podemos situar autores como Boyer, Petit, Lipietz, Bartoli e, entre nós, Maria João Rodrigues.

Antes de mais, haveria, segundo estes novos contributos, que reforçar a ideia da distinção entre **qualificação** e **competência**, a primeira traduzindo essencialmente o resultado final de processos educacionais e formativos, e exigindo o conceito de competência o exercício efectivo das qualificações previamente constituídas. Trata-se, como se vê, de um reforço e clarificação teóricos da ideia analítica central de Weiss, que antes descrevemos: por um lado, cada situação profissional poderá contribuir mais ou menos (em função de **h**) para o processo de desenvolvimento das competências individuais, para além do capital escolar, ou formativo, inicial (K_0) e dos sucessivos incrementos que na vida activa o mesmo vá sofrendo; por outro lado, e através de δ, nos períodos de separação e interrupção da actividade profissional assiste-se ao desgaste das competências (mas não necessariamente das qualificações...) previamente constituídas, já que o não exercício e a perda de contacto com eventuais inovações que entretanto ocorram faz desgastar o "capital humano".

Por outro lado, aquela ampliação conceptual, a par da inovação tecnológica e da evolução dos conteúdos do trabalho no sentido de níveis crescentes de abstracção, informação codificada e, em geral, da Economia de Símbolos, viria a fazer intervir com cada vez maior peso outros elementos fundamentais na concepção de qualificação e competência: as capacidades (parcialmente inatas, em grande medida adquiríveis) para resolver problemas, fazer face ao imprevisto, exercer liderança, ser criativo..., entre outras, exigem cada vez mais outros atributos para além dos meramente cognitivos.

Ou seja, no exercício de uma dada actividade profissional passam a exigir-se capacidades ao nível do "ser" e do "estar",

para além das meramente ligadas ao "saber", como tradicionalmente, combinando-se todas entre si para constituir as novas formas de conhecimento e aprendizagem. E, de entre aquelas, sobressaem dois tipos de atributos que incessantemente vemos serem requiridos aos recursos e organizações, como condição estratégica de sobrevivência:
- a disponibilização crescente para a aprendizagem, no caso dos indivíduos;
- a promoção da aprendizagem a todos os níveis e em tempo útil, no caso das organizações.

Ora, neste quadro evolutivo, facilmente se percebem os dois seguintes resultados: o da desactualização progressiva dos conceitos de profissão e de posto de trabalho, substituídos agora pela acepção de **perfil profissional**; o da perda de exclusividade da escola na transmissão do conhecimento e da aprendizagem. Com efeito, deixou de ser possível fazer corresponder deterministicamente um conjunto estrito de atributos a uma dada função profissional: as áreas de trabalho vêm evoluindo no sentido da ampliação e alargamento de conteúdos, em tendência diametralmente oposta ao que a organização científica do trabalho e o taylorismo tinham prescrito e implementado.

Por outro lado, alargando-se a exigência de competências para áreas mais amplas e envolventes face ao saber profissional, mas também relativamente fluídas – como as competências relacionais e comunicacionais, por exemplo – mais difícil se torna codificar e credenciar exaustivamente tais competências: a tentação para limitar o reconhecível e transferível à parte estritamente quantificável do conhecimento e da aprendizagem torna-se, assim, muito grande! Ora, esta tentação, legitimizada pela maior operacionalidade que assim se pode conferir a processos de equivalência, *de facto* difíceis de implementar, dá lugar a que frequentemente não se vá muito além da certificação das competências básicas... No entanto, será preciso estarmos precavidos para o facto de tais competências não traduzirem senão uma parte do conhecimento, no sentido mais amplo do mesmo, ou da **qualificação social**, na acepção que propõe de Jouvenel (1995)[3]; e também para o de que as competências que escapam à certificação e homologação poderão constituir, frequentemente, o factor que faz a diferença, não só em termos mais pragmáticos de produtividade individual e competitividade das organizações mas, sobretudo, no que respeita ao potencial de desenvolvimento humano. Não é possível deixar de considerar, a esta luz, boa parte do esforço que o processo de Bolonha tem exigido às nossas instituições de Ensino Superior, especialmente no que tem a ver com a forma de cálculo e estabelecimento dos ECTS.

Mas se, como reconhecemos atrás, só parte do conhecimento é codificável e susceptível de certificação, não é menos verdade que o menosprezo relativo de parte significativa das qualificações e, especialmente, das competências, se faz sentir desde logo ao nível da produção estatística. Trata-se de uma questão objecto de queixume frequente por parte da generalidade dos investigadores nos domínios das Ciências da Educação e do Trabalho. Relativamente ao caso português, esta dificuldade é neste momento bastante significativa, por várias razões:
- a mudança de tutela de que têm sido objecto instrumentos de informação fundamentais, como as Estatísticas da Educação, cuja responsabilidade vimos alternar, ao longo dos últimos vinte anos, entre o INE e o Ministério da Educação;
- a segmentação da informação estatística em informação relativa ao Ensino Superior e informação respeitante aos restantes graus de ensino, segmentação que decorre da repartição das tutelas respectivas por dois Ministérios distintos;
- as insuficiências da informação correspondente aos processos de aprendizagem individual – profissional ou não –

---

[3] Questão que aprofundámos em Lança & Valente (coord., 2005), Cap. 3. Para maior desenvolvimento destes aspectos ver Petit (*ibidem*), Cap. 1 e Verspagen *et alii* (2000).

ao longo do ciclo de vida activa e, muito especialmente, após a inserção laboral; se sobre a Formação Profissional dispomos hoje em dia de abundante informação, embora não necessariamente actualizada, sobre qualidade e natureza das aprendizagens em contexto de trabalho e, mais geralmente, sobre experiência profissional, a informação de que dispomos é descontínua e não sistematizada, apenas sendo possível obtê-la em sede de projectos de investigação ou exercícios de avaliação específicos;
- por maioria de razão, se avolumam as dificuldades de obtenção de informação sobre os novos tipos de competências e, designadamente, sobre perfis profissionais; acresce o facto de as instituições vocacionadas para a recolha sistemática de informação deste tipo – como, por exemplo, o INOFOR/IQF, vários dos Observatórios produtores de informação de *follow up*... – se encontrarem demasiado sujeitas à aleatoriedade da conjuntura política, o que conduz a frequentes descontinuidades de trabalho e, portanto, a quebras de informação;
- a informação sobre relações entre instituições de vocação distinta, como, por exemplo, sobre parcerias entre Universidades e empresas, elemento fundamental para a análise da aprendizagem e formação ao longo da vida, só tem sido conseguida, igualmente, de forma não sistemática e graças ao lançamento de projectos de investigação específicos[4].

Assim, mau grado a crítica de fundo que se nos impunha fazer aos processos de reconhecimento parcial do conhecimento e da aprendizagem, encontramo-nos na realidade limitados também, no âmbito deste Capítulo, às possibilidades de análise e carac-

---

[4] Seja-nos permitido destacar, neste domínio, dois dos trabalhos de investigação que revestiram esta natureza e nos quais o ISEG, através do CISEP, teve ou está a ter representação – CNAVES (2001) e Projecto FCT /TELOS, em curso.

terização que a informação estatística torna possível e que remetem para o essencial dos processos de aprendizagem e qualificação formal.

4. Breve caracterização da evolução dos recursos humanos em portugal

Transpondo para o caso português as considerações que decorrem do quadro teórico de referência, algumas reflexões se impõem desde já. Temos entre nós uma população ao serviço não só bastante envelhecida face à média comunitária, como também portadora de níveis de escolaridade em geral muito mais baixos. Acresce o facto de uma proporção significativa da mesma se encontrar em sectores tradicionais, em perda de produtividade e competitividade, proporcionando experiências de trabalho rotineiras e pobres em aprendizagens, sectores cada vez mais votados à desindustrialização. Bem se percebe o papel de primeira importância que a formação de reconversão deverá ter no reforço da reempregabilidade dos trabalhadores destes sectores.

Em matéria de "capital humano" temos, assim, problemas de stock, relativos à estrutura de qualificações do pessoal ao serviço, a par de debilidades ao nível dos fluxos de saída dos Sistemas de Educação e Formação. Tentaremos passá-los em breve revista nos próximos pontos.

4.1. A evolução do sistema de ensino português

Os vinte anos sobre os quais reflectimos neste contributo marcam, precisamente, o início do período de vigência do quadro legislativo que, no essencial, ainda nos rege – a bem conhecida Lei de Bases de 1986 (Lei n.º 46/86, de 14 de Outubro). Uma polémica marcante nas disciplinas e abordagens da Educação em Portugal desde logo questionou esta legislação de referência sob diversos pontos de vista: como explicar que aquele normativo, o primeiro no regime democrático, tenha levado mais de uma década para se consubstanciar? Não seriam fracturantes e, de facto, ideológica e conceptualmente irreconciliáveis, muitas das disposições que integravam a Lei de Bases (Lima, 1998)? Estariam efectivamente reunidas as condições para uma adequada implementação prática das disposições legais?

Esta polémica, de que ainda hoje encontramos ecos[5], recolheu contributos importantes a nível ideológico e de concepção base: herdeira de uma bem conhecida "construção *retórica* da escolaridade" (Soysal & Strang, 1989, In Stoer *et alii*, 2001), a Lei veria muitas das disposições votadas ao "fado" de não superarem a prova da implementação prática. A transição democrática e seus novos desígnios sociais não tinham amortecido, antes complexificado, a teia de percepções sociais e institucionais sobre Educação, que entre nós tinha ganho expressão aberta desde os anos 60 do século XX; e, assim, a difícil génese da nova Lei teria tido como razão primordial a dificuldade de se chegar a uma função de consenso social entre, designadamente, as seguintes correntes: a visão funcionalista e utilitarista da Educação, que lhe associa como papel fundamental a preparação de mão de obra em função das necessidades do mercado de trabalho e das metas de produtividade; a perspectiva igualitarista, segundo a qual o objectivo último da educação será o de garantir a igualdade de oportunidades de acesso, evolução e sucesso no percurso educativo, discutindo-se aqui, e já num âmbito mais regulacionista, que tipo de modelo melhor poderia prosseguir tal objectivo – se o Estado (e com que grau de centralização), o Mercado ou um modelo misto (Mesquita 2000); ainda, e mais modernamente, as abordagens da "Nova Escola", segundo as quais, e acima de tudo, a

---

[5] Até porque não dispomos ainda, nesta data, da nova Lei de Bases que virá substituir a de 1986, pese embora a importante produção legislativa que veio complementando, ou até parcialmente substituindo, algumas das disposições daquela Lei.

escola deverá visar formar cidadãos e cidadãs e, assim sendo, terá preocupações bem mais amplas do que a "simples" transmissão de conhecimento, devendo ser enquadrada por:

"(...) Uma nova política educativa, menos preocupada com as estruturas e mais com os conteúdos, as práticas educativas, o que implica uma revisão, como se está fazendo por todo o lado, dos currículos, dos saberes fundamentais, da organização escolar, das relações com o mundo do trabalho, da certificação das aprendizagens e das competências." (Ambrósio 2001:27).

É impossível dar conta, neste breve contributo, do debate que tem norteado a evolução do pensamento sobre Educação ao longo das duas últimas décadas. Mas a sua densidade não deve ter deixado de contribuir para uma importante indefinição estratégica da política de Educação em Portugal, ao longo destes vinte anos.

Importa agora, em jeito de Análise de SWOT, passar a uma caracterização dos principais pontos fortes e fracos que marcaram a evolução do Sistema educativo neste período em análise.

A participação em qualquer um dos níveis de Educação (ISCED 0 a 6) ainda era entre nós uma das mais baixas da U.E., no ano lectivo de 2001/2002: 21,3%, contra 23,1% na UE-25, apenas se encontrando atrás de nós a Itália, Luxemburgo, Grécia e Áustria (EUROSTAT 2005). Mas este valor, compreendendo populações de qualquer idade e nível de instrução, precisa naturalmente de ser desagregado e analisado na sua evolução temporal.

Já se torna mais elucidativa a informação, proveniente daquela mesma fonte, de que a quebra na proporção da população escolar portuguesa após os 19 anos de idade correspondia, naquele mesmo ano, a 22%, apenas ligeiramente superior ao valor equivalente para a média europeia. Ou seja, se é certo que a frequência escolar tende a decrescer com a idade, verificando-se um ponto de inflexão significativo na fase correspondente à conclusão do Ensino Secundário, poderia parecer que a situação em Portugal, deste ponto de vista, não seria particularmente grave...

Pormenorizando ainda mais a informação, constatamos mesmo que no período compreendido entre os anos lectivos de 1979/80 e 2001/02, a taxa de cobertura das crianças portuguesas de 4 anos de idade pelo Ensino Pré-primário aumentou de 18,3% para 78,7%, de longe **o maior acréscimo absoluto** no conjunto dos países que hoje integram a UE-25 e para os quais o EUROSTAT dispunha de informação. Não entrando em consideração com especificidades sócio-culturais e apoios por parte das políticas e infraestruturas públicas, fortemente condicionantes das diferenças entre países[6], trata-se, sem sombra de dúvida, de uma evolução muitíssimo positiva.

Fazendo agora incidir a nossa análise sobre os graus de ensino subsequentes, observamos no entanto que, ao nível da escolaridade obrigatória (9º ano/ISCED 2) e começa a verificar-se um desnível acentuado entre a taxa de frequência da população escolar portuguesa e a da média da UE-25, para a mesma idade. Assim, enquanto mais de metade (54,1%) dos jovens europeus de 15 anos frequentavam aquele nível, sendo de cerca de 80% a percentagem dos que o faziam até aos 18 anos, em Portugal apenas 43,4% dos jovens de 15 anos frequentava o 9º ano, sendo menos de 74% os que o faziam no total dos jovens com menos de 18 anos (EUROSTAT 2005, *op. cit*).

Encontramos aqui, com efeito, uma primeira grande área problemática do Sistema de Educação português – a conclusão do Básico, ou Secundário inferior, na terminologia internacional. Uma multiplicidade de razões se encontra por detrás deste resultado, algumas tendo sido objecto de análise detalhada por parte de vários autores[7]. Seja em virtude das elevadas taxas de repe-

---

[6] E que implicam, por exemplo, que a evolução correspondente na Finlândia, naquele mesmo período e sempre para as crianças de 4 anos de idade, se tenha situado entre os 18,1% e os... 44,0%.

[7] Para além de outros contributos de referência, consultáveis em listagens como a do *New Economic Papers*, também nos debruçamos sobre esta problemática em Chagas Lopes *et alii* 2004, *Education-line*, http://brs.leeds.ac.uk/cgi-bin/

tência, abandono, desistência, e/ou por outras causas, o certo é que a situação em Portugal é ainda extremamente deficitária, qualitativa e quantitativamente, no que respeita ao Ensino Básico. Numa análise superficial, não poderemos ir muito além na exploração deste aspecto; apontaremos, então, dois indicadores só por si suficientemente sintomáticos:
- o da saída precoce da escola (*early school leaving*), ou seja, a percentagem da população com idade entre 18 e 24 anos, possuindo no máximo o equivalente ao 9º ano (*lower secondary*), indicador que entre nós assume o segundo pior resultado (38,6%) de entre todos os países da UE-25, logo a seguir a Malta, e face a um valor médio de 14,9% na Europa, em 2005 (EUROSTAT 2005, b));
- o da qualidade de que se reveste tal formação básica, evidenciada pelos resultados médios relativos dos jovens portugueses face a seus congéneres de 15 anos de idade, no mesmo nível de escolaridade, em domínios como os da literacia, numeracia e iniciação à cultura científica e tecnológica: em 45 países repertoriados pelo programa PISA (*Programme on International Student's Achievement*) da OCDE, Portugal situou-se nas 33ª, 35ª e 37ª. posições, relativamente aos domínios da literacia, numeracia e cultura científica, respectivamente. (OECD, 2003).

E, no entanto, também a este nível não se pode dizer que não tenhamos evoluído ao longo do tempo. Do ponto de vista da saída precoce da escola, descemos de 44,3%, em 1994, para os já referidos 38,6 % actuais. E no que respeita à conclusão do Ensino Secundário (*upper secondary*, ISCED 3 a,b,c) progredimos igualmente: em 1994, apenas 41,3 % dos jovens com idade entre 20 e 24 anos tinham concluído ou ultrapassado tal nível de ensino, enquanto que em 2005 o valor correspondente se situou em 48,4%, ou seja... na 3ª. pior posição de entre os países considerados pelo EUROSTAT. Trata-se de resultados positivos, sem dúvida; mas extremamente insuficientes.

Uma breve análise de stock do nível de escolaridade no nosso país, complementar da permitida pelos indicadores relativos às saídas do Sistema de Educação que acabamos de sobrevoar, torna-se indispensável para nos permitir aferir melhor a limitação do nosso progresso.

Em primeiro lugar, constata-se facilmente que partimos de uma situação de considerável atraso educativo face aos restantes países com os quais é legítimo comparar-nos e, especialmente, face aos que integram a UE na sua actual composição. Se considerarmos, assim, a nossa população potencialmente activa, isto é, a que é constituída pelos adultos com idade compreendida entre os 25 e os 64 anos, constatamos que, de entre ela, apenas 26,2% tinha concluído um grau de instrução igual ou superior ao 12º ano (ISCED 3), em 2005. Naquele mesmo ano, o valor correspondente para a média da UE-25 situava-se nos 68,9%.

No período de 12 anos (1994 a 2005) para o qual o EUROSTAT disponibiliza uma base estatística homogénea para o conjunto dos 25 Estados Membros, também evoluímos positivamente neste aspecto: em 1994, apenas cerca de 20% dos portugueses daquela coorte etária tinham um nível de estudos igual ou superior ao Ensino Secundário e a Espanha, nosso termo de referência mais próximo, não ia além de uns correspondentes 27,5%. Só que neste país aquele valor foi, entretanto, multiplicado 1,8 vezes, sendo o incremento relativo português de apenas 1,3, quando a convergência deste indicador com a média comunitária teria exigido um esforço de crescimento quase 3 vezes superior!

A convergência para uma Sociedade do Conhecimento, da Informação e da Aprendizagem, meta sucessivamente reafirmada como grande desígnio comunitário desde a Cimeira de Lisboa, em 2000, exige, naturalmente, que uma percentagem crescente da população tenha acesso (e sucesso...) ao nível do Ensino Superior. Este aspecto reveste-se de tanto maior importância entre nós quanto é um facto que a formação de base científica e tecnológica se tem revelado limitada ao nível do Ensino Básico – como ilustrámos – e também ao nível do Ensino Secundário. Significativo de tais limitações ao nível deste último grau é o facto de se assistir a uma muito maior empregabilidade, nas áreas que exigem tais conhecimentos, dos alunos diplomados pelas Escolas Profissionais ou mesmo pelos Cursos Tecnológicos do que daqueles – a grande maioria – que concluíram o 12º ano na Via Geral de Ensino. Deste facto nos têm dado conta sucessivos exercícios de Avaliação de programas e políticas de Educação e Formação, no âmbito do QCA II, do QCA III e de diversos programas parcelares, como por exemplo o Sub-Programa 5 do PEDIP II, cuja Avaliação coordenámos.

Mas, regressando à análise de stock que vínhamos a desenvolver, impõe-se que coloquemos a seguinte questão: como se caracteriza a nossa população activa quanto à frequência e conclusão do Ensino Superior? Temos bem conhecimento da tremenda explosão que sofreu este nível de ensino no nosso país, designadamente a partir da década de 80 do século passado, com uma oferta crescente, tanto pública como privada: entre os anos lectivos de 1980-81 e 1997-98, o número de alunos inscritos na rede pública (Universidades e Politécnicos) triplicou, passando de 74.599 para 224.091; e nas Universidades privadas foi multiplicado quase 11 vezes, passando de 5.220 para 56.534 alunos inscritos. O contributo específico da década de 90 (anos lectivos 1990-91 a 1997-98) para esta evolução cifrou-se, na rede pública, em mais de metade do esforço, mais precisamente numa subida de quase 1,7 no número de matriculados (D.G.E.S., In Barreto org., 2000). Terá sido esta evolução – para a qual tanto tem vindo a contribuir a população feminina – suficiente para, deste ponto de vista, conseguirmos convergir para o nível dos países mais desenvolvidos?

As dificuldades de comparação de estatísticas da Educação são especialmente acentuadas no que respeita ao Ensino Superior, entre outras razões em virtude das diferenças de estrutura e organização entre os sistemas de ensino dos diferentes países. As tentativas de harmonização empreendidas em sede da Comissão Europeia, pelo EUROSTAT, não nos permitem ainda, enquanto utilizadores, dispor de suficiente informação de estrutura. Por tal razão, socorremo-nos agora do contributo da OCDE, através da informação constante do relatório *Education at a Glance 2004*. De acordo com esta publicação, constatamos que em 2002 se verificava em Portugal a mais baixa percentagem de licenciados e diplomados entre a população com idade entre os 25 e os 64 anos: 9%, de acordo com a base OCDE. Entretanto, todos os Estados Membros da UE-15 se situavam bem acima daquele valor: a Espanha, Grécia e Luxemburgo, nossos parceiros menos distantes, conheciam percentagens situadas entre os 19% e os 24%; e, de entre os países considerados pela OCDE, apenas o México e a Turquia se situavam em posição inferior à nossa.

Naturalmente que também deste ponto de vista não podemos negar que o nosso País tenha evoluído: aqueles 9% coincidem com o valor médio do escalão etário dos 35 aos 44 anos, correspondendo à sub-coorte mais jovem (25 a 34 anos) um valor quase duplo. Mas, pelo contrário, e como seria expectável, a percentagem de licenciados e diplomados é quase negligenciável nos dois escalões etários mais idosos (45 a 54 e 55 a 64 anos), não ultrapassando entre eles os 7%, segundo a base OCDE. Ou seja, o resultado relativo a 2002, a que nos referimos no parágrafo anterior, traduz o desfecho de uma evolução de décadas, positiva sem dúvida mas, mais uma vez, extremamente modesta face ao desempenho dos restantes países europeus e da OCDE.

4.2. O tecido empresarial e o desenvolvimento de recursos humanos

Face à caracterização que acaba de ser feita, bem se percebe que uma fracção muito significativa da população ao serviço na maioria das organizações empresariais portuguesas seja portadora de baixos níveis de formação escolar.

Aliás, trabalhos de investigação desenvolvidos nos finais da década de 80, início da de 90 do século anterior, contribuíram para realçar o peso que o "aprender fazendo" desempenhou na constituição das competências de trabalho das gerações que protagonizaram o chamado "arranque industrial" no nosso país[8]. Mas mesmo na fase actual, e apesar das melhorias registadas na formação escolar e profissional, aquela forma de aprendizagem informal, agora encarada sob novas perspectivas, se reveste da maior importância.

Com efeito, basta que pensemos em dois aspectos já anteriormente considerados para nos apercebermos de tal importância. Por um lado, e relembrando a equação de Weiss referida no ponto 2., percebemos que da grandeza do factor **h**, isto é, da quantidade e qualidade de aprendizagem proporcionada pelos sucessivos empregos e ocupações, decorre um dos mais importantes contributos para o desenvolvimento dos Recursos Humanos, através da constituição de competências ao longo da vida activa de cada indivíduo. Por outro lado, as considerações que tecemos sobre a distinção entre qualificações e competências, bem como as implicações do conceito de perfil profissional, permitem-nos aperceber a indispensabilidade dos contextos de trabalho para a aquisição e desenvolvimento de competências estratégicas, tanto cognitivas, como relacionais e comunicacionais, entre outras. Com efeito, quando se exige crescentemente como atributos de trabalho capacidades tais como a de resolução de problemas e de controlo de situações imprevistas, aptidão para responder de forma criativa, inovadora e em tempo real, ou ainda competências de liderança e controlo, por exemplo, bem se percebe que tais aprendizagens não possam ser feitas nos ambientes relativamente confinados das salas de aula ou formação e dos laboratórios de ensaio, por muito desenvolvidas que sejam as capacidades de simulação dos materiais pedagógicos de suporte

---

[8] Ver, por exemplo, trabalhos de referência no domínio da Sociologia das Profissões, como os de autoria de Maria da Lurdes Rodrigues. Também na nossa dissertação de doutoramento tivemos oportunidade de reflectir sobre alguns destes aspectos, na perspectiva da Economia dos Recursos Humanos (Chagas Lopes, 1989).

ou a robustez e refinamento dos apoios media (áudio, vídeo...) de articulação com a realidade extra-muros.

Por outro lado, sendo relativamente deficiente a formação de base de boa parte da população ainda hoje ao serviço, aquela forma de aprendizagem permanente (ao longo da vida...) que as sucessivas situações de trabalho deverão permitir reveste-se de grande importância ainda por outra razão: a necessidade de atrair para novas formas de formação e aprendizagem formal – nos sistemas escolar e/ou de formação – população cujo "capital humano" foi constituído essencialmente pela via informal e cujas qualificações se pretende, agora, desenvolver e reforçar, só pode ser feita de forma adequada se a tais populações for reconhecido o resultado de décadas de aprendizagem pela via do "aprender fazendo"; sob pena de, ignorando-o, se correr o risco de caminhar no sentido contrário ao desejado, do ponto de vista da motivação dos trabalhadores. De onde a importância da validação e certificação dos saberes e aprendizagens informais e não formais.

Este último aspecto reveste-se de crucial importância quando perante recursos humanos oriundos de sectores de baixa produtividade, sujeitos a processos cada vez mais acentuados de desvitalização e reconversão, expostos a uma concorrência internacional cada vez mais agressiva, sectores que designamos habitualmente por tradicionais. Com efeito, muita da população trabalhadora portuguesa vítima dos processos de deslocalização e de falência e encerramento de empresas não tem (não deve ter...) qualquer expectativa de reemprego em actividades idênticas às anteriormente desenvolvidas, por manifesta incapacidade de reanimação das mesmas; por outro lado, a idade da reforma está, por vezes, ainda distante, se não mesmo cada vez mais distante. Então, a reconversão profissional – pelas vias combinadas dos sistemas escolar e da formação profissional – tenderá a constituir a via única para a inevitável redefinição de qualificações, por vezes numa fase já bastante adiantada da vida activa. Percebe-se bem que, neste contexto, tenderão a ganhar ênfase algumas modalidades virtuosas de articulação e parceria entre escolas (sobretudo profissionais e tecnológicas), centros de formação profissional, associações empresariais e grupos económicos, entre outras instituições.

Mas não só os trabalhadores menos qualificados poderão, e deverão, ser objecto destas parcerias: também os quadros e, mesmo, muito dos jovens diplomados poderão, e deverão, ser visados por políticas e estratégias de desenvolvimento de competências assentes em redes daquela natureza, podendo vir aqui as Universidades e Institutos Politécnicos a desempenhar um papel de peso tendencialmente crescente, essencialmente por duas razões:
- por um lado, as instituições da rede de Ensino Superior estão naturalmente vocacionadas para a actualização de conhecimentos e eventual redefinição de perfil dos diplomados e quadros;
- por outro lado, somos de opinião que o processo de Bolonha poderá constituir uma oportunidade de particular importância para o desenvolvimento de tais sinergias, designadamente porque a isso obrigará a atribuição de boa parte do total dos créditos dos 2ºs. ciclos.

A boa **articulação inter-institucional** constitui-se, portanto, como um dos recursos fundamentais do processo de desenvolvimento de competências que para Portugal constitui necessidade imperiosa. E aqui muito haverá para fazer mercê não só dos aspectos que temos vindo a referir como também de razões com origem nas empresas, como passaremos seguidamente em revista.

Dois ou três aspectos são por si significativos da **situação paradoxal** que marca o tecido económico português relativamente ao tão necessário *upgrading* de competências. Por um lado, o desemprego de licenciados e pós-graduados tem vindo a assumir entre nós valores crescentes. Por outro lado, Portugal constitui um dos Estados Membros onde mais se faz sentir a escassez e a débil evolução do emprego de técnicos e diplomados em qualificações altas e muito altas, como se mostra na figura seguinte, relativa ao sector terciário:

Figura 3 – Emprego nos serviços intensivos em conhecimento (KIS) em percentagem do emprego total (evolução entre 1995 e 2000)

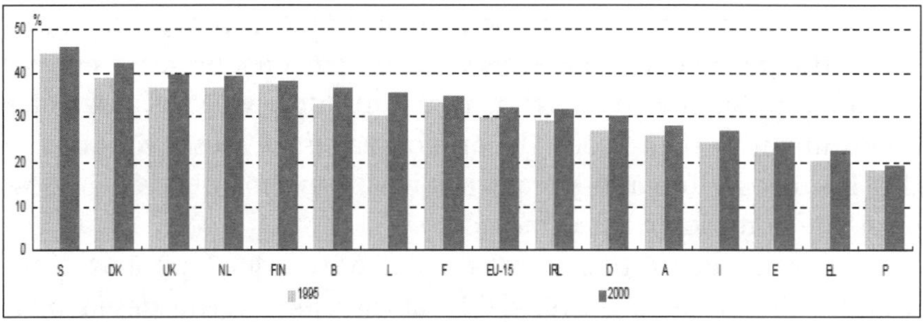

Fonte: EUROSTAT (2002), *Statistics in Focus*, Tema 9, n° 3.

Aliás, analisando sucessivamente os relatórios da OCDE e do EUROSTAT, observamos períodos recorrentes em que o tecido económico português (como o grego, de resto) parece absorver com mais facilidade os detentores do Ensino Básico do que os que concluíram o Ensino Secundário; por sua vez, constatamos também que, em vários dos períodos analisados e para determinadas áreas de estudo, a probabilidade de emprego para os jovens Licenciados não é superior, ou só o é ligeiramente, à dos portadores de níveis de escolaridade inferior.

Uma análise mais pormenorizada teria de levar também em conta outros dois tipos de reflexões. Em primeiro lugar, até que ponto o diagnóstico de perfis e competências necessários para a evolução do tecido económico tem vindo a ser adequadamente feito e, a sê-lo, em que medida é que a informação correspondente tem sido convenientemente endogeneizada pelas políticas educativas. É que, não constituindo a alimentação do mercado de trabalho a justificação única, nem porventura a mais nobre, das determinantes do Sistema Educativo – a isso nos referimos logo de início – as tendências evolutivas do emprego não podem deixar de ser levadas em conta, designadamente quando se corre o risco de exclusão das altas qualificações.

Em segundo lugar, também se torna indispensável considerar adequadamente as práticas empresariais de inovação, nas suas diversas dimensões, e de organização do trabalho, atendendo sobretudo às novas modalidades de emprego e relações laborais que se têm vindo a desenvolver, em sintonia com a chamada "crise do trabalho"[9]. Com efeito, para além da estratégia empresarial propriamente dita, tais são alguns dos aspectos que mais determinam as condições de aprendizagem e desenvolvimento dos Recursos Humanos organizacionais, aspectos que são impossíveis de considerar neste momento.

De qualquer modo, temos indicadores que apontam para grandes limitações ao nível das práticas efectivas de desenvolvimento de competências por parte da grande maioria das nossas organizações empresariais, aspectos aos quais não serão também estranhas as deficiências de formação empresarial. Alguns desses indicadores têm a ver com a auto-apreciação que as empresas fazem das necessidades que têm em formação e desenvolvimento de competências e, também, com uma das estratégias de formação de recurso maioritário, aspectos aqui ilustrados através de duas figuras retiradas do *Inquérito às Necessidades de Formação Profissional das Empresas 2000-2002*:

Figura 4 – Empresas com Plano de Formação, por escalão de Dimensão

---

[9] Ver, a este respeito, e entre outros contributos da mesma autora, Kovács 2002.

Figura 5 – Percentagem de Empresas por Forma de Suprimento das Necessidades de Formação Profissional

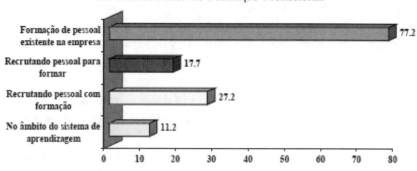

Fonte: DGEEP/MTSS (2003)

A primeira das figuras anteriores mostra-nos um resultado que vimos conhecendo como sistemático desde, pelo menos, as Avaliações de Projectos e Programas de Formação do II Quadro Comunitário: a probabilidade de existência de um Plano de Formação, *proxy* da implementação efectiva de uma política de formação por parte da empresa, tende a aumentar sistematicamente com a dimensão desta. Ora, num tecido económico ainda dominado pelas empresas de pequena e média dimensão, seria altamente desejável que as políticas de formação se tornassem também uma realidade naquele tipo de empresas e, até, que aí insistissem selectivamente.

Já a segunda figura nos aponta para uma outra realidade, que tende também a ser prevalecente entre as organizações empresariais portuguesas: a da formação "à custa da prata da casa". Este resultado poderia traduzir o comportamento, expectável *a priori*, das empresas que investem em "capital humano", suportando no todo ou em parte os inerentes custos e, consequentemente, preferindo fazê-lo a favor dos seus próprios colaboradores. No entanto, considerando outra informação – quer a de produção oficial, como a constante do *Inquérito ao Impacto das Acções de Formação Profissional* (DGEEP 2003), quer a que temos vindo a obter em diferentes inquéritos no âmbito de projectos de investigação – constatamos facilmente uma realidade preocupante: a de que boa parte da formação co-financiada pelas empresas se perde frequentemente, mercê de movimentos de mobilidade externa de trabalhadores que, tendo sido objecto daquela formação, não viram, no entanto, corresponder-lhe depois uma estratégia de valorização consequente por parte da empresa. E, assim, procuram muitas vezes na "concorrência" a recompensa que entendem adequada face à valorização do seu perfil, protagonizando processos de *free-riding* muito significativos em fases de conjuntura alta.

Ou seja, mesmo nos casos – numericamente insuficientes – em que parece existir uma política de formação, não estamos frequentemente em face de uma verdadeira estratégia de desenvolvimento dos Recursos Humanos: falha a **concepção global** de uma tal estratégia que exige, entre outras condições, que as políticas de formação se articulem com outras políticas organizacionais, como as de recrutamento, incentivos e promoções e valorização dos conteúdos de trabalho.

5. Nota final: duas ou três reflexões consensuais sobre o *gap* a preencher

A concluir, retomemos a questão, já considerada, do desígnio europeu de construção da Sociedade da Informação e do Conhecimento. Podendo ser discutível nos seus contornos ideológico-conceptuais, o certo é que ela se nos afirma como pano de fundo no processo que temos de percorrer de convergência com a União Europeia, designadamente em termos reais e estruturais.

Assim sendo, como podemos avaliar o percurso a fazer rumo àquele cenário, considerando, por exemplo, um dos aspectos mais positivos da evolução dos nossos Recursos Humanos nas duas últimas décadas: o *boom* de que constatámos ter sido objecto a evolução do Ensino Superior em Portugal?

Observemos, então, como se decompunha em 2001 – ano relativamente ao qual as tendências descritas quanto à evolução das matrículas no Ensino Superior começaram a produzir resultados significativos em termos de diplomados – os cerca de 2 milhões de licenciados com que a UE, então ainda com 15 Estados Membros, contava. De entre os mesmos, as maiores proporções de diplomados em domínios científicos (*Science*) encontravam-se na Irlanda e na França, com 19,8% e 15,4%, respectivamente, do total de diplomados; ao mesmo tempo, Portugal registava o menor valor, 5,1%, da percentagem de licenciaturas em domínios científicos, face ao total de licenciados[10]. Ou seja, o boom da expansão do Ensino Superior não se terá feito necessariamente sentir nas áreas que permitiriam uma maior convergência para aquele quadro de referência europeu.

Mas, se é certo que as Instituições do Ensino Superior, em geral, detêm um papel chave no desenvolvimento e gestão do conhecimento, e, portanto, naturalmente também do conhecimento científico e tecnológico, a capacidade da rede do Ensino Superior para dinamizar e fomentar tais aprendizagens não constitui, só por si, condição suficiente para que o tecido social e económico se torne, ele próprio, mais rico do ponto de vista daquelas competências. Vejamos, a este respeito, a informação disponibilizada por alguns indicadores complementares (EUROSTAT 2006):

- o peso relativo do sector empresarial português no financiamento global de I&D era, em 2003, de apenas 31,7%, bastante inferior ao dos 48,4% em Espanha e ainda mais aquém do valor médio da UE-25 (54,3%), no mesmo ano em que – registemo-lo, a título de curiosidade... – os valores correspondentes se cifravam em 70% na Finlândia e em 60,1%... na China;
- ainda mais elucidativo do grau de desenvolvimento dos Recursos Humanos é o peso do pessoal empregado em actividades Científicas e Tecnológicas (C&T) – em 2003,

---

[10] EUROSTAT (2004), INFOBASE EUROPE, http://www.ibeurope.com/Records/7400/7460.htm.

aquela percentagem era igual a 10,9% do total da população portuguesa com emprego e de idade entre os 25 e os 64 anos e, deste ponto de vista, Portugal só tinha atrás de si Lituânia e Chipre, no âmbito da UE-25;
- se desagregarmos por sectores institucionais aquele emprego em C&T, constatamos que mais de 60% respeitava a actividade exercida no Governo e no Ensino Superior, o que equivale a dizer que menos de 40% dos empregos totais em Ciência e Tecnologia se situava nas empresas; e, de entre estas, a grande fatia (quase 60%) cabia às organizações empresariais com mais de 250 trabalhadores...

Ou seja, a investigação que se desenvolve entre nós nos domínios da Ciência e Tecnologia, bem como os progressos em Investigação e Desenvolvimento, parece terem dificuldade em atravessar os espessos muros do tecido empresarial, especialmente no que respeita às actividades e sectores onde predominam as empresas de menor dimensão... e onde, precisamente, aqueles impactos mais deveriam sentir-se.

Assim, não é de admirar que, apesar dos progressos que o desenvolvimento dos Recursos Humanos conheceu em Portugal nos últimos 20 anos, o *gap* a percorrer no processo de convergência para a média europeia se revele ainda grande em dimensão e, forçosamente, exigente em *timings*: é que o indicador por excelência da convergência real – a produtividade horária do trabalho, em paridade do poder de compra – não chegava a atingir, em 2004, o limiar dos 60% da Europa a quinze, descrevendo uma trajectória de derrapagem sistemática com início na viragem do milénio.

Referências bibliográficas

AMBRÓSIO, T. (2001), "Reinventar o Pensamento Educativo", *Educação e Desenvolvimento (I) – Contributo para uma mudança reflexiva da Educação*, Monte da Caparica, UIED – FCT/UNL;

BARRETO, A. et alii (2000), *A Situação Social em Portugal 1960--1999* (Vol. II), A. Barreto (org.), Lisboa, Instituto de Ciências Sociais;

CHAGAS LOPES, M. (1989), "Da Mobilidade Sócio-Ocupacional às Carreiras Profissionais – o caso português", tese de Doutoramento, Lisboa, ISEG;

CHAGAS LOPES, M. e A. PINTO (1999), *Competitividade, Aprendizagens e Soluções Pedagógicas*, Oeiras, Celta Editora;

CHAGAS LOPES, M. e A. PINTO (2001), "O Ensino Superior e a Formação e Aprendizagem ao Longo da Vida", *Ensino Superior e Competitividade* (Vol. II), Lisboa, CNAVES;

CHAGAS LOPES, M. et alii(2004), " School Failure and Intergenerational Human Capital Mobility in Portugal", Paper apresentado à European Conference on Educational Research, Universidade de Creta, 22-25 Setembro de 2004 e disponível em *Education-line*, em: http://www.leeds.ac.uk/educol/documents/00003679.htm

CHAGAS LOPES, M. (2005), "Tecnologia e Impactes no Emprego e na Recomposição Profissional", *Inovação Tecnológica e Emprego – o caso português*, (Salavisa Lança, I. e A.C. Valente, coord.), Lisboa, Instituto para a Qualidade e Formação;

Commissariat General du Plan (1978), *La Qualification du Travail: de quoi parle-t-on?*, Paris, La Documentation Française;

De Jouvenel, H. (1995), «La société française à l'horizon 2010: réinventer l'univers du travail», *Le Travail au XXIème Siècle*, Paris, Dunod;

DGEEP/Ministério do Trabalho e da Solidariedade Social (2003), *Inquérito às Necessidades de Formação Profissional das Empresas 2000-2002*, Lisboa, MTSS;

DGEEP/Ministério do Trabalho e da Solidariedade Social (2003), *Inquérito ao Impacto das Acções de Formação Profissional*, Lisboa, MTSS;

EUROSTAT (2002), *Statistics in Focus*, Tema 9, n° 3, disponível em http://www.eds-destatis.de/en;

EUROSTAT (2004), *Infobase Europe*, disponível em http://www.ibeurope.com;

EUROSTAT (2005), *Key Data on Education in Europe 2005*, disponível em http://europa.eu/en/comm/eurostat/;

EUROSTAT (2005), *Structural Indicators – Social Cohesion*, disponível em http://europa.eu/en/comm/eurostat/;

EUROSTAT (2006), *Science and Technology in Europe 1990-2004*, disponível em http://europa.eu/en/comm/eurostat/;

Kovács, I. (2002), *As Metamorfoses do Emprego: ilusões e problemas da Sociedade da Informação*, Oeiras, Celta Editora;

Lima, L. (1998), "A Administração do Sistema Educativo e das Escolas (1986-1996)", *A Evolução do Sistema Educativo e o PRODEP – Estudos Temáticos* (Vol. I), Lisboa, DAPP-Ministério da Educação;

Mesquita, L. (2000), *Educação e Desenvolvimento Económico – Contribuição para o estudo da natureza presente de uma relação*, dissertação de Mestrado, Lisboa, Instituto de Inovação Educacional;

Mincer, J. (1974), *Schooling, Experience and Earnings*, N.York, N.B.E.R.;

OECD (2003), *Learning for Tomorrow's World – First Results from PISA 2003*, disponível em http://www.pisa.oecd.org

OECD (2004), *Education at a Glance*, disponível em http://www.oecd.org/document/;

Petit, P. (2005), "Mudança Tecnológica numa Europa Plural: Questões-chave sobre o Emprego", *Inovação Tecnológica e Emprego – o caso português*, (Salavisa Lança, I. e A.C. Valente, coord.), Lisboa, Instituto para a Qualidade e Formação;

Projecto FCT/TELOS (em conclusão) *Evaluation of effects of lifelong learning in higher education graduates*, Coord. Prof. Teresa Ambrósio, UIED-UNL http://www.fct.mctes.pt/projectos/pub/2002/;

Stoer, S. et alii (2001), *Transnacionalização da Educação – da crise da educação à "educação" da crise*, Porto, Edições Afrontamento;

VERSPAGEN, B. *Et alii* (2000), *Technology, Economic Integration and Social Cohesion*, Bruxelas, EC-DGXXII;

WEISS, Y. (1986), "The Determinants of Life Cycle Earnings: A Survey", *Handbook of Labour Economics*, O. Ashenfelter e R. Layard (orgs.), Amsterdam, North Holland.

Capítulo 9

O sector financeiro duas décadas depois

Vítor Magriço

Introdução

Nos últimos vinte anos, o sector financeiro português passou por profundas transformações, quer ao nível das instituições existentes, quer ao nível dos produtos e serviços prestados, quer ainda ao nível do relacionamento com os clientes. Estas transformações são sobretudo visíveis no sub-sector bancário, mas houve também mudanças importantes no que ao mercado de capitais diz respeito. No espaço de duas décadas, passou-se de uma situação típica de repressão financeira (controlo administrativo das taxas de juro, existência de *plafonds* de crédito, crédito preferencial, taxas de reservas obrigatórias elevadas, financiamento do Estado com emissão de moeda, propriedade pública das instituições financeiras, etc.), para outra em que se privilegiam claramente os mecanismos de mercado.

Embora tais transformações tenham causas diversas, um factor decisivo de mudança foi a adesão de Portugal às Comunidades Europeias em 1986. Em resultado desta adesão, houve que criar um enquadramento legislativo novo para o sector por forma a adaptá-lo às tendências europeias e internacionais. Pode, portanto, dizer-se que um elemento catalizador fundamental da mudança foi o novo contexto criado pela integração europeia da economia portuguesa.

Na sequência de uma tendência geral consensualmente reconhecida a favor do mercado e em detrimento do papel interventivo dos Estados nacionais, o sector financeiro europeu e, por arrastamento, o sector financeiro português, encontram-se hoje totalmente liberalizados, com excepção de uma ou outra instituição que permanece propriedade do Estado mas que se rege por mecanismos de mercado.

O fenómeno da liberalização, que abrange praticamente todos os sectores das economias mais desenvolvidas mas que tem particular incidência no sector financeiro, está claramente ligado à globalização das economias e dos mercados. A inteira liberdade de circulação de capitais e o direito de estabelecimento fora dos espaços domésticos, embora não constituindo ainda objectivos plenamente conseguidos, são realidades que condicionam a evolução de qualquer sistema financeiro. As instituições financeiras são cada vez mais obrigadas a actuar à escala do globo ou, pelo menos, das regiões onde se integram, havendo uma tendência clara para se tornarem cada vez menos importantes as fronteiras nacionais. Acresce que os desenvolvimentos tecnológicos têm contribuído também de forma decisiva para o esbatimento destas fronteiras.

Neste sentido, as instituições financeiras, um pouco por toda a Europa e, também, em Portugal, sentiram nas últimas duas décadas uma necessidade premente de crescer, para defenderem as suas quotas de mercado a nível doméstico e conseguirem penetrar em novos mercados. O crescimento orgânico foi frequentemente uma opção que, contudo, se revelou insuficiente para ultrapassar os desafios impostos exogenamente. Perante mercados por vezes de dimensão reduzida, como o caso do mercado português, e a tender para a saturação e excesso de oferta, a opção recaiu frequentmente sobre as fusões, as aquisições e as alianças. O resultado foi um processo de concentração que caracterizou todo o período, com o desaparecimento da maior parte das instituições de menor dimensão e menos aptas a enfrentar os novos desafios.

Foi, portanto, neste contexto de globalização, de liberalização, de integração europeia, de necessidade de crescer e de inovação tecnológica que o sector financeiro português evoluiu nos últimos vinte anos. De uma forma geral, pode dizer-se que conseguiu adaptar-se bem às novas realidades. Trata-se hoje de um sector fortemente competitivo dentro da economia portuguesa, mesmo dos mais competitivos, com grande capacidade de inovação, utilizando técnicas modernas de gestão e fortemente dinâmico. Há, contudo, aspectos menos conseguidos, de que a falta de capacidade de internacionalização e a falta de dimensão e de dinamismo do mercado de capitais são exemplos. Porém, em termos gerais, pode dizer-se que este sector ultrapassou com sucesso a maior parte dos desafios impostos pela integração.

Este capítulo tem, portanto, como objectivo identificar as grandes tendências do sector financeiro português desde a adesão. Não se trata, obviamente, de um levantamento exaustivo de todas as transformações ou de todos os factores de mudança. Seria, por exemplo, interessante comparar o sector financeiro português no início e no fim do período com os sectores financeiros dos países mais desenvolvidos da Europa por forma a identificar mais claramente o que foi feito e o que ainda falta fazer. Seria também interessante analisar todo o processo de consolidação do sector. Estas são, porém, tarefas que não cabem no espaço dedicado a um capítulo. Deste modo, optou-se por uma análise de grandes tendências, apresentada da forma mais sucinta possível.

O capítulo está sub-dividido em duas secções, para além desta introdução e das conclusões finais. Na primeira, identifica-se o que se considera serem as grandes tendências de evolução do sector financeiro europeu na medida em que se admite que as transformações operadas em Portugal o foram, em grande parte, em resultado da condicionante europeia. Na segunda, apresentam-se as grandes tendências de evolução do sector financeiro português.

Grandes Tendências do Sector Financeiro Europeu

Nos últimos vinte anos, a dinâmica do sector financeiro europeu esteve claramente subordinada aos constrangimentos impostos por um conjunto alargado de choques exógenos, dos quais se destacam como essenciais: a globalização das economias e dos mercados, a liberalização e a desregulamentação, a revolução tecnológica da informação e da comunicação, a desintermediação e a introdução do euro e a criação de um espaço financeiro integrado a nível europeu.

a) *A globalização das economias e dos mercados*

Em consequência da globalização, os mercados financeiros passaram a operar quase em tempo real e numa base que vai muito para além das fronteiras nacionais. As diversas praças financeiras encontram-se agora mais fortemente conectadas do que nunca, permitindo a aplicação de poupanças e o financiamento em praticamente qualquer lugar do mundo e contribuindo, desta forma, para uma melhor afectação do capital. A época actual pode ser apropriadamente designada por "ciclo do capitalismo financeiro mundial" com a ampliação do poder e da iniciativa do sector financeiro privado face aos Estados. Porém, é também uma época propícia ao contágio internacional das perturbações dos sistemas financeiros domésticos.

O fenómeno da bancarização, isto é, o estabelecimento de relações entre as instituições financeiras e um número cada vez maior de agentes, insere-se claramente no processo de globalização. A liberdade de circulação de capitais é cada vez maior e arrasta consigo a actividade bancária e financeira.

Esta transformação das últimas duas décadas constituiu um choque que criou a necessidade de alargar a base geográfica de actuação das instituições financeiras europeias, dentro do espaço europeu e também para fora dele, nos países mais desenvolvidos e em mercados emergentes com maior risco mas também com maior potencial de crescimento. O objectivo é estar presente onde exsistem recursos financeiros para aplicar ou necessidades de financiamento por satisfazer. A tendência para a internacionalização e diversificação geográfica assume-se, assim, como uma consequência natural da globalização, quer em termos de presença física das instituições, quer da composição das suas carteiras de activos.

b) *A liberalização e a desregulamentação*

O segundo choque exógeno consistiu na desregulamentação e liberalização do sector. O movimento neoliberal dos anos 80 e 90 não deixou à margem as instituições financeiras. A desregulamentação foi o principal impulsionador das transformações operadas, através do desmantelamento das protecções existentes às instituições locais.

Até aos anos 80, a regulamentação existente tinha por objectivo garantir a estabilidade do sector. Os instrumentos regulatórios envolviam uma separação funcional das instituições, a exigência de requisitos de entrada, a discriminação em relação a operadores estrangeiros e, em geral, a utilização de instrumentos legais para condicionar o comportamento dos operadores.

Embora a estabilidade do sector tivesse permanecido como objectivo central, a partir de meados dos anos 80 a ênfase passou a ser colocada noutro tipo de instrumentos, nomeadamente nos seguros de depósitos, na exigência de limites mínimos de capital e na fixação de regras prudenciais. Paralelamente, a adopção de legislações mais viradas para os mecanismos de mercado (mais regulação e supervisão e menos intervenção) culminou num processo de desregulamentação financeira sem precedentes: abolição da legislação que restringia a expansão internacional das instituições, fim das restrições à livre fixação das taxas de juro, abolição da separação entre banca de investimento e banca de retalho (bancos universais), fim das restrições à abertura de novos balcões e à entrada no sector.

Esta atitude de *laissez faire*, acompanhada por inúmeros processos de privatização de instituições um pouco por toda a Europa, tem vindo a resultar num significativo aumento de concorrência no sector. A maior parte dos bancos europeus adoptou como estratégia fundamental a de serem bancos universais, quer ao nível das actividades, quer ao nível do âmbito geográfico de actuação, quer ainda ao nível da gama de serviços prestados.

c) *A revolução tecnológica da informação e da comunicação*

A introdução generalizada de tecnologias da informação e da comunicação no sector financeiro foi, e continua a ser, um importante factor de transformação e uma importante garantia de competitividade (nomeadamente através do aproveitamento de economias de escala), mas também uma ameaça às actividades das instituições financeiras tradicionais.

Estas tecnologias, que têm induzido alterações muito significativas nos processos de trabalho e importantes melhorias de operacionalidade tanto nas actividades de *front office* (implementação de processos de automatização – as caixas automáticas, por exemplo) como nas de *back office* (gestão de tarefas internas), constituem-se também como um factor desvalorizador da experiência acumulada. Consequentemente, regista-se por esta via um reforço do abaixamento das barreiras à entrada de novas instituições, mesmo das não financeiras.

Actualmente, grandes empresas comerciais ou industriais, dispondo de sofisticados sistemas informáticos ou telemáticos que permitem um fornecimento de serviços sem uma presença física, fazem agora concorrência às instituições financeiras tradicionais, em particular aos bancos. Embora esta concorrência que vem de fora do sector se limite ainda a produtos específicos, não é de excluir que, no futuro próximo, ela se estenda aos produtos financeiros globalmente considerados.

d) *A desintermediação*

Aos mecanismos tradicionais de capatação de poupanças e de financiamento da economia juntam-se agora outros que, não sendo inteiramente novos, têm adquirido novas formas e desempenham um papel que tende a ser cada vez mais relevante. Têm surgido com frequência acrescida novas alternativas de financiamento e de aplicação das poupanças, fazendo diminuir, em termos relativos, o negócio tradicional de intermediação financeira. A emissão de títulos, os empréstimos obrigacionistas e os produtos derivados têm contribuído muito significativamente para uma mudança estrutural no funcionamento do sector financeiro. Acresce ainda a actividade cada vez mais intensa dos fundos de investimento e das seguradoras em produtos de capitalização.

e) *A introdução do euro e a criação de um mercado financeiro integrado a nível europeu*

A concretização da UEM e a introdução do euro induziram uma maior transparência dentro do sector, nomeadamente ao nível dos preços praticados, o que criou uma pressão no sentido de uma maior harmonização. Paralelamente, estes dois factores pressionaram também as instituições a aumentarem as suas quotas nos mercados domésticos por forma a ganharem dimensão para poderem investir no exterior e assim aproveitarem os benefícios potenciais da integração.

Contudo, sendo certo que a Europa parece caminhar para um mercado único financeiro ao nível da banca de investimento e dos mercados monetários e de transferência de grandes montantes, ao nível da banca de retalho continua a haver uma grande segmentação dos mercados. Isto porque embora as barreiras à entrada de natureza jurídica tenham sido eliminadas, são ainda muito significativos os obstáculos de natureza económica (investimentos avultados na rede de distribuição) e cultural à internacionalização das instituições financeiras. Em consequência, o sector finaceiro europeu é ainda caracterizado por situações de concorrência imperfeita com oligopólios locais e segmentação geográfica dos mercados.

Em geral, estes cinco factores alteraram consideravelmente o contexto envolvente do sector financeiro pela redução das barreiras à entrada e consequente aumento da concorrência. A rivalidade entre instituições financeiras resultou numa oferta excedentária de serviços e na redução das margens financeiras com a consequente diminuição da rentabilidade da actividade tradicional. A reacção estratégica do sector para fazer face aos novos constrangimentos e, sobretudo, à diminuição da rentabilidade, assentou nas seguintes grandes linhas de força: recomposição do peso relativo das actividades geradoras de valor, inovação e consolidação.

a) *Recomposição do peso relativo das actividades geradoras de valor*

A baixa generalizada dos juros (com a consequente canibalização de uma importante proporção das poupanças para o mercado de capitais) e a consequente queda das receitas no negócio tradicional (redução da margem financeira e das receitas de operações cambiais) levou à necessidade de procurar receitas alternativas. Assim, as instituições começaram a apostar mais nas comissões sobre serviços prestados (p. e., sobre a aplicação de poupanças dos clientes em fundos de investimento) e no desenvolvimento de outros serviços como os de consultoria.

A nova legislação, que consagrou o fim da separação entre banca comercial e banca de investimento, sendo certo que constituiu um abaixamento das barreiras à entrada em áreas específicas, criou também oportunidades de entrada de muitas instituições já existentes em novas áreas de negócios. O resultado foi a transferência de depósitos para recursos fora do balanço e de proveitos da intermediação para proveitos não financeiros, no caso do sub-sector bancário.

b) *Inovação*

A não existência de qualquer sistema de registo de patentes no sector financeiro (qualquer produto financeiro transforma-se rapidamente em *commodity*) é um factor adicional de acréscimo de rivalidade e de redução de poder das empresas instaladas. Assim, a inovação permanente ao nível dos produtos, característica fundamental dos últimos vinte anos, constitui-se como uma condição indispensável de competitividade mas que se esgota rapidamente.

Não sendo, portanto, possível diferenciar pelos produtos durante muito tempo, as competências duráveis terão que ser obtidas ao nível dos processos (qualidade do serviço prestado) e das redes de distribuição. Torna-se, assim, fundamental a adopção de estratégias assentes na prestação de serviços completos ao cliente (*cross-selling*) que respondam na íntegra ao universo das suas necessidades de serviços financeiros.

A inovação deu-se também ao nível da economia de custos. A capacidade de redução de custos no sentido de fazer frente à redução das margens passou a constituir um factor absolutamente crítico. Neste sentido, apostou-se na flexibilização do processo de trabalho, na racionalização dos recursos humanos (menos colaboradores e mais qualificação), na automatização de procedimentos (banca telefónica, ATM, PC *banking* e *mobile banking*), nos sistemas de controlo interno e de gestão do risco, etc. O resultado foi uma melhoria acentuada da eficiência do sector.

c) *Movimentos de consolidação*

Durante os últimos vinte anos, o sector financeiro europeu sofreu ainda uma importante vaga de consolidação. A liberalização dos movimentos de capitais e os processos de desintermediação impuseram a união de forças para enfrentar a concorrência. Alianças (sobretudo a nível internacional, por constrangimentos culturais) e fusões e aquisições (mais a nível doméstico) aconteceram um pouco por todo o lado e originaram uma profunda transformação no tecido empresarial. O progresso tecnológico possibilitou o aproveitamento de economias de escala e criou oportunidades para melhorar a eficiência através de operações de consolidação.

Hoje, é clara a segregação entre vencedores e vencidos, nomeadamente ao nível do *ranking* dos maiores operadores. Os objectivos centrais desta vaga de consolidação passam por ganhos de eficiência através do aproveitamento de economias de escala e de gama, redução de custos, diversificação da oferta, acesso a novos canais de distribuição, expansão geográfica, melhoria da capacidade de gestão e de aproveitamento dos recursos humanos e redução do número de concorrentes. Uma regra de ouro para a sobrevivência de qualquer instituição financeira passa pela capacidade de ultrapassar a dimensão do concorrente que se identifica como principal rival. Acresce que as regras de Basileia II, a entrar em vigor dentro de pouco tempo, privilegiam as grandes instituições, pelo que é de admitir que grande parte das mais pequenas ainda existentes venham a desaparecer e a ser absorvidas num horizonte próximo, ou seja, este processo de consolidação não está terminado.

O Sector Financeiro Português

À semelhança do que aconteceu na Europa, nos últimos vinte anos o sector financeiro português, em particular o sector bancário, passou por profundas transformações. Pode dizer-se que, em termos gerais, conseguiu responder com êxito relativo tanto aos choques externos mencionados anteriormente (globalização, revolução tecnológica, introdução do euro e UEM, etc.) como aos choques internos, nomeadamente os que derivaram do processo de liberalização. À semelhança do que aconteceu na Europa, em Portugal a liberalização teve como principal efeito a reestruturação e o fortalecimento da concorrência dentro do sector bancário e, adicionalmente, o desenvolvimento do mercado de capitais até então praticamente inexistente.

Desde meados dos anos setenta até ao início dos anos noventa, o sector financeiro português (entenda-se, basicamente o sector bancário) esteve largamente condicionado pelos objectivos da política monetária: existência de *plafonds* de crédito, taxas de juro fixadas administrativamente, *crawling peg* para o escudo no sentido de compensar os diferenciais de inflação entre Portugal e os seus principais parceiros comerciais, controlos sobre o financiamento no exterior, necessidade de garantir o financiamento público, crédito preferencial, etc. Em termos gerais, pode dizer-se que se tratava de uma situação de repressão financeira típica, com as consequências que daí derivam em termos de desenvolvimento do sector, de capacidade de captação de poupanças e de afectação dos recursos financeiros na economia.

De 1974 a meados dos anos oitenta, o sector bancário permaneceu protegido da concorrência que, em termos gerais, caracterizava a indústria, o comércio e a maior parte dos outros serviços. Apesar das boas condições operacionais, a rentabilidade ressentia-se pelo peso dos activos de baixo rendimento (dívida pública, em particular). Esta situação era o resultado natural das políticas seguidas no final dos anos setenta e princípio dos anos oitenta: ênfase nos objectivos de natureza social em detrimento dos critérios de mercado. Assim, era frequente os bancos serem obrigados a conceder crédito preferencial a certas empresas, nomeadamente às empresas públicas, para além do Estado, por vezes a taxas de juro reais negativas. Adicionalmente, o não cumprimento por parte dos tomadores não era sancionado, o que criava uma ameaça potencial à viabilidade financeira das instituições. Esta situação resultou ainda num prejuízo para o tecido empresarial português constituído basicamente por pequenas e médias empresas que tinham mais dificuldade em recorrer ao crédito.

Na primeira metade dos anos oitenta, a maior parte dos bancos (nacionalizados) confrontava-se, assim, com problemas de sub-capitalização, aos quais se juntavam excesso de pessoal (em resultado, por exemplo, da absorção de empregados vindos das ex-colónias) e uma rede de balcões desadequada e imposta de cima pelo Banco de Portugal. Esta situação modificou-se profundamente com a privatização da maior parte dos bancos e com o surgimento de novas instituições privadas que fizeram aumentar a concorrência no sector.

A modernização teve início no período 1983-1985, na sequência do programa de reformas estruturais da economia portuguesa no âmbito do acordo de ajustamento macroeconómico celebrado com o FMI e da revisão constitucional de 1982. A possibilidade de abertura à iniciativa privada foi, nesta altura, um marco importante no desenvolvimento do sector.

Para o processo de modernização, foi crucial a política de redução da inflação e a alteração da forma de financiamento dos défices públicos que favoreceram o desenvolvimento das regras de mercado. Com efeito, a introdução no mercado de títulos do Tesouro de curto prazo em 1985 e de títulos da dívida pública de médio prazo de taxa fixa em 1987 possibilitou uma alternativa aos depósitos bancários tradicionais para aplicação de poupanças e constituiu um passo importante no desenvolvimento do mercado de capitais. O défice do Estado passou a ser financiado fora do sistema bancário a taxas de juro de mercado.

Na sequência deste passo importante dado pelo Governo, outros sectores começaram também a recorrer ao mercado de capitais, fazendo acelerar o processo de desintermediação. Em consequência, a política monetária tornou-se menos eficaz e as autoridades foram obrigadas a optar por outros mecanismos de gestão monetária. A fixação administrativa das taxas de juro foi abandonada gradualmente, reviu-se a política de reservas obrigatórias dos bancos e, a nível institucional, houve uma alteração dos estatutos do banco central.

A nova lei orgânica do Banco de Portugal, aprovada em 1990, conferiu-lhe um maior grau de autonomia. O Estado ficou proibido de se financiar por recurso directo ao Banco Central, embora este pudesse continuar a negociar a subscrição de títulos do Tesouro. Do mesmo modo e seguindo a tendência europeia, o Banco de Portugal viu reforçadas as suas atribuições enquanto regulador do sistema e supervisor prudencial. Estas medidas significaram o abandono do sistema de controlo directo do crédito, em vigor desde 1977, e a adopção de um outro sistema de controlo monetário de tipo indirecto (operações de mercado aberto).

A partir de 1986, com a adesão às Comunidades Europeias, as mudanças no sector financeiro português aceleraram. A par dos novos instrumentos do mercado monetário, as taxas de juro foram liberalizadas e os *plafonds* de crédito sobre os bancos comerciais foram levantados. A bolsa de valores de Lisboa foi modernizada com regras mais adequadas sobre a divulgação da informação financeira e as actividades de *inside trading*.

A adesão às Comunidades marcou também o início da liberalização dos movimentos de capitais. Adoptou-se um princípio de liberalização gradual dando prioridade aos movimentos internacionais de capitais relacionados com o comércio e com o direito de estabelecimento das instituições (1986-88). Pouco antes da adesão (1985) tinha sido dado o primeiro passo para a criação do mercado de câmbios: instituição do mercado de câmbios interbancário. Posteriormente, o desenvolvimento do mercado de câmbios a prazo constituiu-se como marco de inovação importante no sistema financeiro português. Ficava assim criado um importante instrumento de *hedging* e um elemento fundamental de ligação entre o mercado de câmbios estrangeiro e o mercado monetário doméstico.

Por seu turno, a dinamização do mercado de títulos ficou também muito dependente das medidas então adoptadas. Em 1985, o Governo concedeu importantes incentivos fiscais aos agentes, em 1987 foi criada uma entidade com poderes de supervisão sobre este mercado e em 1988 adaptaram-se as regras de funcionamento às directivas da Comissão Europeia. Adicionalmente, a publicação do Código do Mercado de Capitais em 1991 e do Regime Geral das Instituições de Crédito e Sociedades Financeiras em 1992 representaram importantes mudanças a nível legal, institucional e operacional no sector financeiro em geral e no mercado de títulos em particular.

Apesar da dinamização do mercado de títulos e da desintermediação, o sector bancário continuou (e continua) a ter um peso esmagador no sector financeiro português. Se o processo de transformações profundas que decorreu nos últimos vinte anos teve aspectos menos conseguidos, um deles foi, sem dúvida, o de não ter conseguido desenvolver uma alternativa efectiva ao sector bancário em termos de aplicação de poupanças e de financiamento da economia. Contudo, esta insuficiência do processo de transformação aparece claramente compensada pelo dinamismo revelado ao nível da banca.

As grandes tendências de evolução do sector bancário português para responder aos novos desafios foram basicamente as seguintes: crescimento, racionalização, inovação e concentração. O resultado destas grandes tendências foi uma melhoria muito substancial da rede de cobertura bancária e dos níveis de eficiência do sector.

a) *Crescimento*

As privatizações e a abertura à iniciativa privada foram componentes importantes do processo de transformação. Em consequência, o sector bancário privado cresceu rapidamente no final dos anos oitenta e no princípio dos anos noventa, quer em termos do número de instituições (25 em 1991 contra 14 em 1987), quer em termos do peso destas instituições no total do activo (cerca de 35% em 1991 contra apenas 10,6% em 1987)[1].

O crescimento da componente privada do sector bancário ficou, portanto, a dever-se principalmente ao aparecimento de

---

[1] Dados APB. Inclui bancos estrangeiros.

novas instituições, quer nacionais, quer estrangeiras. De um total de 26 bancos (públicos e privados) existentes em 1987, passou-se para cerca de 50 em 2004. Isto significou claramente um aumento de concorrência muito acentuado no sector e, consequentemente, levou ao alargamento da rede de distribuição com benefícios evidentes para a população.

Entre 1987 e 2004, o número de balcões mais do que triplicou, passando de 1509 para 5488 (gráfico 1). Este resultado deve-se em grande parte ao levantamento das restrições impostas pelo Banco de Portugal à abertura de novas agências e à necessidade das instituições privadas terem uma cobertura efectiva de todo o território nacional. Houve, portanto, uma aposta clara nas redes de distribuição para fazer face à concorrência.

Gráfico 1

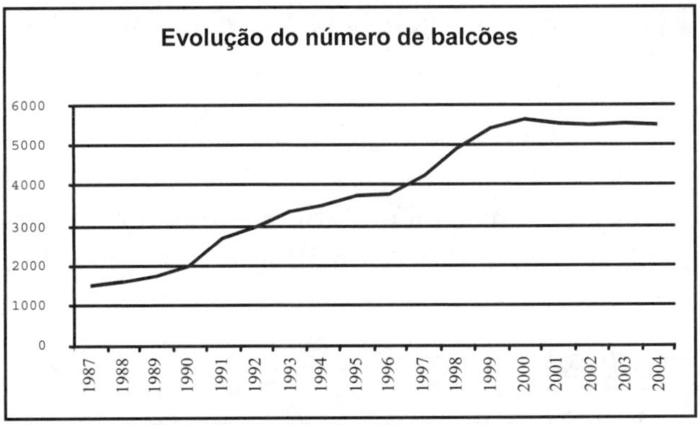

Evolução do número de balcões

Fonte: Dados da Associação Portuguesa de Bancos

Contudo, nota-se no final do período uma certa estabilização (mesmo uma ligeira redução do número de balcões) o que revela que o ciclo de crescimento das instituições através da ampliação das redes parece ter terminado. Eventualmente, a continuar o processo de concentração e de consolidação do sector, irá assistir-se no futuro próximo a uma certa racionalização ao nível do número de balcões.

Em resultado da ampliação da rede, a cobertura bancária da população nacional é hoje muito mais efectiva do que há vinte anos (gráfico 2). O número médio de habitantes por balcão baixou de cerca de 6000 para cerca de 2000, valor bastante mais próximo das médias dos países europeus mais desenvolvidos. Além disso, baixaram claramente as assimetrias regionais, com o coeficiente de variação da população por balcão e por distrito a passar de 35,5% em 1987 para 14,1% em 2004.

Gráfico 2

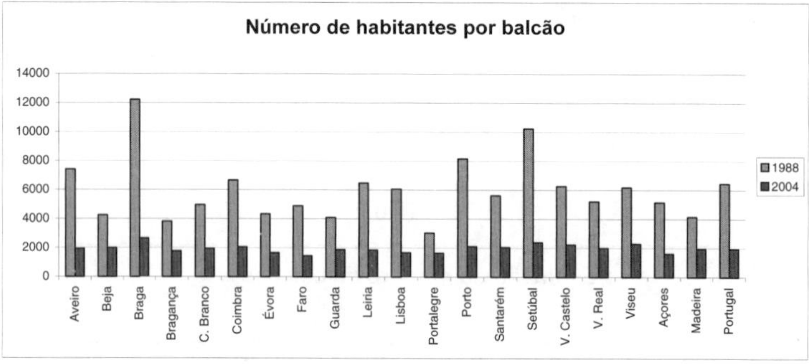

Número de habitantes por balcão

Fonte: Dados da Associação Portuguesa de Bancos

O processo de crescimento foi, no entanto, acompanhado por uma tendência clara de racionalização e de inovação.

b) *Racionalização e inovação*

Em resultado da desintermediação e do abaixamento das taxas de juro, a margem financeira do sector bancário diminuiu constantemente ao longo do período. O peso da actividade estritamente financeira no produto bancário baixou de 83,2% em 1987 para 56,9% em 2004. Para fazer face à perda de rentabilidade originada pela redução das margens, a banca passou a actuar cada vez mais na cobrança de serviços bancários (vulgarmente, comissões), à semelhança do que se tem passado noutros países europeus. Em consequência, o peso das actividades não financeiras no produto bancário subiu cerca de 26 pp entre 1987 e 2004 (gráfico 3).

Gráfico 3

Fonte: Dados da Associação Portuguesa de Bancos

Em termos de inovações, actividades como a *bancassurance*[2] e o *cross-selling*[3] têm vindo a assumir-se como uma aposta estratégica dos bancos portugueses por forma a aumentar a sua eficiência e produtividade. Assim, uma proporção cada vez maior do espaço ao nível das agências está a ser dedicado a actividades complementares: venda de seguros, de planos de poupança e reforma, de acções e obrigações, gestão de fortunas, etc. As transferências de dinheiro, que até há bem pouco tempo tinham proveito quase nulo para os bancos, são actualmente um interessante factor gerador de receitas.

Dada a pressão da concorrência, a aposta na banca virtual como alternativa e complemento aos canais de distribuição tradicionais permitiu repor algumas das vantagens concorrenciais perdidas. Por outro lado, a cativação de clientes passou a ter subjacente uma política de segmentação de mercado o que marca a chegada, com algum atraso, das estratégias de *marketing* à banca.

Assim, o sector tem conseguido complementar estratégias de inovação centradas simultaneamente nos produtos (oferta de

---

[2] Venda de seguros aos balcões dos bancos.
[3] Venda de produtos fora do *core business* bancário.

novos serviços financeiros) e nos clientes. Para além do cuidado colocado no relacionamento com determinado tipo de clientes, de que o *private banking* é um exemplo, utilizam-se cada vez com maior frequência os instrumentos proporcionados pelas novas tecnologias. Bases de dados pessoais, com informações profissionais, familiares e outras, combinadas com informação bancária, são agora utilizadas para criar imagens enquadráveis em grupos típicos que permitem conceber e pôr em prática determinados perfis de relacionamento com o cliente (CRM).

Ao nível do retalho, pode dizer-se que a banca portuguesa entrou claramente numa nova fase de desenvolvimento que combina técnicas tradicionais de acesso aos clientes com outras mais modernas e mais intensivas em tecnologia. A adopção de novos sistemas tecnológicos baseados nas tecnologias da informação tem permitido não só a oferta de novos produtos e serviços como a melhoria dos sistemas organizacionais, com a consequente redução de custos de produção e de recolha da informação.

Ora, a recomposição da actividade bancária (perda de peso relativo das actividades tradicionais e aumento de peso das actividades complementares), a utilização de novos instrumentos (baseados nas tecnologias da informação) e a necessidade de atingir novos segmentos alvo colocaram problemas ao nível dos recursos humanos. Assim, passou a haver uma necessidade premente de recrutar colaboradores com qualificações mais elevadas e diferentes das tradicionais. A este nível, a banca portuguesa também assumiu com sucesso o desafio.

O processo de racionalização do sector é claro ao nível do número de colaboradores e, sobretudo, ao nível do número de colaboradores por balcão. Com efeito, a população bancária passou de cerca de 58500 em 1987 para menos de 53000 em 2004 (gráfico 4), o que é notável num contexto de crescimento acentuado do sector. O número de colaboradores por balcão desceu de cerca de 39 em 1987 para menos de 10 em 2004 (gráfico 5), o que mostra claramente o processo de racionalização a que o sector esteve sujeito.

Gráfico 4

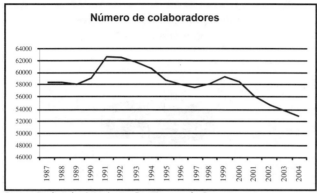

Fonte: Dados da Associação Portuguesa de Bancos

Gráfico 5

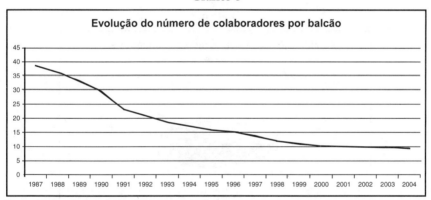

Fonte: Dados da Associação Portuguesa de Bancos

Contudo, a política de recursos humanos não se esgotou na redução do número de efectivos. O aumento da qualificação da população bancária foi uma das características mais importantes do período. Com efeito, verifica-se uma tendência clara para o aumento de peso relativo dos colaboradores com qualificações superiores (37% em 2004 contra 14% em 1993 – gráficos 6 e 7). Esta evolução deu-se à custa dos colaboradores de qualificações mais baixas: o peso da população bancária detentora apenas do ensino básico baixou de 43% para 16%.

Gráfico 6

Fonte: Dados da Associação Portuguesa de Bancos

Gráfico 7

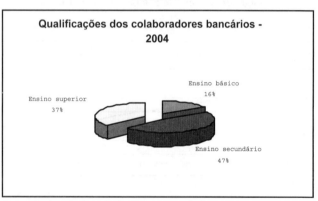

Fonte: Dados da Associação Portuguesa de Bancos

c) *Concentração*

A grande preocupação com a dimensão dos grupos económicos nacionais, por forma a que possam ser competitivos no mercado doméstico face à entrada de concorrentes estrangeiros e ganhem massa crítica suficiente para a internacionalização, chegou à banca de uma forma mais intensa de que em qualquer outro sector. As pressões competitivas em resultado da desregulamentação, do excesso de oferta, da evolução tecnológica, da concorrência de empresas não bancárias, da entrada de instituições estrangeiras no sector e da rápida evolução das necessidades dos clientes, têm contribuído muito significativamente para o desenvolvimento de processos de fusões e de aquisições a nível doméstico.

A concentração a que se tem assistido constitui uma forma (eventualmente a única, dada a dificulade de crescer organicamente num mercado tendencialmente saturado e de dimensões reduzidas) de conquistar quotas de mercado. Esta concentração constitui o terceiro pilar de transformação do sector, a par do crescimento e dos processos de racionalização e de inovação. A reestruturação a que ela tem obrigado tem resultado em ganhos significativos de sinergias ao nível dos sistemas de informação, de gestão e dos recursos humanos. Nos últimos tempos, tem sido também responsável pela racionalização das redes de distribuição, com a redução, ainda que ligeira, do número de balcões.

Com efeito, ao longo dos últimos vinte anos, a estrutura do sector bancário alterou-se de forma significativa. Entre 1987 e 2004, o peso dos quatro maiores bancos (em termos do activo) subiu de 58% para 69% (gráficos 8 e 9), correspondendo, portanto, a um processo de concentração do mercado, à semelhança do que aconteceu na Europa. De notar que esta concentração aconteceu numa conjuntura em que aumentou de forma muito significativa o número de instituições do sector.

O crescimento da componente privada do sector é também claramente visível ao nível das maiores instituições. Com efeito, enquanto que em 1987 os quatro maiores bancos eram instituições públicas, em 2004 apenas a Caixa Geral de Depósitos mantinha (e continua a manter) esse estatuto. Verifica-se ainda que o peso relativo desta instituição no activo total do sector baixou muito consideravelmente, de 26% em 1987 para 19% em 2004.

No entanto, o processo de concentração não produziu ainda em Portugal qualquer instituição que possa ser comparada, em termos de dimensão, às maiores instituições bancárias europeias. Deste modo, a internacionalização do sector continua por fazer, apesar dos desempenhos interessantes de alguns bancos nesta matéria, em particular nos países de leste e nos PALOP.

Após um período (relativamente bem sucedido) em que os bancos portugueses se internacionalizaram tendo por objectivo captar a população portuguesa emigrada, devia seguir-se outro no sentido de aproveitar, por exemplo, as potencialidades do

Gráfico 8

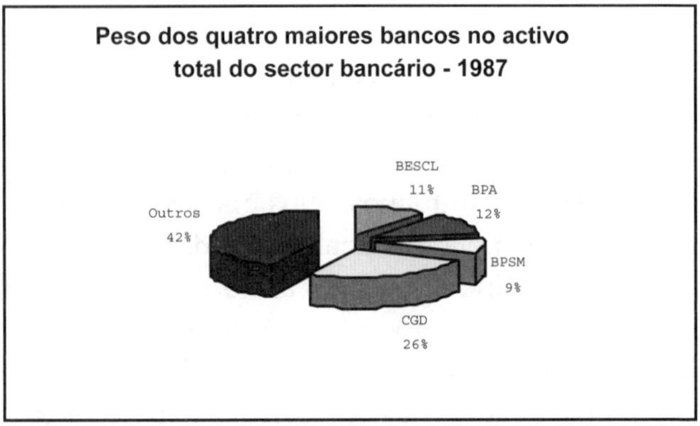

Peso dos quatro maiores bancos no activo total do sector bancário - 1987

[Gráfico circular: Outros 42%, BESCL 11%, BPA 12%, BPSM 9%, CGD 26%]

Fonte: Dados da Associação Portuguesa de Bancos

Gráfico 9

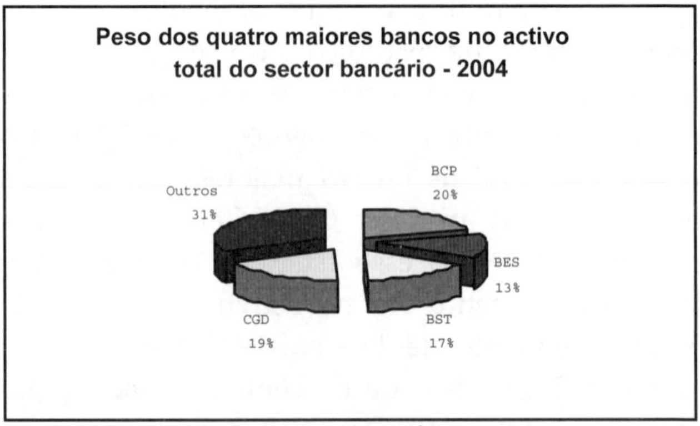

Peso dos quatro maiores bancos no activo total do sector bancário - 2004

[Gráfico circular: Outros 31%, BCP 20%, BES 13%, BST 17%, CGD 19%]

Fonte: Dados da Associação Portuguesa de Bancos

alargamento da União Europeia. Ora, é sobretudo para esta segunda fase que é necessária uma massa crítica ainda não existente. Este novo pilar de transformação do sector bancário em Portugal (a internacionalização) é, portanto, o menos conseguido e o que gera maior motivo de preocupação no futuro próximo.

O processo de crescimento, de racionalização, de inovação e de concentração teve como consequência uma melhoria muito significativa dos níveis de produtividade e de eficiência no sector. Por um lado, assistiu-se a uma evolução favorável constante ao longo de todo o período do produto bancário por colaborador (gráfico 10). Por outro lado, o rácio *cost to income*[4] desceu muito consideravelmente a partir de meados dos anos 90 (gráfico 11).

Gráfico 10

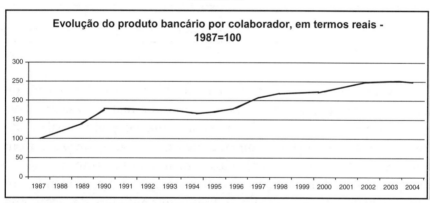

Fonte: Dados da Associação Portuguesa de Bancos

Esta melhoria da produtividade e da eficiência constitui-se, assim, como a principal mais-valia do processo de transformação do sector financeiro português. Em certos casos, ela foi de tal forma acentuada que certas instituições relativamente ineficientes ou mesmo inexistentes há vinte anos atrás têm hoje níveis de

---

[4] Este rácio mede a parte da riqueza gerada que é absorvida pelos custos de funcionamento, traduzindo a relevância destes custos no produto.

competitividade próximos dos padrões europeus. Em resultado, o sector financeiro português dispõe actualmente da capacidade adequada para mobilizar as poupanças da economia portuguesa e afectá-las de forma racional e eficiente.

Gráfico 11

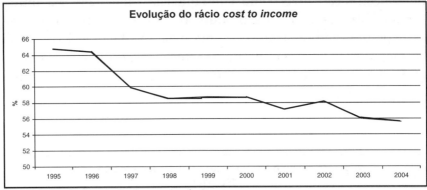

Fonte: Dados da Associação Portuguesa de Bancos

Atingiu-se, portanto, um patamar em que o sector deixou de ser um constrangimento para a economia real e passou a ser condicionado pela evolução dessa mesma economia real. Pode dizer-se que algumas das dificuldades que o sector atravessa em termos de crescimento doméstico têm a ver não com a falta de preparação para responder às solicitações de uma economia em crescimento mas antes com o fraco desempenho da economia portuguesa. É notável que numa conjuntura de recessão económica, as instituições financeiras portuguesas em geral revelem uma tão elevada capacidade para gerar valor.

Conclusões

A criação de uma espaço integrado de serviços financeiros constituiu um momento importante do processo de integração europeia. A integração financeira pretendida assenta em cinco pilares fundamentais: a liberdade de estabelecimento das instituições financeiras, a liberdade de prestação de serviços financeiros, a harmonização e o reconhecimento mútuo das regulamentações nacionais, a liberdade de circulação de capitais e a união económica e monetária. Este novo contexto marcou decisivamente o processo de transformação do sector financeiro português nos últimos vinte anos.

De uma forma genérica, pode dizer-se que as instituições financeiras portuguesas enfrentaram com êxito os desafios da integração europeia da economia portuguesa. O factor decisivo da mudança foi o processo de liberalização que foi necessário encetar para cumprir as regras de um mercado financeiro europeu plenamente integrado. Após um período de cerca de dez anos de relativo atrofiamento, em resultado das nacionalizações, o sector entrou claramente num período de dinamismo sem precedentes com inovações notáveis ao nível dos serviços prestados e das formas de organização. Como consequência, ele é hoje muito mais competitivo do que há vinte anos atrás.

As instituições mais inovadoras têm sido capazes de lançar novos produtos que resultam em interessantes comissões compensadoras da perda de receitas em actividades de intermediação financeira tradicional. Contudo, a rapidez com que tais produtos são imitados põem em causa as margens iniciais e obrigam a inovações permanentes. Sendo certo que a actividade extra-patrimonial dos bancos constituiu uma saída para o declínio das actividades tradicionais, não é menos verdade que o mercado tende para a saturação e para o excesso de oferta. A saída natural deve ser a internacionalização e a aposta em determinados nichos de mercado.

Ora, é a este nível que o sector financeiro português mostra ainda claras insuficiências. Apesar de algumas experiências bem sucedidas, continua a existir uma grande falta de massa crítica para enfrentar com êxito o desafio da internacionalização. Por isso, o processo de consolidação a que o sector esteve sujeito nos últimos vinte anos vai, decerto, continuar.

A melhoria geral que se verificou ao nível da produtividade e da eficiência não esconde a permanência de uma certa heterogeneidade de desempenho ao nível das instituições financeiras em geral e dos bancos em particular. A tendência no futuro imediato será, portanto, no sentido da continuação do processo de concentração. A liberalização aconteceu num contexto em que ainda havia alguma protecção natural ao sector em consequência da pequena dimensão do mercado e, portanto, do desinteresse relativo das instituições estrangeiras. Deste modo, houve condições para proceder às mudanças que se impunham. No futuro, as instituições mais pequenas e menos preparadas serão certamente absorvidas por outras maiores e mais inovadoras. Assim, o sector financeiro português deverá continuar a acompanhar as tendências internacionais e europeias que apontam no sentido duma concentração ainda maior dos mercados.

A necessidade de crescer impõe-se, portanto, como um constrangimento estratégico essencial dos próximos anos. Contudo, tal crescimento tem necessariamente que ter em conta as características particulares da actividade financeira. Sendo certo que a globalização e a integração europeia geraram oportunidades, não é menos verdade que o risco de perturbações é hoje muito maior do que há vinte anos atrás. Impõe-se, portanto, como preocupação central, a avaliação do risco de crescimento. A este nível, o acordo de Basileia II, a entrar em vigor dentro de pouco tempo, representa uma oportunidade porque se espera que conduza a actividades financeiras mais seguras. Contudo, ele constitui também uma ameaça porque fará aumentar ainda mais a concorrência. Se a competição dentro da indústria é hoje uma realidade perfeitamente assumida, ela tenderá a aumentar em resultado das ameaças que continuarão a vir de fora. Cada vez mais, instituições não financeiras que disponham de recursos facilmente utilizáveis na actividade financeira e instituições estrangeiras entrarão no sector com vantagens superiores às das empresas já instaladas.

Bibliografia

ALVES, Ricardo (1999); "A banca portuguesa no contexto ibérico", *Revista da Banca*, 47, 5-55.
ASSOCIAÇÃO PORTUGUESA DE BANCOS, *Boletim Informativo*, vários números.
ATHAYDE, Augusto de; Duarte de Athayde (1999); *Curso de Direito Bancário*, Coimbra Editora, Coimbra.
BAÇÃO, Pedro (1997); *Inovação e Aplicações Financeiras em Portugal*, Estudos do GEMF, Faculdade de Economia da Universidade de Coimbra, 9, 54 pp.
BALIÑO, Tomás e Ángel Ubide (2000); "La métamorphose du secteur bancaire", *Finances & Développement*, Junho, 41-44.
BANCO DE PORTUGAL, *Relatório Anual*, vários números.
BARATA, Monteiro (1995); "O sector bancário em Portugal: evolução e análise estratégica (1986-1992)", *Revista da Banca*, 33, 17-60.
FERREIRA, Eduardo (1997); "O Banco de Portugal e o Sistema Europeu de Bancos Centrais", *Revista da Banca*, 41, 21-45.
GUIMARÃES, Miguel (2004); "O crescimento da indústria seguradora portuguesa", *O Economista*, 17ª edição, 166-169.
LEITÃO, J.; J. Morais e M. Resende (1996); *Produtos Bancários e Financeiros*, Publicações Europa-América.
MARQUES, Walter (1988); Modernização financeira em Portugal", *Revista da Banca*, 6, 5-16.
OLIVEIRA, Ana Rosas (2002); "Sector bancário europeu 1990-2001: a sobrevivência dos mais eficientes", *Revista da Banca*, 54, 5-44.
PINHO, Paulo Soares de (1995); "Uma análise das tendências actuais da banca europeia", *Revista da Banca*, 34, 5-24.
PINTO, A. Mendonça (1996); *Changing financial systems in small open economies: the Portuguese case*, Bank of International Settlements, Policy Papers n.º 1, 96-113.
PINTO, João (1988); "O processo de integração do espaço financeiro europeu e a evolução do sistema financeiro português", *Revista da Banca*, 6, 27-46.

REBELO, João; Victor Mendes (1997); "Progresso tecnológico no sector bancário português: 1990-95", *Revista da Banca*, 42, 5-22.

SANTOS, Fernado (2004); "O mercado português de valores mobiliários", *O Economista*, 17ª edição, 174-179.

SANTOS, Joaquim (2004); "A competitividade na banca portuguesa", *O Economista*, 17ª Edição, 170-173.

SILVA, Victor Gomes da (2003); "Competitividade e tempo de mudança: uma banca diferente surgiu nas décadas de 80 e 90", *Revista da Banca*, 55, 5-56.

Capítulo 10

A política monetária nos últimos 20 anos

António Mendonça
Manuel Farto

1. Introdução

Discute-se neste capítulo a evolução da economia portuguesa no período pós-adesão às Comunidades tendo como referência fundamental as alterações dos regimes de política monetária e o modo como interagiram com as sucessivas conjunturas económicas internas e as condicionantes decorrentes da participação portuguesa no processo de integração europeia.

Na elaboração do trabalho teve-se em mente uma tripla ordem de preocupações. Por um lado, procurou-se identificar as características de cada regime específico de política monetária, tendo em atenção os seus objectivos fundamentais e intermédios, os instrumentos privilegiados de intervenção, bem como a sua articulação com os objectivos mais gerais da política macroeconómica global. Por outro lado, procurou-se reflectir o modo como deram resposta aos problemas conjunturais e como, simultaneamente, reflectiram e promoveram a integração progressiva da economia portuguesa nas dinâmicas mais gerais da integração económica e monetária europeia. Complementarmente com estas duas perspectivas, procurou-se avaliar, ainda que de forma exploratória, as consequências do aprofundamento da integração monetária sobre as capacidades actuais de reacção da economia portuguesa face às dinâmicas internas e externas com que é confrontada.

Sendo um trabalho, fundamentalmente, de balanço e de reconstituição histórico-analítica, privilegiou-se o recurso a informação de base, obtida através das publicações oficiais do Banco de Portugal, do Banco Central Europeu e de outras instituições comunitárias ou internacionais. Todavia, procurou-se também ter presentes as contribuições de outros trabalhos anteriores, com idênticas preocupações e objectivos, cujas referências constam da bibliografia anexa.

Por razões de organização prática da investigação optou-se por considerar quatro grandes sub-períodos, o primeiro dos quais a título de caracterização das condições económicas particulares que antecederam a adesão de Portugal às Comunidades. Neste sentido, a bem dizer, o período histórico em análise estende-se de 1982 até a actualidade, de forma a poder incluir o acordo de *stand by* com o FMI que marcou a economia portuguesa nos anos imediatos que antecederam a adesão, em 1 de Janeiro de 1986, e que, de certa forma, condicionou os anos que se seguiram. O período pós-adesão, propriamente dito, dividiu-se em três sub-períodos: o primeiro, de 1986 até ao fim de 1991, *grosso modo* coincidindo com o período de tempo que vai da data de adesão até à entrada do escudo no Sistema Monetário Europeu (SME); o segundo, de 1992 até final de 1996, abrangendo a participação do escudo nas regras do SME e o processo de convergência nominal preparatório da introdução da moeda única; e, o terceiro, de 1999 em diante, correspondente à fase de vigência do euro e de política monetária unificada.

Não sendo datas rígidas, do ponto de vista das mudanças de regime de política económica, constituem, no entanto, marcos simbólicos na consolidação de novas regras e de novos instrumentos de gestão monetária e cambial, num percurso de aprofundamento progressivo da integração monetária de Portugal com os seus parceiros europeus que conduziu ao fim do escudo e à adopção da moeda única europeia. É, precisamente a análise, deste percurso voluntário, de troca progressiva da autonomia nacional da política monetária pela participação num espaço transnacional alargado de gestão monetária e cambial, que se procura analisar neste capítulo, nas suas formas particulares e nas consequências sobre o desempenho da economia portuguesa, ao longo dos pontos que se seguem.

2. O período de pré-adesão às Comunidades: a estabilização económica e o acordo com o FMI

A situação económica portuguesa no período que antecede a adesão às Comunidades é marcada pelo acordo de *stand by* assinado entre o governo e o FMI. Em 1985 a economia portuguesa vê concluído o processo de ajustamento conjuntural a que esteve submetida nos dois anos anteriores, no seguimento das disposições fixadas no acordo, e cujo objectivo fundamental consistia na recuperação dos desequilíbrios macroeconómicos que se haviam produzido nos primeiros anos da década de 80. Após dois anos de quebra do produto, verifica-se em 1985 uma recuperação, com uma subida significativa do produto real, ao mesmo tempo que se regista um excedente na Balança Corrente – facto que não acontecia desde o início dos anos 70 – e uma desaceleração, também muito significativa, da taxa de inflação (de 29% em 1984 para 19% em 1985). O comportamento da economia portuguesa neste ano ultrapassa, inclusive, as previsões mais optimistas constantes do cenário macroeconómico traçado nas Grandes Opções do Plano que apontavam para um crescimento do PIB de 3%[1], puxado por um acréscimo da Procura Interna de 3,4% e gerando um défice externo elevado, na casa dos 4% do PIB. A realidade

---

[1] Os dados aqui usados provêm dos Relatórios do Banco de Portugal. Trata--se de dados em tempo real que diferem dos dados apresentados nas séries temporais que foram objecto de posteriores revisões, por vezes significativas. O recurso a outras fontes será objecto de referência específica.

trouxe um acréscimo do PIB ligeiramente superior (3,3%) mas suportado, sobretudo, na Procura Externa (2,5%), ficando-se a Procura Interna por um acréscimo reduzido (0,7%). Por sua vez a Balança Corrente registou um excedente da ordem dos 1,8% do PIB.

O ano de 1985 foi, sob todos os pontos de vista, excepcional, sobretudo se tivermos presente o quadro económico do início da década que deu origem ao acordo *stand by* com o FMI, e cujo período de vigência decorreu entre Outubro de 1983 e Fevereiro de 1985. Para se ter uma ideia de como as coisas correram bem basta dizer que em Janeiro desse mesmo ano o governo informou o FMI de que não iria pedir novo financiamento para 1985, tendo em conta as melhorias registadas a nível da Balança de Pagamentos. Registe-se que do valor global de 445 milhões de DSE do financiamento concedido não foi necessário utilizar 185,7 milhões de DSE, ou seja, mais de 40% (BP, 1985).

2.1. O programa de estabilização económica e o acordo com o FMI

O acordo com o FMI insere-se num programa mais vasto de estabilização económica que vinha sendo aplicado desde o final de 1982 e que tinha como objectivo fundamental reduzir o défice da balança de transacções correntes (BTC) para um nível financiável, sem excessiva perda de reservas cambiais nem grande aumento da dívida externa, tendo-se corporizado na Carta de Intenções assinada entre o governo português e o FMI em Agosto de 1983 e revista em Junho de 1984.

Em concreto, visava-se reduzir o défice da BTC de 3 264 milhões de dólares, registado em 1982 (correspondente a perto de 11% do PIB), para 2 000 milhões e 1 250 milhões, sucessivamente em 1983 e 1984. Por sua vez, a dívida externa não monetária (isto é, excluindo a dívida externa do Banco de Portugal e a dívida externa a curto prazo das OIM), total e a curto prazo, que no final de 1982, atingia, respectivamente, 12 879 e 3 672 milhões de dólares, não deveria ultrapassar os 13 800 e 3 800 milhões de dólares, em 1983, e 15 050 (igual ao valor resultante da *performance clause* de 1983, acrescido do máximo admitido na revisão do acordo para 1984, de 1 250 milhões) e 4 000 milhões de dólares em 1984.

Desde o início da década – e até meados de 1983 – a política monetária havia sido orientada para o controle do saldo (em dólares) das disponibilidades líquidas sobre o exterior (DLX), o que foi conseguido sem grandes consequências sobre o crescimento do produto (o PIB cresceu 3,2 % em 1982). Todavia, isto implicou o recurso a financiamento externo a um ritmo absolutamente insustentável. As grandes entradas de fundos externos provocaram uma expansão rápida da massa monetária, acomodando, não obstante os limites de crédito praticados, um montante excessivo de despesa interna. Como não podia deixar de ser isto traduziu-se no agravamento do défice da BTC e no aumento da dívida externa para níveis insustentáveis, obrigando a medidas drásticas de estabilização.

A partir de meados de 1983 tudo muda. A política monetária deixa de estar centrada sobre o controle das reservas cambiais para passar a ter como finalidade principal o reequilíbrio da balança de transacções correntes e a contenção do endividamento externo. É precisamente neste contexto que se insere o acordo com o FMI.

A redução do défice externo foi prosseguida elegendo como objectivos intermédios, por um lado, a redução da procura interna e, por outro lado, o estímulo à oferta de bens transaccionáveis com o exterior.

Para reduzir a procura interna apostou-se num forte aumento da tributação directa e indirecta (líquida de subsídios), na redução da despesa do sector público administrativo (SPA) e no cancelamento de parte das despesas de investimento do Sector Empresarial do Estado (SEE). O aumento de receitas e a redução de despesas, assim conseguidos, conduziram a uma redução significativa do défice do sector público global (incluindo o SEE) que constituía outro objectivo da política de estabilização. Em 1983 o financiamento monetário (crédito bancário interno e externo) do SPA e das empresas públicas não financeiras atingiu 14,6% do PIB contra 23,4% em 1982.

A política monetária integrou-se, igualmente, no esforço para a redução da procura interna, através da desaceleração da oferta de moeda e do crédito total à economia (interno e externo) e do aumento das taxas de juro (Março Agosto). No que respeita ao estímulo à produção de bens transaccionáveis o principal instrumento utilizado foi a taxa de câmbio através da desvalorização programada do escudo.

O ajustamento efectivamente obtido foi enorme com redução do défice público, tendo como contraponto a queda do nível de actividade económica, o aumento do desemprego, a redução do rendimento disponível e a aceleração da inflação. Ao mesmo tempo, as medidas restritivas colocaram a economia portuguesa em dificuldades para acompanhar a recuperação das suas congéneres que, entretanto se iniciava.

O ano de 1983 apresenta, assim, duas partes distintas. Na primeira parte do ano, a política monetária preocupou-se, sobretudo, em estimular o aumento da poupança interna e a sua aplicação em moeda nacional. Para isso foram aumentadas, em Março, as taxas de juro dos depósitos em 5 pontos percentuais facilitando-se, ao mesmo tempo, o aparecimento de aplicações alternativas das poupanças, designadamente as contas de poupança-títulos e as obrigações de caixa

Por outro lado, com o objectivo de conter a procura interna continuou-se a recorrer aos mecanismos de enquadramento do crédito complementado com um aumento das taxas de juro activas em 4 pontos, também em Março. Este enquadramento, acompanhado por um sistema de bonificação de juros, foi utilizado como instrumento de afectação do crédito disponível pelos sectores de actividade e pelos sectores institucionais. Na afectação dos limites de crédito os bancos com maior participação no crédito preferencial foram privilegiados.

A partir do segundo semestre de 1983 a eficácia da política monetária saiu reforçada com as medidas adoptadas no âmbito do programa de estabilização económica. Este programa incluiu a desvalorização do escudo em 12% em Junho – muito pressionada pela especulação na altura existente sobre a moeda nacional –, a subida das taxas de juro passivas e activas, respectivamente, em 2 e 2,5 pontos percentuais, em Agosto – por forma a garantir a procura de activos em escudos – e, sobretudo, incluiu uma forte inflexão da política orçamental num sentido mais restritivo, com a introdução de impostos extraordinários – sobre os lucros das empresas, sobre os rendimentos sujeitos a imposto profissional, sobre os capitais e sobre a contribuição predial – e alguma contenção sobre o lado da despesa.

O défice continuou a ser financiado sobretudo com recurso à criação de moeda, com o consequente alargamento da base monetária e suas repercussões negativas ao nível do controle da oferta de moeda, da inflação e da balança de pagamentos.

Ao longo de 1983 a base monetária continuou a ter um papel residual no processo de controle da oferta de moeda continuando a política monetária a apoiar-se fundamentalmente nos limites de crédito, subsidiariamente reforçados pela subida das taxas de juro.

Em termos de política cambial, para além da desvalorização discreta do escudo, já referida, é de registar ainda o aumento da taxa de desvalorização programada do escudo de 0,75% para 1% ao mês, a partir de Março, acompanhada de uma desvalorização efectiva de 2%. Estas medidas tiveram efeitos positivos em termos da competitividade externa da economia portuguesa mas pressionaram a inflação interna levando o governo a restringir os aumentos salariais, utilizando como referência os aumentos da função pública.

Ainda no domínio da política monetária registe-se em 1983 a constituição de mais quatro instituições financeiras não monetárias (IFNM) – duas sociedades de investimento e duas sociedades de locação financeira. Neste ano ocorreu, ainda, o primeiro aumento de capital de uma sociedade anónima no pós-25 de Abril, iniciando-se o processo de reanimação dos mercados de capitais.

Em 1984 as políticas monetária e cambial continuaram a estar subordinadas ao objectivo prioritário de redução do défice externo e de controlo da dívida externa, no âmbito do acordo celebrado com o FMI que, como previsto, seria renegociado no primeiro semestre.

O principal instrumento de controlo monetário continuou a ser a fixação de limites à expansão do crédito bancário cuja eficácia havia sido aumentada, a partir de Agosto de 1983, através da consideração do crédito externo na sua fixação.

Foram introduzidas, no entanto, algumas importantes alterações no que diz respeito aos instrumentos de gestão e ao quadro operacional.

Em primeiro lugar, o Banco de Portugal viu alargada a sua responsabilidade no domínio da coordenação e gestão da dívida externa, através da publicação do Decreto-Lei n.º 26/84 de 18 de Janeiro, criando-se deste modo as condições para uma melhor articulação entre as componentes interna e externa do financiamento da economia e, consequentemente, para uma condução mais eficaz da política monetária, tendo em conta os objectivos definidos. Em segundo lugar, introduziram-se importantes modificações ao nível da gestão das taxas de juro. A principal foi a que abrangeu o regime de taxas de juro passivas em que se deixou de fixar, por via administrativa, as taxas de todos os depósitos, com excepção dos depósitos a prazo de 181 dias a 1 ano, em que se manteve fixada a taxa máxima. Ao nível das taxas de juro activas, por determinação do governo, procedeu-se a uma descida de 1 ponto percentual na taxa aplicável às operações de curto prazo, ou seja, a menos de um ano. Para não agravar as condições de rentabilidade dos bancos alterou-se, em simultâneo, o regime de reservas legais: o coeficiente aplicável aos depósitos a mais de 1 ano passou de 9% para 6%; o coeficiente dos depósitos de 181 dias a 1 ano passou de 12% para 8%; e manteve-se inalterado o coeficiente dos depósitos à ordem e a prazo inferior a 180 dias. Estas alterações permitiram libertar recursos que os bancos utilizaram para aplicação remunerada, sobretudo no Mercado Interbancário de Títulos.

Em termos institucionais refira-se a concessão das três primeiras autorizações para o estabelecimento de novos bancos privados em Portugal, na sequência da abertura do sector à iniciativa privada.

Em relação à política cambial ela continuou, em 1984, no regime de *crawling peg* com a taxa de desvalorização a manter-se ao ritmo dos 1% mensais em termos efectivos. Esta desvalorização deslizante, associada aos menores aumentos salariais permitiu manter a competitividade externa a níveis considerados favoráveis e estimular, simultaneamente a produção de bens transaccionáveis.

De salientar que em 1984, a estratégia de redução do desequilíbrio externo baseada na redução da procura interna e no estímulo à produção de bens transaccionáveis teve na política monetária o seu instrumento fundamental na medida em que a política orçamental, condicionada pela situação de recessão que o país atravessava, teve fundamentalmente um carácter expansionista, ao contrário do que estava previsto no próprio orçamento desse ano. De alguma forma isso resultou do facto de o controle das contas públicas conseguido no ano anterior se ter ficado a dever, sobretudo, a medidas de carácter conjuntural e não estrutural impossíveis de repetir na situação de recessão.

Tendo presente o objectivo de reequilíbrio externo, os resultados do programa de estabilização podem ser considerados muito razoáveis. O défice da BTC quedou-se nos 1 640 milhões de dólares (7,3% do PIB) – abaixo da meta fixada; o mesmo se verificou com o défice de caixa do SPA (9% do PIB contra um objectivo de cerca de 10%); e também com o saldo da dívida externa não monetária que constituía *performance clause* do Acordo com o FMI. Aliás, todas as *performances clauses* do Acordo, referentes a 1983, foram largamente cumpridas.

O acordo previa a sua revisão em Março de 1984, designadamente no sentido de actualizar as *performances clauses* para esse ano. Tendo em conta, no entanto, a necessidade de recolher elementos estatísticos adicionais referentes às necessidades de financiamento das empresas públicas a revisão só veio a ser efectivada três meses mais tarde, em Junho.

No acordo revisto, e consubstanciado na Carta de Intenções de Junho de 1984, o objectivo prioritário do programa de estabilização continuou a ser a redução do défice da BTC para um montante não superior a 1 250 milhões de dólares. Por outro lado foi introduzido um objectivo de redução da inflação para cerca de 23% no final do ano. O défice de caixa do SPA que havia sido fixado em 7,3% do PIB para 1983 foi revisto em alta, para 8,5% do PIB em 1984, o que levou a fixar um défice para o SPAL, nesse ano, de 14,5% do PIB.

Para a realização dos objectivos acordados continuaram a usar-se, basicamente, as mesmas políticas. Ou seja, a política monetária continuou a recorrer do instrumento dos limites ao crédito bancário interno – total e ao SPAL – estabelecidos num quadro de controlo do financiamento total (interno e externo) da economia, a um ritmo de expansão fixado em cerca de 21% para 1984.

A política orçamental continuou também, basicamente, a mesma, com acções orientadas para o aumento das receitas pela via do aumento da eficiência da máquina fiscal e, do lado da despesa, com o adiamento de alguns investimentos considerados não prioritários, controle de admissões na função pública, corte de despesas correntes, etc. Foram igualmente tomadas medidas no sentido de diminuir as necessidades de financiamento das empresas públicas.

Se o ano de 1983 tinha provado bem, em termos do acordo com o FMI, os resultados obtidos em 1984 podem ser considerados excepcionais. As condições particulares do país da época, designadamente o facto de existir um larga faixa da economia nacionalizada e de a política de estabilização ter sido prosseguida por um governo de conotações políticas de centro-esquerda pode ter minorado os impactos negativos, em termos de emprego e rendimentos, e facilitado todo processo tornando Portugal um dos poucos casos de sucesso de aplicação das políticas restritivas defendidas pelo FMI.

O saldo total da dívida externa ficou-se pelos 532 milhões de dólares (contra os 1 250 milhões fixados, ou seja, menos de 43%) e o saldo da parcela de curto prazo diminuiu 241 milhões (contra um aumento acordado de 200 milhões). Estes resultados ficaram ainda associados a uma acumulação de reservas de 350 milhões de dólares (contra uma perda prevista de até 100 milhões).

Para o comportamento da economia portuguesa em termos de endividamento externo contribuiu decisivamente o facto de o défice da BTC ter sido apenas de 520 milhões de dólares (contra um máximo acordado de 1250 milhões). Este resultado ficou a dever-se, em parte, à relativa parcimónia na fixação do objectivo mas, também, a um comportamento positivo das principais componentes da BTC. O objectivo da inflação também foi cumprido por baixo (21,2% contra os 23% programados). A *performance clause* relativa ao crédito interno total foi igualmente cumprida com folga, tendo a ultrapassagem do SPAL sido mais do que compensada com o menor financiamento do sector privado, incluindo-se neste as empresas públicas não integradas no SPAL. Para isso terá contribuído decisivamente a conjuntura recessiva que acompanhou todo o processo de estabilização.

Em resumo, o objectivo principal do acordo de *stand by* com o FMI – redução do défice da BTC – foi plenamente cumprido, o mesmo acontecendo com os restantes objectivos – a limitação do endividamento externo e a desaceleração da inflação – com excepção do défice de caixa do SPAL, o que implicou o não cumprimento da respectiva *performance clause*. A contrapartida do sucesso do programa de estabilização foi a recessão económica de 1983-1984, dois anos consecutivos de quebra do produto a contra--ciclo dos restantes parceiros europeus.

2.2. O choque externo positivo de 1985

Embora tenha deixado de estar subordinada ao programa de estabilização acordado com o FMI, a política monetária continuou, em 1985, a ser baseada num programa de limitação da expansão do crédito à economia compatível com os grandes objectivos e restrições da política económica definidos pelo governo e que apontavam para a recuperação do PIB, para a redução da inflação e para a recuperação do equilíbrio externo. Como instrumentos fundamentais, para além dos limites à expansão do crédito, continuaram a utilizar-se a fixação administrativa das taxas de juro, a desvalorização deslizante pré-anunciada (*crawling peg*) e, ainda, o controle dos fluxos de endividamento externo.

No que diz respeito aos limites de crédito, a desaceleração rápida da inflação e a redução do défice externo levaram a uma redução do papel deste instrumento, limitando-se a acomodar o acréscimo do rendimento. No caso das taxas de juro verificou-se uma acentuada redução dos seus níveis entre o principio e o fim do ano: menos 8 pontos percentuais na taxa bruta dos depósitos a prazo e 6,5% nas taxas activas administradas.

Tendo em conta os limites quantitativos de crédito e as taxas de juro administradas, os coeficientes de reserva legal não constituíram, verdadeiramente, um instrumento de política monetária. Ainda assim verificou-se uma redução de 8 para 6% dos coeficientes de caixa para as responsabilidades de 180 dias a 1 ano e de 6 para 3% das responsabilidades a mais de 1 ano, com o objectivo de compensar os efeitos negativos sobre a conta de exploração dos bancos das descidas das taxas de juro. Para os depósitos a menos de 180 dias o coeficiente permaneceu nos 12%.

Com o objectivo de criar instrumentos mais adaptados de gestão da política monetária e, designadamente, para a passagem ao financiamento do SPA sem criação de moeda primária, foram criados, em Agosto de 1985, os Bilhetes do Tesouro (BT), títulos de dívida pública a 3 e a 6 meses, estando também contemplada a hipótese de 1 ano. Esta criação significou a introdução de instrumentos mais precisos de controle monetário possibilitando uma melhor definição dos objectivos intermédios e, simultaneamente, uma preparação para a entrada nas Comunidades.

Outro vector importante de intervenção no sentido do desenvolvimento do sector financeiro, foi a flexibilização das taxas de juro. Esta flexibilização ficou a dever-se à introdução dos BT a taxas livres, embora com um nível máximo – a designada taxa de intervenção – e à flexibilização e liberalização de taxas até então administradas. Tratou-se na altura de definir uma estrutura temporal de taxas em redor dos níveis administrados.

Uma terceira medida, ligada com as anteriores, consistiu na criação, em Julho, de uma taxa de referência para servir de base à indexação da remuneração das obrigações.

A dinamização do sistema financeiro foi feita, ainda, através do lançamento de títulos de participação (com emissão restrita, numa primeira fase, a empresas públicas ou com participação do estado), da dinamização do mercado obrigacionista e da dinamização das obrigações de caixa.

A nível das instituições financeiras também se deram em 1985 passos significativos através da autorização da constituição de fundos mobiliários e imobiliários. Foram ainda autorizados mais sete novos bancos, elevando para dez o número de autorizações desde a abertura do sector à iniciativa privada, regulamentada em Fevereiro de 1984.

Refira-se, por fim, a flexibilização das normas do mercado monetário interbancário e a entrada em actividade do mercado cambial interbancário "à vista", no sentido de dotar de maior eficácia o processamento de operações entre bancos.

Ao longo de 1985 e até finais de Novembro, a política cambial portuguesa continuou no regime de *crawling peg*, ao ritmo de 1% ao mês, em termos de taxa de câmbio efectiva. Em 26 de Novembro e até final de Março de 1986, este regime foi suspenso, tendo como objectivo fundamental consolidar a redução das expectativas de inflação, dada a margem de segurança obtida no plano das contas externas.

Fazendo um balanço dos três anos que antecederam a adesão de Portugal às Comunidades pode dizer-se que eles foram marcados pelas políticas restritivas de recuperação do equilíbrio externo, com resultados evidentes e muito significativos no plano dos objectivos específicos fixados, mas com menos resultados evidentes no plano do ajustamento estrutural da economia. Com efeito, é sintomática a persistente e grande dificuldade de controlar os factores produtores do défice público, agravada pela situação de recessão, e o facto de a recuperação económica se ter processado mais como resposta passiva ao aumento da procura externa e num contexto verdadeiramente excepcional, como já foi referido, do que em resultado de uma verdadeira modificação quantitativa e qualitativa das condições de oferta interna, susceptível de gerar condições específicas de competitividade activa. E, embora não seja objecto deste trabalho uma avaliação das políticas de natureza mais estrutural, não parece evidente que elas tenham tido uma importância relevante neste período e muito menos que tenham obedecido a uma estratégia coerente de preparação da economia portuguesa para o choque da participação nas Comunidades Europeias a partir de 1986. A este respeito é, também, extremamente significativo o facto de a recuperação económica de 1985 se ter processado em moldes completamente contrários aos que eram esperados pelas autoridades económicas portuguesas e que constavam das Grandes Opções do Plano: o PIB real cresceu mais do que o estava previsto; foi impulsionado pela procura externa e não pela procura interna (que teve, um crescimento reduzido); a BTC registou um saldo positivo quando se esperava um saldo negativo; a própria inflação desacelerou mais do que estava previsto.

Globalmente, os acontecimentos exógenos que marcaram a evolução da economia portuguesa durante o ano de 1985 podem ser considerados como um verdadeiro "choque externo" positivo. Com efeito, dificilmente é concebível a conjugação simultânea de tantos acontecimentos positivos como sejam, a queda do dólar, a descida das taxas de juro internacionais, a descida acentuada do preço do petróleo e das matérias-primas, a que há que acrescentar, a nível interno, o bom ano agrícola e pluviométrico em Portugal, com consequências directas no plano da redução de importações, com destaque para a energia.

Por tudo isto é importante relativizar o sucesso alcançado neste período no âmbito das políticas monetária e cambial. Não há dúvida de que tiveram um impacto importante e decisivo no reequilíbrio conjuntural da economia portuguesa e, em particular, no caso da política cambial verificou-se uma efectiva adequação às necessidades de manutenção da competitividade externa. Mas é duvidoso que tenham permitido ir mais para além disso deixando a economia portuguesa cada vez mais entregue a dinâmicas externas e fora da sua capacidade de integração activa.

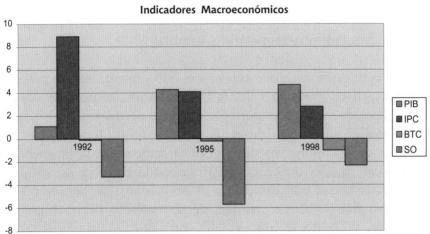

Gráfico 2.1
Indicadores Macroeconómicos

3. O período 1986-1991: a fase de ouro (à boleia do choque da oferta)

A 1 de Janeiro de 1986, culminando um processo de negociação iniciado em 1978, Portugal aderiu à Comunidade Europeia. O primeiro ano de adesão continuou sob o signo de uma conjuntura externa especialmente favorável – queda dos preços do petróleo, evolução favorável do dólar e descida das taxas de juro internacionais – surgida, como vimos, na sequência do reequilíbrio financeiro obtido com o programa de estabilização implementado em 83/84, proporcionando a Portugal uma margem de manobra para absorver o impacto daquela integração.

Até 1989, a politica económica procurou conciliar o crescimento económico e equilíbrio externo com a redução da inflação o que se associou ao sucesso dos primeiros e ao relativo fracasso deste último. Os anos de 1990 e 1991 trouxeram, em contraste, uma orientação da politica monetária mais convictamente anti-inflacionista, apoiada em grandes reformas dos regimes monetário e cambial, tanto ao nível dos objectivos como dos instrumentos utilizados, dando-se inicio à 1ª fase da União Económica e Monetária em Portugal.

3.1. As Políticas monetária e cambial

A política monetária manteve até 1989 um carácter de política multiobjectivos, embora colocando a inflação na posição dominante na sequência da importante inflexão, de finais de 1985, que substituiu a redução do desequilíbrio externo no topo da hierarquia. O desenvolvimento desta política traduziu-se na suspensão da desvalorização deslizante e programada da taxa de câmbio efectiva do escudo de Dezembro de 85 a Março de 86, retomada em Abril mas a ritmos mensais decrescentes (0,9% no segundo trimestre, 0,7% no terceiro e 0,6% no quarto). Esta orientação manteve-se nos anos seguintes, designadamente com a redução do ritmo mensal do *crawling-peg*, depreciando-se o escudo à taxa de 0,5%, 0,35% e 0,25% respectivamente em 1987, 1988 e 1989 com evidentes propósitos desinflacionistas.

Se até 1988, a política monetária, beneficiando de um enquadramento externo extremamente favorável, foi essencialmente acomodatícia, permitindo conciliar o forte crescimento da actividade económica e da procura interna com uma BTC excedentária e a redução da taxa de inflação, em 1989 foi determinada pela necessidade de conter a procura interna e contrariar as expectativas inflacionistas, embora sem grande sucesso[2].

---

[2] O aumento da taxa de juro (20,4% em Dezembro que compara com 18,3% em 1988) e a própria evolução do agregado L^- (representativo dos activos líquidos

Capítulo 10 – A política monetária nos últimos 20 anos | 403

A política monetária em 1990 desenvolveu-se num cenário de desaceleração económica, crise cambial e de transição sistémica para o sistema de controlo monetário indirecto e de preparação da adesão ao Mecanismo de Taxas de Cambio (MTC) do Sistema Monetário Europeu (SME). A autoridade monetária procurou manter o equilíbrio externo e prosseguir de maneira mais determinada o processo de desaceleração da inflação. Todavia, os esforços para controlar a procura interna e estimular a poupança, designadamente através da elevação das taxas de depósitos a prazo superiores a 180 dias de 1 pp e da taxa de remuneração das contas poupança-habitação em 1,2 pp, revelaram-se insuficientes para evitar que a inflação ultrapassasse os valores previstos e alcançasse mesmo o seu máximo neste período.

Na verdade, em 1990 tornou-se mais evidente o reduzido espaço de manobra da política monetária num ambiente de crescente liberalização dos movimentos de capitais e num regime de câmbios pré-anunciados. A excessiva previsibilidade da trajectória da taxa de câmbio do escudo e a persistência de um elevado diferencial entre as taxas de juro nominais entre Portugal e o exterior continuaram a exercer um forte estímulo à entrada de capitais especulativos. Afim de evitar uma apreciação real do escudo excessivamente rápida, o BP viu-se forçado a intervir substancialmente o que criou fortes problemas de controlo da liquidez[3] e gerou um conflito de curto prazo entre objectivos monetários e cambiais.

Em consequência, o processo de liberalização de capitais foi interrompido no início do segundo semestre de 1990 com o reforço das barreiras temporárias de carácter administrativo à entrada de capitais, designadamente no que se refere à aquisição de títulos com taxa variável por não residentes. Em Outubro, com a alte-

---

na posse de residentes não financeiros) que terá sido de 8,6%, (5,8 pp abaixo do ano anterior) não impediram que o IPC atingisse 12,6%, acima das previsões do Banco de Portugal.

[3] O agregado L^- terá crescido 5,5 pp acima do valor programado no primeiro semestre, e 2.3 pp no segundo, ultrapassando no final do ano em 1,8 pp a meta fixada pelo BP, devido exclusivamente ao crédito ao sector privado.

ração das regras de funcionamento do mercado cambial, o BP, abandonou o *crawling peg* e deixou de fornecer cotações firmes, permitindo a flutuação dentro de um intervalo com limites não anunciados que obedeciam a um objectivo tendencial para um novo índice da taxa de câmbio efectiva integrando as principais moedas do MTC do SME. Na resultante dos movimentos de capitais e das políticas verificou-se uma relativa apreciação do escudo.

Em 1991, a política cambial manteve uma orientação não--acomaditícia do diferencial de inflação entre Portugal e o exterior, através de intensas intervenções do BP no mercado cambial, acumulando reservas oficiais líquidas num montante equivalente a 8,7% do PIB. Nestas condições, a tarefa principal da política monetária consistiu em proceder à esterilização da criação externa de liquidez o que não impediu o crescimento do agregado L^- em cerca de 15% (3 pp acima do programado).

3.2. Alterações ao Regime monetário e cambial

O início da 1ª fase da UEM em 1 de Julho de 1990 não teve consequências imediatas para a política monetária em Portugal, uma vez que a preparação das condições para esse momento se tinham vindo a preencher desde a adesão. De facto, com esta adesão, iniciara-se o processo de liberalização dos movimentos de capitais, eliminando prioritariamente, como impunha o Tratado de Adesão, as restrições que incidiam sobre as transacções de capitais directamente relacionados com o comércio internacional de bens e serviços e com a liberdade de estabelecimento. Progressivamente, o processo de determinação da taxa de câmbio de acordo com o habitual mecanismo da procura e oferta estendeu-se a todos os segmentos do mercado, passando o Banco Central a estabilizar as taxas em níveis consistentes com os objectivos da politica cambial através da intervenção nos mercados. Após a suspensão temporária em 1990 e 1991, a liberalização dos movimentos de capitais prosseguiu, completando-se em Dezembro de 1992. Pelo caminho, no final de 1990, tinha-se substituído o regime de *crawling peg* por um regime baseado na flutuação limitada do escudo em relação às cinco principais moedas do MTC.

Por outro lado, o processo de liberalização das taxas de juro, iniciado em 1984 com a eliminação da generalidade das taxas de juro passivas, aproximou-se da sua conclusão em Setembro de 1988, exceptuando-se o crédito à habitação, e concluiu-se de facto em Março de 89 e Maio de 1992 com a eliminação dos restantes limites sobre as taxas de juro activas e passivas. A criação dos mercados cambiais interbancários, à vista em Outubro de 1985 e a prazo em Fevereiro de 1987 constituíram dois passos importantes na criação dos novos mecanismos monetários, posteriormente objecto de sucessivos aperfeiçoamentos, desde a diversificação dos instrumentos disponíveis, ao alargamento dos prazos das operações e à livre negociação dos preços e quantidades.

Em Março de 1990 os limites máximos de crédito foram suspensos, substituídos por recomendações indicativas relativamente ao crescimento deste agregado que desapareceram em Janeiro de 1991. A reformulação do regime de disponibilidades mínimas de caixa no sentido de o adaptar ao seu novo estatuto de instrumento de política monetária revelou-se essencial. Em Maio de 1990 impôs-se um único coeficiente de reservas obrigatórias de 17%, ainda que temporariamente se tenha introduzido um regime diferenciado e de coeficiente reduzido[4], revisto posteriormente de modo a assegurar uma maior uniformidade ao nível das instituições abrangidas, da base de incidência e do regime de remuneração das reservas.

A substituição do sistema de controlo administrativo do crédito para o sistema de controlo monetário indirecto exigia e eliminação da liquidez acumulada no sistema bancário. A "grande operação de secagem" da liquidez (cerca de 12% do PIB) concretizou-se em duas fases (Dezembro de 1990 e Março de 1991) e

---

[4] Este regime que vigorou em 1990 regendo-se por taxas diferenciadas: taxa nula para depósitos e outras aplicações a menos de 180 dias, de 9.7% basicamente para depósitos a mais de 180 dias e 16% para bilhetes do Tesouro e CLIP cedidos a título definitivo. A taxa média em 1990 situou-se em 7,5%.

consistiu na emissão de dívida pública para colocação no sistema bancário, por substituição de depósitos a prazo destas instituições junto do Banco de Portugal.

No quadro das alterações institucionais merece realce especial, a nova Lei Orgânica do Banco de Portugal[5], que consagrou o princípio de vedar o financiamento do Estado junto do Banco de Portugal, salvo através da conta gratuita (limitada), mantendo-se contudo a possibilidade de tomada firme de Bilhetes do Tesouro em condições negociadas, conferindo ao Banco de Portugal um maior grau de autonomia na condução da politica monetária e um reforço do seu papel na supervisão e inspecção das instituições financeiras.

A partir de Abril de 1991, a política monetária passou a ser conduzida através da intervenção do BP no mercado monetário, de acordo com três formas: intervenção regular, constituída por operações de absorção ou cedência de fundos pelo período de constituição de reservas mínimas de caixa, cujas taxas conduzem as taxas de juro de muito curto prazo em condições normais; intervenção ocasional, correspondente a operações de cedência e absorção de fundos dentro do período de constituição de reservas, realizadas com o objectivo de estabilizar o mercado; facilidade de crédito de última hora, permitindo o acesso a fundos no último dia de constituição de reservas, após o fecho do mercado (com uma taxa penalizadora).

3.3. O desempenho da economia portuguesa e a politica monetária

O choque de oferta internacional referido, as expectativas geradas pela adesão à Comunidade Europeia e os importantes programas de obras públicas contribuíram para acelerar o crescimento económico que se manteve, acima dos 4%, desacelerando

---

[5] Decreto-Lei n.º 337/90 de 30 de Outubro.

a partir daí, ao acompanhar o abrandamento cíclico das economias industrializadas iniciado em meados de 90 nos EUA, Canadá e Reino Unido (1% de crescimento no conjunto dos países da OCDE nesse ano). Apesar disso, o processo de convergência real com a Comunidade Europeia verificou-se em todo o período, permitindo uma aproximação à média europeia dos níveis de rendimento real *per capita* e dos padrões de consumo nacionais.

Neste período, foi ainda possível manter uma situação das contas externas favorável, problema que constituíra um tormento da economia portuguesa em anos recentes, com saldos positivos na BTC em 1986 e 1987 em consequência do referido choque, e saldos negativos, modestos, na fase seguinte. Simultaneamente, os défices comerciais mantiveram-se elevados, em torno dos 10% do PIB, apesar de significativos aumentos das exportações de bens e serviços, enquanto a conta de capital registou excedentes sistemáticos que permitiram reduzir a divida externa de 80% do PIB em 1985 para 24,4% do PIB em 1991.

Em 1 de Janeiro de 1986, Portugal tinha a segunda taxa de inflação mais elevada (16,8%, taxa de variação homologa em Dezembro de 1985) entre os 15[6] países que até recentemente constituíram a União Europeia[7]. Inicialmente, esta variável evoluiu favoravelmente, registando o IPC em 1987 o valor de 9,4%, devido sobretudo à quebra dos preços das matérias primas e especialmente do petróleo. Retomou, seguidamente, um caminho ascendente, atingindo o IPC o valor de 13,4% em 1990, descendo de novo em 1991 para 11,4%, um valor semelhante ao de 1986.

O défice do SPA manteve-se elevado ao longo do período (em torno de 7% do PIB), com excepção de 1989, em resultado de

---

[6] Inclui-se aqui a Áustria, Finlândia e Suécia que passaram posteriormente, 1 de Janeiro de 1995, a UEM.

[7] Em 1984 a inflação atingira o seu máximo (29,3%) após uma subida ininterrupta a partir de 1980. Posteriormente a progressiva diminuição da desvalorização do escudo e a forte descida dos preços do petróleo e do dólar permitiram uma significativa redução da taxa de inflação para 19,3% em 1985.

receitas fiscais excepcionais por efeito da reforma da tributação directa[8], enquanto a despesa pública se terá situado em 46,4% do PIB (peso semelhante ao de 1986) e a dívida pública directa se aproximava dos 70% do PIB, em fim de período, como resultado da afectação de algumas receitas das privatizações, depois de ter atingido um máximo em 1988 (74,2%).

Gráfico 3.1

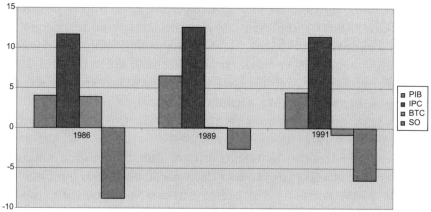

O gráfico sintetiza os bons resultados em termos de crescimento e contas externas e o relativo insucesso em relação às contas públicas e à inflação. Assim, apesar da redução da Inflação ter sido encarada, desde 1986, como um objectivo permanente e para o fim do período, como objectivo final da política monetária, é preciso reconhecer que, ao contrário dos outros objectivos da politica económica, não se revelou, neste período, como um caso de sucesso. Neste sentido, a politica cambial de elevação continuada da taxa da câmbio real efectiva, não logrou atingir o objectivo

---

[8] A reforma da tributação directa que entrou em vigor no dia 1 de Janeiro de 1989 constituiu um dos aspectos mais relevantes no domínio das finanças públicas e implicou a sobreposição do pagamento do novo imposto incidindo sobre os rendimentos recebidos nesse ano e o imposto complementar sobre os rendimentos de 1988.

desejado de reduzir de maneira sustentada a taxa de inflação, penalizando a avaliação da política monetária, mesmo sem considerar o possível efeito perverso de reorientação de recursos e meios em desfavor do sector de bens transaccionáveis gerado pela maior pressão sobre o nível de preços deste sector, sujeito à concorrência externa.

4. O Período 1992-1998: a convergência nominal e a preparação para a moeda única

O período de 1992 a 1998 foi fortemente marcado pela adesão do escudo ao MTC do SME, conferindo um novo enquadramento à política monetária, e por uma política monetária muito decidida no sentido de atingir a convergência nominal com os países da comunidade europeia, de modo a integrar o pelotão da frente na criação da moeda única no inicio de 1999. É indiscutível que, enquanto tal, este objectivo foi bem sucedido.

4.1. As politicas monetária e cambial

Se o cumprimento dos critérios de Maastricht passou a constituir um desígnio nacional, a redução e estabilização da inflação num nível inferior a 3% tornou-se o objectivo fundamental e prioritário relativamente ao qual todos os demais passaram a subordinar-se. A revisão da Lei Orgânica do Banco de Portugal, em 12 de Setembro de 95, consagrou a prática de considerar a manutenção da estabilidade dos preços como atribuição principal do Banco. Ao mesmo tempo, a política monetária passou a ser explicitamente orientada pelo objectivo intermédio de estabilidade cambial como meio, tido como mais eficaz, de atingir o *objectivo final* de estabilidade de preços em pequenas economias abertas.

O escudo passou a integrar o MTC do SME a partir de 6 de Abril de 1992 com uma taxa de cambio central face ao ECU de 178,485 escudos devendo manter-se numa banda de flutuação alargada de 6%, quer no sentido da apreciação quer no sentido da depreciação, face às outras moedas pertencentes ao MTC. A passagem para a banda de flutuação normal de 2,25% (critério a preencher pelos países participantes plenamente na UEM) deveria efectivar-se quando as condições económicas o aconselhassem. O mecanismo cambial do SME previa diversas formas de intervenção no mercado cambial para defender a grelha de paridades previamente estabelecidas, devendo os Bancos Centrais intervir quando duas moedas se distanciassem da sua taxa central bilateral no máximo permitido, comprando a moeda do outro quando a sua se apreciasse e inversamente. Em consequência, a autonomia da política monetária viu-se reduzida ao espaço daquela banda de flutuação, tendo sido afectada a este objectivo a taxa de juro que se transformou no principal instrumento para manter a estabilidade cambial.

Numa primeira fase, correspondente aos anos de 1992 e 1993, a política monetária desenvolveu-se num contexto muito desfavorável em consequência da liberalização de capitais, completada em 16 de Dezembro, da instabilidade cambial e da crise do SME. Apesar disso, o objectivo de convergência nominal, ajudado pelo ambiente recessivo, foi sendo atingindo, dando sequência ao processo de desinflação.

Após a crise de Setembro e o realinhamento em 6% do escudo em Novembro de 1992, acompanhando a peseta, seguiu-se um período de acalmia até Fevereiro de 1993. A partir daí observou-se o recrudescer da instabilidade nos mercados cambiais e uma pressão para a depreciação do escudo que obrigou o Banco de Portugal a intervir de novo, através da suspensão das intervenções de carácter regular no mercado monetário, substituídas por leilões pontuais de liquidez, a taxas consideravelmente mais elevadas que, todavia, não impediram a pressão à baixa da taxa de cambio do escudo, obrigando a uma realinhamento de 6,5% das paridades em 13 de Maio. Em Julho voltou a instabilidade ao SME e as autoridades monetárias europeias viram-se obrigadas a um alargamento da banda de flutuação para 15%, em 2 de Agosto.

Esta alteração traduziu-se pela adopção de um regime de câmbios quase flexível que permitiu alargar a autonomia da politica monetária dos países do sistema, esforçando-se a autoridade monetária portuguesa por manter o escudo nos limites da anterior banda de 6%, dando continuidade, simultaneamente, ao movimento descendente das taxas de juro.

Naturalmente, uma vez que, no novo contexto, a taxa de juro se tornou um instrumento para cumprir o objectivo externo de estabilidade cambial, deixando a orientação quantitativa para a liquidez de ser viável, tornou-se necessário, ao contrário do que seria desejável, proceder a elevações temporárias da taxa de juro para fazer face à instabilidade cambial existente. Apesar disso, no final do ano as taxas de cedência e absorção de liquidez eram, respectivamente, 11% e 10%, valor inferior ao registado antes da crise, tendo-se reduzido simultaneamente a volatilidade tanto da taxa de cambio do escudo como da taxa de juro.

A fase seguinte correspondendo aos anos de 1994[9] e 1995[10] refere-se a um período em que, após a adesão ao MTC em Abril

---

[9] Até 21 de Fevereiro manteve-se o movimento de baixa, da taxa de absorção (9%) e de cedência (10%) da liquidez. A partir de então observou-se uma pressão para a depreciação do escudo, obrigando o BP a intervir com perda de reservas e aumentos das taxas de referência, mantendo-se a instabilidade e um movimento de depreciação ligeiro do escudo que só estabilizou completamente em Junho.

[10] Apesar da depreciação do escudo, o corredor para as taxas de juro, definido pela taxa de absorção e pela taxa de linha de crédito automática, manteve-se entre 8,5% e 11,5%, em Janeiro e Fevereiro, com a taxa de cedência da liquidez em regime de leilão, principal taxa de intervenção no mercado monetário, em torno 8,875%. Na sequência do ajustamento da paridade central da peseta no inicio de Março, ajustou-se a paridade do escudo em 3,5%. A persistência da pressão para a depreciação da meda nacional, levou o BP a intervir, induzindo o aumento das taxas de juro de mercado através da cedência da liquidez em montantes limitados, tanto através da linha de crédito diária como em sistema de leilão, atingindo este no dia 8 de Março a taxa de 11,8%. A normalização da situação cambial permitiu que as taxas de juro se ajustassem gradualmente à baixa, com a taxa de absorção a atingir 7,75% e a taxa da linha de crédito diário 10,5%, no final de 95.

de 92 e o período de turbulência, o escudo assumiu uma estabilidade crescente. A permanência de algumas pressões no sentido da depreciação não impediram a descida e a consolidação da estabilidade da moeda dentro dos limites da banda estreita dos 6%.

A fase correspondente aos anos de 1996, 1997 e 1998 caracterizou-se pela grande estabilidade nos mercados cambiais, redução da volatilidade das taxas de cambio e das taxas de juro e convergência nominal dos países do euro incluindo Portugal. Em 1996 a estabilidade dos mercados cambiais e a evolução favorável da conjuntura económica portuguesa favoreceram a baixa de todas as taxas de juro, situando-se a taxa de cedência da liquidez em 6,7% (1,8 pp abaixo do nível de 1995).

A persistência de um elevado grau de estabilidade cambial em 1997 e a redução da taxa de inflação permitiram a descida gradual das taxas de juro de intervenção. A taxa de absorção situou-se em 4,9% no final do ano, enquanto a taxa de cedência da liquidez se reduzia para 5,3%. Esta diminuição contribuiu para a redução dos encargos da divida e do défice público, tornando simultaneamente possível o endividamento das empresas e particulares sem um aumento do peso dos juros pagos em relação ao PIB. A partir de 1997, Portugal preenchia as condições de convergência consideradas necessárias para a adopção da moeda única, reflectidas na estabilidade de preços, no nível e estrutura das taxas de juro a prazo, na suposta sustentabilidade das finanças públicas e na estabilidade cambial.

O ano de 1998 trouxe um reforço da coesão entre as moedas do MTC do SME[11], reduzindo-se a volatilidade das taxas de cam-

---

[11] Ao longo do ano assistiu-se a um esforço de coordenação das decisões dos bancos centrais num esforço de convergência das principais taxas de juro de intervenção, concluído em 3 de Dezembro. Nesta data, no contexto de estabilidade de preços, crescimento moderado dos agregados monetários e de perspectivas do produto menos optimistas, os Bancos Centrais decidiram colocar as principais taxas de cedência da liquidez em 3%, com excepção da Itália que

bio, apesar do contexto internacional adverso na sequência da crise dos mercados emergentes. A 2 de Maio foi confirmada a presença de Portugal na 3ª fase da UEM, integrando o núcleo fundador do euro e definiu-se que as paridades do MTC seriam utilizadas no cálculo do ECU oficial em 31 de Dezembro 1998 (tendo o escudo se depreciado em média 1,3% e no final do ano), num ambiente de estabilidade cambial e de preços e de baixas taxas de juro[12].

4.2. As alterações de regime monetário

Como se referiu, a adesão ao MTC do SME em Abril de 1992 alterou o enquadramento da politica monetária, levando o Banco de Portugal a introduzir novos instrumentos de política e formas de intervenção no mercado monetário com o propósito de assegurar uma maior flexibilidade e uma melhor sinalização das suas medidas, aproximando o sistema nacional das práticas e orgânica dos parceiros comunitários.

Neste sentido, em Julho de 1993 foi criada a linha de crédito automática, dependente apenas da iniciativa dos bancos comerciais, correspondente a operações de cedência de liquidez, a uma taxa previamente anunciada, com vencimento no dia útil seguinte ao da transacção. Numa primeira fase, introduziu-se para cada instituição um acesso limitado através de uma quota, eliminada posteriormente (Maio de 1996), sob a forma de percentagem do montante global, definida proporcionalmente aos valores das disponibilidades mínimas de caixa relativas aos quatro períodos consecutivos com termo no dia 18 de mês anterior.

---

apenas o fez em 31 de Dezembro. As taxas de facilidades permanentes de absorção e de cedência foram fixadas em 2,75% e 3,25% respectivamente, antecipando as decisões de Janeiro do BCE.

[12] No final do ano a taxa de juro a 3 meses do escudo situava-se em 3,4%, traduzindo uma redução de 1,6% em relação a 97.

No segundo semestre de 1994, o Banco de Portugal procedeu a uma reformulação da forma de actuação no mercado monetário, passando a anunciar a disponibilidade diária para a absorção de liquidez a taxa fixa durante o período de constituição de reservas e a realizar as operações de cedência regular em regime de leilão de taxas. A taxa de absorção e a taxa da linha de crédito passaram a limitar o intervalo de variação da taxa de cedência que se tornou a referência mais importante para a evolução das taxas de juro no mercado monetário em circunstâncias normais. Em 1 Novembro reformulou de novo o regime das disponibilidades mínimas de caixa, consistindo a principal alteração na redução do coeficiente de reservas de 17% para 2% e na emissão de Títulos de Depósito do Banco de Portugal para esterilizar a liquidez libertada.

Em 1996 concluiu-se a introdução do sistema de Pagamentos de Grandes Transacções (PGT). A cedência regular de liquidez passou a realizar-se no último dia do período de contagem de reservas, com data valor no primeiro dia útil seguinte, tendo em conta exigências operacionais do sistema e o Banco de Portugal passou a recorrer ao anúncio da taxa de cedência de liquidez em leilões pontuais, de forma a sinalizar as suas intenções de taxa de juro do mercado.

Afim de preparar a 3ª fase da União Económica e Monetária, O BP passou a aceitar títulos de divida privada como garantia nas operações de cedência de liquidez, a partir de Julho de 1997. Os activos elegíveis teriam de ser cotados na Bolsa de Valores de Lisboa e obedecer a critérios de liquidez e de risco subjacente, avaliado com base na notação de *rating*. Por outro lado, reservou--se o direito de recusar títulos emitidos ou garantidos pela instituição que propõe a sua utilização, ou por entidades pertencentes ao mesmo grupo financeiro.

Finalmente, no início de 1998, a lei orgânica do Banco de Portugal foi novamente revista afim de permitir a sua plena integração no Sistema de Bancos Centrais, num contexto em que o quadro operacional da política monetária se tornara semelhante ao dos outros países europeus, após as sucessivas reformulações dos instrumentos e da forma de intervenção do Banco de Portugal.

4.3. O desempenho da economia portuguesa e a política monetária

O período em análise (1992-1998) inicia-se num contexto macroeconómico difícil e complexo, porque se aprofunda o abrandamento da actividade económica, que vinha do ano anterior – de que resultou um crescimento do PIB de apenas 1,1% em 1992 –, e porque o nível, ainda baixo do desemprego (4,1%), gera pressões à alta dos salários. A fase baixa do ciclo continua com a recessão de 1993, ano em que o PIB se contrai quase 2%, seguindo-se uma tímida retoma em 1994 (cerca de 1%) que se acelera rapidamente nos quatro anos seguintes, com taxas de crescimento do produto em torno de 4%, e se prolonga para além do período em consideração, permitindo um progressivo aumento na convergência real.

Neste período revelou-se fundamental o crescimento da procura interna com taxas elevadas de crescimento do investimento e do consumo. A taxa de desemprego atinge o seu máximo em 1996, com 7,6%, começando depois disso a cair.

A balança corrente afirmou em todo este período um padrão negativo e crescente em percentagem do PIB, com excepção do ano de forte depressão de 1993, enquanto o défice da balança comercial, após uma redução no período mais recessivo, retomou os níveis elevados com 11,3% em 1998. A conta de capital, por seu lado, com excepção de 1993 e 1994, tendeu a ser positiva.

O défice do SPA, após uma forte diminuição em 1992, volta a elevar-se, crescendo 7% em 1993, e por aí se mantendo até 1995, inclusive. Em 1996 é visível o esforço para cumprir os critérios exigidos pela União Europeia, ficando-se este défice pelos 3,3%, reduzindo-se, respectivamente, para 2,5% e 2,3% nos anos seguintes, garantindo o cumprimento daquelas exigências. A dívida pública directa, depois de alcançar um mínimo de 61,4% em 1992 voltou a elevar-se em 1993, 1994 e 1995, atingindo 71,6%, neste último ano. Seguidamente, inverteu a tendência por efeito das privatizações e no espírito do movimento desejado pelas autoridades europeias, cifrando-se em 57% no final do período, em 1998.

Em 1991 a inflação deu os primeiros sinais de baixa (11,4%) talvez, como se referiu, por efeito da própria conjuntura, caindo consistentemente nos anos seguintes para atingir o mínimo em 1997, com o IPC a registar o valor de 2,2%. A partir de 1991 verifica-se igualmente uma forte e continuada desaceleração dos custos unitários do trabalho, reflexo da moderação gradual verificada no crescimento dos salários nominais, a qual constituiu uma importante causa da contínua queda da inflação em Portugal neste período.

O gráfico sistematiza o sucesso económico de Portugal neste período, correspondendo os melhores valores ao ano de 1998, com elevado crescimento, baixa inflação e desequilíbrios menores nas transacções com o exterior e nas contas públicas.

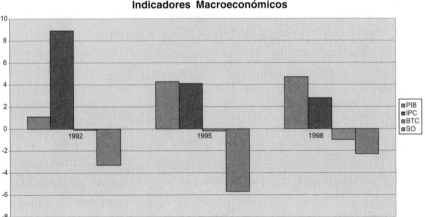

Gráfico 4.1
Indicadores Macroeconómicos

A experiência de sucesso da desinflação em Portugal reflectiu a adopção de uma política monetária visando a estabilidade de preços através da prossecução de um objectivo intermédio de estabilidade cambial, no pressuposto do efeito disciplinador da estabilidade cambial sobre os custos internos. A fixação das moedas fracas às moedas fortes tornou-se uma política geralmente aceite como boa internacionalmente, tendo sido levada por vezes demasiado longe como nas crises cambiais da Ásia ou México e a extremos no caso Argentino onde se associou a um enfraquecimento da própria estrutura produtiva.

Em Portugal, os seus efeitos sobre a economia real nunca foram verdadeiramente discutidos, não sendo impossível que tenham sido significativos e em parte perversos. Ao gerar um persistente diferencial inflacionista entre os produtos transaccionáveis e não transaccionáveis, como se pode observar no gráfico 4.2, a política monetária gerou certamente efeitos assimétricos sobre a estrutura produtiva nacional, por via de uma maior atractividade dos segundos. Um efeito de substituição de recursos em desfavor do desenvolvimento de capacidades produtivas no sector de bens transaccionáveis e exportador deve ter sido criado em consequência, contribuindo para perda de competitividade externa de forma dramática em vez do desejado *downsizing* modernizante.

Gráfico 4.2

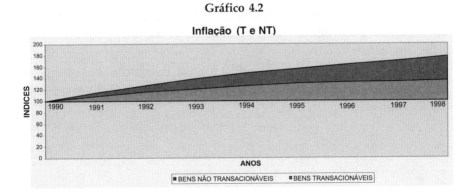

5. O Período pós-1999: o choque do euro

A 1 de Janeiro de 1999 tem início uma nova era na História monetária de Portugal. Após quase noventa anos de existência como unidade monetária portuguesa o escudo é substituído pelo euro abrindo-se uma nova fase de inserção da economia portuguesa na economia europeia e internacional através da participação plena num espaço monetário integrado, com políticas monetária e cambial únicas, num quadro institucional novo supranacional – Eurosistema – e, ainda, num quadro de aprofundamento da cooperação económica intergovernamental.

Se tomarmos como referência a criação do *real* em 1435, no reinado de D. Duarte, podemos dizer que a adesão ao euro põe fim a quase seis séculos de existência de moeda nacional autónoma, com a particularidade histórica de resultar de um processo voluntário – e claramente assumido nas suas consequências – de transferência de soberania monetária para instituições comuns de carácter supranacional.

No quadro do Eurosistema passaram a funcionar um Sistema Europeu de Bancos Centrais (SEBC) e um Banco Central Europeu (BCE), a quem foram cometidas as atribuições fundamentais de definição e execução da política monetária da Comunidade, de realização de operações cambiais, de detenção e gestão das reservas cambiais oficiais dos Estados-membros e de promoção do bom funcionamento dos sistemas de pagamentos (Arts. 105.º, 106.º e 107.º do Tratado da União Europeia). Ainda no quadro das disposições que regulam o Eurosistema a *manutenção da estabilidade dos preços* foi fixada como o *objectivo primordial* do SEBC, a ele ficando subordinadas a definição e a condução das políticas monetária e cambial únicas, bem como o apoio às políticas gerais da Comunidade (Art. 105.º).

5.1. A condução da política monetária

As prioridades definidas em matéria de política monetária conduziram a uma definição quantitativa do objectivo primordial de estabilidade de preços. Em complemento foram definidos os "dois pilares" de sustentação da estratégia a seguir: a fixação de um valor de referência para o crescimento do agregado monetário M3 e a avaliação global das perspectivas de evolução futura dos preços e dos riscos para a estabilidade dos preços em toda a área do euro.

A estabilidade de preços foi definida, em termos quantitativos, como "um aumento anual no Índice de Preços no Consumidor Harmonizado (IPCH) inferior a 2% na área do euro" tendo como referência temporal o "médio prazo". De referir que com a utilização da expressão "aumento" de preços se pretendeu excluir a deflação. Por sua vez, com a utilização do IPCH visou-se, para efeitos de monitorização do objectivo estratégico, considerar a zona euro no seu conjunto e não evoluções regionais ou nacionais específicas. Por fim, com a utilização da referência temporal de médio prazo visou-se incorporar no sistema de definição da política monetária a volatilidade dos preços no curto prazo, bem como a possibilidade de ocorrência de choques não esperados.

A fixação de um valor de referência para o crescimento do agregado monetário M3 resultou da importância atribuída à moeda como "ancora nominal" natural de uma política monetária orientada para a estabilidade dos preços. A ideia base subjacente a esta perspectiva é a de que a moeda deve guardar uma relação estável com o nível de preços e de que afastamentos significativos em relação ao valor de referência assinalam riscos para a estabilidade de preços. É de sublinhar que a definição quantitativa do pilar monetário fez-se no sentido de que ela deveria ser entendida como uma referência para a condução da política monetária e não como um objectivo em si mesmo.

O valor de referência para o crescimento do M3 foi fixado, à partida, em 4,5% ao ano, tendo em atenção a fixação do aumento do IHPC inferior a 2% e as perspectivas de crescimento do PIB real entre 2 e 2,5% e de declínio a médio prazo da velocidade de circulação do M3, entre 0,5 e 1%, sendo os desvios em relação a este valor de referência analisados em termos do objectivo central.

Este valor de referência de 4,5% foi sucessivamente reafirmado pelo Conselho do BCE, em 14 de Dezembro de 2000, em 6 de Dezembro de 2001 e em 5 de Dezembro de 2002. A partir da avaliação da estratégia da política monetária realizada em Maio de 2003, deixou de ser reavaliado numa base anual.

Por sua vez, a avaliação das perspectivas de evolução dos preços – o chamado segundo pilar de suporte da estratégia da política monetária – pretende constituir um complemento à avaliação da evolução dos agregados monetários. Esta avaliação é efectuada recorrendo a um conjunto de indicadores diversos: salários; taxa de câmbio; cotações das obrigações e curva de rendimento; medidas de actividade real; indicadores orçamentais; índices de preços e de custos; inquéritos de opinião a empresas e consumidores; previsões de inflação elaboradas por organizações internacionais, etc. O objectivo é acompanhar a evolução geral da economia e tentar descortinar os sinais de dificuldades no cumprimento do objectivo primordial de manutenção da estabilidade de preços. Directamente ligada à política monetária encontra-se a política cambial e neste domínio as coisas ficaram menos claras no quadro do Eurosistema, na medida em que as responsabilidades pela sua condução foram repartidas entre o BCE e o Conselho ECOFIN num quadro operacional não isento de gerar contradições (Ver Art. 109.º do Tratado).

No âmbito das disposições relativas à política cambial, cabe ao Conselho, sob recomendação do BCE ou da Comissão, e deliberando por unanimidade, a celebração de acordos formais relativos a um sistema de taxas de câmbio do euro em relação a moedas não comunitárias. Cabe-lhe, também, mas apenas por maioria qualificada definir orientações gerais em matéria política de taxas de câmbio, seja no quadro de um eventual sistema internacional acordado de taxas de câmbio entre o euro e as moedas não comunitárias seja no quadro actual de taxas de câmbio flexíveis. Em qualquer das situações está definido que as orientações de política cambial jamais poderão pôr em causa o objectivo primordial de manutenção da estabilidade de preços.

Todavia, em relação a um eventual sistema internacional de taxas de câmbio, o Conselho esclareceu num relatório ao Conselho Europeu em Dezembro de 1997 que não haveria condições para a sua criação num futuro previsível. Também neste mesmo relatório, o Conselho anunciou, embora de uma forma legalmente não vinculativa, que só formularia "orientações" em situações excepcionais, por exemplo, em caso de um claro desalinhamento das taxas de câmbio.

Assim, em termos práticos, a taxa de câmbio do euro é o resultado das políticas monetárias praticadas – tanto na zona do euro como fora dela –, e da percepção destas mesmas políticas pelos agentes económicos. Considera-se, deste modo, que o facto de não existir nenhum objectivo em matéria de taxa de câmbio para o euro facilita a concentração da política monetária na manutenção da estabilidade dos preços. De algum modo reencontramos na política cambial do euro uma espécie de "benign neglect", característico da política americana do tempo de Bretton Woods, mas mal assumida, se tivermos em conta as idênticas preocupações das autoridades europeias, manifestadas quer nos períodos de apreciação do euro quer nos períodos de depreciação.

No que diz respeito ao quadro operacional, propriamente dito, da política monetária os instrumentos utilizados são as operações de mercado aberto, as facilidades permanentes e o sistema de reservas mínimas, instrumentos que já vinham sendo utilizados. Todos eles se orientam para a gestão da taxa de juro, instrumento que se torna praticamente exclusivo, quer para efeitos de controlo monetário interno quer para efeitos do valor externo do euro.

Ainda no que concerne às reservas mínimas, o rácio fixado é de 2% desde o inicio da terceira fase da UEM, sendo estas remuneradas à média das taxas de juro das operações principais de refinanciamento realizadas durante cada período de constituição.

Em 8 de Maio de 2003, na sequência de uma avaliação da estratégia da política monetária seguida pelo BCE, foram introduzidos alguns ajustamentos. O primeiro destinou-se a precisar o conceito de "estabilidade de preços", que passou a ser entendido como um aumento homólogo do Índice Harmonizado de Preços no Consumidor (IHPC) para a área do euro inferior *mas próximo dos 2 por cento*. Ao mesmo tempo reafirmou-se que a "estabilidade de preços deve ser mantida a médio prazo". O segundo ajustamento teve a ver com a política de comunicação e destinou-se a confirmar o processo de decisão da política monetária com base numa análise dos riscos de inflação organizada em duas perspectivas complementares: uma de curto e médio prazo, designada de "análise económica", e outra de médio e longo prazo, designada de "análise monetária" e centrada na evolução do agregado M3. No início de Março de 2004 entraram, também, em vigor as alterações ao quadro operacional da política monetária do Eurosistema que tinham sido anunciadas pelo Conselho do BCE em Janeiro de 2003 (Ver "Alterações ao quadro operacional de política monetária do Eurosistema", *Boletim Mensal do BCE*, Agosto de 2003).

Olhando o que foi a prática da política monetária do BCE e, em particular, a sua expressão mais visível em termos de taxas de juro (ver quadro 5.1), constata-se a existência de três períodos distintos. Um primeiro período, que vai até Outubro de 2000, em que depois de uma redução da taxa de juro de referência de 50 pontos base, provavelmente ainda em resultado da euforia da introdução do euro, se verificam aumentos sistemáticos, primeiro repondo o valor inicial e depois de 25 pontos de base cada, conduzindo a taxa de juro das OPR para um pico histórico de 4,75% – a conjuntura económica mais expansionista e as consequentes pressões sobre a inflação determinaram, seguramente, esta opção. Um segundo período, que se inicia em Maio de 2001 e se prolonga durante quase cinco anos, até Dezembro de 2005, de baixas sistemáticas da taxa de juro, até ao mínimo histórico de 2% das OPR – neste caso, a conjuntura económica depressiva e as ameaças de deflação determinaram o comportamento das autoridades. Por fim um terceiro período, que se inicia em Dezembro de 2005, continua em 2006 e, tudo indica, deverá continuar nos próximos tempos, de novas subidas da taxa de juro, embora ainda a níveis bastante baixos quer historicamente, quer comparados com as taxas de juro praticadas nos EUA que já estão nos 5% – nesta caso, as pressões externas do dólar e as diferenças relativas de comportamento das economias americana e europeia, terão desempenhado um papel maior na decisão já que as pressões sobre a inflação não podem ser consideradas verdadeiramente importantes.

É interessante observar a evolução do M3 (ver Quadro 5.1) e constatar a relativa sintonia entre o período de maior restrição monetária e a aproximação do indicador ao valor de referência e entre o período mais expansionista e o afastamento do valor de referência, deixando entrever a ideia de que as preocupações das autoridades se centraram mais na conjuntura económica interna e externa do que nas ameaças de inflação. Os significativos afastamentos da evolução do M3, a partir de 2001, relativamente ao valor de referência de 4,5%, deixam perceber, também, uma elevada preferência pela liquidez da parte dos agentes económicos, em parte resultado das incertezas políticas e económicas que afectam o mundo nesta primeira metade do século.

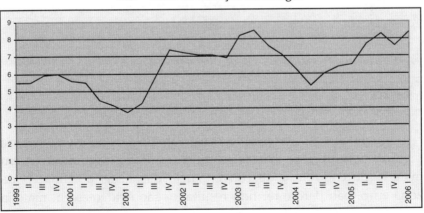

Gráfico 5.1
M3 – taxas de variação homólogas

Fonte: Banco de Portugal

As baixas taxas de juro, sobretudo a partir de 2004, também desempenharam um papel muito decisivo na fixação pela liquidez, dado o baixo custo de oportunidade ligado à detenção de moeda (ver Quadro 5.2).

Quadro 5.2
Taxas de juro do BCE
Em percentagem

Data da decisão	Facilidade permanente de depósito (FPD)	Operações principais de refinanciamento (OPR)	Facilidade permanente de cedência (FPC)	Magnitude de alteração das OPR (p.b.)
1998				
22.12.98(a)	2,00	3,00	4,50	---
1999				
08.04.99	1,50	2,50	3,50	-50
04.11.99	2,00	3,00	4,00	+50
2000				
03.02.00	2,25	3,25	4,25	+25
16.03.00	2,50	3,50	4,50	+25
27.04.00	2,75	3,75	4,75	+25
08.06.00	3,25	(b) 4,25	5,25	+50
31.08.00	3,50	4,50	5,50	+25
05.10.00	3,75	4,75	5,75	+25
2001				
10.05.01	3,50	4,50	5,50	-25
30.08.01	3,25	4,25	5,25	-25
17.09.01	2,75	3,75	4,75	-50
08.11.01	2,25	3,25	4,25	-25
2002				
05.12.02	1,75	2,75	3,75	-50
2003				
06.03.03	1,50	2,50	3,50	-25
05.06.03	1,00	2,00	3,00	-50
2005				
01.12.05	1,25	2,25	3,25	+25
2006				
02.03.06	1,50	2,50	3,50	+25

(a) No período de 4 a 21 de Janeiro de 1999, as taxas de facilidades de cedência de liquidez e de depósito, situaram-se, respectivamente em 3,25% e 2,75%.
(b) A partir desta dataTaxa mínima das propostas nos leilões de taxa variável.
Fonte: BCE

Igualmente é interessante constatar que a política monetária seguida pelo BCE, se parece ter tido resultados significativos em matéria de controle e de convergência das taxas de inflação da zona euro, não parece ter tido resultados tão evidentes em matéria de crescimento económico. Com efeito, os níveis historicamente baixos das taxas de juro não parecem ter tido efeitos significativos em matéria de novos investimentos e de dinâmicas de reestruturação económica que permitissem projectar um crescimento forte e duradouro na zona, capaz de competir com a dinâmica da sua congénere americana.

5.2. Um balanço provisório da participação de Portugal no sistema euro

Sete anos de participação no sistema euro é um tempo demasiado curto para se poderem tirar conclusões seguras sobre as consequências para Portugal da perda de autonomia monetária e cambial. Igualmente é difícil de avaliar em que medida as particularidades da economia portuguesa e, designadamente, as suas necessidades de transformação estrutural se encontram convenientemente cobertas pelas opções até agora tomadas em matéria de política monetária na zona euro. É possível ver as consequências do "choque" que está em curso que, de certo modo, se iniciou mesmo antes da introdução da moeda única com o processo de convergência nominal definido em Maastricht. Mas não é possível avaliar qual seria a situação da economia portuguesa se tivesse ficado de fora do processo de unificação monetária europeia e mantivesse a capacidade de recurso ao instrumento monetário e cambial como forma de prosseguir os seus objectivos de política económica. É possível, no entanto, alinhar algumas constatações que, não sendo definitivas, podem abrir caminho à formulação de algumas hipóteses para posterior aprofundamento e verificação.

A primeira é de natureza geral e tem a ver com a eficácia da política monetária do BCE na prossecução do seu objectivo primordial de baixa inflação. Com efeito, se considerarmos a inflação medida pelo Índice Harmonizado de Preços no Consumidor (IHPC) constata-se uma efectiva convergência na zona euro aparecendo a taxa de 2% como uma referência de atracção. A partir de 1991-92, em consonância com o início do processo de convergência nominal definido em Maastricht, verifica-se uma efectiva desinflação no conjunto de países candidatos ao euro, atingindo a taxa de inflação média o seu nível mais baixo em 1988 – ano imediatamente anterior à introdução do euro – à volta de 1%. Depois deste mínimo, a taxa de inflação média volta a subir para se situar até 2005 um pouco acima do objectivo definido dos 2% (com um pico de 2,4% em 2001).

Em termos relativos, a taxa de inflação em Portugal mantêm-se a níveis elevados suplantados, em alguns anos, pela Holanda, pela Irlanda, pela Espanha, pela Grécia e pelo Luxemburgo, países que, no entanto, revelam maior dinamismo de crescimento económico. Em qualquer caso verifica-se, igualmente, uma convergência da taxa de inflação portuguesa com a taxa da zona euro no seu conjunto, acentuando-se a tendência que já vinha de trás.

A segunda constatação tem a ver com a dinâmica de crescimento do produto e do emprego da economia portuguesa que acompanha a adesão à moeda única. E aqui as coisas revelam-se mais complicadas. Com efeito, coincidindo com a introdução do euro verifica-se uma desaceleração substancial do crescimento da economia portuguesa que, em parte, acompanha a desaceleração verificada, igualmente, a nível da economia europeia no seu conjunto, mas que, a partir de 2002, adquire características claramente estagnantes, com taxas de crescimento do produto real sistematicamente inferiores à média da zona euro (Ver Quadro 5.3), com um pico negativo em 2003 – ano em que o PIB real recuou 1,2% – e com um crescimento próximo de zero em 2005 (+0,3%). As previsões para 2006 e 2007 não apontam para uma inversão desta tendência, mantendo-se um crescimento substancialmente inferior à média da zona euro.

A evolução do desemprego acompanha a par e passo o dinamismo do produto. No período pós-euro, a taxa de desemprego parte de um mínimo atingido em 2001, de cerca de 4% para se aproximar da média europeia, na casa dos 8%. A agravante do caso português reside, uma vez mais, no facto de se registar uma tendência contra a corrente, isto é, de ir a contra-ciclo da tendência europeia que vai no sentido descendente.

Quadro 5.3
Evolução de indicadores macroeconómicos (1974-2007)

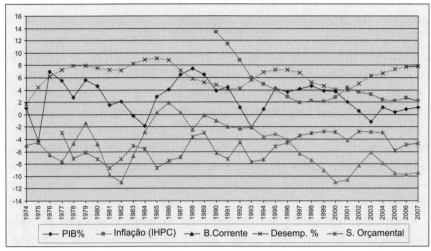

Nota: 2006 e 2007, previsões.
Fonte: AMECO, OCDE.

A terceira constatação prende-se com a articulação externa da economia portuguesa e diz respeito à evolução da balança corrente. É conhecida a debilidade estrutural da economia portuguesa em matéria de comércio externo e o peso que isso representa em termos de pressão negativa sobre o equilíbrio da balança de pagamentos. Todavia a evolução mais recente apresenta contornos mais negativos na medida em que a dinâmica da entrada de capitais, sobretudo a que respeita ao investimento directo, não está a actuar como contrapeso ao aumento da vulnerabilidade externa da economia portuguesa e que se manifesta de forma muito evidente na perda de competitividade das exportações portuguesas, verificada sobretudo nos últimos anos.

É interessante notar que se verifica uma coincidência entre o agravamento do défice da balança corrente e o aprofundamento da participação portuguesa no projeto de integração europeia. Com efeito, depois da recuperação verificada em 1985, 1986 e 1987, na sequência do acordo de estabilização com o FMI e da conjuntura internacional muito favorável (recuperação para a qual contribuiu de forma evidente a utilização da política monetária e cambial) verifica-se, a partir daí, uma deterioração progressiva da balança corrente portuguesa até atingir em 2000 e 2001 défices próximos dos 11% do PIB, valores idênticos ao ano crítico de 1982 que determinou a intervenção do FMI. Depois disso os défices mantiveram-se na casa dos 8-9% com excepção do ano de 2003. Ou seja: se a restrição cambial existisse, como no inicio dos anos 80, seguramente que já estaríamos a ser objecto de um programa de estabilização do FMI. Como essa restrição deixou de existir com o euro, o problema passa a ser de outra natureza que é a de saber qual o nível de endividamento externo que a economia portuguesa é capaz de sustentar. E tudo aponta para que se esteja a atingir uma situação limite.

Por último, uma quarta constatação prende-se com o comportamento das finanças publicas condicionadas, como se sabe, pelos constrangimentos decorrentes da aplicação do Pacto de Estabilidade e Crescimento. Depois de um período de relativo sucesso em matéria de controle do défice, que coincidiu com o período de preparação para o euro e com uma conjuntura económica interna e externa favorável, as debilidades estruturais voltaram a manifestar-se com toda a sua força num contexto de desaceleração da actividade económica. É um nó górdio da economia portuguesa, dificilmente resolúvel num contexto de inexistência de crescimento sólido, como é aquele que se perspectiva, a não ser com custos sociais enormes que não deixarão de ter também efeitos a nível económico.

6. Notas finais

Nos vinte anos que medeiam a adesão de Portugal às Comunidades Europeias e a situação actual muita coisa mudou no funcionamento da economia portuguesa. Mais do que um processo normal de crescimento e de desenvolvimento económico interno, o que se verificou foi um processo de modificações estruturais profundas, impulsionado por dinâmicas de abertura e de integração económica internacional, que teve na perda progressiva e voluntária de instrumentos de política económica por troca da participação na gestão de um espaço económico europeu, cada vez mais alargado, a sua expressão, talvez, mais paradigmática.

Olhando retrospectivamente o que se passou, constata-se uma evolução no sentido da retracção do intervencionismo económico estatal, do abandono de mecanismos directos de gestão e de controle económico e da redução do proteccionismo interno. Em contrapartida, verifica-se um percurso no sentido da adopção generalizada das regras de mercado, da utilização de mecanismos indirectos de regulação económica e da abertura às leis da competitividade global.

As transformações que se operaram no plano da definição estratégica e da utilização da política monetária traduzem bem este processo. Nas vésperas da adesão às Comunidades, a política monetária desempenhou um papel crucial no reequilíbrio económico interno e externo, afirmando-se como uma componente essencial da política macroeconómica global e um instrumento relativamente eficaz na prossecução dos seus objectivos. Nessa época tinha características multi-objectivos e socorria-se de instrumentos diversificados que incluíam a componente cambial.

Progressivamente, e à medida que se aprofunda a participação de Portugal no processo de integração europeia, a política monetária vê restringido o seu espaço próprio de intervenção, em direcção ao objectivo quase exclusivo do controle da inflação, ao mesmo tempo que vê convergirem os diferentes instrumentos de intervenção no instrumento privilegiado taxa de juro. Este processo é acompanhado também pela redução progressiva da autonomia na gestão da política monetária até à sua completa eliminação como instrumento de utilização nacional, que se concretiza com a criação do euro e com a entrada em funcionamento do Banco Central Europeu e do Sistema Europeu de Bancos Centrais.

A relação entre os sucessivos regimes e objectivos da política monetária e as performances e evolução da economia portuguesa, não é fácil de estabelecer e menos fácil, ainda, é estabelecer esta relação no contexto do actual regime monetário do euro.

Parece existir, no caso português, uma relativa adequação entre a utilização da política monetária e as necessidades de ajustamento conjuntural que caracterizaram o período imediatamente anterior à adesão e os anos que se seguiram, até 1991. Com efeito, foi possível conciliar, nessa fase histórica da economia portuguesa, o controle monetário interno e o valor externo do escudo com os objectivos de reequilíbrio da balança corrente e de relançamento do crescimento económico, contribuindo para tornar esse sub-período numa verdadeira fase de ouro da evolução económica recente. Deve ter-se presente, no entanto, que a ocorrência, a partir de 1985, de um verdadeiro choque externo positivo, ligado à adesão às Comunidades e às condições económicas internacionais extraordinariamente favoráveis, facilitaram a conciliação de objectivos e impulsionaram o dinamismo próprio da economia portuguesa, diminuindo a pressão sobre a gestão da política monetária e limitando os seus impactos sobre a actividade económica, pelo menos numa primeira fase que se prolonga até 1988. O saldo deste período exprime-se num importante progresso em termos de convergência real, designadamente no crescimento do rendimento *per capita* e na melhoria das contas externas (que não de comércio externo) e em resultados modestos em termos de inflação e de contas públicas.

Já no segundo sub-período que, grosso modo, coincide com a participação do escudo no SME e com o processo de convergência nominal de preparação para a moeda única, os resultados devem ser encarados com maior cautela. Os constrangimentos decorrentes da participação no Mecanismo das Taxas de Câmbio e a emergência da estabilidade de preços como objectivo primordial da política monetária condicionaram de forma significativa a capacidade de reacção das autoridades monetárias portuguesas aos efeitos da crise económica internacional de 1993 e os resultados positivos alcançados em matéria de cumprimento de critérios de participação no euro devem ser contrabalançados com a desaceleração do dinamismo económico interno que a partir de então se começou a sentir e que se acentuou com a introdução do euro.

Entretanto a politica monetária assumiu explicitamente a orientação de encarar o objectivo intermédio de estabilidade cambial como meio de atingir o objectivo final da estabilidade de preços e com esta firme orientação se prosseguiu a convergência nominal com reduções das taxas de inflação e das taxas de juro, apesar das elevações temporárias das últimas para fazer face às pressões do mercado cambial.

Apesar de tudo, o desempenho da economia portuguesa neste período pode ser considerado globalmente bom, registando-se uma evolução positiva do crescimento e do emprego, num ambiente de contas externas relativamente equilibradas (embora sempre com elevado défice comercial), com reduções substanciais da inflação, da taxa de juro e do défice orçamental, que permitiram no final do período cumprir os critérios de Maastricht e integrar o núcleo fundador do euro.

Uma reserva diz respeito ao possível efeito colateral sobre estrutura exportadora nacional decorrente da manutenção persistente de ritmos diferenciados de desinflação entre o sector de bens transaccionáveis e não transaccionáveis, consequência, pelo menos em parte, da utilização da política cambial para alcançar o objectivo interno de redução da taxa de inflação. Não é de excluir que se tenha acentuado aqui o processo de reorientação de recursos para o sector de bens não transaccionáveis, debilitando ainda mais a estrutura produtiva interna e contribuindo para a perda de competitividade do sector exportador que mais tarde se veria a manifestar.

Por fim, no terceiro sub-período, o quadro da política monetária sofre uma mudança radical. Deixa de existir política monetária de base nacional para passar a existir uma política monetária integrada da zona euro subordinada ao objectivo primordial, senão mesmo exclusivo, da estabilidade de preços. Aqui o problema é de outra natureza e consiste em saber se o quadro estratégico definido e aplicado a nível da zona euro se adequa às condições particulares actuais da economia portuguesa e às suas necessidades de transformação estrutural. A tendência estagnante que se manifesta na economia portuguesa, praticamente desde que se consumou a adesão à moeda única e ao quadro da política monetária unificada, acompanhada do ressurgimento em força dos desequilíbrios tradicionais das contas públicas e das contas externas, levam a colocar sérias dúvidas de que essa adequação seja uma realidade. É interessante notar que, em certo sentido, a economia portuguesa se encontra numa situação semelhante aquela em que se encontrava nos anos que antecederam a adesão e que determinaram a intervenção do FMI. A diferença reside no facto de a restrição da balança de pagamentos se ter modificado, na sua natureza, e de a política monetária ter deixado de poder ser utilizada como instrumento de ajustamento específico nesta situação.

Mas, se olharmos para o conjunto da zona e compararmos as performances económicas actuais, com aquilo que se passa na economia americana ou a nível da própria economia mundial, a dúvida terá de ser colocada, não apenas no plano da adequação das opções estratégicas do BCE e do Eurosistema, em matéria de política monetária e cambial, ao caso específico da economia portuguesa mas, também, no plano da adequação às próprias condições económicas concretas da zona euro no seu conjunto.

Em síntese, fazendo o balanço de vinte anos de evolução do quadro estratégico e operacional da política monetária em Portugal, e se utilizarmos como referência as sucessivas performances da economia portuguesa, não parece evidente que a troca de autonomia pela participação num espaço monetário integrado se tenha traduzido em aumento decisivo de eficiência no funcionamento do sistema económico e de eficácia acrescida dos mecanismos de ajustamento interno e externo. Em contrapartida, tem-se verificado uma crescente dificuldade em fazer convergir objectivos de política económica com resultados económicos concretos, numa dinâmica de aprofundamento de debilidades estruturais que ameaça prolongar-se pelos próximos anos, evidenciando uma subestimação dos custos e uma sobrestimação dos benefícios associados à participação na moeda única e, sobretudo, uma incorrecta avaliação da sua distribuição no espaço económico e no tempo histórico da realidade portuguesa.

Com isto não se pretende pôr em causa a participação de Portugal no processo de integração monetária que conduziu à moeda única e muito menos dizer que a situação da economia portuguesa seria outra se a autonomia monetária se tivesse mantido e se os instrumentos tradicionais da política monetária fossem utilizados para promover os ajustamentos internos e externos necessários. O contexto internacional é outro, a integração económica de Portugal na União Europeia é uma realidade inultrapassável e a participação num espaço monetário alargado não deve ser subestimada na sua capacidade de gerar eficiências de escala que devem ser potenciadas em termos de benefícios nacionais e da zona euro no seu conjunto.

Mas é precisamente isto que tem faltado no plano da definição das políticas macroeconómicas a nível da zona euro. Portugal abdicou de instrumentos fundamentais de intervenção e de regulação económica mas, em contrapartida, não viu esses instrumentos substituídos por outros, de nível superior, que permitissem ir de encontro às suas necessidades específicas no contexto da integração, criando-se, desta forma, uma dificuldade adicional.

A subordinação da política monetária da zona euro ao objectivo, quase exclusivo, da estabilidade de preços, definida arbitrariamente como uma inflação inferior, mas próxima, de 2%, para além de contestável no plano técnico e teórico, não provou ser, até agora, um factor decisivo do crescimento económico. E não é de excluir a hipótese de que tenha actuado exactamente ao contrário. Na realidade, esta concepção transformou a política monetária num espartilho que limita a flexibilidade dos ajustamentos às assimetrias regionais e sectoriais e impede a mobilização de esforços no sentido da definição de reais objectivos de política económica visando o relançamento económico da zona euro no seu conjunto.

Para concluir, diríamos que sem uma alteração de fundo da política monetária europeia e sem uma concepção integradora dos seus objectivos específicos num contexto mais amplo da definição de uma política macroeconómica global da zona euro, Portugal terá sérias dificuldades em ultrapassar as dificuldades actuais, correndo sérios riscos de enveredar por políticas cada vez mais recessionistas que podem gerar fenómenos cumulativos de estagnação e de aumento das suas debilidades estruturais.

7. Referências bibliográficas

ABREU, Margarida (1996), "La credibilité de la politique de change depuis l'entrée de l'escudo dans le SME", *Ensaios de Homenagem a Manuel Jacinto Nunes*, pp. 286-317.

ABREU, Marta (2001), "From EC Acession to EMU Participation, *Boletim Económico, Banco de Portugal*, Dezembro.

AMADOR, J. (2004), "The Path Towards Economic and Monetary Integration: The Portuguese Experience", *Banco de Portugal*, Reprint Series – 1.

Banco Central Europeu (2005), *A execução da política monetária na área do euro*.

—————— (2004), *A política monetária do BCE*.

—————— (1999 – 2005): *Relatórios Anuais*, vários anos.

Banco de Portugal (— —), *Boletins Económicos*, vários anos.

Banco de Portugal (1982 – 2004), *Relatórios Anuais*, vários anos.

CATROGA, E. (1995), *Política Económica: 22 meses no Ministério das Finanças*, Lisboa: Ministério das Finanças.

LOPES, J. Silva (2004), *A Economia portuguesa no século XX*, Lisboa: ICS.

LOPES, J. Silva (1996), *A Economia portuguesa desde 1960*, Lisboa: Gradiva.

MENDONÇA, A. (2004), "A integração monetária na Europa: da União Europeia de Pagamentos ao euro.", *in* Romão, A. (org.), *Economia Europeia*, Lisboa: Celta Editora.

OCDE (2006), *OECD Economic Surveys: Portugal* – Volume 2006, Issue 4.

PINTO, J. C. (1996), "O processo de convergência e o seu impacto sobre o sistema económico português: algumas notas", *Ensaios de Homenagem a Manuel Jacinto Nunes*, pp. 319-335.

SILVA, A. Cavaco (1995), *As reformas da década (1985-1995)*, Lisboa: Bertrand Editora.

SILVESTRE, J. e MENDONÇA, A.(2007), "The Endogeneity of Optimum Currency Areas Criteria: Some Evidences from European Union and Portugal," *International Advances in Economic Research*, Volume 13, Number 1, February 2007 (aceite para publicação).

Capítulo 11

Políticas orçamental e fiscal 20 anos depois

António Carlos dos Santos

Este artigo tem por objectivo evidenciar as principais implicações que a adesão de Portugal à então Comunidade Económica Europeia (CEE) e a plena integração do país na União Europeia (UE), directa ou indirectamente, tiveram nos domínios orçamental e, sobretudo, fiscal.

I. IMPLICAÇÕES IMEDIATAS DA ADESÃO DE PORTUGAL À CEE

1. O *acquis communautaire* em 1986

1.1 No plano orçamental

Após negociações que levaram alguns anos, Portugal, subscrevia, em 1986, juntamente com a Espanha, o Tratado de Adesão à CEE. Ao contrário do que seria previsível, não foram muitas as transformações que, na área orçamental e fiscal, o país teve então que efectuar para dar satisfação ao chamado adquirido comunitário.

De facto, em sede estritamente orçamental, ressalvada a necessidade de participação do Estado português no sistema das receitas próprias da CEE, o *acquis communautaire* era então praticamente inexistente. Vigorava um princípio de plena soberania dos Estados Membros (EM) na elaboração e aprovação dos seus orçamentos, sendo as interferências comunitárias despiciendas neste domínio. Não havia então critérios de convergência para cumprir e a adesão à CEE era fundamentalmente associada à entrada de recursos financeiros, em especial, os provenientes do Fundo Social Europeu e do Fundo Europeu de Desenvolvimento Regional.

1.2 No plano da tributação indirecta

No campo da fiscalidade, existia igualmente, à partida, um princípio de soberania fiscal dos EM, confortado pela regra da unanimidade de decisão no Conselho. Mas, já então, havia que distinguir a tributação directa (em particular, sobre o rendimento das empresas) da tributação indirecta, dada a forte relevância da harmonização fiscal nesta última área.[1]

Sobressaía aqui a necessidade de Portugal e da Espanha adoptarem o modelo comunitário do Imposto sobre o Valor Acrescentado (IVA), caracterizado pela existência de um sistema comum de tributação que abrangia elementos essenciais do imposto como as operações tributáveis, os sujeitos passivos, a base de tributação, o método de dedução e as isenções.[2]

---

[1] Sobre o tema, vide M. Lopes Porto (1984), Duarte et al. (1985), M. Pires (1993), p. 11 e ss.; P. Pitta e Cunha (1996), p. 43 e ss.; D. Leite de Campos (1999), p. 135 e ss.; E. Paz Ferreira (2002), p. 3 e ss. Sobre o poder tributário da União, cf. Casalta Nabais (1998), p. 311 e ss.

[2] O primeiro sistema comum do IVA foi introduzido pelas Primeira e Segunda Directivas em 11 de Abril de 1967. O segundo sistema comum do IVA foi introduzido pela Sexta Directiva (77/338/CEE), de 17 de Maio de 1977, que procedeu a uma harmonização relativamente extensa do imposto (incidência,

Outras alterações importantes eram ainda exigidas aos novos EM no campo da tributação do comércio externo. Uma, decorrente do próprio Tratado, era a *abolição dos direitos aduaneiros* no comércio com os demais EM.[3] Outra, era a passagem dos direitos aduaneiros nas transacções com Estados terceiros para receitas próprias da Comunidade, agora cobradas de acordo com a Pauta Aduaneira Comum.[4]

Acresce que, de forma lenta, avançava uma harmonização dos sistemas de impostos sobre consumos específicos.[5] Além de um *direito proposto* relativamente a produtos como a cerveja, o vinho, o álcool e os óleos minerais, havia uma *harmonização parcial da tributação dos tabacos,* iniciada em 1972 e continuada de 1978 a 1980. O objectivo desta harmonização era o de evitar, para diferentes categorias de tabacos manufacturados pertencentes a um mesmo grupo, o falseamento da concorrência em virtude da tributação.[6]

Por fim, ainda quanto à tributação indirecta, o Conselho havia também adoptado algumas directivas respeitantes à harmonização dos impostos sobre a reunião de capitais (*droits d'apports*) a qual abrangia, desde 1976, o domínio das taxas. Esta harmonização dos impostos sobre as entradas de fundos para as

---

isenções, matéria colectável). Sobre o tema, Xavier de Basto (1991) e Arlindo Correia (1989).

[3] Em relação às mercadorias provenientes da Comunidade previa-se contudo, para Portugal, uma diminuição gradual dos direitos de importação durante sete anos, até à sua plena eliminação em 1993.

[4] A Pauta Aduaneira Comum foi aprovada pelo Regulamento CEE n.º 950/68 (JOCE L 172, de 22 de Julho de 1968). O regime dos recursos próprios então em vigor constava da Decisão do Conselho de 21 de Abril de 1970.

[5] Cf. Maria Eduarda Azevedo (1987), p. 353 e ss. e Sérgio Vasques (2001).

[6] Neste sentido, cf. Duarte, G./Esteves, R. / Santos, G. (1985), p. 147. De referir ainda a existência regimes harmonizados de *franquias,* quer relativas a impostos sobre o volume de negócios e impostos específicos no caso de trânsito internacional de passageiros ou de pequenas encomendas sem carácter comercial, quer quanto aos carburantes contidos nos depósitos dos veículos automóveis de uso comercial na passagem de fronteiras entre EM.

sociedades de capitais tinha em vista incentivar a livre circulação de capitais e a abertura dos mercados financeiros.[7]

1.3 No plano da tributação directa

Quanto ao mais, a adesão de Portugal não exigia modificações de tomo ao sistema fiscal português. No campo da tributação directa, havia apenas a Directiva da assistência mútua no domínio dos impostos sobre o rendimento (alargada em seguida ao IVA e aos impostos especiais de consumo).[8] No entanto, este instrumento de cooperação administrativa, embora essencial no combate à fraude e evasão fiscais, não obrigava, dada a sua natureza procedimental e instrumental, a alterar os sistemas fiscais dos Estados membros.

Só a partir de 1987, em virtude do aprofundamento da integração comunitária, com o programa de construção do mercado interno decorrente do Acto Único Europeu (AUE) e, na sequência do Tratado de Maastricht (1992), com a criação da União Económica e Monetária (UEM), a necessidade de conformação do sistema fiscal e orçamental português com o direito e as políticas comunitárias ganhou sensível relevância.

---

[7] Cf. Directivas 69/335/CEE, de 17 de Julho de 1969 (JOCE L 249, de 3 de Outubro), 73/79/CEE, de 9 de Abril de 1973 (JOCE L 103, de 18 de Abril), 74/553/CEE, de 7 de Novembro (JOCE L 303, de 13 de Novembro de 1974 e 85/303/CEE, de 10 de Junho (JOCE L 156, de 15 de Junho de 1985). Ver ainda os Acórdãos do Tribunal de Justiça das Comunidades Europeias (TJCE) de 29 de Setembro de 2000 e de 21 de Junho de 2001 relativos à incompatibilidade dos emolumentos notariais e de certas taxas de registo pagas ao Registo Nacional de Pessoas Colectivas pagos em Portugal com a directiva de reunião de capitais.

[8] Cf. Directiva do Conselho 77/799/CEE, de 19 de Dezembro de 1977 (JOCE L 336, de 27 de Dezembro de 1997), alterada pela Directiva do Conselho 79/1070/CEE, de 6 de Dezembro de 1979 (JOCE L 331, de 27 de Dezembro de 1979) e pelo artigo 30.º da Directiva do Conselho 92/12/CEE, de 25 de Fevereiro de 1992 (JOCE L 76, de 25 de Março de 1992).

Nos nossos dias, essa necessidade de conformação é, para além dos factores referidos (mercado interno e UEM), igualmente ditada pela Estratégia de Lisboa (2000).

2. A situação orçamental e fiscal de Portugal antes e depois da adesão

2.1 No plano constitucional

2.1.1 *A constituição orçamental*

A Constituição de 1976 estabeleceu as traves-mestras de uma democracia financeira, ao definir, em termos gerais, os instrumentos fundamentais da actividade financeira do Estado e as competências do Parlamento, do Governo e do Tribunal de Contas na elaboração, execução e controlo de tais instrumentos. Quer o regime do Plano, quer o do Orçamento são de natureza dualista: o Plano consta de uma Lei e de um Decreto-lei; o Orçamento tem igualmente por base uma Lei, aprovada pela Assembleia da República, sendo o Orçamento Geral do Estado, elaborado e aprovado pelo Governo (sob a forma de Decreto-lei), em consonância com a Lei do Orçamento e com o Plano, no seu conjunto.

Uma Lei de Enquadramento Orçamental (LEO) concretizaria aspectos fundamentais do regime financeiro, nomeadamente os princípios orçamentais, as regras de elaboração e execução e o período de vigência do Orçamento, bem como as condições de recurso ao crédito público.[9]

A revisão constitucional de 1982 consagrou a expressa inclusão das receitas e despesas de fundos e serviços autónomos e do Orçamento da Segurança Social no Orçamento do Estado.

---

[9] A primeira LEO foi a Lei n.º 64/77, de 10 de Agosto, mais tarde substituída pela Lei n.º 40/83, de 13 de Dezembro. Em 1991 foi aprovada a Lei n.º 6/91, de 20 de Fevereiro, alterada pela Lei n.º 53/93, de 30 de Junho.

Quanto aos princípios orçamentais, o texto constitucional limitava-se a estabelecer uma regra de equilíbrio orçamental formal (segundo a qual "o Orçamento deverá prever as receitas necessárias para cobrir as despesas"), enquanto a LEO em vigor continha uma regra, não imperativa, de equilíbrio do orçamento corrente. Neste quadro, e tendo em conta a concepção funcional das finanças públicas subjacente às opções da Constituição de 1976, eram ténues as garantias de um equilíbrio orçamental substancial.[10]

2.1.2 A constituição fiscal

A versão inicial da Constituição de 1976, de cariz socializante, punha como primeiro objectivo do sistema fiscal uma repartição justa dos rendimentos e da riqueza e estabelecia, na lógica de uma constituição dirigente, um verdadeiro programa de reforma fiscal.[11]

Este programa implicava a criação, em substituição dos impostos cedulares vigentes, de um imposto sobre o rendimento pessoal, único e progressivo, tendo por objectivo a diminuição das desigualdades e devendo considerar as necessidades e os rendimentos do agregado familiar, uma tributação das empresas que incidiria fundamentalmente sobre o rendimento real, a progressividade do imposto sucessório e uma tributação do consumo imbuída de preocupações de desenvolvimento económico e de justiça social, nomeadamente através da oneração (mais gravosa) dos consumos de luxo.[12]

---

[10] Cf. Sousa Franco (1979), p. 510.

[11] Note-se, porém, que a Constituição de 1976 incrementou, ao mesmo tempo, princípios com origens liberais, inerentes à ideia de Estado de direito, como os da generalidade e legalidade tributária e o direito de resistência contra impostos ilegais. Por outro lado, como defende João R. Catarino (1999), p. 385, distanciou-se da concepção da Constituição de 1933 que via os impostos como direitos naturais do Estado, transpessoais ou transindividuais.

[12] Para maiores desenvolvimentos, cf. Teixeira Ribeiro (1985), em especial, p. 97 e ss. e 193 e ss. O autor defendia, aliás, que se encontrava decidida pela

Apesar deste programa, durante doze anos não houve qualquer reforma fiscal. O ambiente posterior à Revolução dos Cravos, as repercussões dos choques petrolíferos de 1973 e 1979 e os programas de estabilização do Fundo Monetário Internacional não eram um contexto favorável à execução de tal programa. Pelo contrário: "o sistema fiscal foi confrontado com sucessivas mudanças políticas e económicas e com a subida das despesas públicas. Isso conduziu a uma gestão muito difícil, descoordenada, com recurso a soluções expeditas. Verificou-se um agravamento excessivo das taxas progressivas de imposição que pretendia redistribuir a riqueza e aumentar as receitas. No entanto, tal agravamento foi factor de ineficiência, fraude e evasão, potenciada ainda pela deterioração da Administração e pela lentidão crescente da justiça fiscal. Os desequilíbrios orçamentais determinaram o recurso fácil aos impostos mais rendosos e menos "evadíveis": o imposto profissional sobre trabalhadores subordinados, o imposto de transacções (que foi absorvendo diversos impostos especiais sobre a despesa e em 1979 passou a tributar, além de bens, alguns serviços), o imposto de selo e o imposto de capitais (maxime sobre os depósitos a prazo). Os desequilíbrios do comércio externo foram obviados, também pela via mais fácil, através de sobretaxas (impostos extraordinários) sobre as importações".[13]

Constituição "a maior parte dos grandes problemas a resolver quando hoje se procede a uma reforma do sistema de impostos" (p. 194). Cf. igualmente M. Pires (1978).

[13] Cf. A. Sousa Franco/ A.C. Santos (1998), p. 30 e L. Menezes Leitão (1999), p.187. Vide ainda o balanço muito negativo de Medina Carreira (1984), para quem o regime jurídico dos impostos se havia tornado cada vez mais complexo, mais injusto e menos eficaz e a prática gerada na sua aplicação ainda mais insatisfatória, falando mesmo, a este propósito, de "terrorismo legalizado" (p. V).

2.2 A Reforma Fiscal de 1984-1989

2.2.1 A introdução do IVA

2.2.1.1 *Modelo adoptado e razões da adopção*

Em 26 de Dezembro de 1984, na sequência dos trabalhos da Comissão do IVA, era publicado, em substituição do Código do Imposto de Transacções, o Código do Imposto sobre o Valor Acrescentado (CIVA).[14]

O modelo do IVA adoptado (um imposto geral sobre o consumo, plurifásico, não cumulativo, baseado num princípio de neutralidade nas trocas internas e internacionais) fundamenta-se em directivas comunitárias, em especial, na Sexta Directiva (6ªD) que introduziu o segundo sistema comum do IVA. A sua adopção por Portugal, ainda antes da adesão (quando poderia tê-lo feito até 1989), antecipou uma exigência comunitária, de forma a abrir uma plataforma negocial com a CEE que permitisse ter em conta a identificação das opções e derrogações às regras comuns que o próprio sistema permitia e que Portugal, dada a sua especificidade, deveria integrar no seu ordenamento. Ao mesmo tempo, ela permitia pôr termo a um imposto monofásico, que operava no estádio do produtor e do grossista, baseado numa técnica de suspensão de imposto a montante, o Imposto de Tran-

---

[14] A Comissão do IVA foi criada em 5 de Maio de 1980 e presidida por José Xavier de Basto. Dela fazia parte Maria Teresa Graça Lemos, prematuramente falecida, a quem a introdução deste imposto muito deve. A adopção do IVA deu-se em Portugal com o Decreto-lei n.º 394-B/84, de 26 de Dezembro que aprovou o CIVA. O IVA entrou em vigor em 1 de Janeiro de 1986. A sua introdução implicou ainda a abolição de vários pequenos impostos. É o caso do imposto ferroviário, do imposto de turismo, das percentagens cobradas a favor do Fundo de Socorro Social, de certas operações tributadas pela tabela geral do imposto de selo e do imposto de selo sobre especialidades farmacêuticas. Sobre o tema, cf. J. Xavier de Basto (1981). Sobre o actual regime do IVA em Portugal, cf. Clotilde Celorico Palma (2004).

sacções (IT), muito permeável a fraudes e com pouca rendibilidade fiscal (deixava de fora a tributação da maioria das prestações de serviços), apesar do agravamento de taxas que se verificara nos últimos anos da sua vigência.[15]

2.2.1.2 Principais problemas na introdução do IVA

Esta introdução, não foi, porém, pacífica. Levantaram-se vários problemas políticos, sócio-económicos e administrativos.[16]

Quanto aos primeiros, questionava-se o alargamento da base tributável aos serviços e sobretudo o abandono de certas isenções existentes em sede de IT que pesavam fortemente nas despesas familiares das classes de rendimento mais baixo, como a dos bens alimentares destinados ao consumo final e dos próprios instrumentos (*inputs*) usados na sua produção (incluindo máquinas e alfaias agrícolas). De facto, a lista dos bens isentos permitida pela 6ªD não abrangia (nem abrange) este tipo de bens. Para que a situação se mantivesse equivalente à do IT (óptica esta confortada pelo art. 107, n.º 4 da Constituição de 1976) seria necessário haver uma isenção completa. Situação que, não sendo possível a título definitivo, poderia ser aceite, a título transitório, pela Comunidade, a exemplo do que ocorrera com certos regimes de tributação de bens essenciais do Reino Unido e da Irlanda.

Quanto às questões de natureza económica e social, fundamentais no plano da aceitação do imposto pelos cidadãos, a mais importante era a do impacto do IVA, um imposto suportado pelos consumidores finais, sobre o custo de vida (inflação), com implicações na escolha das taxas aplicáveis como forma de atenuar a regressividade do imposto. A experiência de outros EM demonstrava que o impacto da modulação das taxas (como técnica de

---

[15] Sobre o tema, M. Teresa Graça Lemos (1983) e J. Xavier de Basto (1987).

[16] Cf. Xavier de Basto (1987); Maria dos Prazeres Lousa (1984), p. 611 e ss.; António Campos Laires (1986) e Raul Esteves et al. (1983).

combate à regressividade do IVA) era relativamente pequeno no que toca à distribuição do imposto entre diferentes categorias de famílias. De qualquer modo, como importava que a situação não piorasse em relação à anterior, foram efectuados estudos com o objectivo de contemplar os efeitos redistributivos que a introdução do IVA iria provocar sobre as famílias agrupadas em diferentes classes de despesa e numa óptica regional. Tendo em conta uma estrutura de taxas (0%, para os produtos alimentares mais generalizados, 5%, para medicamentos, livros e outros produtos alimentares e 12% para os restantes bens e serviços) e um determinado número de isenções (serviços domésticos, saúde, ensino, rendas de casa, serviços postais, etc.) foi apurado um diferencial de 2,8 p.p. entre as taxas efectivas de tributação das classes de mais baixo rendimento e as de rendimento mais elevado. A progressividade seria fraca (ligeiramente maior com tributação agravada dos bens de luxo), dependendo da homogeneidade das categorias de bens a que as taxas reduzidas ou nulas se aplicariam. Mas o preço de uma maior progressividade (importante, no plano político e sociológico, para a aceitação do imposto) seria uma maior complexidade do sistema administrativo.

Quanto ao plano administrativo, tratava-se de gerir a transição de um sistema com cerca de 98 mil contribuintes registados (o do IT) para um sistema (o do IVA) com mais de meio milhão de contribuintes. A isto acrescia a maior complexidade do novo imposto, com repercussões sobre as necessidades de recursos humanos, técnicos e financeiros, em especial sobre a qualidade dos funcionários destinados à recolha e tratamento das declarações e à fiscalização e sobre as estruturas informáticas. Necessário era ainda um esforço de formação da máquina e dos próprios contribuintes relativamente a um imposto com que não estavam familiarizados. As obrigações fiscais inerentes ao IVA trariam novos problemas, sobretudo a pequenas unidades comerciais e industriais e a explorações agrícolas. Tal facto iria obrigar à construção de regimes simplificados e/ ou a regimes de isenção (franquia) de imposto, ainda que daí pudesse resultar, no primeiro caso, uma transferência para a administração do ónus do cálculo de imposto através de uma avaliação indiciária e, em ambos, uma quebra de neutralidade do imposto.[17]

Estes problemas eram sentidos como sérios. E, assim, em 8 de Janeiro de 1985, houve um pedido de ratificação do diploma que aprovava o CIVA efectuado pelo Partido Comunista e pelo Centro Democrático e Social, questionando-se, entre outras coisas, a incidência do IVA sobre certos bens essenciais até então isentos (electricidade, livros, medicamentos), os efeitos negativos do imposto na inflação e na carga fiscal das famílias de menores rendimentos e a falta de condições para o imposto ser implantado a curto prazo. O resultado foi a suspensão temporária do CIVA e a aprovação, pela Lei n.º 42/85, de 22 de Agosto, de 1 de Janeiro de 1986 como nova data de entrada em vigor.[18]

2.2.2 A Reforma da Tributação Directa

À data da adesão estava já em curso o trabalho da Comissão da Reforma Fiscal, presidida por Paulo Pitta e Cunha.[19] Esta Comissão destinava-se a substituir o modelo de tributação cedular do rendimento das pessoas singulares até então em vigor (tributação autónoma do rendimento em sede de Imposto Profissional, Contribuição Predial, Imposto sobre a Aplicação de Capitais,

---

[17] É justo, porém, afirmar-se que a introdução do IVA em Portugal foi um êxito, em especial no plano administrativo. O sistema de formação de formadores, o apoio às associações patronais e profissionais, o recrutamento de funcionários qualificados, a existência de um sistema integrado (da concepção à fiscalização), a adopção de tecnologias modernas para a época (microfilmagem, tratamento automático de cheques, informatização), o cadastro de contribuintes, o envio das declarações para casa, as condições de trabalho, os contactos internacionais, levaram a que a instituição do IVA em Portugal tenha sido apresentada como exemplo por várias organizações internacionais.

[18] Para maiores desenvolvimentos, cf. Anabela Nunes (2005), p. 150 e ss.

[19] A Comissão da Reforma Fiscal foi instituída pelo Decreto-lei n.º 232/84, de 17 de Julho e reformulada pelo Decreto-lei n.º 345/87, de 29 de Outubro. Sobre o tema, cf. Vasco Guimarães (2005), p. 97 e ss.

Imposto de Mais-Valias, coroada por um imposto de sobreposição, o Imposto Complementar, de taxas progressivas) por um modelo (tendencialmente) único de tributação do rendimento.

Foi assim criado o Imposto sobre o Rendimento das Pessoas Singulares (IRS), na base do qual, está o conceito de rendimento acréscimo, que "abrange todos os acréscimos patrimoniais líquidos afluindo aos patrimónios individuais, independentemente da sua fonte, deixando só de fora, na linha aliás de todas as legislações conhecidas, as aquisições a título gratuito".[20]

Ao mesmo tempo, criou-se o Imposto sobre o Rendimento das Pessoas Colectivas (IRC) em vez da Contribuição Industrial, procurando dar pleno cumprimento ao princípio constitucional da tributação das empresas pelo rendimento real.

A Reforma foi ainda completada pela instituição de uma Contribuição Autárquica (um imposto sobre o valor patrimonial dos prédios rústicos e urbanos teoricamente baseado no princípio da equivalência), pela reformulação dos benefícios fiscais, pelas leis sobre infracções fiscais aduaneiras e não aduaneiras e pelo novo regime do processo tributário.[21]

A criação do IRS e do IRC veio pôr o regime de tributação do rendimento em consonância com os sistemas vigentes na

---

[20] Cf. J Xavier de Basto (2005), p. 76.

[21] A Lei n.º 106/88, de 17 de Setembro permitiu a aprovação pelo Governo, em 30 de Novembro de 1988, do *Código do Imposto sobre o Rendimento das Pessoas Singulares* (pelo Decreto-lei n.º 442-A/88), do *Código do Imposto sobre o Rendimento das Pessoas Colectivas* (pelo Decreto-lei n.º 442-B/88) e do *Código da Contribuição Autárquica* (Decreto-lei n.º 442-C/88). O *Estatuto dos Benefícios Fiscais* foi aprovado pelo Decreto-lei n.º 215/89, de 1 de Julho, ao abrigo da Lei n.º 8/89, de 12 de Abril, o *Regime Jurídico de Infracções Fiscais Aduaneiras* pelo Decreto-lei n.º 376-A/90, de 25 de Outubro e o *Regime Jurídico de Infracções Fiscais Não Aduaneiras*, pelo Decreto-lei n.º 290-A/90, de 15 de Janeiro, aprovados respectivamente ao abrigo das Leis n.º 7/89, de 21 de Abril e 88/89, de 11 de Setembro. Finalmente, em 25 de Abril de 1991, foi aprovado o *Código de Processo Tributário*, em substituição do anterior Código de Processo das Contribuições e Impostos, regulando o processo tributário gracioso e contencioso. Sobre a reforma, cf. P. Pitta e Cunha (1996), p. 11 e ss.

maioria dos países europeus e da OCDE.[22] Mas tal facto não era (como continua a não ser hoje) uma exigência da lei comunitária.[23]

A arquitectura da tributação do rendimento ficou assim, no essencial, concluída em 1989, sem que, de forma significativa, se fizesse sentir o peso da adesão. As principais modificações que então ocorreram neste campo decorreram de um mimetismo de boas práticas internacionais e de razões internas (constitucionais e económicas).

3. A realização do mercado interno e seus reflexos em sede orçamental e fiscal

3.1 Panorama global

A realização do mercado interno teve reflexos importantes em sede de tributação indirecta, alguns em sede de tributação directa e quase nulos em sede orçamental.

---

[22] A Reforma foi, porém, influenciada, no que toca ao IRC, pelo direito comunitário proposto, nomeadamente pela existência de *propostas* de directiva relativas aos níveis de taxas e ao sistema de atenuação da dupla tributação económica. No plano dos factos, ela foi ainda influenciada pela dinâmica do processo de integração, a qual implicava, "a longo prazo, uma convergência, em termos de grandes linhas, dos sistemas fiscais nacionais". Na realidade, foi-se ao encontro de "uma certa harmonização efectiva com regimes vigentes nos restantes países membros da Comunidade". Apesar disso, dir-se-á que no campo internacional, "o principal factor de influência ter-se-á localizado fora do plano da CEE", particularmente em países da OCDE, como os Estados Unidos, o Canadá, a Nova Zelândia e a Austrália, onde a orientação dominante das respectivas reformas se baseava num movimento tendente à redução das taxas e ao alargamento da base tributária (*rate reduction – base broadning*). Neste sentido, P. Pitta e Cunha (1989). Cf., igualmente, Luís Magalhães (2005), p. 185 e ss. e, quanto aos princípios estruturantes da reforma, Saldanha Sanches (1991). Sobre a evolução do IRS, vide M. Faustino (2003), p. 65 e ss.

[23] Cf., entre nós, Gabriela Pinheiro (1998), p. 35 e ss.

O *Livro Branco sobre a realização do mercado interno* (1985), embora propusesse a abolição das barreiras físicas, técnicas e fiscais, limitou-se, na prática, a centrar a atenção na abolição dos controlos fiscais nas fronteiras devidos aos impostos indirectos. A filosofia subjacente a este documento, assente nos princípios da subsidiariedade, e do reconhecimento mútuo e na ideia de uma harmonização mínima e pontual, iria, porém, ter uma certa influência sobre a evolução da política da Comunidade relativa à fiscalidade directa.

Na sequência do AUE (entrado em vigor em 1987), o mercado interno, definido como um espaço sem fronteiras internas, na qual é assegurada a livre circulação das mercadorias, das pessoas, dos serviços e dos capitais, deveria estar concluído no final de 1992. A consagração do mercado interno como objectivo a atingir, constituindo, aliás, segundo o Plano Delors, a primeira fase da UEM, implicava, em nome de um princípio da neutralidade, a eliminação dos obstáculos fiscais que impediam a sua realização, mormente no que toca à circulação transfronteiriça de bens e factores de produção.

A principal das alterações foi a criação do chamado *"regime transitório do IVA"* na sequência de propostas (mais radicais) do comissário Cockfield que visavam o abandono do princípio do destino na tributação do IVA nas operações intracomunitárias e a consequente passagem para o princípio da origem, passagem esta mitigada pela criação de uma câmara de compensação.

No entanto, também assume importância histórica o facto de, em 23 de Julho de 1990, o Conselho, que até então sempre havia recusado múltiplas propostas da Comissão, ter dado o seu aval aos primeiros actos comunitários de harmonização substantiva da fiscalidade directa. Referimo-nos às directivas do Conselho relativas ao regime fiscal comum aplicável às fusões, cisões, entradas de activos e permutas de acções entre sociedades de Estados membros diferentes, ao regime fiscal comum aplicável às sociedades-mães e sociedades afiliadas de Estados membros diferentes e à convenção relativa à eliminação da dupla tributação em caso de correcção de lucros entre empresas associadas.[24]

3.2 Mercado interno e fiscalidade indirecta

3.2.1 *O regime transitório do IVA*

Em 1 de Janeiro de 1993, entrou finalmente em vigor na Comunidade o regime transitório do IVA, assim chamado por estar previsto que vigorasse apenas até fim de 1996.[25] Este regime (ainda hoje em vigor) visava assegurar a supressão dos controlos aduaneiros nas fronteiras dos Estados membros da Comunidade. Assim, nas operações entre sujeitos passivos situados em países comunitários distintos, em vez da figura da importação (como operação sujeita a imposto), introduziu-se um novo facto gerador de imposto, a figura da *aquisição intracomunitária de bens*.[26] Paralelamente, em vez da isenção nas exportações, passou a prever-se a isenção nas transmissões intracomunitárias de bens.

No entanto, a filosofia do sistema permanece a mesma. O novo regime assenta na isenção das transmissões de bens efectuadas num EM com destino a outro EM, com direito à dedução do IVA suportado nas operações a montante (regime de "taxa zero") e na sujeição da aquisição intracomunitária de bens no EM onde terá lugar o seu consumo ou a sua utilização à taxa de IVA em vigor neste mesmo EM para idênticas operações internas.

---

[24] Sobre o tema, Ana Paula Dourado (1992), pp. 9 e ss.

[25] Este regime foi introduzido pela Directiva do Conselho n.º 91/680/CEE, de 16 de Dezembro, que aditou o art. XVI-A à 6ªD do IVA. Foi objecto de alterações, ainda antes da sua plena entrada em vigor, através da Directiva n.º 92/111/CEE, de 14 de Dezembro e, mais tarde, da Directiva n.º 95/7/CE, de 10 de Abril de 1995, conhecidas, respectivamente, pela primeira e segunda "directiva de simplificação". Sobre o tema, cf., entre outros, A Carlos dos Santos, (1993), pp. 7 e ss. e Mário Alexandre (1993).

[26] Sobre o tema, vide A. Carlos dos Santos (1992), Mário Alexandre (1993) e Xavier de Basto (1993).

A diferença é que tudo se passa sem controlos das mercadorias em postos fronteiriços, sem utilização de documentos aduaneiros ou de acompanhamento das mercadorias, através do simples registo da aquisição na declaração periódica de imposto e da conservação dos documentos comerciais usuais para efeitos de controlo.[27]

Este regime mantinha, pois, o princípio do destino nas operações entre sujeitos passivos, mas introduzia, embora com notáveis excepções, o princípio da origem nas aquisições transfronteiriças efectuadas por consumidores finais.[28]

Portugal transpôs a directiva do regime transitório através de um diploma complementar ao CIVA, o diploma relativo ao Regime do IVA nas Transacções Intracomunitárias (RITI).[29]

3.2.2 O sistema das taxas

A realização do mercado interno implicava não só a abolição dos controlos fiscais nas fronteiras mas também alguma convergência das taxas existentes nos EM. Assim, em 1992, o Conselho aprovou uma directiva relativa à aproximação das taxas do IVA que alterou a 6ªD, podendo o regime por ela introduzido ser sintetizado da seguinte forma:[30]

– Abolição das taxas agravadas (normalmente aplicadas a bens supérfluos ou de luxo);

---

[27] Assim, A. Carlos dos Santos e M. Silva Pinto (1995), p. 57. Para maiores desenvolvimentos, vide Clotilde Celorico Palma (1998).

[28] Tais excepções (regimes particulares) abrangem a aquisição intracomunitária de meios de transporte novos, o regime das vendas a distância, as aquisições intracomunitárias de bens efectuadas por sujeitos passivos totalmente isentos e as aquisições intracomunitárias de bens efectuadas pelo Estado e demais pessoas colectivas de direito público.

[29] Cf o Decreto-lei n.º 290/92, de 28 de Dezembro que segue de perto o título XVI-A da 6ªD. Para um comentário das soluções propostas pela versão original do RITI, cf. A Carlos dos Santos e M. Silva Pinto (1994), pp. 237 e ss. Para um comentário do RITI hoje, cf. Emanuel Vidal Lima (2003), p. 743 e ss.

[30] Cf. Directiva 92/77/CEE, de 19 de Outubro (JOCE L 316, de 31 de Outubro de 1992).

- Fixação de uma taxa normal não inferior a 15% (a qual, até hoje nunca chegou a ser alterada). Não há um tecto fixado por lei para a taxa normal, mas existe um compromisso político no sentido dela não ultrapassar os 25 %;
- Possibilidade de os EM optarem entre uma ou duas taxas reduzidas, não inferiores a 5%, aplicáveis apenas a categorias de bens e serviços especificadas no anexo H entretanto aditado à 6ªD;
- Impossibilidade de os EM introduzirem taxas "zero".

No entanto, vários regimes especiais permaneceram ou viram entretanto a luz do dia:
- Uma taxa não inferior a 12% (três pontos abaixo da taxa normal) poderia ser aplicada pelos EM que sujeitavam a taxa reduzida certos bens ou serviços e que deixariam de poder fazê-lo por tais bens ou serviços não estarem incluídos no referido anexo H;
- Certos EM, que tiveram de subir a sua taxa normal para 15%, foram autorizados a aplicar, de forma excepcional e transitória, taxas super-reduzidas aos bens e serviços previstos no anexo H à 6ªD;
- Os EM que, antes de 1 de Janeiro de 1991, aplicavam a "taxa zero" a um número limitado de bens e serviços, foram autorizados a, durante o período transitório, continuarem a aplicá-la;[31]
- Os EM que possuíam, a 1 de Janeiro de 1991, taxas reduzidas aplicáveis a transmissões de bens e prestações de serviços a bens e serviços não incluídos no anexo H, puderam manter, durante o período transitório, uma taxa reduzida não inferior a 12% relativamente àquelas operações (taxas *"parking"*).

---

[31] Portugal aboliu nessa altura a taxa zero sobre os produtos agrícolas, enquanto outros Estados, como o Reino Unido ou a Bélgica, mantiveram (e mantêm) esta taxa relativamente a certos bens.

Para além destes regimes derrogatórios (temporários), outros existem com natureza estrutural. É, por exemplo, o caso do regime de taxas aplicáveis às regiões ultraperiféricas da Madeira e dos Açores, em que o Tratado de Adesão de Portugal prevê a aplicação de taxas de IVA mais reduzidas do que no Continente como forma de compensação de custos da ultraperificidade.[32]

3.2.3 *Os impostos especiais de consumo*

Os impostos especiais de consumo (IEC) são em todos os Estados membros uma importante fonte de receita. No entanto, havia inúmeras divergências nos regimes nacionais destes impostos (existência de monopólios estatais, níveis de carga fiscal, etc.), que originavam fortes distorções de concorrência.

A Comissão, sobretudo a partir de 1989, estabeleceu como objectivo a harmonização das estruturas dos IEC sobre os óleos minerais, bebidas alcoólicas e tabacos manufacturados e a aproximação das taxas destes impostos, através da definição de taxas objectivo e de intervalos de taxas (*"fourchettes"*).

Este desiderato foi parcialmente atingido em 1992. Nesse ano foram aprovados diversos actos comunitários de enquadramento da tributação em IEC das classes de produtos já mencionadas: uma directiva horizontal que estabelecia o regime geral comum de tributação, circulação e controlo dos produtos sujeitos a harmonização;[33] três directivas relativas respectivamente à estrutura do imposto sobre tabacos manufacturados e às taxas dos

---

[32] Ao contrário do que ocorre com certas ilhas gregas (não consideradas como regiões ultraperiféricas) onde as taxas em vigor poderão ser até 30% mais baixas do que as correspondentes aplicáveis na Grécia continental, o Tratado de Adesão não estabelece qualquer percentagem que funcione como limite à redução das taxas das Regiões Autónomas portuguesas.

[33] Directiva n.º 92/12/CEE, de 25 de Fevereiro (JOCE L 76, de 23 de Março), complementada pelo Regulamento (CEE) n.º 719 da Comissão, de 11 de Setembro (JOCE L 276, de 19 de Setembro).

cigarros e dos outros tabacos;[34] e quatro directivas relativas à estrutura e taxas, respectivamente, dos óleos minerais e das bebidas alcoólicas.[35]

A transposição destas directivas foi inicialmente efectuada por Portugal através de diplomas avulsos. Só em 1999 se procedeu a uma consolidação legislativa, com a publicação do Código dos Impostos Especiais de Consumo.[36]

Ao contrário do êxito (relativo) referente a estas *accises*, a Comissão não conseguiu, até hoje, avançar na harmonização dos impostos específicos que recaem sobre os veículos automóveis. Refira-se ainda que a tentativa de introdução, em 1991, de um imposto ecológico (o imposto CO2) foi por ela posteriormente abandonada.

3.3 Mercado interno e fiscalidade directa

3.3.1 *A Directiva fusões e cisões*

A directiva "fusões e cisões", surgida em 1990 com o objectivo de facilitar, na Comunidade, estas operações (entre outras), estabelece regras fiscais neutras que permitam às empresas adaptarem-se às exigências de um mercado comum que possua condições análogas às dos mercados nacionais e, consequentemente, aumentarem a sua produtividade e reforçarem a sua posição

---

[34] Directivas 92/78/CEE, 92/79/CEE e 92/80/CEE de 19 de Outubro de 1992 (JOCE L-316, de 31 de Outubro de 1992).

[35] Directivas 92/81/CEE e 92/82/CEE (óleos minerais) e 92/83/CEE e 92/84//CEE (bebidas alcoólicas), de 19 de Outubro de 1992 (JOCE L-316, de 31 de Outubro de 1992).

[36] Aprovado pelo Decreto-lei n.º 566/99, de 22 de Dezembro. Sobre as alterações introduzidas por este Código, vide Brigas Afonso (2000), p. 14. Para além destas *accises*, merece ainda referência a Directiva 93/89/CEE, do Conselho, de 25 de Outubro de 1993 que harmonizou os impostos de circulação e de camionagem.

concorrencial no mercado interno.[37] A técnica encontrada para atingir esse objectivo e, simultaneamente não prejudicar de forma excessiva os interesses financeiros dos Estados em questão nessa operações, foi a de diferir a tributação das mais-valias (relativas aos elementos dos activos e do passivo transferidos) decorrentes das operações nela previstas para um momento ulterior.[38]

Portugal procedeu à transposição da versão original da directiva "fusões e cisões" através do Decreto-lei n.º 123/92, de 2 de Julho, com aplicação retroactiva a 1 de Janeiro de 1992. [39]

3.3.2 A Directiva mães e afiliadas

A segunda directiva mencionada (mães e afiliadas) tinha em vista a eliminação da dupla tributação e, bem assim, da retenção na fonte dos dividendos distribuídos por uma sociedade afiliada à sociedade-mãe estabelecida em outro Estado comunitário.[40] Portugal transpôs esta directiva através do mesmo Decreto-lei n.º 123/92,

---

[37] Directiva 90/434/CEE, de 23 de Julho, in JOCE L 225, de 20 de Agosto de 1990.

[38] Em 2005, o âmbito de aplicação desta directiva foi alargado, passando a contemplar também as cisões parciais e a transferência da sede de uma Sociedade Europeia (SE) ou de uma Sociedade Cooperativa Europeia (SCE) de um EM para outro. Esta alteração proveio da Directiva n.º 2005/19/CE do Conselho, de 17 de Fevereiro de 2005 (JOCE L 58, de 4 de Março de 2005) e justifica-se pelo facto de tanto a SE como a SCE poderem transmitir as respectivas sedes de um Estado membro para outro, no exercício da liberdade de estabelecimento, sem necessidade de procederem à sua dissolução ou liquidação. Esta alteração deveria ser transposta por Portugal até 1 de Janeiro de 2006.

[39] Foi inserido para o efeito no Código do IRC o artigo 62.º-A. Mais tarde, o Decreto-lei n.º 6/93, de 9 de Janeiro, relativo aos regimes especiais aplicáveis à entrada de activos (art. 62.º-B) e às permutas de acções (art. 64.º-A) veio completar o regime transposto.

[40] Directiva 90/435/CEE de 23 de Julho, in JOCE L 225, de 20 de Agosto de 1990. Vide o Acórdão do TJCE, de 8 de Junho de 2000, relativo à incompatibilidade com esta directiva do imposto sucessório pago por avença respeitante a dividendos pagos por sociedades afiliadas portuguesas e sociedades mães de outros EM.

de 2 de Julho, optando, verificadas que fossem certas condições, pelo método da dedução ao lucro tributável de uma certa importância correspondente a 95% dos lucros distribuídos (método da imputação).[41]

Estes actos comunitários baseavam-se num princípio de neutralidade da tributação e visavam essencialmente resolver problemas que se levantavam nos investimentos transfronteiriços. No entanto, a sua transposição pelos Estados membros não foi uniforme, subsistindo assim diversas zonas não harmonizadas. Portugal foi tornando o regime mais neutro, por fases, de modo a evitar perdas de receitas.

3.3.3 A Convenção de arbitragem

A Convenção de Arbitragem em sede de preços de transferência veio instituir um procedimento com vista à eliminação da dupla tributação em caso de correcção de lucros entre empresas associadas, através de duas formas, o procedimento amigável (acordo entre as autoridades competentes na sequência de reclamação da empresa interessada) e o procedimento de arbitragem (baseado num parecer de uma comissão consultiva quando o procedimento amigável não resulte).[42]

---

[41] Cf o antigo artigo 45.º do Código do IRC, em especial os seus n.ᵒˢ 5 e 6. Hoje, a dedução dos lucros anteriormente tributados é, em princípio, integral (art. 46.º do CIRC).

[42] Convenção n.º 90/436/CEE, assinada em 23 de Julho de 1990, in JOCE L 225, de 20 de Agosto de 1990.

4. A construção da UEM e seus reflexos em sede orçamental e fiscal

4.1 A disciplina orçamental da UEM

4.1.1 *O Tratado e o Pacto de Estabilidade e de Crescimento (PEC)*

O aprofundamento da construção da UEM alterou substancialmente a relação entre a União Europeia e os EM que viram a sua autonomia orçamental fortemente cerceada pelo Tratado e por actos jurídicos complementares.

Enquanto, antes de Maastricht, a decisão orçamental estava sujeita a certos constrangimentos técnicos ou políticos decorrentes da integração que restringiam a margem de manobra do decisor, sem adquirirem "um grau de concretização e de imperatividade que determinasse, de forma precisa, o conteúdo dessa mesma decisão, depois de Maastricht, estamos perante "elementos que, pelo seu carácter preciso e vinculativo, não se limitam a influenciar a decisão orçamental", antes "determinam de uma forma directa o seu conteúdo concreto, ou impõem-lhe limites bem definidos". Em suma: "Na Comunidade Europeia, o processo de construção da união monetária tem transformado o que até há pouco tempo eram constrangimentos da decisão orçamental nacional em verdadeiras vinculações dessa mesma decisão".[43] A UE não se substitui aos EM na definição das despesas e das fontes de receitas dos respectivos orçamentos. Mas impõe fortes constrangimentos aos tipos e níveis de despesas admitidas e mesmo à forma de levar a cabo a consolidação orçamental.[44]

---

[43] Assim, J. Costa Santos (coord.) e al. (1998), p. 68-69.

[44] Parece assim excessivo pretender que na UEM "a autonomia orçamental dos EM é, em termos formais, absoluta, no quadro definido pelo TUE e pelo Pacto de Estabilidade". Discorda-se pois, neste ponto, da perspectiva expressa no estudo da Faculdade de Economia da Universidade Nova, sob orientação de A. Pinto Barbosa (1998), p. 54.

Vinculações essas que têm uma expressão *genérica*, os critérios de convergência e as obrigações de estabilidade definidas pelas instâncias comunitárias, e uma expressão *concreta*, os programas de convergência e de estabilidade adoptados por cada Estado que se impõem a este por força dos compromissos jurídico-políticos assumidos no plano externo.

O TUE define o enquadramento orçamental dos EM exigido pela UEM, sendo completado por vários actos comunitários que, no conjunto, constituem o PEC.[45]

Nestes textos normativos consagra-se um mecanismo de acompanhamento das situações orçamentais, do qual fazem parte dois importantes instrumentos: o chamado *alerta rápido*, de carácter preventivo;[46] e o *procedimento dos défices excessivos*, em caso de

---

[45] Cf. os arts. 99.º e 104.º TCE e o Protocolo sobre o procedimento dos défices excessivos em anexo ao TUE. As normas do Tratado são completadas pelo PEC, composto por uma Resolução do Conselho Europeu de Amesterdão, de 17 de Junho de 1997 (JO C 236 de 2 de Agosto de 1997), e por dois Regulamentos do Conselho, o n.º 1466/97, de 7 de Julho de 1997, relativo ao reforço da supervisão das situações orçamentais e à supervisão e coordenação das políticas económicas, e o n.º 1467/97, da mesma data, relativo à aceleração e clarificação do procedimento relativo aos défices excessivos (ambos in JOCE L 209, de 2 de Agosto de 1997), este último alterado pelo Regulamento n.º 1056/2005, de 27 de Junho (JOCE L 174, de 7 de Julho de 2005). No plano administrativo, estes actos normativos são complementados por um Código de Conduta de 2001 (recentemente alterado) sobre o conteúdo e apresentação dos programas de estabilidade (para os Estados da área do euro) e de convergência (para os restantes). Sobre o tema, P. Pereira/ A. Afonso/ M. Arcanjo/ J. C. G. Santos (2005), em especial, pp. 501 e ss.

[46] Compete à Comissão acompanhar a situação dos EM e, em casos de existência ou de risco de existência de défice excessivo, dar parecer e recomendar ao Conselho que este decida se existe ou não tal défice e, em caso de decisão afirmativa, que o Conselho dirija ao Estado recomendações no sentido da sua cessação. O Conselho, quando identificar um desvio significativo da situação orçamental em relação ao objectivo orçamental de médio prazo ou em relação à respectiva trajectória de ajustamento, deve apresentar uma recomendação ao EM em causa para que este tome as medidas de ajustamento necessárias (arts. 99, n.º 4 do Tratado e 6.º, n.º 2 e 10.º, n.º 2 do Regulamento n.º 1466/97). As decisões do Conselho são tomadas por maioria qualificada.

não cumprimento do PEC, que tem natureza sancionatória, podendo mesmo conduzir à aplicação de multas.[47] O objectivo destes instrumentos é o de manter as posições orçamentais em equilíbrio ou próximas do equilíbrio, ou mesmo excedentárias, de forma a permitir que os EM afrontem as normais flutuações cíclicas dentro do valor de referência de 3% do PIB. São também objectivos importantes a manutenção da dívida pública abaixo dos 60% do PIB (ou a sua diminuição a um ritmo satisfatório, de forma a atingir um nível próximo do valor de referência) e o cumprimento dos objectivos das Orientações Gerais de Política Económica (OGPE) que hoje abrangem domínios tão distintos como as políticas ambientais, laborais e mesmo fiscais.

A aplicação do PEC não é automática (como seria se a regra tivesse natureza constitucional), mas mediada pela intervenção política do Conselho que aprecia as propostas da Comissão.[48] Em 25 de Novembro de 2003, o Conselho rejeitou (com apoio do executivo português) uma proposta da Comissão no sentido de aplicar o procedimento dos défices excessivos à Alemanha e à França. A Comissão interpôs recurso junto do Tribunal de Justiça, acção esta que, aliás, turvou o relacionamento entre a Comissão e o Conselho, atrasando a "reforma do PEC". Embora o Tribunal tenha anulado a decisão do Conselho, deixou claro que, no plano substantivo, haveria sempre lugar a uma decisão política deste órgão relativamente às propostas da Comissão. O Conselho poderá

---

[47] Prevê-se o lançamento do procedimento de défices excessivos em caso de ultrapassagem dos 3% do défice e a eventual imposição de sanções previstas no Tratado a aplicar ao Estado refractário por decisão do Conselho, com base em recomendação da Comissão (art. 104.º). A lei prevê, contudo, algumas justificações de incumprimento.

[48] Desde 1999, tem-se registado um agravamento da situação orçamental de vários EM. Foram lançados vários alertas rápidos (v.g., Irlanda em 2001, Alemanha em 2002 e França em 2003) e desencadeados múltiplos procedimentos de défices excessivos, acompanhados de relatórios ou das respectivas recomendações: Portugal (2002), Alemanha e França (2003), Grécia, Holanda, Chipre, Eslováquia, Hungria, Malta, Polónia e República Checa (2004).

alterar as recomendações da Comissão neste domínio, desde que tal alteração seja efectuada de acordo com os mecanismos jurídicos previstos na lei.[49]

O PEC foi (e continua a ser) objecto de várias críticas.[50] A sua aplicação não tem seguido critérios claros e uniformes. Até agora

---

[49] Vide Acórdão do TJCE de 13 de Julho de 2004 segundo o qual "o recurso interposto pela Comissão das Comunidades Europeias, na medida em que visa a anulação da não aprovação pelo Conselho da União Europeia dos instrumentos formais constantes das recomendações formuladas pela Comissão ao abrigo dos n.os 8 e 9 do artigo 104.º CE, é inadmissível". Por outro lado, "as conclusões do Conselho de 25 de Novembro de 2003 aprovadas em relação à República Francesa e à República Federal da Alemanha, respectivamente, são anuladas na medida em que contêm uma decisão de suspender o procedimento relativo aos défices excessivos e uma decisão que altera as recomendações anteriormente aprovadas pelo Conselho ao abrigo do n.º 7 do artigo 104.º CE". Divergimos, pois, neste ponto, da interpretação de A. Calado Lopes (2006), p. 93.

[50] A própria Comissão reconhece várias dificuldades na aplicação do PEC: reduzida implicação política dos EM; dificuldade de definir objectivos financeiros claros e verificáveis que tenham em consideração as condições económicas subjacentes; deficiências na produção e transmissão de dados estatísticos; políticas orçamentais pró-cíclicas de vários EM; inadequação de certos procedimentos de aplicação efectiva do PEC; dificuldades de sensibilização da opinião pública e dos media relativamente à importância do PEC. No entanto, não põe em causa o PEC nem aborda a questão principal, a de saber se a subordinação das políticas orçamentais e económicas a objectivos monetaristas (definidos de forma algo arbitrária) não é contraproducente para o bom desempenho da economia europeia. Daí que tenha distinguido as propostas que visam melhorar a interpretação do PEC sem o alterar das propostas de alteração dos regulamentos, privilegiando aquelas. Assim, a chamada flexibilização do PEC dá-se mais ao nível das práticas, através da consideração dos saldos orçamentais corrigidos das variações conjunturais, da generalização da regra que obrigaria os EM em situação de défice a melhorar o défice subjacente em pelo menos 0,5% do PIB por ano e de uma interpretação do PEC que tenha em conta os objectivos da Estratégia de Lisboa e a viabilidade das finanças públicas a longo prazo. As propostas de alteração, em especial as relativas à criação de mecanismos mais eficazes para fazer respeitar o PEC e à melhoria da análise das políticas económicas e orçamentais, estão dependentes de um maior consenso político. Mesmo antes da reforma formal do PEC, o Conselho Europeu, sob proposta do Ecofin, em arti-

o acento tónico do PEC tem recaído mais no défice que na dívida, mais no E (estabilidade) que no C (crescimento).[51]

4.1.2 Reflexos em Portugal

4.1.2.1 *A nova Lei de Enquadramento Orçamental*

Nem a Constituição (mesmo após as suas diversas revisões), nem as sucessivas versões da LEO (incluindo a de 1991, com as alterações introduzidas em 1993) prestavam grande atenção às vinculações da decisão orçamental decorrentes da UEM.

Essa situação dificilmente se poderia manter. Com efeito, muitos criticavam que instrumentos fundamentais de orientação das finanças públicas portuguesas, como os programas de estabilidade não fossem "objecto, no plano jurídico, de qualquer articulação com os orçamentos do sector público administrativo, maxime o orçamento do Estado, nem de qualquer intervenção relevante do Parlamento, que, num Estado democrático, deve deter o essencial do poder de decisão financeira".[52]

Se outras razões não houvesse – e, na realidade, havia – esse facto veio a justificar, por si só, uma revisão da LEO. No entanto, apesar de ter sido apresentado em 1998 um Anteprojecto, a sua aprovação (numa versão menos exigente) só veio a ter lugar em

---

culação com a Comissão, havia aprovado uma leitura mais inteligente do PEC, isto é, uma leitura simultaneamente mais realista e tecnicamente mais rigorosa, que em vez de centrar a atenção numa aferição do défice em termos meramente nominais, passa a assentar a sua aferição através da noção de *défice corrigido dos efeitos do ciclo económico*.

[51] O tema da reforma do PEC foi impulsionado por alguns países em dificuldades de cumprimento (França, Alemanha, Itália) com a compreensão do Reino Unido, entre outros, e vista com reservas pelos EM cumpridores, em especial a Espanha e os países nórdicos. Existe, aliás, uma importante controvérsia teórica, com conotações políticas, sobre a maior dificuldade que os grandes países teriam em cumprir as regras do PEC.

[52] Assim, J. Costa Santos et al. (1998), p. 70.

2001, com a Lei n.º 91/2001, de 20 de Agosto, completada, através de aditamento, pela chamada Lei de Estabilidade Orçamental de 2002.[53]

4.1.2.2 *Os programas de estabilidade e de crescimento*

Antes da passagem à terceira fase da UEM (em 1 de Janeiro de 1999) a condução da nossa política macroeconómica já era orientada no sentido da estabilidade cambial e dos preços e da disciplina orçamental de acordo com os Programas de Convergência, Estabilidade e Crescimento.[54]

A partir de 2000, Portugal, enquanto EM da área do euro, ficou obrigado a apresentar os chamados Programas de Estabilidade e Crescimento, a submeter ao Conselho ECOFIN e à Comissão. Estes programas de médio prazo (cinco anos), efectuados para permitir o controlo das instituições do "governo económico" comunitário sobre a evolução das finanças públicas, são revistos anualmente (para os anos seguintes em *roll-over*). Eles contêm obrigatoriamente uma série de dados e informações de natureza económica e financeira que permitem uma avaliação da parte das instituições comunitárias da situação orçamental dos EM, em especial da evolução dos saldos orçamentais, global, primário e estrutural cíclico e do grau de cumprimento das GOPE, e a eventual formulação de recomendações.[55]

Vários programas deste tipo foram, desde então, apresentados por Portugal, sendo notório que a dificuldade não tem estado tanto na sua elaboração como no seu cumprimento. Contudo, a obrigatoriedade da sua apresentação e, *a fortiori*, as recomendações por incumprimento têm, desde logo, um forte efeito dissuasor

---

[53] Lei n.º 48/2004, de 24 de Agosto.
[54] Cf. o *Relatório Geral do Orçamento do Estado para 1998*, p. 46 e ss.
[55] Cf. o Regulamento n.º 475/2000, de 28 de Fevereiro (JOCE L 58, de 3 de Março de 2000) que modificou o Regulamento n.º 3605/93, de 22 de Novembro (JOCE L 332, de 31 de Dezembro de 1993). Sobre o tema, cf. P. T. Pereira et al. (2005), p. 516 e Rui Carp (2004), p. 307-308.

sobre as mudanças de política fiscal que possam conduzir, no imediato, a quebra de receitas, nomeadamente a aprovação de medidas fiscais a favor da competitividade económica.[56]

4.2 A UEM e a concorrência fiscal na fiscalidade directa

4.2.1 *Objectivos do "pacote fiscal" de 1997*

A UEM exige, se não uma harmonização fiscal mais avançada, pelo menos, formas aprofundadas de coordenação (e de cooperação) fiscal entre os EM.[57] Neste sentido, a UE tem vindo a construir uma política fiscal que, tendo em vista a prossecução de objectivos extra-fiscais, privilegia, particularmente em sede de tributação directa, formas induzidas de coordenação fiscal (baseadas em instrumentos não vinculativos) em relação às clássicas formas de harmonização.

Assim ocorre com a regulação da concorrência fiscal prejudicial, fenómeno que, nos anos noventa, ganhou foros de cidade, em particular após a liberalização da circulação de capitais.[58] Por um lado, a União aceita a concorrência fiscal, a qual decorre dos princípios da soberania fiscal, da subsidiariedade e da regra de decisão por unanimidade em matéria fiscal previstos no Tratado, nela encontrando vantagens, nomeadamente no que toca à pressão que coloca sobre a redução das despesas públicas. Por outro, a União Europeia e a OCDE reconhecem que a concorrência fiscal pode conduzir a uma erosão excessiva de receitas tributárias e ao deslocamento da carga tributária para os factores de produção menos móveis, pelo que procuram contrariar os seus efeitos mais nefastos.

---

[56] Sobre a necessidade dessa política, cf. H. Medina Carreira (2001), em especial, p. 96 e ss.

[57] Sobre o tema, P. Pitta e Cunha (1996), p. 53 e ss.

[58] Sobre o tema, cf. Casalta Nabais (2005), p. 203 e ss.; F. Rocha Andrade, (2001) e (2002); A. Carlos dos Santos/ Clotilde Celorico Palma(1999); e Freitas Pereira (1998).

No caso da União Europeia, estas preocupações deram origem a um pacote aprovado em 1997, no consulado do Comissário Mário Monti, destinado a combater a concorrência fiscal prejudicial.[59] Este pacote era composto essencialmente por três instrumentos: um Código de conduta no domínio da fiscalidade directa das empresas, um misto de acordo político e de acordo internacional; uma proposta de directiva relativa à tributação dos rendimentos da poupança (de particulares) sob a forma de juros;[60] e, como complemento ao Código, directrizes da Comissão para a aplicação das regras relativas aos auxílios de Estado à fiscalidade directa das empresas, que a Comissão se comprometia a aprovar até meados de 1998 e que vieram a ver a luz do dia em Novembro desse mesmo ano. Uma outra proposta de directiva sobre juros e *royalties* completava o pacote, se bem que não fosse essencialmente motivada por razões de combate à concorrência fiscal.

4.2.2 *O Código de conduta sobre a fiscalidade directa das empresas*

A via mais original de combate à concorrência fiscal prejudicial, a do Código de Conduta, é uma típica medida política de coordenação fiscal ou de regulação cooperativa.[61] Este Código

---

[59] O pacote fiscal foi apresentado em 1 de Dezembro de 1997 sendo formalmente aprovado em 2003 com a adopção pelo Conselho da Directiva relativa à fiscalidade dos rendimentos da poupança sob a forma de pagamento de juros (Directiva n.º 2003/48/CE, de 3 de Junho, alterada pela Directiva 2004/66, de 30 de Dezembro de 2003 (JOCE L 13, de 20 de Janeiro). No entanto, o Código (um acordo político efectuado em 1 de Dezembro de 1997 e concretizado numa Resolução do Conselho e dos Representantes dos Governos dos EM) começou a produzir efeitos desde logo, mas, sobretudo, com a criação, em 1998, do Grupo Primarolo.

[60] Sobre o tema, cf. J. Menezes Leitão (2000) Ana Paula Dourado (2000).

[61] Cf. Código de Conduta da Fiscalidade das Empresas (Anexo 1 às Conclusões do Conselho Ecofin de 1 de Dezembro de 1997), in JOCE C 2, de 6 de Janeiro de 1998. Quanto à OCDE (OECD), ver o Relatório de 1998.

diz-nos que devem considerar-se como *potencialmente* prejudiciais as medidas fiscais que prevejam um nível de tributação efectivo, incluindo a taxa zero, significativamente inferior ao normalmente aplicado no EM em causa.

Se o regime em questão tiver aquelas características, ele é considerado potencialmente prejudicial. Em teoria, entre a consideração como potencialmente prejudicial e a decisão como efectivamente prejudicial vai uma certa distância, porque há sempre possibilidade de o Estado em causa poder vir a demonstrar, através de estudos económicos ou por outros meios, que a medida não é efectivamente prejudicial. Na prática, porém, prevaleceu a ideia de que, quando aquela característica está presente, existe uma presunção de prejudicialidade.

As medidas foram avaliadas por um grupo de trabalho, uma espécie de fórum equivalente ao da OCDE (o Grupo do Código de Conduta ou Grupo Primarolo), visando essa avaliação a detectar indícios de prejudicialidade.[62] No Código de Conduta estes indícios são vários, não cumulativos, e segundo a interpretação dominante, estabelecidos a título meramente indicativo. A existência de um destes critérios permite apontar no sentido da prejudicialidade da medida. O principal deles é o *ring fencing* subjectivo, consistindo em saber se as vantagens são concedidas exclusivamente ou preferencialmente (o critério é interpretado de forma extensiva) a não residentes ou para transacções realizadas com não residentes. Os restantes são os de saber se as actividades são isoladas da economia interna ou não, se as vantagens são concedidas mesmo que não exista uma actividade económica substancial, se os preços de transferência (e outros elementos, como a noção de estabelecimento estável) são determinados de acordo ou estão conformes com as regras da OCDE e, finalmente, se as medidas são ou não transparentes.

---

[62] As decisões do Grupo, de natureza mais política do que técnica, são, em teoria, efectuadas por consenso, mas, na prática, foi muitas vezes difícil haver consenso sobre o sentido do consenso.

Os Estados comprometem-se a trocar informações sobre as medidas potencialmente prejudiciais, a contribuir para a avaliação das medidas dos outros, a congelar novas eventuais medidas que possam ser consideradas prejudiciais e a desmantelar as existentes. Este desmantelamento, em principio, deveria ter sido efectuado até 2002.[63] Mesmo sem aprovação definitiva pelo Conselho dos relatórios do Grupo Primarolo que identificam as medidas prejudiciais, mesmo sem ter havido unanimidade nessa apreciação, o trabalho do Grupo foi continuando, vindo a ser formalmente ratificadas as suas decisões em 2003, com a aprovação final do pacote fiscal.

Ao longo de todo este exercício foram detectadas 66 medidas consideradas como potencialmente prejudiciais, por terem sido avaliadas positivamente face aos critérios enunciados. No caso português, das 14 ou 15 medidas inicialmente arroladas para análise, só uma foi tida como potencialmente prejudicial, a medida da Zona Franca da Madeira relativa aos serviços financeiros.[64]

Em relação a algumas das medidas constantes da lista, foram previstos prazos excepcionais de desmantelamento (nuns casos até 2005, noutros para além disso).

---

[63] Em rigor, não houve até essa data uma decisão do Conselho sobre a efectiva prejudicialidade das medidas, que sancionasse a lista das medidas prejudiciais avançada (em boa verdade, sem existência de real consenso) pelo Grupo do Código de Conduta. Essa decisão estava dependente da aprovação dos outros elementos do pacote, isto é, das propostas directivas dos juros e *royalties* e da poupança, e, consequentemente, do resultado das negociações com a Suíça (e com outros Estados terceiros e diversos territórios dependentes ou associados de EM). Na prática, este exercício prolongou-se até 2003.

[64] Não foram, no entanto, consideradas como prejudiciais as medidas da Zona Franca da Madeira relativas aos serviços internacionais, à zona franca industrial e ao *shipping*. Sobre as medidas portuguesas analisadas pelo Grupo, cf. A. Carlos dos Santos (2003 a), pp. 153-190.

4.3.3 O regime dos auxílios tributários

A disciplina dos auxílios de Estado (prevista, em termos gerais, nos artigos 87º a 89º do Tratado) tem por objectivo evitar distorções na concorrência interempresarial, contribuir para a realização do mercado interno, colmatar lacunas ou falhas nos mercados comunitário ou nacionais, contribuir para a prossecução de objectivos relevantes da União e, quando compatíveis com estes, dos EM e, mais recentemente, apoiar os objectivos de estabilidade orçamental e de regulação da concorrência fiscal.[65]

A lei não define auxílio de Estado, tendo a Comissão e a jurisprudência estendido o conceito de forma a abranger não apenas as subvenções ou subsídios a fundo perdido ou reembolsáveis, mas também medidas ou acções tão díspares como a bonificação de juros, as garantias pessoais ou as transferências de fundos para empresas públicas. Abrange igualmente a despesa fiscal, em especial, os incentivos, benefícios e perdões fiscais. De facto, os elementos que, segundo as autoridades comunitárias, caracterizam um auxílio de Estado (a existência de um benefício para as empresas que não advenha do funcionamento normal do mercado, de carácter selectivo – isto é, não atribuído genericamente, proveniente de poderes e recursos públicos e que possa distorcer a concorrência e perturbar o comércio intracomunitário) estão presentes em muitos incentivos e benefícios fiscais e parafiscais. A fim de dar cumprimento a uma previsão do Código de Conduta, a Comissão aprovou a já referida Comunicação sobre o tema em sede de fiscalidade directa.[66] A questão mais interes-

---

[65] Este regime é completado por diversos actos de direito derivado e por uma ampla produção quase-normativa (*soft law*) da Comissão, sob a forma de comunicações, linhas directrizes, orientações, regras de enquadramento, cartas, etc., que sustenta uma política comunitária de auxílios em quase todos os níveis de acção pública nacional ou comunitária (política industrial, regional, de emprego, de investigação e desenvolvimento, ambiental, cultural, etc.). Sobre o tema, cf., do autor (2003 b).

[66] Cf Comissão, *Comunicação sobre a aplicação das regras relativas aos auxílios estatais às medidas da fiscalidade directa das empresas*, SEC (1998) 1800 final, JOCE n.º C 348, de 10 de Dezembro de 1998.

sante aí tratada é a da distinção entre auxílios tributários e medidas fiscais que constituem medidas de política económica geral. O carácter selectivo ou não da medida fiscal e a eventual justificação da medida com base na cláusula "natureza e economia do sistema" são decisivos neste contexto.[67]

O regime do Tratado baseia-se no princípio da incompatibilidade dos auxílios de Estado com o mercado comum, independentemente da sua forma ou dos seus objectivos e obriga a uma "notificação prévia" e em tempo útil a efectuar pelos EM dos auxílios novos e da modificação dos existentes (art. 88.º, n.º 3), para que a Comissão possa produzir as suas observações.

A Comissão tem, entre outras coisas, a possibilidade de, automaticamente ou por intervenção discricionária, aprovar certos auxílios ou regimes de auxílios nos casos previstos nos n.ºs 2 e 3 do art. 87.º (auxílios sectoriais, regionais, horizontais), após análise casuística, tendo em conta a conformidade do auxílio com o direito comunitário em geral, o cumprimento dos parâmetros estabelecidos nos referidos actos de *soft law*, o respeito de certos princípios ou critérios por ela elegidos (interesse comunitário, transparência, subsidiariedade, proporcionalidade) e um balanço económico, ainda que muito menos exaustivo do que em sede de legislação *anti-trust*. Os regimes de auxílios existentes estão sujeitos a um exame permanente pela Comissão (em colaboração com os Estados membros), sendo possível a Comissão propor medidas adequadas em relação a estes auxílios, quando o desenvolvimento ou o funcionamento do mercado comum assim o exija (n.º 1 do art. 88.º).

---

[67] A distinção não é fácil. Assim, por exemplo, quando se diz que a Irlanda tem, a partir de 2003, uma taxa geral de imposto sobre as sociedades de 12,5%, estamos (caso se confirme que a taxa é mesmo geral) perante uma medida de política fiscal geral e não perante um auxílio de Estado, pois não existe a característica da selectividade. Não se destina directamente a um sector, a uma região, a uma empresa ou a certas empresas, é de carácter geral, aplicável a todo o território irlandês. Pode, se perturbar a concorrência, ser atacada, mas com base nas normas do Tratado relativas à aproximação das legislações, nomeadamente com base nos actuais artigos 96.º e 97.º do Tratado.

Os auxílios não notificados são considerados ilegais, estando, em princípio, os EM obrigados à recuperação junto das empresas beneficiárias de tais auxílios, bem como dos declarados incompatíveis com o mercado comum.

Como os critérios subjacentes ao Código de conduta e aos auxílios de Estado têm muitos pontos de contacto, a Comissão encontrou na aplicação deste regime um meio de dar eficácia jurídica a um documento essencialmente político como o Código. Existem múltiplos casos de aplicação do regime dos auxílios de Estado a medidas fiscais e parafiscais portuguesas.

4.4.4 A Directiva da poupança

Aprovada em 2003, a directiva da poupança (de particulares, pessoas singulares) tem por objectivo final permitir uma tributação efectiva dos juros gerados por créditos (com exclusão das pensões e das prestações de seguros) no Estado membro de residência fiscal do beneficiário efectivo, em conformidade com a legislação deste Estado. A directiva visa evitar que os residentes dos Estados membros escapem a qualquer forma de tributação no seu Estado sobre os juros recebidos num outro Estado membro, situação que, segundo as autoridades comunitárias, estava a criar distorções nos movimentos de capitais no espaço comunitário, incompatíveis com o mercado interno.[68]

Assim, a directiva centra a sua atenção nos pagamentos de juros efectuados ou atribuídos por operadores económicos estabelecidos nos EM a/ ou em nome de beneficiários efectivos que sejam pessoas singulares residentes noutro EM. O mecanismo normal para possibilitar a tributação no Estado da residência seria a troca automática de informações, sem limitações decorrentes do sigilo bancário. No entanto, a Áustria, a Bélgica e o Luxemburgo (países onde o sigilo bancário goza de acentuada

---

[68] Cf. considerandos 5 e 6 da Directiva. Sobre o tema, cf. Manuel Faustino (2005), p. 5 e ss. e Manuela Duro Teixeira (2005), p. 151 e ss.

protecção) dispõem de um período de transição, durante o qual poderão aplicar uma retenção na fonte aos juros das poupanças, reservando para si uma parte das receitas provenientes desses juros e transferindo o restante para o Estado da residência, o qual, por sua vez, para evitar situações de dupla tributação, deverá conceder um crédito de imposto equivalente ao imposto retido ou reembolsar o montante da retenção.

Portugal transpôs esta directiva através do Decreto-lei n.º 62/ /2005, de 11 de Março de 2005, entrado em vigor em 1 de Julho desse mesmo ano.

4.4.5 *A directiva dos juros e* royalties

Para além destas medidas, foi ainda aprovada em 1997 (como parte integrante do pacote fiscal) uma outra proposta de directiva, a da tributação dos juros e *royalties*, cujo objectivo principal é assegurar que os pagamentos destes rendimentos, efectuados entre sociedades associadas de EM diferentes, bem como entre estabelecimentos permanentes dessas sociedades, apenas sejam sujeitos a uma única tributação num único EM. Para tal, propõe-se a sua isenção no Estado da fonte (incluindo a abolição da retenção na fonte) e a sua tributação no Estado onde se localiza a sociedade beneficiária efectiva do pagamento. Estamos perante uma norma de conflitos (formalmente idêntica às das convenções) que visa evitar situações de dupla tributação e de ausência de tributação e não, em rigor, de uma norma de aproximação das legislações dos EM. Tal directiva, aliás, não se preocupa com o fenómeno da concorrência fiscal prejudicial.[69]

---

[69] Cf a Directiva n.º 2003/49/CE de 3 de Junho de 2003 relativa a um regime fiscal comum aplicável aos pagamentos de juros e *royalties* efectuados entre sociedades associadas de Estados membros diferentes. Esta directiva foi alterada pela Directiva 2004/76/CE do Conselho, de 29 de Abril de 2004, que veio conceder aos novos Estados membros a possibilidade de beneficiarem de períodos transitórios na sua aplicação.

Portugal aplica a directiva desde 1 de Julho de 2005, mas, por razões orçamentais, usufrui de um período transitório de dez anos, durante o qual está autorizado a manter o sistema de retenção na fonte, eliminando-o, de modo faseado, até aplicar o regime de isenção.[70]

4.5 A UEM e a harmonização da tributação indirecta

A plena realização da UEM (tal como tem sido concebida pelas autoridades comunitárias) não implica em si mesma uma mudança de estratégia relativamente à fiscalidade indirecta. Ela convive relativamente bem com o actual regime transitório do IVA e com os regimes dos IEC.[71] Implicaria apenas o *aprofundamento* das medidas aprovadas para a realização do mercado interno, nomeadamente as que visam a diminuição de distorções fiscais, a racionalização e simplificação das directivas existentes, o reforço da cooperação administrativa e o alargamento dos regimes especiais de tributação.

Assim, dentro desta lógica, o regime comum do IVA foi objecto de algumas alterações, as mais importantes das quais foram introduzidas pelas seguintes directivas do Conselho:[72]

– Directiva 95/7/CE, de 10 de Abril de 1995 que introduziu medidas de simplificação relativas ao âmbito de aplicação de certas isenções e regras práticas para a sua aplicação;[73]
– Directivas 96/42/CE e 1999/59/CE, respectivamente de 25 de Junho de 1996 e de 17 de Junho de 1999 que alargaram a possibilidade de introdução de taxas reduzidas a produ-

---

[70] Vide art. 89.º – A do CIRC, aditado pelo Decreto-lei n.º 34/2005, de 17 de Fevereiro.

[71] Sobre as alternativas de evolução do IVA, cf. A. Carlos dos Santos/ Mário Alexandre (2000).

[72] Sobre o tema, vide Clotilde Celorico Palma (2005).

[73] JOCE L 102, de 5 de Maio de 1995.

tos de floricultura e a serviços com grande intensidade do factor trabalho;[74]
- Directiva 2000/65/CE, de 17 de Outubro de 2000, relativa à determinação do devedor do IVA;[75]
- Directiva 2003/92/CE, de 7 de Outubro de 2003 respeitante às regras relativas ao lugar de fornecimento do gás e da electricidade;[76]
- Directiva 2004/7/CE, de 20 de Janeiro de 2004 respeitante ao processo de aprovação de medidas derrogatórias e à atribuição de competências de execução que altera o artigo 27.º da 6ª D.[77]

Por outro lado, a 6ª D previa, desde o início, alguns regimes especiais de tributação, como o regime para pequenas empresas, o regime comum forfetário para produtores agrícolas e o regime especial das agências de viagens. Posteriormente, a 6ª D veio a receber novos regimes especiais, criados, respectivamente, pelas seguintes directivas:
- Directiva 94/5/CE, do Conselho, de 14 de Fevereiro de 1994, relativa ao regime especial aplicável aos bens em segunda mão, aos objectos de arte e de colecção e às antiguidades;[78] e
- A Directiva 98/80/CE, do Conselho, relativa ao regime especial aplicável ao ouro para investimento.[79]

As alterações ou propostas mais significativas neste domínio não advêm, porém, como veremos, tanto da UEM, mas da neces-

---

[74] Respectivamente in JOCE L 170, de 9 de Setembro de 1996 e JOCE L 277, de 28 de Outubro de 1999.
[75] JOCE L 269, de 21 de Outubro de 2000.
[76] JOCE L 331, de 7 de Dezembro de 2002.
[77] JOCE L 27, de 30 de Janeiro de 2004.
[78] JOCE L 60, de 3 de Março de 1994.
[79] JOCE L 281, de 17 de Outubro de 1998.

sidade da UE se adaptar à sociedade da informação e de ter em conta a globalização, numa palavra, de pôr em prática a "Estratégia de Lisboa".

5. Repercussões da integração europeia em sede orçamental e fiscal: presente e futuro

5.1 A Estratégia de Lisboa e a fiscalidade

Finda, no essencial, a fase da estratégia de luta contra a concorrência fiscal prejudicial, com resultados controversos, a Comissão fixou como novo objectivo a necessidade de a política fiscal (e aduaneira), incluindo a dos auxílios tributários, ser posta ao serviço de outras objectivos (e de outras políticas), nomeadamente ao definidas no âmbito da chamada Estratégia de Lisboa.[80] O crescimento e o emprego, a utilização sustentável dos recursos passam a sobredeterminar os outros objectivos, nomeadamente os da extensão e aprofundamento do mercado interno. As palavras de ordem são agora conhecimento, inovação, desenvolvimento, competitividade empresarial, empreendedorismo, protecção ambiental, etc.[81]

O reflexo disto em sede de fiscalidade directa é a retoma por parte da Comissão de uma óptica mais centralizadora.[82] Sob

---

[80] Cf. a Comunicação da Comissão ao Conselho Europeu intitulada *"Travaillons ensemble pour la croissance et l'emploi – Un nouvel élan pour la stratégie de Lisbonne"* COM (2005)24, de 2 de Fevereiro de 2005.

[81] Cf. a Comunicação da Comissão intitulada *"La contribution des politiques fiscale et douanière à la stratégie de Lisbonne"*, COM (2005) 532 final, de 25 de Outubro de 2005.

[82] Cf., a este respeito, as comunicações da COMISSÃO ao Conselho, ao Parlamento Europeu e ao Comité Económico e Social Europeu, *A política fiscal da União Europeia – prioridades para os próximos anos*, COM (2001), 260 final, de 23 Maio de 2001; *Para um mercado interno sem obstáculos fiscais. Estratégia desti-*

o impulso desta instituição, o actual debate fiscal gira essencialmente em torno da necessidade de uma reforma profunda dos sistemas de tributação das empresas nos EM da UE.

Para o efeito, a Comissão adoptou um discurso supraestadual centrado na protecção dos consumidores/contribuintes (que não usufruiriam das plenas vantagens da construção do mercado interno) e mobilizou, como aliados, parte importante dos meios académicos e empresariais. Elevar a competitividade da UE (não necessariamente coincidente com a competitividade fiscal de cada Estado membro) implicaria encontrar um remédio para os entraves às actividades económicas transfronteiriças e para a própria acção das autoridades fiscais derivados de 25 regimes fiscais diferentes (leis, regulamentos, autoridades distintas) de tributação das sociedades e de interpretações diferentes dos próprios regimes comunitários, facto que comporta naturalmente perdas de eficácia a nível económico, custos consideráveis e falta de transparência. A Comissão procura responder deste modo à alteração do contexto de definição da política fiscal, nomeadamente, em matéria de imposto sobre as sociedades, dadas as importantes transformações entretanto ocorridas (vaga de fusões e cisões a nível internacional, comércio electrónico, crescente mobilidade dos factores económicos, alargamento da União). Para além disso, através de uma reorientação da política de auxílios de Estado, procura que os incentivos fiscais dos EM se concentrem mais nas políticas de conhecimento e inovação, de investigação e desenvolvimento e nas políticas ambientais.

---

nada a proporcionar às empresas uma matéria colectável consolidada do imposto sobre as sociedades para as suas actividades a nível da UE, COM (2001) 582 final, de 23 de Outubro de 2001; e *Um Mercado Interno sem obstáculos em matéria de fiscalidade das empresas – realizações, iniciativas em curso e desafios a ultrapassar*, COM (2003) 726 final, de 24 de Novembro de 2003. Na base desta nova estratégia está um relatório de 2001, o mais importante desde o Relatório Ruding, intitulado *La fiscalité des entreprises dans le marché intérieur*, Luxembourg: OPOCE, 2002.

No plano da tributação indirecta, as principais preocupações são agora com a questão energética e com a adaptação do IVA à sociedade de informação, a racionalização, simplificação e modernização deste imposto, de forma a contribuir para a criação de um ambiente fiscal mais amigo da concorrência.

Por fim, uma nova política de luta contra a fraude e evasão deverá ser levada a cabo de modo a diminuir as distorções no funcionamento do mercado interno, a garantir uma concorrência leal e a conter a erosão das receitas públicas.

Não estando prevista qualquer revisão substancial do PEC, menores serão as repercussões formais no plano orçamental, pelo menos, no imediato. As mais importantes decorrem das novas Perspectivas Financeiras e da revisão dos montantes dos Fundos Estruturais.[83] De qualquer modo, a Estratégia de Lisboa implicaria uma rediscussão do peso relativo dos vectores "estabilidade" e "crescimento".

5.2 Na tributação directa

A Comissão detecta a persistência de vários entraves à existência de um espaço comunitário mais competitivo.[84] Eles derivariam essencialmente da manutenção de fronteiras fiscais (e contabilísticas), sendo os mais significativos, a permanência de duplas tributações internacionais, a complexidade dos regimes de preços de transferência em que a repartição de lucros e perdas é efectuada na base de transacções individuais, a ausência de um tratamento satisfatório das perdas transfronteiriças, os custos fiscais associados às operações de reestruturação de grupos, a existência de sistemas contabilísticos distintos e a insuficiência da assistência mútua entre Estados membros.

---

[83] Sobre o tema, M. Lopes Porto (2006).

[84] Cf. sobre o tema, Paula Rosado Pereira (2004) e A Carlos dos Santos (2005), p. 20 e ss.

Perante esta situação, a Comissão propôs uma estratégia em dois tempos, com medidas específicas e globais, complementares entre si.

São exemplos de medidas *específicas* a adopção de códigos de conduta no quadro do Fórum sobre os preços de transferência, criado em 2002, que, a exemplo do já aprovado em 2004 para a execução da Convenção de arbitragem, possibilite uma aplicação uniforme das directrizes da OCDE, nomeadamente quanto à documentação em sede de preços de transferência exigida na UE às empresas associadas. Uma atenção especial é igualmente dada à existência de procedimentos comuns para a realização de acordos prévios bilaterais.

Outros exemplos de medidas específicas a adoptar são uma nova proposta de directiva sobre o regime de tomada em consideração pelas empresas dos prejuízos sofridos pelos seus estabelecimentos permanentes e filiais noutros EM e a criação de um modelo comunitário de convenção para evitar a dupla tributação ou a realização de uma convenção multilateral para o mesmo efeito.

Ao lado destas medidas, têm sido analisadas propostas concretas de *medidas globais* (opcionais ou não) centradas no princípio da tributação unitária das empresas que integram grupos à escala europeia (isto é, num quadro único de tributação e contabilidade consolidada para efeitos fiscais). Dos vários tipos de medidas globais analisadas, a Comissão reteve fundamentalmente duas para serem objecto de propostas:

– Uma, visando a tributação das empresas segundo as regras da residência ou Estado da origem (*"home state taxation"*), forma avançada de coordenação fiscal, baseada na técnica do reconhecimento mútuo do direito dos outros EM e que, por definição, mantém intactos os direitos nacionais existentes;[85]

---

[85] A matéria colectável de certas empresas que operam em diversos Estados membros sob a forma de filiais ou estabelecimentos estáveis seria determinada pelas regras do Estado membro da residência. Esta forma exige contudo a

– Outra, a criação de uma matéria colectável comum consolidada para o imposto de sociedades que permitiria às empresas que exercem actividades no mercado interno terem as mesmas regras de cálculo da matéria colectável nos diferentes EM para efeitos do imposto devido em cada um deles. Estamos perante uma técnica de harmonização que exige um mecanismo de repartição da matéria colectável pelos EM envolvidos para que estes possam aplicar a sua própria taxa.[86]

5.3 Na fiscalidade indirecta

5.3.1 *Em sede de IVA*

Abandonado (ou postergado) o projecto de passagem do princípio do destino ao princípio da origem, a estratégia da Comissão é agora a de melhorar o sistema comum do IVA, incluindo o regime transitório, nomeadamente através de medidas de simplificação das obrigações fiscais nas operações transfronteiriças, de consolidação dos diplomas existentes (a reformulação da 6ª D) e de uma aplicação mais uniforme da regulamentação

---

clarificação do conceito de residência e das empresas que integram um grupo. Estas, mesmo quando operam no estrangeiro, são vistas como empresas domésticas. Exige ainda uma fórmula de repartição dos lucros líquidos de um grupo. Poderia ser implantada através de uma directiva ou mesmo, fora do quadros institucional da União Europeia, através de uma convenção multilateral. Uma vantagem desta forma é que ela permitiria resolver os problemas decorrentes da aplicação das regras dos preços de transferência e possibilitaria a compensação de perdas sempre que este regime estivesse previsto no direito interno.

[86] A Comissão deposita muitas esperanças no Regulamento 1606/2002, de 11 de Setembro, relativo às normas internacionais de informação financeira. Estas normas poderiam servir de ponto de partida para a base consolidada temperada por certos ajustamentos fiscais. A Comissão inclina-se, aliás, para a aceitação da relação de dependência entre fiscalidade e contabilidade. Tal dependência é vista por ela como essencial para a determinação da matéria colectável comum.

comunitária. No plano técnico, as medidas propostas visam alargar o regime do "balcão único" (caracterizado pela existência de um lugar único de tributação no espaço comunitário) e as situações de substituição do sujeito passivo pelo consumidor final no pagamento do imposto (*"reverse charge"*).

Acresce que a adaptação do IVA à sociedade de informação já exigiu algumas importantes decisões, em particular, através das seguintes directivas:[87]

- Directiva 1999/59/CE, de 17 de Junho de 1999, respeitante ao regime aplicável aos serviços de telecomunicações;[88]
- Directiva 2001/115/CE, de 20 de Dezembro de 2001 que visou simplificar, modernizar e harmonizar as condições aplicáveis à facturação em matéria de IVA que adita o artigo 22.º-A da 6ª D;[89]
- Directiva 2002/38/CE, do Conselho, de 7 de Maio de 2002, relativa ao regime aplicável aos serviços de radiodifusão e televisão e a determinados serviços prestados por via electrónica.[90]

A Comissão intenta progredir nesta direcção, com a revisão das regras aplicáveis às prestações de serviços internacionais (à distância). Para tal, apresentou uma proposta relativa ao lugar das prestações de serviços efectuados entre sujeitos passivos (B2B), modificada posteriormente para incluir a revisão das regras relativas ao lugar das prestações de serviços efectuadas entre empresas e consumidores finais (B2C). Na calha está ainda a revisão das regras de isenção aplicadas hoje aos serviços financeiros, aos serviços de interesse público e de exclusão dos organismos públicos do campo de aplicação do IVA.

---

[87] Para maiores desenvolvimentos, vide Clotilde Celorico Palma (2005), p. 66 e ss.

[88] JOCE L 162, de 26 de Junho de 1999.

[89] JOCE L 15, de 17 de Janeiro de 2002.

[90] JOCE L 128, de 15 de Maio de 2002. Este regime é aplicável durante um período de três anos a contar de 1 de Julho de 2003. Não existindo acordo quanto à sua substituição, o regime foi prorrogado até 31 de Dezembro de 2008.

5.3.2 Em sede de IEC e de outros impostos indirectos

Em 2003, foi aprovada uma directiva sobre a tributação dos produtos energéticos e sobre a electricidade, motivada em parte, pela necessidade de a Comunidade cumprir os compromissos do Protocolo de Kyoto, ratificado pelo Conselho em 11 de Dezembro de 1997.[91] Esta directiva substitui as regras existentes sobre a tributação dos óleos minerais e prescreve um mínimo de imposição para os produtos nela considerados.

Neste momento está em discussão no Conselho uma proposta de directiva apresentada pela Comissão em 2005 relativa à tributação aplicável aos veículos ligeiros de passageiros, com o duplo objectivo de melhorar o funcionamento do mercado interno e de executar a estratégia da União para diminuir as emissões de CO2 deste tipo de veículos.[92]

Uma outra proposta relativa à reformulação da directiva sobre os *droit d'apport* (que, como vimos, incidem sobre as entradas de capitais às sociedades de capitais), no sentido da sua progressiva supressão, está igualmente em preparação.

6. Notas finais

No plano *orçamental*, não existe um verdadeiro federalismo financeiro. No entanto, assistimos, depois da introdução do euro, a uma forte compressão da soberania orçamental dos EM que, a juntar aos demais limites existentes em outras áreas, constrange a acção política dos diversos governos, independentemente da sua orientação político-ideológica. Mesmo governos que possam

---

[91] Directiva do Conselho 2003/96/CE, de 27 de Outubro, publicada no JO L 283 de 31 de Outubro de 2003 (alterada em 2004 para adaptar-se aos novos EM).

[92] Cf. documento COM (2005) 261 final, de 5 de Julho de 1997. Vide ainda a Comunicação da Comissão sobre *A Tributação dos Veículos de Passageiros na União Europeia*, COM (2002) 431 final, de 6 de Setembro de 2002. Sobre o tema, Filipe R. Figueiredo, (2006), p. 197 e ss.

discordar de certas medidas já aprovadas são forçados ao seu cumprimento, pois os compromissos são dos EM e não dos Governos. A política (a intervenção dos parlamentos nacionais, a definição de alternativas, etc.) tende a ser desvalorizada face à gestão tecnocrática (onde a questão é a de saber como melhor atingir objectivos que, no essencial, são definidos externamente, embora com a participação dos executivos nacionais). Um dos máximos expoentes desta gestão são as formas de *soft law* (como os códigos de conduta ou de boas práticas), questionáveis numa Comunidade de direito, pois são insusceptíveis de sindicância judicial. O perigo é o do progressivo alheamento dos cidadãos do espaço público. Mas muitos olharão este fenómeno, não como um perigo, mas como uma virtude do sistema.

No campo da *fiscalidade*, a política comunitária tem oscilado entre o dirigismo liberal – uma intervenção em nome da neutralidade na construção do mercado interno – e a não intervenção, em nome da preservação da acção autónoma dos EM. Centralização e descentralização são assim as duas faces da acção comunitária, nomeadamente das estratégias fiscais da Comissão. A centralização (harmonização) tem prevalecido na tributação indirecta; a descentralização na directa. Mas, pelo menos, na definição dos níveis de taxas, é, em teoria (dada a pressão da concorrência fiscal), grande a margem de manobra dos EM.

Neste panorama, é inegável que Portugal tem revelado maiores dificuldades com a questão orçamental do que com a questão fiscal. Provam-no, de um lado, as dificuldades que sucessivos governos têm tido de dar cumprimento ao PEC e, por outro, o razoável êxito com que tem absorvido o direito fiscal europeu legislado. Mesmo a administração fiscal tem tirado vantagem de um maior contacto com as suas congéneres europeias.

No entanto, também neste plano, o perigo é o do insuficiente acompanhamento das questões comunitárias por parte dos executivos, do parlamento, dos cidadãos e das empresas e suas associações. Impõe-se uma atitude mais pró-activa quando se discutem as novas tendências da fiscalidade comunitária, nomeadamente da fiscalidade directa.

De facto, a estratégia da Comissão, na fase actual, parece privilegiar, neste domínio, o recurso a formas mais avançadas de coordenação fiscal e, em alguns casos, mesmo de harmonização. Existe uma forte pressão das empresas europeias e de certos meios académicos e profissionais para a prossecução da reforma da tributação das empresas. Para já, a Comissão tenta dar resposta através da criação de um grupo de trabalho para análise dos principais problemas que essa reforma suscitaria e da instituição de um projecto piloto quanto à aplicação do modelo da *home state taxation*.

Embora exista o obstáculo da unanimidade, não podemos esquecer que hoje é possível que a aplicação das propostas da Comissão seja efectuada num quadro de geometria variável, desde que, pelo menos, oito EM as consigam aprovar ao abrigo da cooperação reforçada prevista no Tratado.

Por fim, um outro factor muito importante de convergência (induzida) dos sistemas fiscais dos EM que convém ter presente é o que decorre da jurisprudência comunitária (a chamada "harmonização" judicial), em particular, quando o TJCE decide ao abrigo do mecanismo das questões a título prejudicial suscitadas em diferendos em que intervêm particulares ou em processos instaurados pela Comissão contra os EM.

De facto, a jurisprudência comunitária tem uma enorme influência (jurídico-política) sobre a evolução do direito fiscal comunitário, quase idêntica à que resultaria da existência de uma regra de precedente judiciário. Diversos factores contribuem para tal: o facto de o TJCE condensar várias funções jurisdicionais (incluindo a "constitucional"); o facto de o TJCE gozar do monopólio da interpretação do direito comunitário; o facto de o TJCE ter, na prática, imposto o princípio do primado do direito comunitário (qualquer que seja a sua fonte) sobre os direitos nacionais (incluindo os constitucionais); o facto de o TJCE aplicar a lei com base em métodos interpretativos (método teleológico e método sistemático) que privilegiam o aprofundamento dos objectivos (políticos) da União; enfim, o facto de a prática da Comissão ser, frequentemente, no sentido de induzir o respeito de tais decisões (reduzindo o seu carácter de "harmonização fragmentada") através de recomendações dirigidas aos EM, se não mesmo, de as impor pelo recurso à via judicial.

Muitos são assim os acórdãos inovadores do TJCE em matéria fiscal, visando aprofundar a integração negativa e o mercado interno, que fazem com que este assuma uma função quase normativa. Sem preocupação de exaustividade, são de salientar as múltiplas decisões que têm por fundamento a aplicação à fiscalidade (e parafiscalidade) de uma leitura extensiva do princípio da não discriminação (podendo, dentro de certas condições, abranger as discriminações dissimuladas como as existentes em função da residência), do regime dos auxílios de Estado e das regras relativas aos direitos económicos fundamentais (livre circulação de mercadorias, de trabalhadores, de prestadores de serviços, de capitais, livre estabelecimento de empresas).[93]

Por esta via, utilizada sobretudo em momentos em que se verifica uma crise do movimento harmonizador, dá-se igualmente uma forte compressão do princípio da soberania fiscal dos Estados membros.

Bibliografia

AFONSO, A. Brigas (2000), *Código dos Impostos Especiais de Consumo Anotado e Actualizado*, Lisboa: Rei dos Livros

ALEXANDRE, Mário (1993), "O regime do IVA nas transacções intracomunitárias de bens", *Colóquio sobre A Internacionalização da Economia e a Fiscalidade*, XXX Aniversário do Centro de Estudos Fiscais, Lisboa: DGCI

ANDRADE, F. Rocha (2002), "Concorrência fiscal internacional na tributação dos lucros das empresas" in *Boletim de Ciências Económicas*, Faculdade de Direito da Universidade de Coimbra, vol. XLV

---

[93] Vide, a título de exemplo, os casos referidos por Patrícia Noiret Cunha (2006).

ANDRADE, F. Rocha (2001), "Concorrência fiscal e concorrência fiscal prejudicial na tributação directa do capital", in *Boletim de Ciências Económicas*, Faculdade de Direito da Universidade de Coimbra, vol. XLIV

AZEVEDO, Maria Eduarda (1987), "A política comunitária de "accises" e a adesão de Portugal às Comunidades Europeias", *Revista da Ordem dos Advogados*, ano 47, Set.

BARBOSA, A. Pinto (coord.) (1998), *O Impacto do Euro na Economia Portuguesa*, Lisboa: Ministério das Finanças

BASTO, J. Xavier de (2005), "O IRS na Reforma Fiscal e 1988/1989", in Associação Fiscal Portuguesa/ Instituto de Direito Económico, Financeiro e Fiscal da Faculdade de Direito de Lisboa, *15 Anos da reforma Fiscal de 1988/89, Jornadas de Homenagem ao Professor Doutor Pitta e Cunha*, Coimbra: Almedina

BASTO, J. Xavier de (1993), "1993 e a abolição das fronteiras fiscais", in Associação dos Administradores Tributários Portugueses, *A Fiscalidade no Espaço Comunitário de 1993*, Lisboa: Rei dos Livros

BASTO, J. Xavier de (1991), *A Tributação do Consumo e a sua Coordenação Internacional*, Cadernos de Ciência e Técnica Fiscal, n.º 164, Lisboa: CEF/DGCI

BASTO, J. Xavier de Basto (1987), "Perspectivas de evolução do Imposto sobre o Valor Acrescentado em Portugal" in *Estudos em Homenagem ao Prof. Doutor António de Arruda Ferrer Correia*, Coimbra

BASTO, J. Xavier de (1981), "A adopção por Portugal do Imposto sobre o Valor Acrescentado (IVA) da Comunidade Económica Europeia", in *Comunicações* 1, da Faculdade de Economia da Universidade de Coimbra, Coimbra

CAMPOS, D. Leite de (1999), "A harmonização fiscal na CEE", in *O Direito Comunitário e a Construção Europeia* (Colóquio), Coimbra: FDUC/Coimbra Editora

CARP, Rui (2004), "Fiscalidade e Orçamento Comunitários", in A. Romão (org.), *Economia Europeia*, Oeiras: Celta Editora, 2004

CARREIRA, H. Medina (2001), *Portugal, a União Europeia e o Euro: Ensaio sobre a Tributação e a Despesa Pública*, Lisboa: LEX/FISCO

CARREIRA, H. Medina (1989), *Uma reforma fiscal falhada*, Lisboa: Editorial Inquérito
CARREIRA, H. Medina (1984), *A Situação Fiscal em Portugal*, Parede: AIP/AIP/ACIC
CATARINO, João R. (1999), *Para uma Teoria Política do Imposto*, Lisboa: CEF/DGCI (Cadernos de Ciência e Técnica Fiscal n.º 184)
CORREIA, Arlindo (1989), "Notas sobre a situação actual da harmonização fiscal na CEE no domínio dos impostos indirectos", in *Ciência e Técnica Fiscal*, n.º 354
CUNHA, Patrícia Noiret (2006), *A Tributação Directa na Jurisprudência do Tribunal de Justiça das Comunidades Europeias*, Coimbra: Coimbra Editora
CUNHA, P. Pitta e (1996), *A Fiscalidade dos anos 90 (Estudos e Pareceres)*, Coimbra: Almedina
CUNHA, P. Pitta e (1989), *A Reforma Fiscal*, Lisboa: Dom Quixote
DUARTE, G/ ESTEVES, R e SANTOS, J. G. (1985), *O Sistema Fiscal Português Face à Integração Europeia*, Lisboa: INCM/IED
DOURADO, Ana Paula (2000) "A proposta de directiva de tributação da poupança numa perspectiva de direito tributário internacional", in Administração Geral Tributária, *Colóquio: Os Efeitos da Globalização na Tributação do Rendimento e da Despesa*, Lisboa: Ministério das Finanças (Cadernos de Ciência e Técnica Fiscal n.º 188)
DOURADO, Ana Paula (1996), *A Tributação dos Rendimentos de Capitais: A Harmonização na Comunidade Europeia*, Lisboa: DGCI/CEF (Cadernos Ciência e Técnica Fiscal n.º 175)
DOURADO, Ana Paula (1992), "A harmonização dos impostos sobre as sociedades na CEE. A situação da legislação nacional perante o direito comunitário", *Fisco*, 43/44, Junho
ESTEVES, R./ DOMINGUES, O./ FIGUEIRA, C./ MARTINS, A,/ MARTINS, L. (1983), *O Impacto do IVA na Economia Portuguesa*, Lisboa: Comissão do IVA/ IACEP– GEBEI
FAUSTINO, Manuel (2005), "A Directiva da fiscalidade da poupança no âmbito da UE – alguns aspectos", *Fiscalidade*, n.º 22.

FAUSTINO, Manuel (2003), *IRS de Reforma em Reforma*, Lisboa: Áreas Editora
FERREIRA, Eduardo Paz (2002), "Aspectos de harmonização fiscal europeia", *Fisco*, n.º 105-106
FIGUEIREDO, Filipe R. (2006), "A tributação automóvel na União Europeia (Reflexões em torno de uma tentativa de harmonização fiscal do sector), in *Homenagem a José Guilherme Xavier de Basto*, Coimbra: Coimbra Editora, 2006
FRANCO, Sousa (1979), "Sistema Financeiro e Constituição Financeira no Texto Constitucional de 1976", in MIRANDA, Jorge (coord.), *Estudos sobre a Constituição*, 3º vol., Lisboa: Petrony
FRANCO, Sousa/ SANTOS, A. Carlos dos. (coord./org.) (1998), "Estruturar o Sistema Fiscal do Portugal Desenvolvido – Relatório de Apoio à Resolução do Conselho de Ministros sobre os Quadros Gerais para a Reforma Fiscal no Limiar do Século XXI", in Ministério das Finanças, *Textos Fundamentais da Reforma Fiscal para o Século XXI*, Coimbra: Almedina
GUIMARÃES, Vasco (2005), "A Reforma Fiscal de 1989 (Uma visão por dentro)", Associação Fiscal Portuguesa / Instituto de Direito Económico, Financeiro e Fiscal, *15 Anos da reforma Fiscal de 1988/89, Jornadas de Homenagem ao Professor Doutor Pitta e Cunha*, Coimbra: Almedina
LAIRES, A. Campos (1986), "IVA – Primeiro passo de uma reforma", *Revista da Administração Pública*, n.º 32
LEITÃO, J. Menezes (2000), "A proposta de directiva de tributação dos rendimentos da poupança sob a forma de juros: Estudo de direito fiscal europeu proposto", in Administração Geral Tributária, *Colóquio: Os Efeitos da Globalização na Tributação do Rendimento e da Despesa*, Cadernos de Ciência e Técnica Fiscal 188, Lisboa: Ministério das Finanças
LEITÃO, L. Menezes (1999), "Evolução e Situação da Reforma Fiscal", in *Estudos de Direito Fiscal*, Coimbra: Almedina
LEMOS, M. Teresa Graça (1983), "A adopção do IVA no quadro da adesão à CEE" in CISEP, *Evolução Recente e Perspectivas de Transformação da Economia Portuguesa*, Lisboa: ISEG, vol. IV

LEMOS, M. Teresa Graça (1982), "Algumas considerações sobre a adopção do IVA comunitário", Separata do *Boletim do Ministério da Justiça* n.º 9 e *Ciência e Técnica Fiscal*, n.º 247/249

LIMA Emanuel Vidal (2003), *IVA, Imposto sobre o Valor Acrescentado, Comentado e Anotado*, Porto: Porto Editora

LOPES, A. Calado (2006), *Governação Económica da União Europeia e o Tratado Constitucional proposto*, Lisboa: Tribuna

LOUSA, Maria dos Prazeres (1984), "Considerações sobre os efeitos redistributivos do Imposto sobre o Valor acrescentado", *Ciência e Técnica Fiscal*, n.º 307-309

MAGALHÃES, Luís (2005), "O IRC no contexto internacional", in Associação Fiscal Portuguesa/Instituto de Direito Económico, Financeiro e Fiscal, *15 Anos da reforma Fiscal de 1988/89, Jornadas de Homenagem ao Professor Doutor Pitta e Cunha*, Coimbra: Almedina

NABAIS, J. Casalta (2005), *Por um Estado Fiscal Suportável – Estudos de Direito Fiscal*, Coimbra: Almedina

NABAIS, J. Casalta (1998), *O Dever Fundamental de Pagar Impostos*, Coimbra: Almedina

NUNES, Anabela (2005), "A Reforma Fiscal da Nova República Democrática", in Valério, Nuno et al., *Os Impostos no Parlamento Português, Sistemas Fiscais e Doutrinas Fiscais nos Séculos XIX e XX*, Lisboa: Dom Quixote, 2005

OECD (1998) *Harmful Tax Competition, – an Emerging Global Issue*, Paris.

PALMA Clotilde Celorico (2005), "A harmonização comunitária do imposto sobre o valor acrescentado – Quo Vadis?, *Revista de Ciências Empresariais e Jurídicas*, n.º 5.

PALMA, Clotilde Celorico (2004), *Introdução ao Imposto sobre o Valor Acrescentado*, Coimbra: Almedina

PALMA, Clotilde Celorico (1998), *O IVA e o Mercado Interno, Reflexões sobre o Regime Transitório*, Lisboa: DCGI/CEF (Cadernos de Ciência e Técnica Fiscal n.º 178)

PEREIRA, M. H. Freitas, (1998), "Concorrência fiscal prejudicial – O Código de Conduta na União Europeia", *Ciência e Técnica Fiscal*, n.º 390

PEREIRA, M. H. Freitas (1993), "Fiscalidade das empresas e harmonização fiscal comunitária", in *A Internacionalização da Economia e a Fiscalidade* (Colóquio), Lisboa: CEF/DGCI

PEREIRA, Paula Rosado (2004), *A Tributação das Sociedades na União Europeia, Entraves Fiscais ao Mercado Interno e Estratégias de Actuação Comunitária*, Coimbra: Almedina

PEREIRA, P. T./ AFONSO, A./ ARCANJO, M./ SANTOS, J. C. G. (2005), *Economia e Finanças Públicas*, Lisboa: Escolar Editora

PINHEIRO, Gabriela (1998), *A Fiscalidade Directa na União Europeia*, Porto: UCP

PIRES, Manuel (1993), "Harmonização fiscal face à internacionalização da economia: experiências recentes", in *A Internacionalização da Economia e a Fiscalidade*, Lisboa: CEF/DGCI

PIRES, Manuel (1978), "A Constituição de 1976 e a fiscalidade", in MIRANDA, J. (coord.), *Estudos sobre a Constituição*, vol. II, Lisboa: Petrony

PORTO. M. Lopes (2006), *O Orçamento da União Europeia. Perspectivas Financeiras para 2007-2013*. Coimbra: Almedina

PORTO, M. Lopes (1984), "A Integração na CEE e a Reforma do Sistema Fiscal Português", separata do Boletim da Faculdade de Direito de Coimbra – *Estudos em Homenagem ao Prof. Doutor Ferrer Correia*

RIBEIRO, Teixeira (1985), *A Reforma Fiscal*, Coimbra: Coimbra Editora.

SANCHES, J. L. Saldanha (1991), *Princípios Estruturantes da Reforma Fiscal*, Lisboa: Fisco

SANTOS, J. Albano (2004), *Teoria Fiscal*, Lisboa: ISCSP

SANTOS, A Carlos (2005), "Novos rumos da tributação das empresas na União Europeia?", *TOC, Jornal da Câmara dos Técnicos Oficiais de Contas*, ano VI, n.º 50.

SANTOS, A. Carlos (2003 a), "A posição portuguesa face à regulação comunitária da concorrência fiscal", in APCF/FISCO, *Planeamento e Concorrência Fiscal Internacional*, Lisboa: LEX

SANTOS, A. Carlos (2003 b), *Auxílios de Estado e Fiscalidade*, Coimbra: Almedina

SANTOS, A Carlos dos (1993), "Integração europeia e abolição das fronteiras fiscais: do princípio do destino ao princípio da origem", in *Ciência e Técnica Fiscal*, n.º 372.

SANTOS, A. Carlos dos (1992) "IVA e mercado interno: as aquisições intracomunitárias de bens", in *Fisco* n.º 42.

SANTOS, A. Carlos dos/ ALEXANDRE, Mário (2000), "O IVA comunitário na encruzilhada: Rumo a um novo sistema comum?", *Ciência e Técnica Fiscal*, n.º 397

SANTOS, A. Carlos/ PALMA, Clotilde Celorico (1999), "A regulação internacional da concorrência fiscal prejudicial", *Ciência e Técnica Fiscal* n.º 395, Lisboa

SANTOS, A. Carlos dos/ PINTO, M. Silva (1995), "O IVA nas operações do comércio externo após 1 de Janeiro de 1993", in *Estudos de Gestão*, vol. II, n.º 1.

SANTOS, A Carlos dos/ PINTO, M. Silva (1994), *Legislação do IVA Anotada, Comentários ao Regime das Operações Intracomunitárias*, Coimbra: Almedina

SANTOS, J. Costa (coord.) e al. (1998), "Relatório sobre as perspectivas da reforma da Lei de Enquadramento do Orçamento de Estado", *Reforma da Lei do Enquadramento Orçamental. Trabalhos Preparatórios e Anteprojecto*, Lisboa: Ministério das Finanças

TEIXEIRA, Manuela Duro (2005),"A transposição da "Directiva da Poupança" por Portugal – Algumas questões", *Ciência e Técnica Fiscal* n.º 415

VASQUES, Sérgio (2001), *Os Impostos Especiais de Consumo*, Coimbra: Almedina

VASQUES, Sérgio (1999), *Os Impostos do Pecado, o Álcool, o Tabaco, o Jogo e o Fisco*, Coimbra: Almedina

Capítulo 12

O Investimento Directo Estrangeiro

Joaquim Ramos Silva

Em termos de investimento directo estrangeiro (IDE), a economia portuguesa em apenas duas décadas, posteriores à sua adesão à Comunidade Europeia, passou por grandes transformações, designadamente tornando-se não só uma importante receptora, mas também emissora. Apesar de falhas e atrasos históricos que não foram totalmente recuperados como destino de IDE, é claro que esta relação, assumindo novas configurações que vão no sentido da maturidade, criou para a economia portuguesa e as suas empresas mais oportunidades. Assim, atendendo ao período estabelecido, impõe-se uma abordagem deste processo em todas as suas dimensões.

Neste capítulo, em primeiro lugar, focamos as tendências gerais que caracterizaram esta importante relação com o exterior que, durante as últimas décadas, se tornou central para muitas economias abertas; em segundo lugar, a ênfase vai para alguns dos mais relevantes aspectos do investimento directo estrangeiro em Portugal (IDEP), como a sua inserção mundial, o enquadramento institucional e a origem; em terceiro lugar, segue-se, em moldes semelhantes, uma apresentação do investimento directo português no exterior (IDPE) que só a partir de meados dos anos 90 emergiu com valores estatisticamente significativos; em quarto lugar, faz-se uma breve interpretação da posição da economia portuguesa face ao IDE no seu conjunto, entrado e saído, no contexto da teoria do ciclo de desenvolvimento do investimento; finalmente, destacam-se algumas conclusões da análise precedente.[1]

À guisa de nota prévia deve-se sublinhar que, no estudo empírico que se vai seguir, vamos principalmente utilizar os fluxos anuais, de uma forma discriminada ou acumulada, disponibilizados pelo Banco de Portugal (BP) e UNCTAD. Estas séries têm algumas limitações, em parte referidas no texto, sobretudo quando passamos ao detalhe; por exemplo, ao nível da origem ou destino dos fluxos na medida em que as empresas podem canalizar os seus investimentos através de subsidiárias situadas noutros países ou porque há uma certa osmose entre o IDE e outros fluxos correntes e financeiros registados na balança de pagamentos. Assim, o recurso às séries oficiais de IDE, mesmo quando recolhidas de acordo com as normas internacionais, é muitas vezes complementado por outras informações como inquéritos directos às empresas, estudos de caso e de âmbito regional, etc., com vista a obter uma visão bem mais completa de tudo o que está em jogo no processo. Acontece que, no caso português, esta segunda via está ainda pouco desenvolvida, designadamente

---

[1] Na medida em que o leitor poderá não estar familiarizado com a terminologia que envolve o estudo estatístico do investimento directo estrangeiro, torna-se necessário previamente esclarecer alguns termos que vão ser utilizados (fonte: Banco de Portugal, para detalhes concretos ver anexo a este capítulo). Começando pelo IDEP, ele pode ter duas dimensões: bruto e líquido. No primeiro caso, corresponde à coluna de crédito da rubrica "investimento do exterior em Portugal" que integra a balança financeira, componente da balança de pagamentos. O IDEP líquido (ou saldo), por seu turno, corresponde à diferença entre as colunas de crédito e débito da referida rubrica. As mesmas dimensões existem para o IDPE, cujo registo é feito na rubrica "investimento de Portugal no exterior", mas agora, bruto corresponde à coluna de débito, e líquido (ou saldo) à diferença entre débito e crédito. Mais ainda, o termo desinvestimento vai ser duplamente utilizado, quer para o IDEP (coluna de débito, ou seja, saída de investimentos externos de Portugal), quer para o IDPE (desta vez, coluna de crédito, ou seja, retirada de investimentos portugueses do exterior), mas dependendo do contexto, cremos, a sua compreensão não levantará problemas.

para o IDPE. Portanto, na apreciação da parte empírica deste estudo, se pretendemos um retrato fiel do IDE *em* e *de* Portugal,[2] estas reservas não podem deixar de ser tidas em consideração.

Panorama geral

No que diz respeito ao IDEP líquido na sua relação com o PIB (cf. saldo da figura 1), os primeiros anos após a adesão testemunharam o seu forte aumento gradual atingindo mesmo um auge histórico em 1990, só ultrapassado em 2000-01. De facto, no limiar dos anos 90, a tendência para a alta deste indicador foi travada e as elevadas médias de 1989-91 (3.6% do PIB), nunca mais foram atingidas à excepção daqueles dois anos posteriores. Isto não quer no entanto dizer que o IDEP em termos brutos não tenha continuado a progredir, antes pelo contrário, depois de 1998, ele atingiu sempre valores da ordem de dois dígitos (com um máximo de 23.3% do PIB em 2000; cf. anexo), mas, a partir de 1995, o desinvestimento do exterior em Portugal começou também rapidamente a subir, e, embora o saldo entre as duas rubricas tenha sido positivo em todos os anos, situou-se, em média, a níveis relativamente baixos (2.5% do PIB em 1996-2005), comparando com o auge do processo anterior. Outro indicador desta queda é a descida muito acentuada da taxa de permanência do IDEP – rácio entre o investimento líquido (saldo) e o investimento bruto – de 78.5% em 1986-1995 para 16.7% em 1996-2005 (cf. anexo).

---

[2] Alguns dos tópicos que podem ser explorados nas estatísticas oficiais, mas que não desenvolveremos aqui, ou apenas afloramos, – tipo de operação, rendimentos, regimes contratuais –, são tratados para o período 1995-2000 em DPP, 2003.

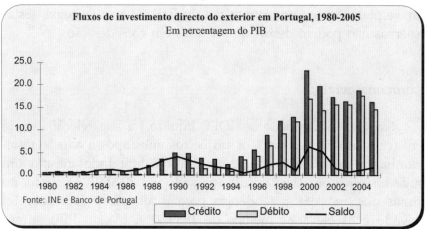

Figura 1

Fluxos de investimento directo do exterior em Portugal, 1980-2005
Em percentagem do PIB

Fonte: INE e Banco de Portugal

Crédito — Débito — Saldo

Estas constatações iniciais merecem alguns comentários. Note-se que, nas décadas que antecederam 1986, houve fraca intensidade do investimento estrangeiro, apesar de se terem verificado dois períodos em que o IDEP conheceu um certo aumento, respectivamente, a partir dos começos dos anos 60 (até 1973) e dos anos 80. Em primeiro lugar, há que ter em conta as restrições do Estado Novo, em particular a Lei de Nacionalização dos Capitais de 1943,[3] cuja lógica de desincentivo só começou a ser seriamente posta em causa com a adesão à Associação Europeia de Comércio Livre (EFTA) em 1960,[4] tendo o Código de Investi-

---

[3] Segundo Salgado de Matos, esta lei "reservava a empresas portuguesas a exploração de serviços públicos, as actividades em regime exclusivo, e *outras finalidades que interessem profundamente à defesa do Estado ou à economia da nação*" (1996: 492). Para o mesmo autor, a lei de nacionalização de capitais "simbolizava um espírito de nacionalismo mas a sua efectividade era reduzida, nomeadamente por nunca ter havido definição legal dos ramos de actividade" que correspondessem àquela situação (id.). Seja como for, no início dos anos 70, isto é, no final do anterior regime, Portugal tinha padrões de IDE entrado claramente inferiores aos de Espanha e de outros países da Europa do Sul (Silva, 1990: 103; Mateus, 2001: 99).

[4] Apesar da EFTA ter apenas criado uma área de comércio livre e, portanto, não ter liberalizado os movimentos de factores, como é o caso do IDE, na

mento Estrangeiro de 1965 criado um regime mais favorável à sua vinda. Em segundo lugar, por causa da instabilidade política e económica nos anos imediatamente após o 25 de Abril de 1974, factor que só começou a ser ultrapassado após o pedido de adesão à CEE em 1977. Assim, *o forte crescimento do IDEP entre 1987 e 1991*, quando este fluxo, em termos líquidos, subiu de uma maneira sustentada para valores acima de 1% do PIB,[5] merece ser referido, após décadas de relação difícil e hesitante, como qualquer coisa de novo para a economia portuguesa num contexto mais consequente de abertura ao exterior e de maior estabilidade macroeconómica e institucional.

No que ainda diz respeito ao IDEP líquido na sua relação com o PIB, o aspecto mais desfavorável está todavia no facto de, após o começo dos anos noventa, ter abrandado em termos relativos, não acompanhando o excepcional crescimento do IDE à escala mundial registado até 2000, tópico que aprofundaremos no ponto seguinte. Assim, no conjunto do período de adesão, assistimos primeiro a uma fase de crescimento que teve o seu auge no início dos anos 90, seguida por outra, relativamente mais longa até 2005, de desaceleração e estagnação, ainda que contrariada em 2000-01.

Quanto ao IDPE, embora mais recentes, as mudanças não foram de menor relevo, pois, ao longo do século XX, quase não havia experiência de investimento português no exterior fora dos espaços coloniais, pelo menos em volumes estatisticamente significativos. Como se pode conferir na figura 2, o IDPE, partindo de um patamar muito baixo, iniciou um período de crescimento lento nos anos logo após a adesão, e só em 1996 ultrapassaria pela

---

prática, permitindo um mais livre estabelecimento das empresas dos outros países membros, conduziu ao incremento destes fluxos, em particular das actividades de deslocalização.

[5] Excepção feita aos anos 1984-85 em que isso já aconteceu (cf. anexo), mas este movimento particular, como argumentamos mais adiante, deve ser integrado na tendência inicial que estamos a referir. Para uma análise gráfica da relação IDEP/PIB desde 1958 até ao final dos anos 80, veja-se Silva, 1990: 104.

primeira vez, em termos brutos, 1% do PIB (cf. anexo), crescendo acentuadamente em 1996-2005, período para o qual dispomos de uma série consistente em termos metodológicos,[6] e em que superaria em valores líquidos o IDEP (ver linha de fluxos "duplamente líquidos" da figura 3). O saldo do IDPE passou mesmo, em média, de 0.2% do PIB em 1986-1995 para 3.1% em 1996-2005, e a sua taxa de permanência diminuiu entre os dois períodos, de 75.3% para 42.1%, portanto bastante menos do que para o caso do IDEP visto atrás (cf. anexo).

Figura 2

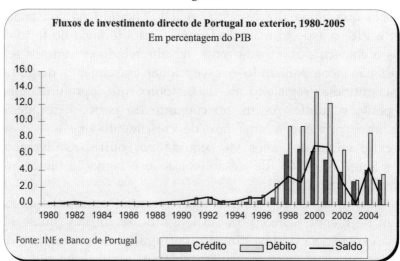

Assim, tal como a generalidade dos parceiros europeus, sobretudo no contexto da UE-15, Portugal tornou-se simultaneamente receptor e emissor de IDE. Para além de outros aspectos, abriu-se

---

[6] A seguir, na análise de vários tópicos, utilizaremos esta série, que inclui lucros reinvestidos nos fluxos de IDE e é facilmente acessível em www.bportugal.pt. Para um estudo mais completo da primeira dezena de anos na Comunidade, do ponto vista duplo adoptado aqui, consultar Mendonça, 1997.

assim um novo campo de acção para as suas empresas e diplomacia económica, não obstante o défice histórico que possa haver em termos de IDE entrado.[7] Importa sublinhar que esta evolução potenciava a internacionalização da economia portuguesa, em particular das suas empresas, dotando-a de uma dimensão característica das economias modernas e avançadas, designadamente na Europa. Pode-se discutir se este desenvolvimento ocorreu em articulação com outros fluxos, em particular com o comércio,[8] ou se os desafios que ele impôs foram ou não vencidos ao nível da internacionalização das empresas (por exemplo, a fraca presença de uma sólida base financeira e bancária), mas não restam dúvidas que corresponde a uma tendência geral, embora não linear, das economias europeias, que mais cedo ou mais tarde se manifestaria também para o caso português. É todavia justo sublinhar que a anemia interna em que a economia portuguesa tem, grosso modo, vivido desde 1993, não deixava muitas outras alternativas às empresas se não saírem com os seus capitais para o exterior, ainda que um hipotético maior crescimento, à luz das tendências mundiais, as levasse provavelmente pelo mesmo caminho, até de uma forma mais sólida e vigorosa.

Portanto, o período em que Portugal integrou a União Europeia foi marcado por duas grandes mudanças na relação da economia portuguesa com o IDE que ressaltam sobretudo se forem vistas numa perspectiva de longo prazo (no pós-guerra, por exemplo): 1) tornou-se uma importante receptora, posto que, pela primeira vez, este fluxo teve uma penetração profunda de

---

[7] Referimo-nos sobretudo aos mais baixos níveis de IDE e a posições institucionais mais timoratas nas décadas que antecederam a adesão, relativamente a países como a Espanha ou a Irlanda.

[8] Sem com isto querermos dizer que, necessariamente, há ou deva haver relação entre os fluxos de IDE e comércio. A literatura da especialidade já identificou muitas situações possíveis, desde permutação, a estreita associação ou a inexistência de relação significativa, mas não é aqui o espaço para se discutir em profundidade esta questão (veja-se por exemplo, Silva, 2002a: 53-58).

uma forma duradoura; 2) passou ela própria a investir de modo significativo no exterior, um fluxo que ainda tinha sido menos expressivo, nas décadas que antecederam os anos 90. No período sob análise, a evolução das duas tendências, em termos de fluxos líquidos, pode ser visualizado na figura 3. A sua observação mostra facilmente que a partir de 1998, o IDPE (B) supera, no conjunto, o IDEP (A), isto é, as saídas líquidas de capitais superam as entradas (a linha dos fluxos "duplamente líquidos" A-B, torna-se negativa).

Figura 3
Fluxos líquidos do IDEP e do IDPE, 1980-2005

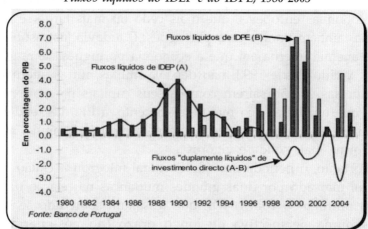

Tendo em conta estes desenvolvimentos, que tiveram como consequência um novo posicionamento internacional da economia portuguesa, com maiores ligações ao exterior num domínio fundamental, importa agora abordar outros aspectos destes fluxos, como a sua inserção mundial, o enquadramento institucional em que evoluíram, os principais países e regiões de origem e destino, os sectores mais representativos que neles participaram. É o que fazemos em seguida.

O Investimento Directo do Exterior em Portugal

Como se referiu, a evolução do IDEP líquido desde 1986 até 2005 dividiu-se assimetricamente, constatando-se primeiro o seu aumento progressivo, que começou no dealbar da década de 80, isto é alguns anos antes da adesão,[9] e teve o seu apogeu em 1989-91, e depois, uma fase mais longa em que este foi perdendo força relativa e se manteve, de uma forma geral, em níveis claramente mais baixos do que o máximo anterior.

Tem especial interesse começar a análise deste fluxo comparando-o com as tendências mundiais, pois como se sabe, o período 1985-2000 foi de uma forma geral caracterizado por um "boom" sem precedentes do IDE, tendo-se mesmo tornado segundo alguns autores a principal via de integração da economia mundial, designadamente tendo em conta o papel desempenhado pelas firmas multinacionais (Kleinert, 2004). Desde 2001, os níveis de IDE internacional baixaram, mas, ainda assim, têm-se mantido muito acima da média das décadas anteriores.

Através dos dados da UNCTAD, é possível avaliar a posição portuguesa numa perspectiva internacional a partir dos gráficos da figura 4.[10] O primeiro, fluxo de IDE para Portugal (em milhões de USD correntes), mostra-nos uma evolução com duas bossas: uma em 1990-91 e outra em 2000-01,[11] mas, no fundo,

---

[9] É interessante assinalar este facto pois até 1986, a já referida instabilidade económica e política persistiu (Acordos com o FMI de 1978 e 1983, mudanças frequentes de governos, etc.), mas, o IDEP, um tanto à margem destas conjunturas, cresceu claramente, o que, no nosso entender, se deve à força das percepções estratégicas dos investidores estrangeiros.

[10] No momento em que escrevemos ainda não estão disponíveis os dados definitivos da UNCTAD para 2005.

[11] Não esquecer que a segunda metade da década de 90 foi uma época alta das privatizações em Portugal e que as tomadas de posição financeira por parte do capital estrangeiro foram por vezes significativas neste contexto (aqui há que distinguir dos investimentos de carteira, neste caso, a aquisição de mais de 10% do capital de uma empresa de um dado país por uma entidade estran-

não acrescenta nada de novo ao que se disse atrás.[12] O segundo ilustra a evolução do total mundial do IDE em 1985-2004, confirmando a grande expansão já referida e a inflexão em 2001. É o terceiro gráfico que, claramente, tem mais interesse para a nossa análise. Ele evidencia a acentuada queda da participação portuguesa nos fluxos mundiais (entradas) a partir do início da década de 90, pois os picos de 1989-1992 nunca mais foram atingidos até agora; nem mesmo os anos de 2000-01 alteram a situação. Isto é, a economia portuguesa revelou-se pouco atractiva no período de grande expansão do IDE mundial, como aliás já tinha sido sugerido pela leitura do indicador taxa de permanência do IDEP. Não é aqui o lugar para aprofundar a questão, mas convém assinalar o facto.

Tendo em conta que a fase ascendente do IDEP líquido foi relativamente curta, entre os começos dos anos 80 e dos anos 90, algo deve ser também dito sobre a questão institucional. Em 1977, exactamente no mesmo ano em que foi solicitada a adesão à Comunidade Económica Europeia, foi criado o Instituto do Investimento Estrangeiro (IIE). Em 1990, na base do argumento de que a prevista liberalização dos movimentos de capitais na Comunidade não justificava o seu reforço, e de critérios puramente administrativos (junção de organismos), o IIE perde autonomia e as suas actividades são integradas no ICEP, transformando-se uma mera dependência, sendo assim desbaratada a importante experiência que tinha acumulado.[13] Com efeito, como vimos, o seu pe-

---

geira é classificada, segundo as normas internacionais, por motivos de posse e controle, como investimento directo do exterior).

[12] Confirmar, para o mesmo período, a semelhança deste gráfico, não necessariamente a sua identidade na medida em que se trata de fontes estatísticas diferentes, com o saldo da figura 1 e com os fluxos líquidos do IDEP (A) da figura 3.

[13] Aliás, numa outra instituição com responsabilidades na área externa, o Ministério dos Negócios Estrangeiros, verificou-se logo após a entrada de Portugal na Comunidade, o mesmo tipo de menosprezo e ligeireza por esta problemática, ao ser encerrado o Gabinete de Fomento Económico, acentuando-se a vertente exclusivamente política do MNE, ao arrepio das tendências mundiais

Capítulo 12 – O investimento directo estrangeiro | 501

Figura 4

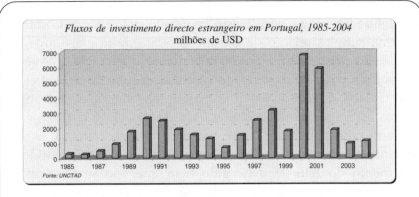

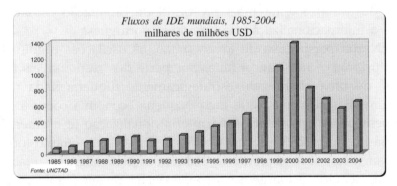

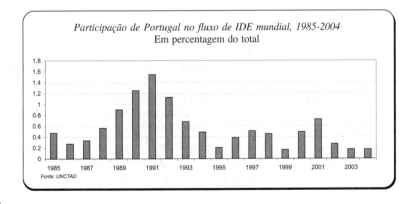

ríodo de vigência foi também aquele em que o IDE progrediu de uma maneira mais consistente (inicialmente até num clima de instabilidade), ainda que, a este propósito, não se deva estabelecer uma simples relação de causa-efeito. Só muito mais tarde, em 2002, o enquadramento muda novamente e é criada a Agência Portuguesa para o Investimento (API), para lutar contra os elevados "custos de contexto" que pesam nas decisões dos investidores estrangeiros em Portugal. A vida da API é curta, e é demasiado cedo para fazer o seu balanço, mas, no mínimo, os seus anos não foram ainda os da inversão da tendência, no sentido do incremento do IDE, evidenciando bem que não se trata apenas de uma questão de existência ou não de organizações específicas mas de um problema mais profundo de orientação estratégica para a internacionalização da economia portuguesa.

Numa perspectiva de longo prazo, as oscilações e guinadas institucionais[14] mostram a falta, por parte dos responsáveis políticos, de uma abordagem estrategicamente fundamentada neste domínio essencial para que uma pequena economia como a portuguesa possa optimizar a sua internacionalização (e a emergência, já nos anos 2000, de uma retórica tão sonante quanto inócua e casuística sobre diplomacia económica não altera o quadro). Um comentário à margem não pode deixar de ser feito: que distância da Irlanda, que, em vez de acreditar em imaginários meca-

---

das últimas décadas destes organismos que inscreveram no seu programa a obrigação de aumentar o apoio diplomático às empresas (estrangeiras que entram, nacionais que saem) num esforço bem articulado. Embora tenha sido posteriormente criado o Gabinete de Assuntos Económicos (MNE), este não conseguiu atingir o peso do seu congénere antes dissolvido.

[14] Aliás, a embrulhada institucional nesta área parece não ter chegado ao fim como alertaram Ana Teresa Tavares e Vítor Corado Simões em artigo do *Expresso* (2006.06.03): "Agora anuncia-se a sua extinção (API), estando prevista a integração com o ICEP, na futura AICEP (Agência para o Investimento e o Comércio Externo de Portugal). Esta instabilidade é preocupante. Impede a consolidação institucional e a especialização dos quadros. Mina a confiança dos investidores, deixando-os baralhados".

Capítulo 12 – O investimento directo estrangeiro | 503

nismos automáticos, na base de uma posição bem escorada,[15] soube tirar partido das negociações com a Comunidade (em particular, no âmbito dos "Pacotes da Coesão" conducentes ao Mercado Único e à Moeda Única, processo em que Portugal também participou) com vista a obter condições muito favoráveis para o IDE e iniciar um longo ciclo virtuoso de crescimento!

No que diz respeito à proveniência do IDEP, a figura 5 e o quadro 1 permitem-nos ter uma ideia da sua distribuição por grandes regiões e países em 1996-2005. Por fluxos brutos acumulados, verifica-se que a esmagadora maioria vem da União Europeia (85.1% do total) e, dentro desta, da Euro Zona (65.7%), enquanto que o Resto do Mundo não chega a 15%; em termos anuais, a parte da Euro Zona aumentou entre 1996 e 2005 (cf. figura 5). Por fluxos líquidos acumulados, a UE continua a ser maioritária, embora a sua parte seja menos significativa do que no caso anterior (70.1% do total; 62.8% para a Euro Zona), aumentando a do Resto do Mundo (29.9%).[16]

Figura 5
Grandes regiões investidoras em Portugal, 1996-2005
Fluxos brutos em percentagem do total

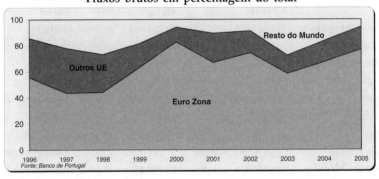

[15] Desde os anos 50, existia na Irlanda uma agência estatal especializada na captação de investimento directo estrangeiro – *Industrial Development Agency* (IDA) –, cujo papel relevante tem sido reconhecido em muitos estudos recentes sobre a experiência económica deste país nas últimas décadas.

[16] Como termo de comparação, note-se que a parte da UE-25 no IDE mundial (entradas) foi, em média dos anos 2002-04, da ordem de 48.5% do total, uma percentagem claramente inferior à que se verifica em Portugal.

Por seu turno, os Estados membros que mais investiram foram, por ordem de importância: Reino Unido, Alemanha, França, Holanda e Espanha que conjuntamente significaram mais de dois terços do total bruto investido pelo exterior em 1996-2005. Os fluxos líquidos vieram principalmente da Espanha (34.6%), Holanda (12.8%), Reino Unido (10.7%) e França (3.6%), cinco países europeus que perfazem 61.7% do total e no Resto do Mundo destaca-se a rubrica Outros (com 28.2% do total). Os dados mostram assim que a origem do IDEP está muito concentrada em termos regionais, tendência que até se reforçou em termos de Euro Zona, e que, num período em que estes fluxos se intensificaram a partir das mais diversas proveniências (incluindo crescentemente de países em desenvolvimento), a economia portuguesa não conseguiu atrair, pelo menos de modo significativo, IDE extra-comunitário.

Quadro 1
Principais países investidores em Portugal, 1996-2005
(milhares de euros; valores acumulados)

	Crédito	%	Débito	%	Saldo	%
União Europeia	**167 059 027**	85.12	**142 732 665**	88.33	**24 326 362**	70.14
Euro Zona	*132 269 668*	*67.39*	*110 505 940*	*68.39*	*21 763 728*	*62.75*
Alemanha	26 024 222	13.26	25 616 356	15.85	407 866	1.18
França	24 549 337	12.51	23 313 110	14.43	1 236 227	3.56
Holanda	26 945 288	13.73	22 502 969	13.93	4 442 319	12.81
Espanha	23 074 558	11.76	11 091 759	6.86	11 982 799	34.55
Outros UE	*34 789 359*	*17.73*	*32 226 725*	*19.94*	*2 562 634*	*7.39*
Reino Unido	31 676 263	16.14	27 981 746	17.32	3 694 517	10.65
Resto do Mundo	**29 206 570**	14.88	**18 850 187**	11.67	**10 356 383**	29.86
EUA	6 584 635	3.35	5 811 100	3.60	773 535	2.23
Brasil	1 646 231	0.84	1 832 631	1.13	-186400	-0.54
Outros	20 975 704	10.69	11 206 456	6.94	9 769 248	28.17
Total	**196 265 597**	100.00	**161 582 852**	100.00	**34 682 745**	100.00

Fonte: Banco de Portugal

Em resumo, no período 1986-2005, assistiu-se a um grande crescimento do IDEP aumentando o seu nível na economia portuguesa em relação ao que se pode considerar como o padrão das décadas que antecederam a adesão. Todavia, o seu período de clara ascensão prolongou-se apenas até 1991 (mais alguns anos do período pré-adesão, quando já se faziam sentir os mesmos efeitos). Posteriormente, embora positivas, as entradas de IDE em Portugal não acompanharam à sua escala, o movimento internacional deste fluxo. Mais, a origem do IDEP permaneceu muito concentrada na UE, tendência que na última década até se reforçou, sobretudo para a Euro Zona. Acrescente-se ainda que o curso do IDEP não foi nada favorecido pelas indefinições, falta de visão estratégica e decisões pouco fundamentadas das administrações políticas com intervenção nesta área.

O Investimento Directo Português no Exterior

Como já se sublinhou devidamente, a principal novidade do pós-adesão, foi a grande expansão do IDPE. Para que tal acontecesse era previamente necessário que a economia portuguesa reunisse um conjunto de condições favoráveis à sua descolagem como investidora no exterior, inclusive do ponto de vista "técnico". Ora isso aconteceu claramente no princípio dos anos 90, sob o impulso da entrada na CE. Para não recuarmos ao período anterior a 1974 (quando não havia condições políticas nem de estratégia económica propícias ao IDPE, pois a grande maioria das empresas estavam ainda concentrada no mercado interno) até 1985, o país conheceu fortes constrangimentos ao nível da balança de pagamentos, vivendo num clima de intensa incerteza cambial; assim, mesmo que as empresas portuguesas quisessem investir no exterior teriam dificuldade em fazê-lo e correriam riscos elevados, tanto mais que havia pouca experiência no domínio da internacionalização. Porém, nos primeiros anos da adesão, esta situação começou a alterar-se progressivamente, contribuindo para isso vários factores de que destacamos três: a melhoria da balança corrente que se seguiu à queda do preço do petróleo em 1986 e do crescimento das transferências comunitárias e, talvez mais importante, o forte aumento do IDEP até ao início dos anos 90 com efeitos positivos sobre a balança financeira. No seu conjunto, a balança de pagamentos tornou-se mesmo excedentária[17] e o problema da dívida externa que tinha assumido proporções preocupantes no período anterior começou a esbater-se. Nestas condições, as empresas que quisessem investir no exterior teriam muito menos dificuldade em obter os necessários recursos financeiros, designadamente em divisas. A entrada do escudo no Sistema Monetário Europeu em Abril de 1992 foi bem o símbolo do desaparecimento de restrições significativas na balança de pagamentos que tanto tinham afligido a economia portuguesa em 1974-1985. Este quadro, que as empresas não deixaram de aproveitar,[18] não deve de forma alguma ser subestimado quando analisamos o arranque do IDPE nos anos 90.

---

[17] A este propósito, seleccionámos uma breve passagem do Relatório de 1988 do Banco de Portugal: "Apesar do défice da balança de transacções correntes, o elevado montante das entradas líquidas de capitais não monetários traduziu-se num excedente de 1581 milhões de dólares na balança de operações não monetárias, dos quais 934 milhões respeitam à acumulação de reservas oficiais líquidas" (p. 112). Segundo uma avaliação feita por Mateus (2001: 159) para 1990-94, o peso do IDEP terá sido superior ao das transferências comunitárias líquidas.

[18] Neste aspecto, e no que concerne aos poderes públicos, foi também adoptada a Resolução do Conselho de Ministros nº 61/97 (publicada pelo Diário da República – I Série B, de 15 de Abril de 1997) que pretendeu definir uma política que enquadrasse a internacionalização das empresas portuguesas, designadamente em termos de apoios de diversa ordem. Mas, nos casos em que foi possível, alguns anos mais tarde, avaliar a influência desta legislação, mostram que ela foi muito reduzida (Costa, 2005: 325). Mais importante ainda, deve-se sublinhar que, na ausência de uma estratégia global para a economia portuguesa com base numa internacionalização competitiva sistémica, o resultado prático desta legislação só poderia ser irrelevante.

Começando a análise do IDPE pelo seu destino (cf. figura 6), verifica-se que, em fluxos brutos acumulados para 1996-2005, a Euro Zona e o Resto do Mundo absorvem a sua quase totalidade em partes quase iguais, respectivamente, de 47.9% e de 49.5% enquanto que a rubrica *Outros UE* tem apenas uma parcela insignificante (2.6%). Note-se que os investimentos portugueses extra-comunitários se concentraram em 1996-99 e 2003, portanto claramente mais na fase inicial do processo, e que, também aqui, há uma certa tendência para o aumento progressivo da parte da Euro Zona.

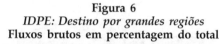

Figura 6
IDPE: Destino por grandes regiões
Fluxos brutos em percentagem do total

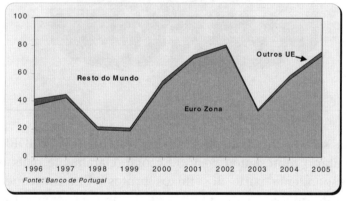

A decomposição por países (em termos líquidos) é apresentada na figura 7. No período retido, 1996-2005, onde, como vimos, se fez a esmagadora maioria do IDPE realizado nos vinte primeiros anos pós-adesão, três países ocupam posições quase iguais: Holanda (19.9%), Brasil (19.1%) e Espanha (18.7%). O Brasil ocupou de longe o primeiro lugar nos anos 1996-2001, nomeadamente graças a alguns grandes investimentos em 1998-2000, mas perdeu peso depois.[19] A Holanda ganhou preponderância

---

[19] Para mais detalhes, ver capítulo sobre as relações com o Brasil no presente volume.

nos últimos anos, embora haja "fundadas suspeitas" que este país actua como intermediário, o que leva a uma certa sobreavaliação dos fluxos que lhe são destinados.[20] A Espanha, que já tinha sido o principal destino antes de 1996, isto é, ainda na fase de escasso IDPE, permaneceu como alvo muito importante, da primeira linha, quando ele passou a uma maior intensidade.

Figura 7

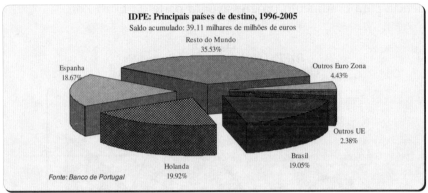

Por saldo acumulado em 1996-2005 (cf. figura 7), o IDPE extra--comunitário representou 54.6% do total (claramente mais do que a correspondente parte dos fluxos brutos). Em consequência, é importante que se faça uma observação de carácter geral sobre a forma como se distribuiu o IDPE. Se levarmos em consideração

---

[20] Algumas empresas portuguesas têm manifestado o interesse de instalar as suas holdings financeiras na Holanda e de realizar investimentos em terceiros países a partir desta base. Compreensivelmente, fazem-no em *low profile* e por vezes desmentem. O que é certo é que internamente persiste um défice de entendimento sobre a importância do IDPE – é mais fácil remeter-se à posição de mero receptor, sem grande sucesso aliás, como vimos –, e de maneira nenhuma Portugal se preparou para ser um íman de IDEP e de capitais em geral, redistribuídos em seguida, como o fizeram com êxito alguns Estados membros: Holanda, Luxemburgo ou até mesmo Espanha. Um assunto que, no seu conjunto, merecia ser seriamente estudado.

que, tal como o IDEP, o comércio desde 1986 se tem vindo a concentrar cada vez mais na UE, em especial na Espanha (Silva, 2002b: 176), no contexto dos dois mais importantes fluxos externos, o investimento português fora da UE, designadamente no Brasil, foi o único movimento que, em certa medida, contrariou a hiper-polarização geográfica da economia portuguesa numa economia mundial que de forma crescente se globaliza.

A distribuição do IDPE por sectores, segundo os dados disponibilizados pelo BP, permite uma análise pobre e pouco informativa na medida em que a categoria de serviços às empresas (juntamente com as actividades imobiliárias), tende a concentrar o essencial do fluxo, como aliás, acontece para o IDEP (cf. quadro 2).[21] Como forma de ultrapassar esta limitação estatística têm sido realizados inquéritos directos às empresas em alguns países, designadamente no Brasil,[22] mas é necessário um esforço maior e mais vasto a fim de contemplar de forma satisfatória este importante aspecto do IDPE e obter resultados efectivamente representativos para o conjunto.

Em resumo, o crescimento substancial do IDPE, particularmente desde meados dos anos 90, foi uma das tendências mais marcantes no pós-adesão, até pelo impacto futuro que pode ter no posicionamento global das empresas portuguesas (no sentido de poderem ser, à escala internacional, *players* com algum relevo em certos domínios), não sendo ainda despiciendo o facto de ter dado o principal contributo para a diversificação das relações económicas externas no período.

---

[21] Para mais detalhes sobre este aspecto em 1995-2000, ver o já referido estudo do DPP, 2003.

[22] Ver os trabalhos realizados no sentido deste levantamento, em Silva, Fernandes e Costa (2003) e Costa e Fernandes (2005).

Quadro 2

Investimentos directos portugueses no exterior (IDPE) e do exterior em Portugal (IDEP) por sector de actividade, 1996-2005
(Valores líquidos acumulados; milhares de euros)

Sector de actividade	IDPE Valor	%	IDEP Valor	%
Agricultura, silvic. e pesca	16 499	0.04	71 343	0.20
Ind. extractivas	-15 100	-0.04	70 526	0.20
Ind. transformadora	1 363 769	3.48	582 733	1.67
Electricidade, gás e água	805 715	2.06	334 905	0.96
Construção	203 911	0.52	281 572	0.80
Comércio, aloj. e rest.	1 142 435	2.92	2 829 091	8.09
Transportes e comunicações	282 424	0.72	2 441 784	6.98
Actividades financeiras	2 799 615	7.16	3 233 588	9.24
Act. imob., serv. às empresas	31 949 004	81.68	21 647 190	61.88
Outras actividades	565 713	1.45	3 489 724	9.98
Total (valores líquidos)	*39 112 985*	*100.00*	*34 982 456*	*100.00*
Total (valores brutos)	*90 795 996*	-	*196 565 312*	-

Fonte: Banco de Portugal

O ciclo de desenvolvimento do IDE e a economia portuguesa

Como vimos, o aumento dos fluxos de IDE, à entrada e à saída, no âmbito da economia portuguesa no período em análise não constitui nenhuma excepção, ainda que com especificidades (menor vigor relativo do IDEP nos anos 90), ele integra-se numa tendência mundial bem patente desde a década de 80. Este crescimento forte e intenso do IDE tem sido objecto de alguns estudos, designadamente sobre os seus determinantes (Costa, 2005). Apesar do interesse desta questão, o espaço limitado deste capítulo não permite o seu tratamento em profundidade e fazê-lo em termos gerais pouco ou nada acrescentaria ao que tem sido publicado. Todavia, na medida em que o aspecto mais significativo das mudanças ocorridas na economia portuguesa neste domínio foi o de tornar os fluxos de IDE "duplamente" importantes (à entrada e à saída), uma abordagem teórica que permita compreender o seu processo global numa perspectiva de longo prazo, pode ser mais reveladora.

Neste sentido, a teoria do ciclo de desenvolvimento do investimento ("Investment Development Path", em seguida apenas referido como IDP), oferece-nos um esquema sugestivo da dinâmica temporal do IDE para um dado país. De acordo com esta teoria (avançada inicialmente por Dunning, 1981, e reformulada em diversas ocasiões, por exemplo Dunning, 1986, e sobretudo para efeitos do nosso estudo por Dunning e Narula, 1996), os países seguem um determinado percurso de investimento para dentro e fora das fronteiras, medido em termos de stock líquido no interior e exterior. Assim, e simplificando, o modelo assenta basicamente na evolução de duas variáveis ao longo do tempo, PIB e stock líquido de IDE (para dentro sinal negativo, para fora, sinal positivo), também designado por *stock NOI*,[23] compreendendo cinco fases, apresentadas em seguida de forma sucinta:

1ª Fase: O país, fracamente industrializado e de mercado interno reduzido, no essencial só recebe IDE, visando a exploração de algum recurso natural, orientado-se portanto para a exportação e, pouco ou nada investe no exterior pois as suas empresas, de uma forma geral não possuem vantagens que lhe permitam internacionalizar-se com sucesso por esta via, o stock de IDE no interior sobe rapidamente (o stock NOI assume valores negativos crescentes);

2ª Fase: O aproveitamento de recursos naturais permanece, mas o IDE orienta-se agora para produções intensivas em mão-de-obra; os fluxos de saídas permanecem pouco significativos, mas as empresas que adquirem alguma experiência nos sectores que se têm vindo a desenvolver, começam a investir no exterior, o stock de IDE no país cresce cada vez mais em relação ao stock do país no exterior, mas a um ritmo cada vez menor;

---

[23] NOI iniciais de *net-outward-inward*, ou melhor na definição inglesa completa *stock NOI=Net outward stock less net inward stock*, a sua representação gráfica para o caso português é mostrada mais adiante na figura 8.

3ª Fase: As empresas locais melhoram o seu desempenho, regista-se um aumento dos custos de produção que origina uma quebra do IDE entrado nas actividades intensivas em trabalho, as quais perdem poder de atracção para as empresas estrangeiras, verificando-se deslocalizações dos investimentos para outros países; as empresas nacionais na base da experiência acumulada passam a contar com algumas vantagens e lançam-se no seu próprio processo de internacionalização numa escala cada vez maior; os fluxos líquidos de IDE para fora superam os que entram, mas o stock recebido continua a ser superior ao saído, embora cada vez menos;

4ª Fase: o stock líquido do IDE no exterior torna-se superior ao stock de IDE interno (consequentemente a linha do stock NOI torna-se positiva); as entradas de IDE são agora explicadas pela "criação de activos" na linha dos progressos que as empresas do país fizeram ao longo das fases anteriores (mercados mais sofisticados, recursos humanos qualificados, capacidades de I&D, economias de aglomeração e sistemas de inovação), enquanto que as saídas de IDE se devem à deslocalização e à busca de activos estratégicos à escala internacional;

5ª Fase: segundo Dunning e Narula (1996), verificam-se agora situações mais complexas, podendo o stock líquido do IDE no exterior ser maior ou menor que o seu correspondente interno, tendendo, no longo prazo, para que seja igual a zero; por sua vez, as saídas de IDE continuam a ser motivadas pelas causas já referidas para as fases precedentes (custos de produção mais baixos, acesso a recursos naturais, proximidade dos mercados emergentes) enquanto que as entradas de IDE, não só de países que se encontram ao mesmo nível mas também de outros que ainda se situam nas fases anteriores, se devem ao potencial dos mercados (quer em termos quantitativos, quer qualitativos); nesta fase, as firmas multinacionais escolhem estrategicamente as suas localizações, em estreita articulação com os governos, que competem entre si pelo IDE.

Acrescente-se que os autores desta teoria partem da hipótese de que os governos podem ter um papel determinante na passagem de umas fases para as outras do IDP, aspecto que não desenvolvemos nesta sintética apresentação. Como é natural, não se trata aqui de estabelecer uma evolução mecânica do IDP, neste caso aplicado à economia portuguesa, em que ela passe forçosamente e de uma forma bem nítida de uma fase para outra (com todas as características antes assinaladas, etc.), mas de arranjar um esquema explicativo do seu percurso nas últimas décadas, em particular desde a adesão à Comunidade, que evidencie os problemas fundamentais desta etapa do seu desenvolvimento histórico. Aliás, este modelo tem sido testado em inúmeras situações, revelando um grau razoável de aderência à realidade, fazendo portanto sentido evocá-lo aqui.

Vários estudos têm sido publicados procurando determinar a evolução da economia portuguesa durante as últimas décadas à luz da teoria do ciclo de desenvolvimento do investimento (Buckley e Castro, 1998; Costa, 2005). Uma atenção particular tem sido dada às transformações ocorridas desde o começo da década de 90, com a emergência clara do IDPE; neste sentido, uma das questões mais discutidas (Castro, 2004), tem sido a de saber, com exactidão, se a economia portuguesa já se encontra na 4ª fase do IDP, embora de forma não consolidada, na transição da 3ª para a 4ª fase, ou se ainda está em plena 3ª fase. Contudo, não chegaremos aqui a este detalhe, um trabalho realizado por Mascarenhas e Reis (2005) para o período 1965-2004, permite-nos uma abordagem de conjunto da relação da economia portuguesa com o IDE, a partir da evolução do PIB e do stock NOI (cf. figura 8).

Sabemos que desde as primeiras décadas até meados do século XX, o IDEP em Portugal se limitava a alguns investimentos ligados a recursos naturais (e.g., cobre) e a infra-estruturas de transportes e comunicações (e.g., Carris, TLP), e que, a partir dos anos 60 até aos anos 80 (inclusive), ele se tornou mais intenso enquanto o IDPE se mantinha reduzido, fazendo o país deslocar-se claramente para a 2ª fase acima descrita. Nos anos 90, na sequência da adesão à CE e com o grande crescimento do IDPE e do desinvestimento a título de IDEP, a economia portuguesa entrou na fase 3, isto é, quando uma economia deixa de ser quase exclusivamente receptora e passa também a investir no exterior, levando a um incremento, por vezes rápido, do stock de IDE no exterior, e a uma aproximação progressiva do stock NOI para o nível zero (cf. figura 8), ou seja, do "ponto de passagem" da 3ª para a 4ª fase. Neste estádio, a evolução que se verifica no país de origem fica a dever-se, entre outros factores ao alargamento do seu mercado interno, ao aparecimento de empresas com mais apetência para investir no exterior e a correr mais ousadamente riscos,[24] expondo-se em países e regiões onde têm menor conhecimento do terreno que pisam, e ao aumento dos custos de produção que origina a diminuição das actividades trabalho intensivas e consequente deslocalização de empresas para o estrangeiro quando este factor é importante para a sua instalação.

Em resumo, no contexto desta análise, a teoria do ciclo de desenvolvimento do investimento pode ser um instrumento útil para compreender a evolução da economia portuguesa na era pós-adesão.

Conclusões

Ao contrário do que acontecia desde há longo tempo, a partir meados dos anos 80, o investimento directo estrangeiro teve um papel relevante, e no duplo sentido, na evolução da economia portuguesa. Certamente, estamos ainda longe de ter aproveitado todo o potencial deste processo, mas, de um ponto de vista histórico, percorreu-se um caminho de primordial importância para a internacionalização, aliás similar ao que outras economias comunitárias já vêm trilhando, por vezes há várias dezenas de anos.

---

[24] Teoricamente, estas empresas teriam à sua disposição recursos humanos mais qualificados e maior capacidade tecnológica, sabemos porém que a evolução portuguesa nestes domínios tem sido lenta, embora se encontre casos que confirmam estas vantagens.

Figura 8
IDP aplicado à economia portuguesa

[Gráfico: PIB (em milhões €) no eixo horizontal (0 a 140000); Stock NOI (em milhões €) no eixo vertical (-14000 a 0); 1ª Fase, 2ª Fase, 3ª Fase; Investment Development Path (1965 - 2004); Trendline (IDP Português); R² = 0,9171]

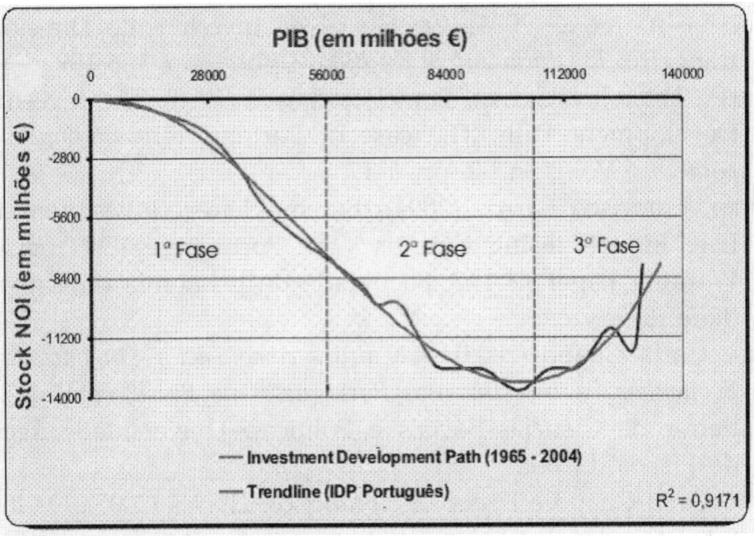

Fonte: Mascarenhas e Reis, 2005

Dito isto, a relação da economia portuguesa com o IDE no período em análise revelou fraquezas sobretudo ao nível do IDEP, não tirando positivamente partido do "boom" internacional dos anos 90 e mantendo-se, em termos regionais, muito concentrado nas origens tradicionais, isto é, não houve capacidade para atrair de modo significativo nem investimentos extra-comunitários nem quando aplicado a sectores com potencial futuro. Também as indefinições estratégicas e as sucessivas guinadas institucionais no enquadramento prejudicaram o desempenho do investimento do exterior. A emergência vigorosa do IDPE nos anos 90 contrabalançou em parte, os aspectos negativos acabados de referir, mas, como experiência nova das empresas envolvidas, carece de maior compreensão e integração no conjunto. Por fim, a aplicação da teoria do ciclo de desenvolvimento do investimento à economia portuguesa, evidencia que, durante as últimas duas décadas, ela seguiu um cânone expectável, embora de uma maneira não preparada nem organizada.

Bibliografia

BANCO DE PORTUGAL (2004). Os Fluxos de Investimento Directo Estrangeiro, *Relatório Anual de 2003*, Lisboa, pp. 186-189.

BUCKLEY, Peter J. e CASTRO, Francisco Barros (1998). The Investment Development Path: The case of Portugal, *Transnational Corporations*, Vol. 7, n.º 2, pp. 1-17.

CASTRO, Francisco Barros (2004). Foreign Direct Investment in a Late Industrialising Country: The Portuguese IDP revisited, Working Paper nº 147, Faculdade de Economia da Universidade do Porto.

COSTA, Carla Guapo (2005). *A Cultura como Factor Dinamizador da Economia: Os Investimentos Portugueses no Brasil*, Instituto Superior de Ciências Sociais e Políticas, Universidade Técnica de Lisboa, Lisboa.

COSTA, Carla Guapo e FERNANDES, Francisco Chaves (2005). Os Investimentos das Empresas Portuguesas no Brasil, in ICEP, *Os Investimentos Portugueses no Brasil*, São Paulo, pp. 15-44.

DPP (2003). Portugal no Espaço Europeu: O investimento directo estrangeiro, Departamento de Prospectiva e Planeamento, Ministério das Finanças, Lisboa.

DUNNING, John H. (1981). Explaining the International Direct Investment Position of Countries: Towards a dynamic and development approach, *Weltwirtschaftliches Archiv*, Vol. 117, pp. 30-64.

DUNNING, John H. (1986). The Investment Development Cycle Revisited, *Weltwirtschaftliches Archiv*, Vol. 122, pp. 667-676.

DUNNING, John H. e NARULA, R. (1996). The Investment Development Path Revisited: Some emerging issues, in Eds J. H. Dunning e R. Narula, *Foreign Direct Investment and Governments: Catalysts for Economic Restructuring*, Routledge, Londres e Nova Iorque, pp. 1-41.

KLEINERT, Jörn (2004). *The Role of Multinational Enterprises in Globalization*, Kiel Studies 326, Springer, Berlim.

MASCARENHAS, Tiago e REIS, André Silveira (2005). Investment Development Path: Análise do Caso Português no período

1965-2004, Trabalho para o Seminário de Economia Europeia e Internacional, não publicado, ISEG, Lisboa.

MATEUS, Abel (2001). *Economia Portuguesa*, Editorial Verbo, 2ª edição revista e aumentada, Lisboa.

MATOS, Luís F. Salgado de (1996). Investimento Estrangeiro, in Dir. F. Rosas e J. M. Brandão de Brito, *Dicionário de História do Estado Novo*, Volume I, Bertrand Editora, Lisboa, pp. 491-495.

MENDONÇA, António (1997). O Investimento Directo Estrangeiro em/de Portugal, in Coord. A. Romão, *Comércio e Investimento Internacional*, ICEP, Lisboa, pp. 153-198.

SILVA, Joaquim Ramos (1990). Luso-American Economic Relations and Portuguese Membership of the European Union, *Portugal: An Atlantic Paradox, Portuguese/US Relations after the EC Enlargement*, Institute for Strategic and International Studies, Lisboa, pp. 77-139 (consultar também a versão portuguesa desta obra, aumentada e actualizada: "Desencontros e Caminhos de Convergência", *Portugal, Paradoxo Atlântico*, Fim de Século-IEEI, Lisboa 1993, pp. 99-196).

SILVA, Joaquim Ramos (2002a). *Estados e Empresas na Economia Mundial*, Editora Vulgata, Lisboa.

SILVA, Joaquim Ramos (2002b). *Portugal/Brasil: Uma década de expansão das relações económicas, 1992-2002*, Questões de Economia, Terramar, Lisboa.

SILVA, Joaquim Ramos (2005). "A Internacionalização das Empresas Portuguesas: A experiência brasileira", *RAE – Revista de Administração de Empresas* (Fundação Getúlio Vargas/Escola de Administração de Empresas São Paulo – CEPEAD/UFMG). Volume 45, Edição Especial Minas Gerais, pp. 102-115.

SILVA, Joaquim Ramos, FERNANDES, Francisco Chaves, e COSTA, Carla Guapo (2003). Empresas e Subsidiárias Portuguesas no Brasil: Um panorama, *Prospectiva e Planeamento*, 9 (n.º especial), Departamento de Prospectiva e Planeamento, Ministério das Finanças, pp. 97-121.

ANEXO
Fluxos de Investimento Directo
Em percentagem do PIB

	Investimento do exterior em Portugal					Investimento de Portugal no exterior				
	Crédito (1)	Débito (2)	Saldo (A) (1)-(2)	Taxa de permanência[a] em %		Crédito (1)	Débito (2)	Saldo (B) (2)-(1)	Taxa de permanência[a] em %	(A)-(B)
1980	0.6	0.1	0.6	87.4		0.0	0.1	0.0	68.4	0.5
1981	0.7	0.1	0.6	90.7		0.0	0.1	0.0	57.7	0.6
1982	0.7	0.1	0.6	87.1		0.0	0.2	0.2	91.7	0.4
1983	0.7	0.1	0.6	89.7		0.0	0.1	0.1	84.3	0.5
1984	1.0	0.0	1.0	96.4		0.0	0.1	0.1	89.4	0.9
1985	1.3	0.1	1.2	95.1		0.0	0.1	0.1	96.1	1.1
1986	0.9	0.1	0.8	92.7		0.0	0.1	0.1	83.4	0.8
1987	1.4	0.2	1.2	87.6		0.1	0.1	0.0	-31.1	1.2
1988	2.2	0.2	2.0	92.6		0.0	0.1	0.1	86.2	1.9
1989	3.6	0.2	3.4	93.3		0.0	0.2	0.2	94.0	3.2
1990	4.9	0.8	4.1	84.3		0.0	0.3	0.3	97.1	3.8
1991	4.7	1.5	3.2	67.5		0.1	0.7	0.6	90.0	2.6
1992	3.7	1.4	2.3	62.1		0.0	0.8	0.7	95.2	1.6
1993	3.5	1.7	1.8	52.4		0.2	0.4	0.2	42.5	1.7
1994	2.3	0.9	1.4	60.4		0.1	0.4	0.3	85.6	1.1
1995	4.0	3.4	0.6	16.1		0.2	0.9	0.6	74.7	0.0
1996	5.6	4.3	1.3	23.6		0.4	1.1	0.7	61.3	0.6
1997	8.8	6.5	2.3	26.3		0.7	2.5	1.8	72.1	0.5
1998	11.9	9.1	2.8	23.5		6.0	9.4	3.4	36.2	-0.6
1999	12.8	11.8	1.1	8.3		6.7	9.4	2.8	29.2	-1.7
2000	23.3	16.9	6.4	27.4		6.4	13.5	7.1	52.3	-0.7
2001	19.7	14.4	5.4	27.2		5.3	12.2	6.9	56.4	-1.5
2002	17.2	15.7	1.5	8.8		3.9	6.6	2.7	41.2	-1.2
2003	16.3	15.6	0.7	4.0		2.8	2.9	0.1	2.2	0.6
2004	18.9	17.6	1.8	7.1		4.2	8.7	4.5	51.9	-3.1
2005	16.2	14.5	1.7	10.5		2.9	3.6	0.6	17.7	1.1
Por memória										
1986-1995	2.3	0.7	1.6	78.5		0.04	0.3	0.2	75.3	1.4
1996-2005	15.1	12.7	2.5	16.7		3.9	7.0	3.1	42.1	-0.6

Fontes: INE e Banco de Portugal
Nota: Taxa de permanência: rácio entre investimento líquido (saldo) e o investimento bruto (crédito no caso do investimento directo do exterior em Portugal e débito no caso de investimento directo de Portugal no exterior).

Capítulo 13

O comércio externo português e a integração europeia: alterações estruturais, conteúdo tecnológico e competitividade.

João Dias

1. Grandes transformações no comércio global

Nas décadas de setenta e oitenta registaram-se alterações substanciais na estrutura global do comércio externo de Portugal, de que importa destacar as duas claramente mais relevantes. No primeiro caso, a descolonização levou a uma compreensível quebra acentuada do peso dos PALOP que, no caso das exportações, caem de cerca de um quarto, em 1970, para uns meros 4% em 1985. As exportações reorientam-se então para outros destinos, sobretudo para os países da União Europeia a 15 (UE15), beneficiando da abertura da CEE como resultado dos acordos estabelecidos no início dos anos setenta. Este crescimento das exportações na UE quase compensa a perda de importância dos PALOP como mercado de destino. No caso das importações, a quebra do peso dos PALOP foi também muito expressiva, passando, no mesmo período, de 14% a apenas 1%, registando portanto, hoje, um valor meramente residual. Neste caso, o peso da UE não se reforça, verificando-se, pelo contrário, uma quebra de cerca de dez pontos percentuais. A subida do preço do petróleo tem algum impacto na subida da importância de outros fornecedores.

Na década de oitenta, o acontecimento relevante é, naturalmente, a entrada de Portugal na CEE. A grande alteração irá observar-se principalmente nas importações, já que as principais alterações de regime provocadas pela integração traduziram-se sobretudo numa muito maior abertura do mercado nacional. Com efeito, o mercado da CEE já era relativamente aberto às exportações nacionais antes da adesão de Portugal em 1986. Em qualquer caso, a União Europeia, mesmo sem ter em conta o último alargamento, representa, hoje, cerca de oitenta por cento do comércio externo de Portugal.

Gráfico 1a – Peso da UE, Espanha e PALOP
nas exportações portuguesas (%)

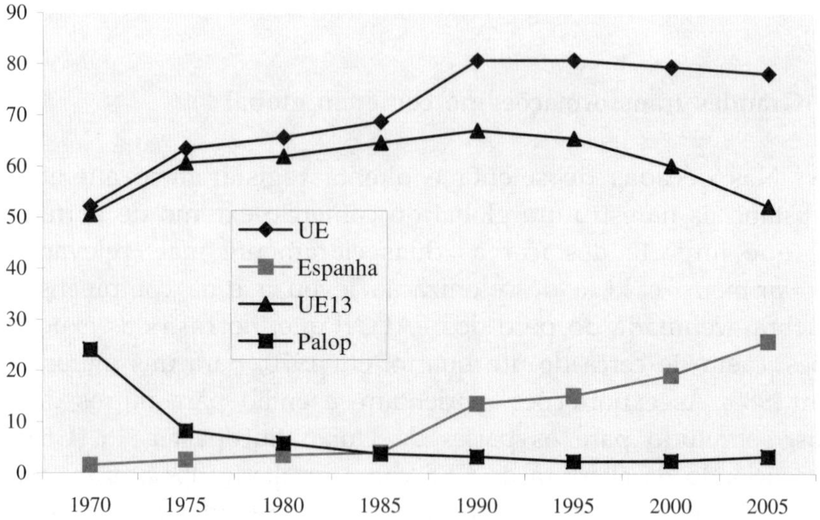

Fonte: Calculado com dados do FMI, *Direction of Trade Statistics Yearbook*, vários anos e Eurostat.

Capítulo 13 – O comércio externo português e a integração europeia ... | 521

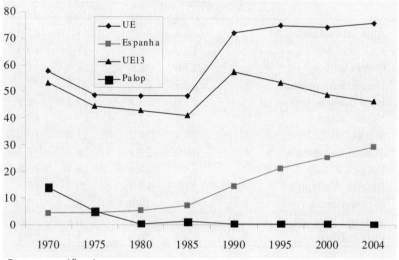

Gráfico 1b – Peso da UE, Espanha e PALOP
nas exportações portuguesas (%)

Fonte: ver gráfico 1.

O grande efeito da integração europeia de Portugal e Espanha sobre o comércio externo português resultou, contudo, não de impactos significativos sobre as relações comerciais com os países membros da CEE10, mas antes da normalização e forte expansão das relações comerciais com Espanha. Ou seja, a integração europeia traduziu-se, sobretudo, numa integração mais intensa do espaço ibérico, corrigindo uma situação altamente anómala que existia nas relações comerciais entre os dois países da península. De facto, o peso de Espanha nas trocas comerciais de Portugal eram, antes de 1986, invulgarmente reduzidas para dois países vizinhos (ver quadro 1), tanto mais que, para Portugal, Espanha é o único vizinho com fronteiras terrestres.

Quadro 1 – Peso do país vizinho nas exportações de dado país (em %)

	Exportações		Importações	
	1983	2002	1983	2002
Austria-Alemanha	30.8	31.5	41.4	42.6
Finlândia-Suécia	12.3	8.5	11.2	10.9
Grécia-Itália	13.6	8.5	8.9	11.5
Holanda-Alemanha	30.5	25.1	21.8	17.8
Irlanda-Reino Unido	37.0	23.3	45.3	41.1
Noruega-Suécia	10.1	7.3	18.8	15.7
Suissa-França	8.7	9.1	11.6	10.0
Suissa-Alemanha	19.9	20.4	28.4	31.4
Bélgica-França	18.3	16.5	14.1	12.8
Bélgica-Alemanha	21.2	18.8	20.7	17.5
Espanha-França	15.9	19.0	8.2	17.0
Espanha-Portugal	1.9	9.5	0.6	3.0
Portugal-Espanha	4.1	20.3	5.1	28.1

Nota: para cada par, peso do segundo país nas exportações do primeiro
Fonte: calculado com dados do FMI, DOTS

O desempenho das exportações portuguesas foi muito mais positivo no mercado comunitário do que no conjunto dos restantes países. De facto, nos países não pertencente à União Europeia, a quota de mercado das exportações nacionais manteve-se praticamente inalterada ao longo do último quarto de século. No período que precedeu a integração europeia, a quota de Portugal no Resto do Mundo situava-se nos 0.134% (média dos anos 1981-1985), o mesmo valor observado nos anos recentes (0.135%, para a média dos anos 2000-2003). Na União Europeia, pelo contrário, registou-se uma duplicação da quota de mercado das exportações portuguesas, que passaram de 0.49% no primeiro período para 0.91% no segundo.

Gráfico 2 – Quota de mercado das exportações portuguesas (%)

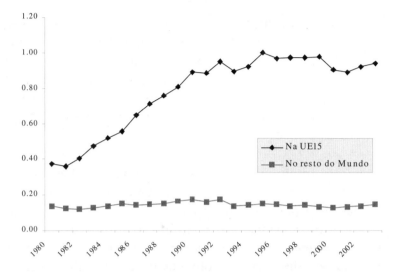

Este desempenho das exportações no mercado extra-comunitário e na UE tem alguns pontos de convergência mas também algumas diferenças, quando se comparam com a evolução registada noutros países relevantes, como é o caso da Irlanda, da Espanha e da Grécia. No mercado Extra-UE, o comportamento das exportações nacionais seguiu o padrão registado pelos outros dois países da Europa do Sul, na medida em que também estes países mantiveram ao mesmo nível as respectivas quotas de mercado. Ao contrário, este comportamento contrasta fortemente com o da Irlanda que, nos anos em análise, quadruplicou a sua quota neste mercado. No mercado da União Europeia, o desempenho das exportações portuguesas contrasta agora com todos os outros países aqui considerados. A Espanha, que é mais directamente comparável quando consideramos a data de adesão dos países em causa, tem um ganho de posição no mercada da União Europeia superior ao ganho português. Este ganho de Espanha é semelhante ao da Irlanda, país membro desde o primeiro alargamento das Comunidades. Ao contrário, a Grécia tem um decréscimo importante na sua quota de mercado, apesar de ter mantido a sua quota nos outros mercados.

Quadro 2 – Quotas de mercado nos mercados da UE15 e Extra-UE e da UE15 nos mercados nacionais (em %)

	Do país na UE15		Do país no RM		Da UE15 no país	
	1982-85	2000-03	1982-85	2000-03	1982-85	2000-03
Irlanda	0.98	2.25	0.21	0.84	74.47	64.12
Espanha	1.64	3.88	0.91	0.96	40.29	70.27
Grécia	0.37	0.22	0.17	0.16	53.98	62.13
Portugal	0.49	0.91	0.13	0.14	50.54	79.77

Fonte: Calculado com dados do CEPII-Chelem

Alterações muito significativas observam-se também na quota da UE nos mercados nacionais. Portugal, onde agora quatro quintos das importações têm origem na UE, tem uma evolução semelhante à de Espanha. Ao contrário, o forte crescimento da Irlanda nos últimos anos levou a uma redução do peso da UE nas importações deste país, motivada pela forte diminuição da importância do Reino Unido cujo peso baixa de mais de 50%, no início dos anos oitenta, para cerca de 30% no ano 2000.

2. Alterações estruturais

Uma característica importante de países em rápido desenvolvimento é a existência de alterações significativas na sua estrutura de produção e exportações, através das quais actividades económicas tradicionais são rapidamente substituídas por outras estruturas mais "modernas". O exemplo clássico é o das sociedades inicialmente baseadas na agricultura e na transição da sua actividade económica básica para a indústria e os serviços. Justamente, o "milagre económico" dos países do Sudeste Asiático não seria possível sem significativas alterações estruturais nas suas economias, particularmente tendo em conta as modificações globais operadas a diversos níveis na economia mundial.

Como é que evoluíram, deste ponto de vista, as exportações portuguesas no período pós-integração? Nesta secção são apresentados alguns elementos de caracterização desta evolução.

Com o objectivo de proceder à determinação destas mudanças estruturais, consideremos o seguinte indicador, que designaremos por *índice de dissimilaridade* e que pretende justamente medir as diferenças operadas em duas estruturas de exportações (ou de outro tipo), X e Y, referentes a diferentes períodos[10]:

$$DS = \frac{1}{2}\Sigma \left| x_i - y_i \right| \times 100$$

onde x_i e y_i representam o peso de cada produto nos vectores X e Y. Este indicador varia entre 0 e 100, no primeiro caso quando as estruturas permanecerem inalteradas e no segundo quando estas foram totalmente diferentes.

No quadro 4 apresentam-se alguns valores referentes a este indicador, relativamente às exportações para todos os destinos, para Portugal e para alguns outros países. Estas alterações foram substanciais para os países do sudeste asiático e foram-no também para o caso português, não se notando, de resto, um padrão completamente diferente do observado nos restantes três países membros da UE aqui considerados.

Em termos de produtos/sectores registaram-se, neste período, alterações importantes na estrutura das exportações portuguesas para a União Europeia. Por um lado, o sector automóvel, com o projecto Ford-Volkswagen, ganhou um peso considerável no conjunto das exportações nacionais, com mais de 10% na média do período 2000-2003. Ganhos importantes registaram-se também nalgumas áreas tradicionais, como os móveis e os couros. Pela negativa, sobressaem alguns sectores tradicionalmente muito importantes nas exportações portuguesas. É o caso do sector vestuário e de indústrias ligados a este sector, que apresenta vários sintomas de crise, com quebras acentuadas na produção e

---

[1] Este índice corresponde ao complemento do índice de similaridade de Finger-Kreinin (1979) e a metade do indicador proposto por Krugman (1991) para medir diferenças regionais.

nas exportações, reduções significativas no volume de emprego e deslocalização de empresas para outros países. Para além deste, outros sectores tradicionais manifestam dificuldades de progressão, como é o caso das indústrias de produtos agrícolas não alimentares, do papel, das bebidas e dos artigos em madeira. Isto não representaria nenhum problema e até seria desejável num quadro de alterações estruturais onde emergissem outras indústrias de forte crescimento e elevado valor acrescentado. Não é este, porém, necessariamente o caso, como o revela uma análise mais detalhada das exportações nacionais.

Quadro 3 – Produtos portugueses de maior expansão e produtos com menor crescimento na UE

	% em 1982-85	% em 2000-03	Variação
Produtos com melhor desempenho			
Automóveis	1.46	12.12	10.66
Aparelhos eléctricos	2.21	6.26	4.04
Quinquilharia	1.95	4.18	2.24
Componentes de automóveis	1.36	3.32	1.96
Móveis	0.27	1.97	1.70
Couros	5.58	7.22	1.64
Artigos de plástico	1.17	2.76	1.59
Artigos de borracha	0.28	1.32	1.04
Veículos comerciais	0.85	1.68	0.83
Ap. eléctricos domésticos	0.10	0.76	0.65
Produtos de pior desempenho			
Química orgânica de base	2.01	1.06	-0.95
Vestuário de malha	9.77	7.99	-1.78
Artigos em madeira	5.04	3.18	-1.87
Bebidas	3.95	1.88	-2.07
Prod. petróleo refinado	2.91	0.83	-2.07
Papel	7.58	5.34	-2.24
Prod. agric. não alimentares	3.20	0.94	-2.25
Tapeçarias	6.80	2.67	-4.13
Fios e tecidos	7.21	3.01	-4.20
Vestuário	9.70	4.31	-5.39

Fonte: dados CEPII-Chelem

Capítulo 13 – O comércio externo português e a integração europeia ... | 527

Quadro 4 – Alterações estruturais nas exportações para o Mundo

	Período	Portugal	Espanha	Grécia	Irlanda	Coreia do Sul	Hong Kong	Singapura	Taiwan	Malásia	Philippines	Tailândia	Mundo
Produtos Manufacturados	1985-1990	17	16	19	11	24	13	22	13	30	23	29	5
	1990-1995	12	10	17	14	25	12	22	17	14	20	21	6
	1995-2000	13	7	16	15	15	15	11	14	17	40	15	7
	2000-2003	10	5	10	18	12	17	7	9	10	7	8	5
	1985-1994	21	22	24	19	35	19	34	24	38	33	38	10
	1994-2003	23	11	26	26	24	26	19	19	24	50	20	7
Todos os Produtos	1985-1990	18	16	18	11	27	13	27	13	25	22	30	11
	1990-1995	12	12	15	15	25	14	27	17	27	39	21	9
	1995-2000	13	9	19	22	17	16	13	15	19	56	19	9
	2000-2003	10	6	14	16	13	22	6	9	10	7	9	5
	1985-1994	21	24	20	19	36	21	42	23	48	47	41	18
	1994-2003	22	11	23	28	25	32	17	21	25	60	23	8

3. Conteúdo tecnológico e competitividade nos primeiros anos de integração

Quer em relação aos produtos de melhor *performance* quer quanto aos produtos em declínio mas de peso ainda muito significativo nas exportações portuguesas, o quadro 3 mostra a preponderância de produtos e sectores de baixo conteúdo tecnológico e onde os problemas de competitividade que já existem ameaçam ainda tornar-se mais fortes num futuro próximo. Nesta secção vão apresentar-se alguns resultados referentes ao conteúdo das exportações portuguesas e fazer-se uma breve aproximação à questão da competitividade.

A comparação dos produtos exportados por Portugal e por outros países revela algumas das dificuldades do sector exportador nacional. A Irlanda conseguiu mudar gradualmente mas de forma continuada o conteúdo das suas exportações, passado a incorporar maior intensidade tecnológica, de capital e de maior valor acrescentado. Comparando as exportações da Irlanda com as de Portugal, observa-se um crescente afastamento das estruturas de ambos os países, como o revela o gráfico seguinte. Afastamento semelhante é também evidenciado na comparação com os *Tigres* asiáticos Pelo contrário, existe uma aproximação crescente de estruturas de exportação com Espanha (o que não é de surpreender), mas também com a China.

Gráfico 3 – Índice de Similaridade de Finger-Kreinin (1979) entre as exportações de Portugal e as de outros países.

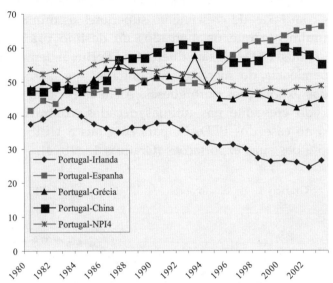

Nesta secção faz-se uma breve comparação entre as exportações de Portugal e as dos PEDAO[2], nos primeiros anos de integração.

A) Composição das exportações

O forte crescimento das exportações dos quatro "tigres" ou "dragões" asiáticos (NPI4: Hong Kong, Coreia, Singapura, Taiwan) é bem evidenciado pelo facto de a sua quota do mercado mundial ter quadruplicado nos últimos 25 anos, tendo passado de uns meros 2% no início dos anos setenta, para os mais de 8% actuais. Uma segunda linha constituída pelos ASEAN4 (Indonésia, Malásia, Filipinas, Tailândia) emergiu entretanto, com taxas de crescimento nos últimos anos duplas das registadas a nível

---

[2] Retoma parte do texto Dias, J. (1998). PDEAO: países com economias dinâmicas da Ásia Oriental.

mundial e detendo agora 4% do comércio mundial. A experiência portuguesa tem sido mais modesta mas, ainda assim, com vários anos com taxas de crescimento superiores às mundiais.

Naturalmente que os mercados de destino prioritários de Portugal e dos PEDAO são diferentes. Portugal tem hoje uma forte dependência do mercado comunitário, que absorve quatro quintos das exportações portuguesas. Além disso, esta dependência tem sido crescente nas últimas décadas, contrariamente ao verificado no caso dos PEDAO, para os quais a UE15 representa apenas 15% das suas exportações (Gráficos 1a, 1b, 4).

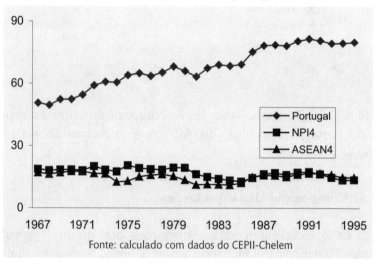

Gráfico 4 – % das exportações dirigidas para a UE15

Fonte: calculado com dados do CEPII-Chelem

O desenvolvimento económico dos vários países é, em geral, acompanhado por uma aproximação das estruturas produtivas e de exportação, pelo que a transformação mais ou menos rápidas das economia de Portugal e dos PEDAO poderia sugerir um tal movimento de aproximação. Em que medida esta evolução convergente é observada entre Portugal e os PEDAO e, neste sentido, em que medida é que as respectivas exportações são concorrenciais?

Capítulo 13 – O comércio externo português e a integração europeia ... | 531

Considerando o índice de similaridade entre as exportações de Portugal e dos NPI4 observa-se que, como já vimos acima, houve uma aproximação até meados dos anos oitenta, mas que desde então essa aproximação começou a regredir (Gráficos 3 e 5).

Gráfico 5

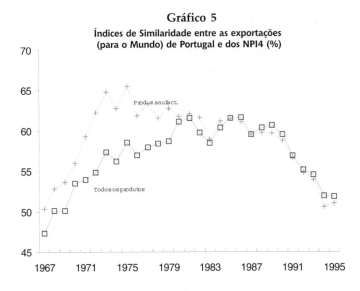

Fonte: calculado com dados de CEPII-Chelem

Nota: a classificação da base de dados Chelem utiliza uma desagregação em 72 "produtos" ou "categorias".

Os gráficos A4 traduzem já algumas das diferenças registadas entre as áreas em análise. Considerando o mercado da UE15 (mas para o mercado Extra-UE observa-se uma evolução semelhante), o peso das exportações de têxteis e couros nas exportações portuguesas tem registado uma clara tendência crescente desde o final dos anos sessenta, só posta em causa nos anos mais recentes mas representando ainda um terço das exportações portuguesas. O contraste com os NPI4 é nítido. A redução da dependência dos têxteis e couros tem sido contínua ao longo deste período, passando de mais de metade das exportações em meados dos anos sessenta para pouco mais de 10% em meados da década de noventa. Todavia, a deslocalização destas indústrias para os ASEAN é clara, num processo de especialização regional em vários níveis e em que o Japão, os NPI4 e os ASEAN4 parecem desempenhar papéis, em alguns domínios, de acordo com o modelo "flying geese".

Quadro 5 – Decomposição das exportações de produtos manufacturados para o mundo, de acordo com o conteúdo tecnológico

(%)

		1991	1992	1993	1994	1995	1996
Portugal	AT	10	11	10	10	12	11
	TI	23	24	26	27	32	35
	TS	67	65	65	63	56	53
NPI4	AT	41	41	44	49	53	54
	TI	25	22	23	22	22	23
	TS	35	37	33	29	25	24
ASEAN4	AT	33	33	34	38	40	46
	TI	17	18	19	21	22	20
	TS	50	49	47	41	38	34
EUA	AT	49	48	48	47	47	48
	TI	34	34	35	36	36	34
	TS	17	17	17	17	18	17
JAP	AT	44	45	47	49	50	50
	TI	42	42	41	39	37	38
	TS	13	13	13	12	12	12

Fonte: Calculado com dados da CNUCED. CTCI rev3, 3 dígitos
Para a classificação da CTCI por níveis tecnológicos, seguiu-se Foders (1996)
AT = Alta Tecnologia; TI = Tecnologia Intermédia; TS = Tecnologia *Standard*

De qualquer forma, a relevância dos produtos da informática é bem evidente para os PEDAO, tendo hoje uma importância já claramente superior à dos têxteis no caso dos NPI4.

A desagregação das exportações por conteúdo tecnológico é interessante e bastante informativa. Para os NPI4, as exportações de "alta tecnologia" têm vindo a crescer fortemente nos últimos anos e representavam já em meados dos anos noventa mais de metade das exportações (Quadro 5). Um percurso semelhante regista-se para os ASEAN4, (com excepção da Indonésia que, ainda assim, passou de 5% em 1991 para 12% em 1996). A importância dos produtos de alta tecnologia é já semelhante nos PEDAO e nos Estados Unidos ou no Japão. Para o caso português essa importância não é nada comparável e tem estagnado à volta dos 10%. Assinale-se, todavia, uma tendência clara de mudança da tecnologia *standard* (ou baixa) para a tecnologia intermédia.

Dada a forte dependência de Portugal do mercada da União Europeia, será interessante comparar a evolução de Portugal e dos PEDAO neste mercado, particularmente quanto à composição das exportações em termos de tecnologia incorporada. De acordo com a teoria das uniões aduaneiras, a integração de Portugal neste espaço deveria desencadear um conjunto de efeitos estáticos e dinâmicos que teriam, naturalmente, um forte impacto sobre a composição das exportações.

No quadro seguinte apresentam-se os resultados da comparação de 1988 e 1995.

Quadro 6 – Conteúdo tecnológico das exportações de produtos manufacturados para a EU15, 1988 e 1995, SITC (Rev. 3) 3 dígitos

(%)

	Espanha	Grécia	Portug.	NIC4	ASEAN4	AS8
	1988
Alta Tecnologia	16	12	9	33	18	31
Tecnol. Interm.	53	8	25	18	14	18
Tecnol. Stand.	31	79	66	49	68	52
Total	100	100	100	100	100	100
	1995
Alta Tecnologia	14	9	8	54	41	50
Tecnol. Interm.	60	13	37	18	15	17
Tecnol. Stand.	26	78	55	27	44	33
Total	100	100	100	100	100	100
	Variação 1988-95
Alta Tecnologia	-2	-3	-1	21	22	19
Tecnol. Interm.	7	4	12	0	2	-0
Tecnol. Stand.	-5	-1	-11	-21	-24	-19

Fonte: Dias (1997)

Também aqui, a subida da parte dos produtos de alta tecnologia foi extremamente forte no caso dos NPI4 e justamente em detrimento dos produtos de tecnologia *standard*. A estrutura das exportações dos NPI4 para a UE15 não é, aliás, diferente da registada nas suas exportações para outros destinos e, em poucos anos, inverteram o peso relativo dos produtos *hi-tech* e *low-tech*. Um padrão semelhante de evolução é observado, mas duma forma ainda mais vincada, para os ASEAN4 que, entre 1988 e 1995, alteraram o peso dos produtos de alta tecnologia de 18% para 41%. Mas também aqui o contraste com Portugal, como aliás com a Espanha e a Grécia, é muito forte: Portugal viu mesmo reduzido o peso das exportações de produtos de alta tecnologia que, de qualquer forma, continuam a ter uma expressão bastante reduzida. De novo, o padrão emergente é o da substituição gradual dos produtos *standard* pelos produtos de tecnologia intermédia.

No quadro seguinte explora-se uma decomposição diferente das exportações de produtos manufacturados, de acordo com a sua ligação aos recursos naturais do país ou área exportadora, da sua intensidade em trabalho não qualificado ou em capital humano ou segundo a sua intensidade tecnológica. Hoje está-se bem longe de uma visão ricardiana estrita, ligando vantagens comparativas, tecnologias de produção e recursos naturais. Cada vez mais as vantagens comparativas são dinâmicas e em grande medida adquiridas. Em todos os casos apresentados o peso dos produtos intensivos em recursos naturais é baixo ou quase nulo em países como o Japão ou mesmo os Estados Unidos. E também, como seria de esperar, nos NPI4, dadas as suas limitações em termos de recursos naturais. Esta importância é, compreensivelmente maior no caso dos ASEAN4 mas, também aqui, regista-se uma expressiva redução de 19% para 8% entre 1988 e 1995. No caso de Portugal, esta dependência também é fraca, e está agora ao nível de Espanha e abaixo da Grécia.

A importância crescente da tecnologia é claramente ilustrada pelo caso dos Estados Unidos, onde os produtos classificados como intensivos em tecnologia representam entre três quartos e quatro quintos das suas exportações para a União Europeia. Também no caso do Japão, este grupo é de longe o mais importante, cerca de dois terços do total. Mas, de novo, notável tem sido a evolução dos "dragões" e dos ASEAN4 que, em poucos anos, duplicaram a componente de exportações deste grupo e se aproximam rapidamente dos valores observados pelo Japão. A componente substituída foi, em ambos os casos, a dos produtos baseados em trabalho não qualificado. A comparação com Portugal revela um contraste evidente. A integração europeia de Portugal e as subsequentes alterações estruturais da economia portuguesa não actuaram (e o mesmo se verificou em Espanha) no sentido de uma rápida mudança para sectores intensivos em tecnologia. No caso português regista-se, ainda assim (novamente como em Espanha), alguma transferência de parte de sectores baseados em mão de obra não qualificada para áreas mais exigentes em termos de recursos humanos.

Quadro 7 – Decomposição das exportações de produtos manufacturados
(CTCI 5-8)
para a UE15, 1988 e 1995 (Prod. Manuf. =100)

(%)

Ano	ESP	GRE	PORT	NPI4	AS4	Japão	EUA
Produtos intensivos em recursos naturais
1988	8	18	11	2	19	1	3
1995	6	19	7	2	8	1	4
Produtos intensivos em trabalho não-qualificado
1988	14	56	52	41	47	5	6
1995	12	54	45	19	33	5	7
Produtos intensivos em tecnologia
1988	28	15	20	32	22	56	79
1995	26	16	22	58	45	64	75
Produtos intensivos em capital humano
1988	49	11	17	25	12	38	12
1995	56	11	26	21	14	30	14

ESP=Espanha; GRE=Grécia; PORT=Portugal; EUA=Estados Unidos

Fonte: calculado com dados do EUROSTAT-COMEXT; conversão de dados para a CTCI rev2 de acordo com United Nations (1986); classificações por grupos de produtos segundo Fukasaku (1992)

B) Tecnologia e Competitividade

O conceito "competititividade", quando aplicado a países ou regiões, não é fácil de definir e é mesmo polémico (Krugman (1994)). Aqui ligaremos simplesmente este conceito à evolução da posição de dado país (ou grupo de países) em determinado mercado. De forma a isolar esta componente iremos utilizar a análise *Constant Market Share* (CMS) que visa justamente decompor a variação das exportações de dado país ou região em componentes[3], entre as quais justamente a componente "competitividade".

Seja então A um dado país (ou grupo) em análise e B um outro país (ou grupo) utilizado como referência (padrão). A taxa de crescimento r entre dois períodos de A, no mercado mundial (ou em dado grupo de mercados) depende, naturalmente, da especialização do país em análise em produtos de forte ou fraca procura e em mercados de rápido ou reduzido crescimento. Esta taxa r pode então ser decomposta em quatro componentes da seguinte[4] forma:

(1) $r \equiv R + \Sigma_i w_i (R_i - R) + \Sigma_i \Sigma_j w_{ij} (R_{ij} - R_i) + \Sigma_i \Sigma_j w_{ij} (r_{ij} - R_{ij})$

   (EE)   (EP)   (EM)   (EC)

onde R designa a taxa de crescimento do grupo padrão, o índice i refere-se a dado produto, w_i (w_{ij}) representa o peso do produto i) nas exportações totais (ou no mercado j) de A. Então, a taxa de crescimento do padrão constitui o chamado efeito escala (EE), a segunda componente (EP) designa o efeito produto (será positivo ou negativo consoante A estiver especializado em produtos de forte ou fraca procura) e a terceira componente (EM: efeito mercado) será positiva (negativa) se A exportar sobretudo para os

---

[3] Veja-se, por exemplo, Richardson (1971) para uma apreciação crítica desta metodologia.

[4] Mas note-se que esta decomposição não é a única possível.

mercados de maior (menor) crescimento. Finalmente, a componente residual é habitualmente tomada como efeito competitividade (EC) e é nesta componente que aqui estamos justamente interessados.

No caso de limitarmos a análise a um único mercado (análise CMS de "nível 2"), o "efeito mercado" desaparece, vindo então a decomposição de r dada por:

(2) $r \equiv R + \Sigma_i w_i (R_i - R) + \Sigma_i w_i (r_i - R_i)$
    (EE)   (EP)   (EC)

Podemos expressar a decomposição de (1) e de (2) em percentagem de r. Ou seja, dividindo (1) e (2) por r (por $|r|$, se $r < 0$) e multiplicando por 100 temos (com $r > 0$):

(3) $100 \equiv \dfrac{R}{r} \times 100 + \dfrac{\Sigma_i w_i (R_i - R)}{r} \times 100 + \dfrac{\Sigma_i \Sigma_j w_{ij} (R_{ij} - R_i)}{r} \times 100 + \dfrac{\Sigma_i \Sigma_j w_{ij} (r_{ij} - R_{ij})}{r} \times 100$

(4) $100 \equiv \dfrac{R}{r} \times 100 + \dfrac{\Sigma_i w_i (R_i - R)}{r} \times 100 + \dfrac{\Sigma_i w_i (r_i - R_i)}{r} \times 100$

onde os efeitos de escala, produto, mercado e competitividade seguem na mesma sequência que em (1) ou (2). Nos resultados que irão ser apresentados de seguida, os efeitos escala e competitividade irão ser calculados de acordo com (3) ou (4), mas apresentaremos à esquerda o valor de r e não 100. Omitiremos os restantes efeitos. Para a aplicação de (3) dividiremos o mercado mundial nos seguintes sub-mercados importantes para Portugal e para o grupo padrão: UE15, EUA, Japão, Resto da OCDE, ASIA9 (=NPI4+ASEAN4+China) e Resto do Mundo.

Quadro 8 – Análise CMS, prod. manufacturados.
Portugal e ASIA9 no mercado mundial

(%)

	r	EE	EC
p1-p2	273	248	-152
p2-p3	305	123	-15

Períodos: p1=média 1971-73; p2=média 1982-84; p3=média 1992-94.
Mercados: UE15, EUA, Japão, ROCDE, ASIA9, Resto do Mundo (RW)
Fonte: calculado com dados do CEPII-Chelem

Durante a década de setenta e princípio dos anos oitenta, os países asiáticos cresceram muito mais do que Portugal, cuja economia sofreu algumas perturbações e transformações decorrentes das mudanças políticas e sociais subsequentes à queda do regime do Estado Novo em 1974. No seu conjunto, as exportações dos países do grupo ASIA9 expandiram-se a uma taxa que foi duas vezes e meia a das exportações portuguesas. A perda de competitividade de Portugal relativamente a este grupo de países foi elevada, neste caso correspondente a 152% da taxa de crescimento das exportações de Portugal. No período seguinte (de 1982-4 a 1992-94) a perda de competitividade foi menos acentuada e o desnível entre o crescimento das exportações de Portugal e dos ASIA9 foi menos relevante.

Quadro 9 – Análise CMS. Portugal e os ASIA9 em vários mercados.
Produtos manufacturados

(%).

Mercados	p1-p2			p2-p3		
	r	EE	EC	r	EE	EC
UE15	380	148	-61	343	119	-8
EUA	128	630	-669	192	131	-34
Japão	121	437	-808	444	113	-72
ROCDE	203	306	-188	229	137	-5
ASIA9	485	152	-149	285	253	-118
RM	83	758	-820	144	177	-106

Períodos: p1=1971-73; p2=1982-84; p3=1992-94
Fonte: calculado com dados do CEPII-Chelem

Utilizando a análise CMS em cada mercado separadamente é clara a vantagem competitiva dos países asiáticos em análise relativamente a Portugal em todos casos. Todavia, a superioridade destes países reduziu-se substancialmente nos últimos anos em todos os mercados (com excepção do mercado dos próprios ASIA9 que vai assumindo importância crescente para eles próprios), nomeadamente na União Europeia, de longe o principal destino das exportações portuguesas. No período que contempla basicamente os anos posteriores à integração portuguesa na UE, a expansão das exportações de Portugal no mercado comunitário processou-se a um ritmo já mais próximo do dos ASIA9 e o efeito competitividade foi também já menos relevante. Mas este é um resultado agregado que não tem em conta o tipo de produtos, por exemplo em termos de conteúdo tecnológico ou de qualidade do factor trabalho incorporado.

Utilizando uma desagregação mais fina (CTCI a 3 dígitos), que permita um agrupamento por conteúdo tecnológico e considerando o período 1992-1995, onde justamente as alterações em termos de estrutura produtiva e das exportações dos PEDAO foram intensas obtiveram-se os seguintes resultados (Quadro 10):

Quadro 10 – Análise CMS: Portugal e os PEDAO no mercado mundial. Produtos manufacturados (*), por conteúdo tecnológico, 1992-1995 (em %)

	r	R	EE	EC
Portugal e NPI4				
Total prod. manufacturados	27	64	238	-48
. Alta tecnologia	37	112	302	-203
. Tecnologia intermédia	68	64	94	-67
. Tecnologia *standard*	9	13	141	121
Portugal e ASEAN4				
Total prod. manufacturados	27	86	317	-216
. Alta tecnologia	37	130	350	-247
. Tecnologia intermédia	68	118	173	-160
. Tecnologia *standard*	9	45	499	-365

Fonte: calculado com dados da CNUCED
(*) CTCI (rev.3) 5-8, 3 dígitos

Note-se que, para Portugal, as maiores variações em termos de exportações registaram-se nos produtos de tecnologia intermédia (o que não é inesperado, tendo em conta justamente o nível de desenvolvimento do país). Já no caso dos NPI a taxa de crescimento mais elevada foi a do grupo de produtos de alta tecnologia (R=112%, quase quatro vezes a taxa portuguesa no período 1992-95), segundo uma hierarquia claríssima em que os produtos de tecnologia intermédia cresceram apenas a uma taxa de cerca de metade da dos de alta tecnologia (R=64%) e os de tecnologia *standard* a uma taxa muito inferior (R=13%). O efeito competitividade é altamente negativo para Portugal para os produtos do primeiro grupo (AT), ainda negativo mas com menos intensidade para o segundo grupo e é mesmo positivo para o grupo dos produtos de tecnologia *standard*.

Comparando Portugal com o grupo de países da "2ª vaga" isto é, os ASEAN4 (onde o comportamento das exportações segundo o tipo de produtos segue a hierarquia observada nos NPI4), temos um efeito competitividade negativo para Portugal ainda mais intenso e agora o maior efeito (negativo) regista-se mesmo nos produtos de tecnologia *standard*. Em certa medida, os ASEAN4 funcionam como retaguarda de apoio dos NPI4 (e, naturalmente, do Japão) em termos de produtos de tecnologia intermédia e de baixa tecnologia. Para os ASEAN4 foram, aliás, deslocalizadas várias indústrias nessas áreas e provenientes (também) dos NPI4.

É conveniente centrar agora a nossa atenção no mercado da União Europeia por razões que se prendem com a sua importância para Portugal mas também pela disponibilidade e homogeneidade da informação estatística relevante. Considerando de novo Portugal e o conjunto dos ASIA9, o padrão observado no caso do mercado mundial repete-se novamente[5]. A maior expansão das exportações portuguesas no mercado da União Europeia

---

[5] Os efeitos aparecem ampliados mas note-se que correspondem a um período maior.

no período pós-adesão regista-se no grupo de produtos de tecnologia intermédia e a hierarquia dos efeitos competitividade é a já referida para o mercado mundial.

Quadro 11 – Análise CMS: Portugal e os ASIA9 no mercado da UE15. Produtos manufacturados (*), por conteúdo tecnológico, 1988-1995 (em %)

	r	EE	EC
Total prod. manufacturados	88	142	-169
. Alta tecnologia	61	397	-421
. Tecnologia intermédia	180	66	-288
. Tecnologia *standard*	58	119	7

Fonte: calculado com dados do EUROSTAT-COMEXT
(*) CTCI (rev.3) 5-8, 3 dígitos

O período 1988-1995 corresponde a dois sub-períodos distintos. Até 1992, Portugal estava ainda no período de transição da integração plena na UE. Por outro lado, depois de 1992 reforça-se a integração europeia com a criação do Mercado Único e acentua-se a globalização da economia e a concorrência à escala mundial, processos que a conclusão das negociações do GATT/OMC vêm dinamizar. Será, portanto, interessante considerar dois sub-períodos distintos para detectar eventuais tendências recentes.

Considerando então os períodos 1988-91 e 1992-95, podemos concluir genericamente que os resultados obtidos para o período 1988-1995 reforçam-se (Quadro 8). Os NPI4 aumentam fortemente a taxa de crescimento dos produtos de alta tecnologia e reduzem as exportações de produtos de baixa tecnologia, sendo nesses produtos substituídos pelos ASEAN4. Desta forma, tomando como padrão os NPI4, o efeito competitividade das exportações portuguesas nos produtos AT passa de positivo/nulo para altamente negativo e reforça-se o efeito positivo da competitividade para os produtos TS. Todavia, tomando como padrão os ASEAN4 amplia-se ainda mais a dimensão negativa do efeito competitivi-

Capítulo 13 – O comércio externo português e a integração europeia ... | 543

dade no grupo de produtos de alta tecnologia mas a competitividade dos ASEAN4 no mercada da UE quando comparados com Portugal estende-se mesmo aos produtos *standard*.

Quadro 12 – Análise CMS: Portugal e os PEDAO no mercado da UE15.
Produtos manufacturados (*), por conteúdo tecnológico, 1988-91 e 1992-95
(em %)

	1988-91					1992-95			
	r	R	EE	EC	r	R	EE	EC
Portugal e os NPI4								
Total prod. manufacturados	68	20	29	49	35	36	101	-38
. Alta tecnologia (AT)	65	53	82	4	12	81	683	-770
. Tecnologia intermédia (TI)	87	15	17	-40	101	40	39	-85
. Tecnologia *standard* (TS)	62	-1	-1	101	11	-14	-124	260
Portugal e os ASEAN4								
Total prod. manufacturados	69	158	228	-395	36	82	224	-232
. Alta tecnologia	65	206	318	-389	12	259	2231	-2080
. Tecnologia intermédia	86	217	252	-716	101	74	73	-172
. Tecnologia *standard*	64	132	208	-231	12	21	177	-181

Fonte: calculado com dados do EUROSTAT-COMEXT
(*) CTCI (rev.3) 5-8, 3 dígitos

Considerando a classificação dos produtos segundo a intensidade em recursos naturais, em trabalho não-qualificado, tecnologia e capital humano, os resultados vão no mesmo sentido. No quadro a seguir apresentam-se os valores obtidos para os dois grupos mais relevantes, o dos produtos intensivos em trabalho não-qualificado (PITNQ) e o dos produtos intensivos em tecnologia (PIT).

Quadro 13 – Análise CMS: Portugal e os PEDAO no mercado da UE15.
Produtos manufacturados (CTCI rev.3 5-8, 3 dígitos), 1988-91 e 1992-95 (em %)

	1988-91					1992-95			
	r	R	EE	EC	r	R	EE	EC
Portugal e os NPI4								
PITNQ	59	6	9	82	-4	-24	-620	630
PIT	49	57	116	-13	32	60	188	-194
Portugal e os ASEAN4								
PITNQ	59	138	234	-208	-4	9	247	-253
PIT	49	126	256	-384	32	191	598	-456

Fonte: calculado com dados do EUROSTAT-COMEXT

O reforço da desvantagem competitiva de Portugal face aos NPI4 nos produtos de alta tecnologia é bem patente pela comparação dos valores de ambos os períodos. Aliás, enquanto que a expansão das exportações portuguesas se processou no segundo período a um ritmo bastante inferior ao do primeiro período, os NPI4 subiram mesmo ligeiramente a taxa de crescimento das suas exportações neste tipo de produtos. Por outro lado, a importância dos produtos baseados em trabalho não qualificado é, pelo menos em parte, transferida para os ASEAN4. Mas também aqui o efeito mais notável observa-se nos produtos intensivos em tecnologia. A taxa de crescimento destes produtos no caso dos ASEAN4, que já era muito elevada no primeiro período, reforçou-se ainda fortemente no segundo, sendo mais de três vezes a registada pelos próprios NPI4 e mais de seis vezes a observada no caso português.

4. Conclusões

O forte crescimento económico dos países de economia dinâmica da Ásia Oriental tem sido acompanhado por transformações estruturais importantes no sector industrial, nomeadamente em termos do perfil tecnológico deste sector, com consequências naturais em termos de composição das exportações destes países. Hoje, em vários países desta zona, a maior parte das exportações de produtos manufacturados é constituída por produtos habitualmente classificados como de alta tecnologia ou de elevada intensidade tecnológica, tal como é o caso nos países mais desenvolvidos, por exemplo os Estados Unidos ou o Japão. Portugal tem tido um percurso de actualização bem mais modesto e permanece ainda muito dependente de exportações de baixo conteúdo tecnológico ou intensivos em trabalho pouco qualificado. No caso dos PEDAO, a crescente globalização da economia mundial tem favorecido o processo de actualização tecnológica das suas economias e a sua integração informal num espaço de forte dinamismo tem também contribuído para sustentar este processo. No caso português, a integração europeia tem sido acompanhado de processos de alteração na estrutura industrial algo diferentes: apesar dos fortes apoios da União Europeia e dos evidentes esforços de modernização em infra-estruturas e em tecnologia, a resultante tem sido uma transformação gradual para uma indústria de tecnologia intermédia mas ainda com um peso grande das indústrias tradicionais.

Isto não significa que a evolução da economia portuguesa seja aqui vista como negativa. Muito pelo contrário. Naturalmente, ainda menos significa que a integração de Portugal na União Europeia seja considerada como prejudicial à modernização dos país. Neste aspecto, a nossa visão é bem mais positiva. Todavia, é importante ter em atenção o esforço de modernização que é necessário ainda fazer e notar que o notável desempenho dos PEDAO no mercado mundial e, em particular, no mercado da União Europeia, pode ter importantes consequências em termos de possibilidades abertas a Portugal no próprio espaço da União. A importância crescente de indústrias de tecnologia intermédia poderia até ser interpretada como interessante, se integrada num processo de apropriação nacional e em rápida transição para tecnologias mais sofisticadas. Mas é muito duvidoso que a persistência de processos produtivos e de exportações baseadas em trabalho não qualificado, ao nível do ainda observado em Portugal, seja benéfica para um desenvolvimento económico sustentado e para uma rápida convergência real para as economias mais desenvolvidas da União Europeia. De resto, a forte pressão concorrencial já hoje existente neste tipo de produtos irá muito previsivelmente aumentar a médio prazo, nomeadamente com o aparecimento no mercado mundial de novos produtores na área da indústria *low-tech*, entre os quais vários países em vias de desenvolvimento da Ásia Oriental.

Bibliografia

DIAS, João (1997), "Trade and Competitiveness in the European Union: East-South-East Asia and Southern Europe ", in Lee, S-G e Ruffini, P. (eds), *The Global Integration of Europe and Asia*, Cheltenham, UK: Edward Elgar.

DIAS, João (1998), "Competitividade, Exportações e Tecnologia: Portugal e a Ásia Oriental no Mercado Mundial e na UE", in *Tópicos sobre Economia Europeia*, Lisboa: CEDIN.

FODERS, Federico (1996), "MERCOSUR: A New Approach to Regional Integration?", Kiel W.P. No. 746.

FUKASAKU, Kiichiro (1992), "Economic Regionalisation and Intra-Industry Trade: Pacific-Asian Perspectives", OECD, Technical Papers nº 53.

FINGER, J.M. and M.E. Kreinin (1979), "A Measure of 'Export Similarity' and its Possible Uses", *The Economic Journal*, 89, pp. 905-912.

KRUGMAN, Paul (1994), "Competitiveness: A Dangerous Obsession", *Foreign Affairs*, 73(2), pp. 28-44

RICHARDSON, J. David (1971), "Constant-Market-Shares Analysis of Export Growth", *Journal of International Economics*, 1, pp. 227-239.

TAKAHASHI, Hiroshi (1996), "New Development Strategies and Recent Changes in China's Foreign Trade", *Keio Economic Studies*, 33(1), pp. 97-124.

United Nations (1986), Standard International Trade Classification Revision 3, Statistical Papers, Series M No.34/Rev.3

Capítulo 13 – O comércio externo português e a integração europeia ... | 547

Anexos

Gráfico A1 – Quotas de mercado de cada país no UE15

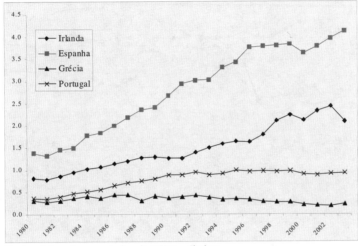

Fonte: elaborado com dados do CEPII – Chelem

Gráfico A2 – Quotas de mercado no Resto do Mundo (Extra-UE15)

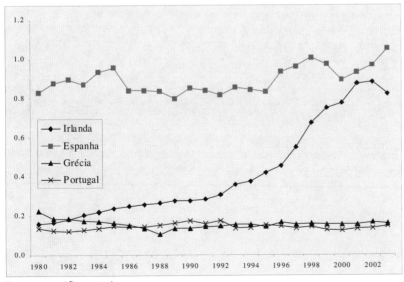

Fonte: ver gráfico anterior

Gráfico A3 – Quota de mercado da UE15 na Irlanda, Espanha, Grécia e Portugal

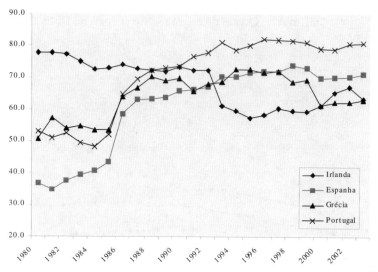

Fonte: ver gráfico anterior

Gráfico A4 – Peso dos Têxteis e Couros (TC), Electrónica de Grande Consumo (EGC) e Material de informática, no total das exportações para o Resto do Mundo (=Mundo-UE15)

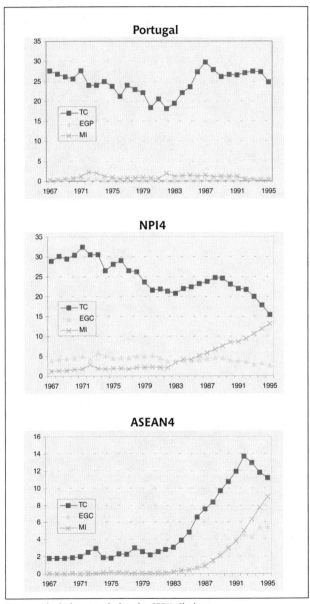

Fonte: calculado com dados do CEPII-Chelem

Capítulo 14

As Relações Económicas Luso-Brasileiras após 1986

Joaquim Ramos Silva

Com a entrada de Portugal na Comunidade Europeia, um dos desenvolvimentos que se aguardava com mais expectativa era o de saber como iriam reagir as tradicionais relações com os países de língua portuguesa à nova situação. Assim, no presente capítulo, concentramo-nos nesta questão, examinando o caso particular das relações económicas entre Portugal e o Brasil de 1986 a 2005, sobretudo numa perspectiva da sua caracterização, mais do que fundamentar o processo.

Antes de começar a nossa análise propriamente dita, convirá recordar que, na década que precedeu a adesão, estas relações se encontravam num baixo patamar histórico. No que diz respeito ao século XX, o declínio tinha tomado forma nas primeiras décadas, prosseguiu no entre-guerras e acentuou-se a partir dos anos 50. Esta tendência geral foi muito clara ao nível das exportações de mercadorias portuguesas para o Brasil que, representando 11.6% do total em 1900, passaram a 9.2% em 1920 e 3.2% em 1950, e em 1976-1985, a sua percentagem média não foi além de 0.78% do total exportado.[1] A queda relativa das importações não

---
[1] Dados extraídos a partir de Silva, 2002: 249-250.

foi tão acentuada, mas a sua evolução foi, de um modo geral, no mesmo sentido: 3.8% do total em 1900, 5% em 1920 e 1.8% em 1950; e em 1976-1985, em média, foi de 1.46% do total. O outro fluxo bilateral que foi historicamente significativo, as remessas de emigrantes portugueses, como será referido mais adiante, embora com algum desfasamento em relação ao comércio de mercadorias, conheceu ao longo do século XX, em particular, na sua segunda metade, a mesma perda de importância no contexto geral (apenas 1.5% do total das remessas recebidas em 1985).

Ora, no âmbito das relações externas de Portugal após a adesão à Comunidade Europeia, um dos avanços mais notáveis, foi sem dúvida, a nova expansão dos laços económicos com o Brasil. Embora nos primeiros anos, a estagnação vinda das décadas anteriores parecesse manter-se, a viragem tornou-se evidente após 1992. Desde então e até 2005, os principais fluxos bilaterais, sob formas e em ritmos diversos, participaram de modo amplo no processo de restabelecimento das relações económicas entre Portugal e o Brasil. Ainda que, à excepção de um ou outro domínio, elas não sejam comparáveis com as dos principais parceiros comunitários e partissem do já referido baixo nível histórico, a mudança a que se assistiu após a adesão mostra o potencial da integração europeia em conjugação com a dinâmica mais geral da globalização (Silva, 1999). Com efeito, esta evolução aparentemente paradoxal (na medida em que combina orientações geográficas diferenciadas), tal como as pesquisas realizadas a este respeito têm demonstrado (Silva, 2002, 2005; Costa, 2005), é lógica, senão mesmo complementar, à luz do novo posicionamento da economia portuguesa no contexto europeu e consequente revalorização dos seus outros vínculos externos de carácter global, antes adormecidos.

Sendo assim, vejamos como decorreram efectivamente estas relações na vintena de anos compreendidos entre 1986 e 2005. Atendendo à necessidade de sermos sintéticos devido à falta de espaço, a nossa atenção centrar-se-á na evolução dos fluxos bilaterais mais representativos, ao nível da balança corrente (bens, serviços, rendimentos e transferências) e da balança financeira (investimento directo) utilizando principalmente para o efeito as fontes oficiais portuguesas – Banco de Portugal e INE. No final, far-se-á um breve resumo dos movimentos fundamentais que se registaram no período.

A dinamização geral dos fluxos correntes

Começando pelo comércio de mercadorias, a figura 1, medindo as exportações e importações de Portugal com o Brasil em percentagem do total geral e extra-comunitário desde 1980, fornece-nos a informação necessária a fim de compreender a forma como evoluiu. Na medida em que os fluxos extra-comunitários são claramente mais sensíveis do que os totais, que incluem também os intra-comunitários,[2] a nossa preferência, em termos de análise, vai para os primeiros.

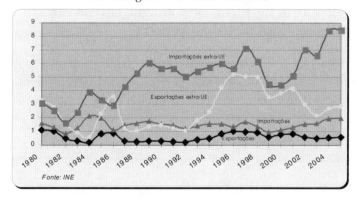

Figura 1
Portugal: comércio de mercadorias com o Brasil, 1980-2005
(exportações e importações em percentagem
do total geral e do total extra-UE)

---

[2] Este facto não nos deve surpreender, pois, tal como era esperado, sem barreiras aduaneiras, o comércio português com a União Europeia depois de 1986, em particular com a Espanha, cresceu no seu conjunto muito mais rapidamente do que o comércio com os terceiros países (Silva, 2002: 176), tendo esta

Quanto às importações portuguesas, e de acordo com a referida figura, é claro que, desde meados dos anos 80 até 2005, elas se inscreveram numa dinâmica de crescimento, que atingiu no último ano 8.46% do total extra-comunitário, ainda que este processo tenha naturais oscilações ao longo do período. Este fluxo, em 1986 de longe o principal das relações económicas bilaterais, passou de oitenta milhões para cerca de mil milhões de euros em 2005, mas, como veremos adiante perdeu entretanto algum do seu peso no conjunto.[3] Em torno da tendência geral, os principais movimentos deste indicador (importações portuguesas do Brasil em percentagem do total importado extra-comunitário) foram, em sequência:
- A maior subida relativa registou-se nos anos imediatamente a seguir à adesão, quase duplicando entre 1985 e 1989, ao passar de 3.3% para 6.1%;
- um período de quase estagnação entre 1990 e 1998, em que se situou aproximadamente entre os 5% e os 7% do total extra-comunitário;
- uma queda acentuada em 1999-2000, quando ficou em torno não mais do que 4.5% do total;
- finalmente, a partir de 2001, assiste-se a uma notável recuperação deste fluxo, que atingiu em 2004-05, os valores mais elevados de todo o período.

A relativa importância assumida pelo mercado português para as exportações brasileiras não foi sem dúvida alheia à decisão anunciada no final de 2005, de criar em Portugal um Centro de Distribuição para as empresas brasileiras com uma vocação internacional mais vasta.

---

tendência sido reforçada pelos processos do Mercado Único e da Moeda Única, os quais, por outro lado, contribuíram indirectamente para que se dê mais ênfase às relações extra-comunitárias do ponto de vista externo (as trocas intra--comunitárias passaram a ser predominantemente vistas como internas).

[3] No total dos fluxos correntes (débito+crédito), a parte das importações de mercadorias era de 47.4% em 1986.

Por seu turno, as exportações para o Brasil no total das exportações extra-comunitárias portuguesas, para além de terem um valor absoluto em euros correntes muito inferior ao das importações, a sua trajectória também foi diferente. Se excluirmos o valor de 1986 (bem como do ano anterior), que surge algo desgarrado na série, o seu crescimento só se tornou evidente a partir de 1993, atingindo o máximo (relativo) em 1996, iniciando depois uma tendência de baixa, acelerada em 1999 e 2002-03, de que ainda não recuperou verdadeiramente, não obstante a queda ter sido estancada nos dois últimos anos do período. Em percentagem do total extra-comunitário, o valor de 2005 (2.85%) está efectivamente abaixo dos de 1986 e 1995-2002 e acima dos restantes anos. Em valores monetários, as exportações portuguesas para o Brasil, passaram de 48 milhões de euros em 1986 para 184 milhões em 2005,[4] atingindo o máximo em 2001 com 225 milhões, isto é, em geral, não acompanharam a evolução das importações e, de acordo com a figura 1, nota-se mesmo uma certa assimetria entre os dois fluxos após 2002.

Uma vez que não dispomos de espaço para analisar a sua composição (quais os produtos que concorreram mais ou menos para a evolução verificada),[5] interessa que se façam algumas considerações sobre as causas dos movimentos das importações e das exportações. Como no final se apresentará uma explicação mais de fundo, a nosso ver válida para a generalidade dos fluxos bilaterais, concentrar-nos-emos aqui nos aspectos conjunturais. Previamente, importa notar que este crescimento, ao contrário do que aconteceu com os parceiros comunitários, em primeiro lugar a Espanha, ocorreu mantendo-se as tradicionais barreiras comerciais

---

[4] A percentagem mais baixa foi atingida em 1992 com 0.2% do total geral (e 1.2% do total extra-comunitário), correspondendo apenas a 25 milhões de euros, e os valores monetários mais baixos foram em 1987-88, com cerca de 18 milhões de euros; Silva, 2002: 249-250.

[5] Sobre este aspecto, para detalhes do período 1990-2001, veja-se Silva, 2002: 110-121.

entre os dois países. No entanto, é preciso ter em conta que o Brasil em 1988 lançou um vasto processo de liberalização do seu comércio externo que, aliás, foi aprofundado nos anos seguintes, designadamente com a criação do Mercosul, e que também a economia portuguesa, por força da sua adesão à Comunidade, se tornou mais aberta (sem com isto querer dizer que não permaneçam importantes obstáculos ao comércio de parte a parte). Dadas as proximidades linguísticas e outras entre os dois países, era natural que uma maior abertura se reflectisse no comércio bilateral, não mais reprimido ou marginalizado como no passado. Por outro lado, a queda verificada nas importações e exportações em 1999, deveu-se fundamentalmente à alteração do regime cambial da moeda brasileira em Janeiro deste ano, que na prática conduziu à sua forte depreciação, e consequente perturbação das expectativas comerciais e outras; nova depreciação sensível do real em 2002, levou a mais um recuo das exportações portuguesas em 2002-03 e explica em boa medida a referida assimetria dos últimos anos (realçando, mais uma vez, a fraca competitividade não-preço das exportações portuguesas).

Ao nível da balança corrente, outro aspecto importante da evolução das relações económicas luso-brasileiras, foi a grande intensificação das trocas de serviços. Com efeito, se compararmos o seu peso (importações+exportações) com o do comércio de bens, através do quadro 1 é possível constatar a sua insignificância nos anos logo após a adesão à Comunidade Europeia, mas a situação alterou-se rapidamente atingindo um máximo em 2002, quando este indicador alcançou 78%. A soma do conjunto das trocas de serviços passou de cerca de 12 milhões de euros em 1986 para 713 milhões em 2005, ou seja um crescimento de sessenta vezes em valores monetários. Apesar de conhecer algum recuo relativo nos últimos anos do período analisado, elas tornaram-se assim um elemento com peso considerável ao nível desta balança, contribuindo de uma maneira francamente positiva para a sua diversificação.

Tal como para as mercadorias, não faremos aqui uma análise detalhada da composição das trocas de serviços,[6] importa no entanto sublinhar que os dois *items* principais foram quase sempre as viagens (e turismo) e os transportes. Assim, em 2005, por exemplo, a soma dos créditos e débitos destas duas categorias perfazia 565 milhões de euros, representando 79.2% do total das trocas de serviços, enquanto que aos outros nove *items* comparáveis dos registos do Banco de Portugal cabiam os restantes 20.8%. Acrescente-se ainda que, ao contrário do comércio de bens, sempre altamente deficitário para Portugal, esta componente da balança foi excedentária até 2002, tornando-se porém deficitária a partir do ano seguinte.

Quadro 1
Portugal: As trocas de serviços com o Brasil em percentagem do comércio de mercadorias
(exportações+importações)

1986	9.4%
1989	9.0%
1992	10.7%
1995	30.2%
1998	59.7%
2000	65.0%
2002	78.2%
2004	57.3%
2005	60.1%

Fonte: Banco de Portugal

Também na área dos rendimentos correntes (trabalho e capital, e dentro destes, que representam, em geral, a grande maioria desta componente, rendimentos dos investimentos directos, de carteira e outros) se verificou um forte aumento, sobretudo a

---

[6] Sobre este tópico, veja-se também Silva, 2002: 123-5.

partir de 1995 e em ambos os sentidos. Com efeito, estes fluxos irrelevantes no passado, participaram assinalavelmente no renascimento das relações económicas bilaterais na segunda metade do período que analisamos, atingindo em 2005 a soma de 171 milhões de euros (130 milhões a crédito e 41 milhões a débito). No entanto, como lhes é característico, sendo facilmente observável na figura 2, nota-se a sua grande volatilidade, incluindo no sinal do próprio saldo. Seja como for, um conjunto de fluxos que, dependentes do movimento de factores, passou também a contar no relacionamento entre Portugal e o Brasil.

Ainda dentro da mesma balança, importa analisar o que se passou com as transferências correntes. Aqui constatamos um crescimento muito rápido dos débitos, enquanto os créditos estagnam ou mesmo decrescem, o que não deixa de ser uma evolução que nos interpela na medida em que é altamente ilustrativa do novo tipo de relações que se estabeleceu entre os dois países. Este movimento combinado levou a que o saldo das transferências correntes, ao contrário do que era costume, se tornasse negativo para Portugal a partir de 2000. Sendo assim, importa analisar a sua principal rubrica (remessas de e/imigrantes).

Figura 2

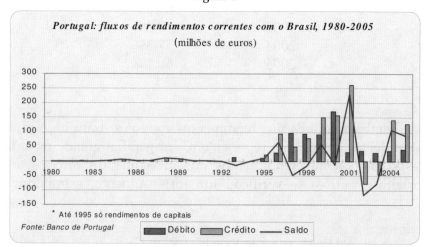

Figura 3

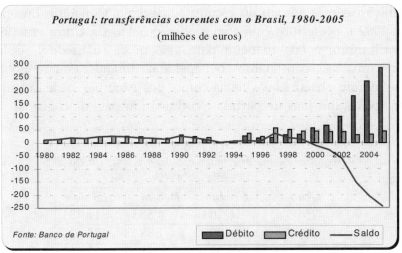

Com efeito, neste período assistimos à emergência de um facto novo, pelo menos numa perspectiva de longa duração, com as *remessas de imigrantes* suplantando, de 2000 em diante, as remessas de emigrantes, que desde há muito tinham sido um dos fluxos mais determinantes no contexto das relações económicas bilaterais (com efeito, durante vários períodos dos séculos XIX e XX, as remessas do Brasil foram essenciais para reduzir a gravidade do défice comercial crónico português e pagar os encargos com os empréstimos externos), mas que no início da década de 2000, têm uma reduzidíssima expressão no conjunto. As razões para esta inversão são bem conhecidas, o grande crescimento da emigração económica brasileira em Portugal desde meados dos anos 90[7] (e, paralelamente, a descida da emigração portuguesa sobretudo a partir de 1964, à excepção dos anos logo a seguir ao 25 de Abril de 1974), tendo as remessas enviadas para o Brasil passado de 4.8 milhões de euros em 1996 para 269.6 milhões em 2005 (cf.

---

[7] Infelizmente as estatísticas disponíveis são muito imperfeitas quanto à medição este fenómeno; ver Silva, 2002: 149-154 e 258.

quadro 2). Por outro lado, a ancoragem numa área de moeda forte, primeiro com a adesão do escudo ao Sistema Monetário Europeu em 1992 e posteriormente com a adesão à Moeda Única em 1999, contribuíram à sua maneira para este processo inédito. Assim, mais uma vez constatamos o papel das dinâmicas mais globais que vieram abalar ideias feitas como, por exemplo, a de Portugal ser apenas um país de partida e o Brasil um país de chegada.

Quadro 2
Portugal: remessas de e/imigrantes com o Brasil, 1996-2005
(milhares de euros)

Ano	Crédito	Débito	Saldo
1996	16 264	4 833	11 431
1997	26 807	1 384	25 423
1998	18 986	1 154	17 832
1999	16 453	8 061	8 391
2000	17 779	33 792	-16 013
2001	14 128	52 661	-26 161
2002	16 261	87 003	-70 743
2003	9 480	168 984	-159 504
2004	6 578	216 468	-209 891
2005	8 865	269 632	-260 766

Fonte: *Banco de Portugal*

Como acabámos de constatar, no âmbito da balança corrente, os fluxos conheceram em geral um forte crescimento, por vezes muito acentuado; entre os movimentos analisados apenas com a excepção dos créditos das transferências (queda das remessas de emigrantes), embora naturalmente com ritmos e faseamentos diferentes. Fazendo uma comparação entre o comércio de mercadorias e outros fluxos correntes, verifica-se que os primeiros perderam a primazia para os segundos a partir de 1998 (cf. figura 4). Por outro lado, a soma total dos fluxos correntes em ambos os sentidos (isto é, créditos+débitos), passou de 169.4 milhões de euros em 1986 e, tendo ultrapassado mil milhões em 1996, atingiu 2405 mil milhões em 2005.

Figura 4

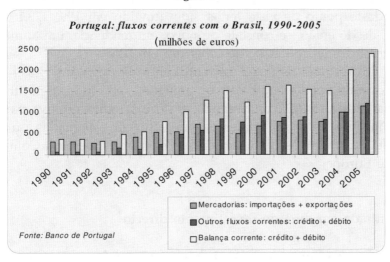

Figura 5

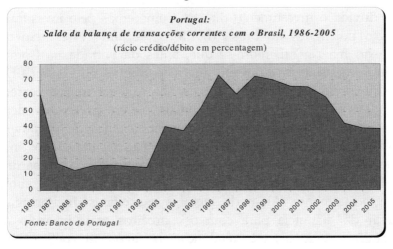

Finalmente, quanto ao saldo corrente (cf. figura 5), sempre deficitário para Portugal no período, observa-se que, excluindo novamente 1986, na fase de relações menos intensas até 1992, ele manteve-se em valores mais baixos (inferiores a 20% em 1987-92), do que na fase de maior intensidade, correspondendo assim também a relações mais equilibradas, ainda que o ano mais favorável deste ponto de vista tenha sido atingido em 1996 (73.1%), e que, desde então, se constate de novo, em tendência, um aumento gradual do défice (38.8% de cobertura em 2005).

Em resumo, os fluxos correntes entre Portugal e o Brasil evidenciaram um generalizado dinamismo, sobretudo a partir do limiar dos anos 90, contribuindo de forma muito positiva para a retoma das relações bilaterais, em essência estagnadas ou em declínio durante as décadas que precederam a adesão à Comunidade Europeia.

A entrada em cena do investimento directo

Um dos fluxos da balança de pagamentos (neste caso, incluído na balança financeira) que mais contribuiu para a alteração profunda do panorama das relações económicas luso-brasileiras foi sem dúvida o investimento directo. Comecemos pelo investimento directo português no Brasil (IDPB). Colocando este fluxo num contexto mais geral, refira-se que, antes da entrada na Comunidade Europeia, o investimento directo português no exterior (IDPE) era inexpressivo: até 1974, o país não era activo nas correntes mundiais e, fora dos espaços coloniais, ele era irrelevante, depois e até 1985, os graves desequilíbrios na balança de pagamentos (dada a instabilidade macroeconómica) não facilitavam os investimentos no exterior por parte das empresas. Porém, a partir de 1986, a situação começou a desanuviar-se, com o IDPE a aumentar gradualmente. Além de factores específicos de Portugal, e apesar da distância para com os parceiros mais inseridos nas dinâmicas mundiais, esta tendência era favorecida pelo facto da União Europeia ser, à escala global e sobretudo nas últimas décadas, um espaço mais investidor no estrangeiro do que receptor. Assim, não surpreende que o IDPE se tenha começado a tornar estatisticamente expressivo alguns anos depois da adesão.

Neste quadro, o aspecto que interessa sublinhar aqui diz respeito ao facto do investimento no Brasil ter sido a principal com-

Capítulo 14 – As relações económicas Luso-Brasileiras após 1986 | 563

ponente do IDPE nos primeiros anos em que foi efectivamente representativo. Embora a série estatística que vamos utilizar, tenha estado sujeita a revisões frequentes e substanciais,[8] e a sua abrangência seja apenas parcial quando se trata de medir o envolvimento efectivo das empresas portuguesas no exterior, e em particular no Brasil (utilização de subsidiárias em terceiros países, recurso a financiamentos locais, passagem por outros fluxos, etc.) dispomos na figura 6, dos valores anuais no que diz respeito ao investimento, desinvestimento e saldo.[9] Com efeito, analisando a evolução do saldo líquido (investimento *menos* desinvestimento), após valores insignificantes até 1995, o período mais intenso do investimento directo português no Brasil foi claramente 1996--2001, quando representou 42.3% do total dos fluxos líquidos

---

[8] Este é o aspecto mais negativo de recorrer a esta fonte que tem o monopólio da produção de séries estatísticas sobre IDE em Portugal. A dança destes números tem sido constante, comparem-se os dados actuais com os do artigo escrito há cerca de um ano sobre o mesmo assunto (Silva, 2005). No caso do presente trabalho utilizamos os dados do Banco de Portugal vindos a lume em Março de 2006, nada nos garantindo que nos próximos tempos não haja de novo alterações substanciais. Deve-se todavia reconhecer que as estatísticas internacionais de IDE reflectem também forte volatilidade para os anos mais recentes (e.g., UNCTAD), claramente maior do que as do comércio. As estatísticas brasileiras, que até recentemente só cobriam uma parte dos fluxos de IDE também não eram solução. Procurando ultrapassar estas limitações, cujas causas e manifestações não é possível aprofundar aqui, utilizaremos outras fontes e indicadores como o registo de empresas subsidiárias do Banco Central do Brasil para Dezembro de 2004. Não se trata de afirmar que o Banco de Portugal não utiliza a metodologia que é comum no Eurostat ou FMI, mas de chamar a atenção para um fluxo que se tornou importante para a economia portuguesa e para cujo conhecimento a mera aparelhagem estatística existente é muito imperfeita, nomeadamente quando se esmiúça a análise por países e por anos.

[9] Dentro da rubrica investimento directo de Portugal no exterior da balança financeira, considera-se o débito como investimento e o crédito como desinvestimento. Portanto, na perspectiva do IDPE, qualquer que seja o país a considerar, o investimento líquido será a diferença entre as duas colunas, afectando de um sinal positivo o débito e negativo o crédito.

acumulados no exterior. Assim, e se considerarmos que o IDPE até ao início dos anos 90 teve escasso significado,[10] o investimento no Brasil surge como a primeira grande experiência de internacionalização das empresas portuguesas no contexto da globalização se formos para além das meras actividades de exportação (que, aliás, foram frequentemente sub-contratadas em larga escala ao longo das últimas décadas). Acrescente-se todavia que os resultados líquidos acumulados no Brasil foram negativos em 2002--2005[11] (isto é, os fluxos de débito foram suplantados pelos de crédito, incluindo muito provavelmente nestes uma certa margem de lucros reinvestidos e outros ganhos repatriados).

Ainda segundo os dados disponibilizados pelo Banco de Portugal, em 1996-2005, período para o qual existe uma série metodologicamente consistente (incluindo lucros reinvestidos), o total acumulado do investimento bruto português no Brasil foi da ordem de 16788 milhões de euros e líquido da ordem 7475 milhões de euros, o que dá uma taxa de desinvestimento de 55.5%, ligeiramente menor do que a taxa de desinvestimento global para o IDPE no mesmo período (56.91%). Por outro lado, evidencia-se a posição do Brasil como um dos principais destinos do investimento externo português, ainda que o seu peso tenha claramente diminuído a partir de 2002. Assim, a parte do Brasil no IDPE no conjunto destes dez anos, reduz-se substancialmente em comparação com 1996-2001, caindo para 19.05% do total e é ultrapassada, ainda que por pouco, pela Holanda com 19.92% (a parte da Espanha no mesmo período é de 18.67%), sendo estes, de longe, os três principais destinos do investimento português no exterior.

---

[10] De facto, só em 1996, pela primeira vez, as saídas brutas de IDPE, no seu conjunto, ultrapassaram 1% do PIB (Relatório do Banco de Portugal de 2003: 187).

[11] Como se pode observar na figura 6, neste período, apenas o ano de 2004 apresentou um saldo positivo para o IDPB.

Figura 6
Portugal: investimento directo no Brasil, 1990-2005
(milhões de euros)

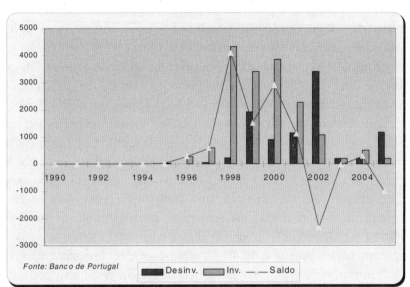

Tendo em conta a insuficiência dos dados do Banco de Portugal, e a importância assumida pelo processo, vários trabalhos foram realizados visando apurar alguns aspectos essenciais para um bom conhecimento da internacionalização das empresas portuguesas no Brasil (número e dimensão, sua distribuição por sectores de actividade e pelo território brasileiro, territorialidade de origem em Portugal, etc.). Um dos últimos estudos publicados foi patrocinado pelo ICEP (2005),[12] a partir da base de dados do Banco Central do Brasil, Directório das Empresas Brasileiras Receptoras de Investimentos Portugueses, referente a Dezembro de 2004, onde se encontravam registadas 666 subsidiárias portuguesas – um número a comparar com escassas dezenas ainda em meados

---

[12] Ver também os resultados do levantamento levado a cabo junto das Câmaras de Comércio no Brasil em 2002 (Silva, Fernandes e Costa, 2003).

dos anos 90, a maior parte meros entrepostos e/ou agências de representação.[13] Esta base de dados foi em seguida utilizada no inquérito promovido pela mesma instituição entre Junho e Setembro de 2005, tendo sido validados os questionários a 584 empresas e obtidas 87 respostas completas. Por dimensão do investimento, as empresas respondentes distribuíam-se do seguinte modo: 13.9% grande investimento (acima de 100 milhões de USD), 24.5% médio (entre 5 e 100 milhões de USD) e 61.6% pequeno (abaixo de 5 milhões de USD). No que respeita à classificação por actividades das subsidiárias de empresas portuguesas no Brasil, independentemente da sua dimensão ou localização, segundo a mesma fonte, elas repartiam-se da maneira que consta do quadro 3. Aí se observa um panorama bastante vasto e diversificado:[14] a maioria das empresas portuguesas no Brasil incluem-se nos *serviços* e *comércio* 55.8% do total, segue-se a *hotelaria* com 61 empresas e 10.4%, a *indústria transformadora* (items 6 a 10 do quadro 3) e a soma da *agricultura* e da *pesca* têm cada um o mesmo número de empresas (54), perfazendo no conjunto mais de 18% do total. De notar ainda que nas *tecnologias de informação e telecomunicações* se contabilizaram 13 empresas (*item* 16 do quadro 3 com 2.2% do total).

Obviamente, nem todos os investimentos realizados no Brasil tiveram o mesmo grau de sucesso, em particular, assistiu-se à saída de duas grandes empresas ligadas à distribuição comercial (Jerónimo Martins em 2002 e a SONAE-Distribuição em 2005), e duas tentativas de entrada que falharam na área bancária, protagonizadas pela Caixa Geral de Depósitos e pelo Grupo Espí-

---

[13] Os dados deste parágrafo são extraídos do trabalho de Costa e Fernandes, 2005.

[14] Em relação ao total de empresas portuguesas instaladas no Brasil, importa sublinhar à margem que, dada a propensão, sobretudo nos primeiros anos, para exagerar o papel de certas empresas públicas, como a Portugal Telecom e a EDP, sem dúvida importante do ponto de vista dos valores monetários do IDPB, tendeu-se a ver a árvore, ou algumas árvores, e não a floresta.

rito Santo, embora não seja aqui o lugar de analisar, com a profundidade requerida, as causas que estão por detrás destes desenvolvimentos.[15]

Quadro 3
Distribuição sectorial das empresas portuguesas no Brasil

Sectores	N°	%
1. Agricultura	24	4.1
2. Pesca	30	5.1
3. Madeira e móveis	12	2.1
4. Alimentos e bebidas	8	1.4
5. Extractiva mineral	11	1.9
6. Químicos, borracha e plásticos	15	2.6
7. Têxteis	8	1.4
8. Metálicos	7	1.2
9. Máquinas e equipamentos	10	1.7
10. Outras indústrias	14	2.4
11. Construção	40	6.8
12. Electricidade e água	5	0.9
13. Comércio	136	23.3
14. Serviços	190	32.5
15. Hotelaria	61	10.4
16. TI e telecomunicações	13	2.2
Total	584	100

Fonte: Directório das Empresas, Banco do Brasil, 2005

Quanto ao investimento brasileiro em Portugal é importante realçar que, embora no conjunto do período tenha ficado aquém do IDPB, logo após 1986, ele "esteve na dianteira do moderno processo bilateral" (Silva, 2002: 134). Com efeito, de 1986 a 1995, o investimento líquido do Brasil em Portugal foi de 271 milhões

---

[15] Também, já em 2006, na sequência da OPA, lançada pela SONAE sobre a Portugal Telecom, tem sido aventada a hipótese de alienação da sua parte na VIVO (parceria com a Telefónica de Espanha no Brasil).

de euros, enquanto que o IDPB homólogo não passou de 36.3 milhões (escudos convertidos em euros à taxa de entrada na União Monetária).[16] Em particular, de 1988 a 1994, o investimento brasileiro em Portugal excedeu sempre 10 milhões de euros e, em 1989 e 1994 representou, respectivamente 4.9% e 6.9% do total do IDE líquido entrado em Portugal. É importante que se sublinhe, sobretudo se levarmos em conta a fase economicamente difícil e complexa que o Brasil atravessou de 1986 a 1994 (início da implementação do Plano Real) que estes valores, mostram como a adesão de Portugal à CE foi vista como uma oportunidade a aproveitar por parte dos investidores brasileiros, que deram assim um contributo inestimável a toda a dinâmica que viria a seguir.

Ainda, segundo os dados do Banco de Portugal, em 1996--2000, em termos brutos, o Brasil investiu 685 milhões de euros e desinvestiu 462 milhões e, em 2001-2005, a relação inverte-se com o desinvestimento (1369 milhões de euros) a ultrapassar o investimento (961 milhões de euros). À luz, destes números, tal como para o caso do IDPB, é óbvio que se torna necessário aprofundar o estudo dos investimentos brasileiros em Portugal, designadamente ao nível das unidades empresariais, para além das meras somas dos fluxos oficiais, uma vez que um ou outro movimento financeiro de maior amplitude, pode esconder o fervilhar de muitos outros que, embora de pequena ou média dimensão, são significativos no conjunto.

Em resumo, de uma forma geral, os investimentos directos recíprocos acompanharam a retoma geral das relações económicas bilaterais observada no período, sendo de destacar a vaga de investimento português no Brasil em 1996-2001. Naturalmente, fizeram-no mantendo as "idiossincrasias" próprias deste fluxo, onde a grandes movimentos de saída se podem suceder outros de dimensão semelhante mas de sinal contrário. Acresce que o aparelho

---

[16] Os dados deste parágrafo foram extraídos de Silva, 2002: 135 e 255.

estatístico disponível para esta área, em ambos os países, deixa muito a desejar se pretendemos obter um retrato fiel e realista do que se tem passado. Seja como for, durante os vinte anos em análise, o IDE passou a ser um dos mais fortes sustentáculos das relações económicas recíprocas, não tendo qualquer paralelo histórico nas décadas anteriores.

Figura 7
Brasil: o investimento directo em Portugal, 1986-2005
(milhões de euros)

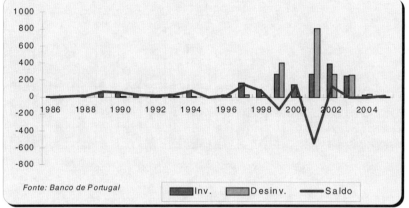

Síntese

O evidente reforço das relações económicas com o Brasil durante os vinte anos de permanência de Portugal na União Europeia assentou basicamente em dois factos que, associados, dão uma ideia aproximada do conteúdo fundamental do processo:

1 – *Um aumento gradual dos fluxos correntes* que passaram de 371.6 milhões de euros em 1990 para 2405.9 milhões em 2005, tendo o conjunto destes fluxos passado, entre os mesmos anos, de 0.73% do PIB para 1.73% (cf. figura 8). Deve-se destacar em especial, o crescimento acentuado das trocas de serviços, rendimentos de capitais e transferências correntes; o comércio de mer-

cadorias manteve-se importante, mas a um nível mais modesto e instável, perdendo a larga supremacia que tinha nestas relações em meados da década de 80. Isto é, ao crescerem, os fluxos correntes com o Brasil também se diversificaram amplamente.

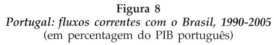

Figura 8
Portugal: fluxos correntes com o Brasil, 1990-2005
(em percentagem do PIB português)

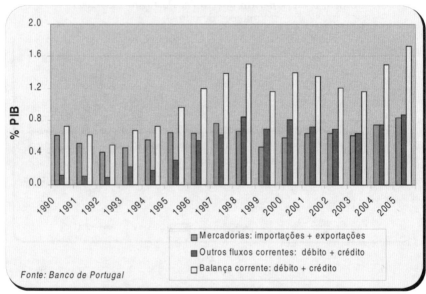

2 – *Um grande aumento do investimento directo*, em particular do IDPB no período 1996-2001 (quando em termos líquidos atingiu o montante de 10494 mil milhões de euros). Antes, este investimento era pouco relevante e em 2002-2005, segundo as estatísticas oficiais, verificaram-se significativas entradas e saídas anuais predominando as últimas; todavia, a análise deste fluxo requer um certo grau de complexidade, pois se houve alguns insucessos e saídas, também entraram muitas novas empresas designadamente explorando oportunidades ligadas ao turismo e ao pequeno negócio. O investimento brasileiro em Portugal também não deve

ser descurado, pois, embora nunca tenha atingido valores absolutos próximos do IDPB, já se regista há mais tempo, incluindo nos primeiros anos logo após a adesão (um pouco como vimos para as importações), sendo portanto menos concentrado temporalmente. Tanto num caso como noutro, sente-se fortemente a necessidade de melhorar a informação estatística relacionada com o IDE (saído ou entrado), entre outras razões, porque as empresas preferem muitas vezes utilizar terceiros países que oferecem vantagens diversas na canalização dos seus investimentos, impondo-se o levantamento da hipótese forte de subavaliação destes fluxos.

Em suma, tendo em conta as grandes tendências da economia mundial como a globalização e a regionalização, e a proximidade linguística e histórica entre os dois países – apesar de todas as outras diferenças (na dimensão, na localização geográfica, em aspectos importantes da cultura nacional, etc.) e da ausência até agora de uma integração palpável União Europeia-Mercosul no sentido da criação de uma área de comércio livre –, parafraseando o que se vaticinou antes (Silva, 2002: 242), pode-se dizer que "no oceano da globalização, Brasil e Portugal navegarão no mesmo barco".

Bibliografia

COSTA, Carla Guapo (2005). *A Cultura como Factor Dinamizador da Economia: Os investimentos portugueses no Brasil*. Instituto Superior de Ciências Sociais e Políticas, Universidade Técnica de Lisboa, Lisboa.

COSTA, Carla Guapo e FERNANDES, Francisco Chaves (2005). Os investimentos das empresas portuguesas no Brasil, in ICEP (2005). *Os Investimentos Portugueses no Brasil*, Delegação de São Paulo, São Paulo, pp. 15-44.

ICEP (2005). *Os Investimentos Portugueses no Brasil*, ICEP – Delegação de São Paulo, São Paulo.

SILVA, Joaquim Ramos (1999). "Les relations économiques luso-brésiliennes au temps de la mondialisation", *Lusotopie*, Vol. 1999, Éditions Karthala, Paris, pp. 55-89.

SILVA, Joaquim Ramos (2002). *Portugal/Brasil: Uma década de expansão das relações económicas, 1992-2002.* Questões de Economia, Terramar, Lisboa.

SILVA, Joaquim Ramos (2005). "A internacionalização das empresas portuguesas: a experiência brasileira", *RAE – Revista de Administração de Empresas* (FGV Escola de Administração de Empresas São Paulo – CEPEAD/UFMG). Volume 45, Edição Especial Minas Gerais, pp. 102-115.

SILVA, Joaquim Ramos, FERNANDES, Francisco Chaves, e COSTA, Carla Guapo (2003). "Empresas e subsidiárias portuguesas no Brasil: um panorama", *Prospectiva e Planeamento*, 9 (n.º especial), Departamento de Prospectiva e Planeamento, Ministério das Finanças, pp. 97-121.